치유산책

오늘의 만나

치유산책

초판 1쇄 발행 2026년 2월 23일

저자 전성군·박종미·김명희

발행인 이인구
편집 김정아
디자인 손정미

종이 영은페이퍼(주)
출력 (주)삼보프로세스
인쇄 범선문화인쇄
제본 민성바인텍

펴낸곳 한문화사
주소 경기도 고양시 일산서구 강선로 9
전화 070-8269-0860
팩스 031-913-0867
전자우편 hanok21@naver.com
출판등록번호 제 410-2010-000002호

© 전성군·박종미·김명희, 2026

ISBN 978-89-94997-57-5(03200)
가격 20,000원

말 씀 으 로 걷 는 치 유 의 길

오늘의 만나

치유산책

전성군 · 박종미 · 김명희

한문화사

하 루 의 끝 에 서 마 음 을 쉬 게 하 는 글

조각이 한 장의 그림이 되었을 때, 비로소 알게 됐다.

오랫동안 교회를 다녔고, 수많은 설교를 들었고, 성경도 여러 번 읽었다. 하지만 내 안의 말씀들은 마치 퍼즐 조각들처럼 제각각 흩어져 있었다. 서로 맞닿지 못한 채, 의미를 알 듯 말 듯, 그저 단편적인 신앙 지식으로만 남아 있었다. 그러던 어느 날, 목사님의 설교 한 마디가 내 마음 깊은 곳에서 무언가를 연결시켰다. 조각들이 맞물리기 시작했고, 눈앞에 하나의 완전한 그림이 펼쳐졌다. 그 순간 깨달았다. "아, 교회는 건물이 아니라 주님의 몸이구나."

에베소서 1장 23절의 말씀이 단순한 글귀가 아니라 살아 있는 진리가 되었다. "교회는 그의 몸이니 만물 안에서 만물을 충만하게 하시는 이의 충만함이니라." 나는 그 몸의 한 부분, 그분의 생명을 나누어 받은 지체였다. 이 깨달음이 나의 예배를 바꿔 놓았다. 예배는 더 이상 형식적인 시간이 아니었다. 주님의 몸에 속한 내가, 그분께 직접 나아가 생명을 공급받는 시간이 되었다.

그 후 기도도 달라졌다. 예수님은 내 생명의 근원이 되었고, 매 순간을 살게 하는 '생수'가 되셨다. 요한복음 4장에서 예수님이 사마리아 여인에게 하신 말씀처럼, "내가 주는 물을 마시는 자는 영원히 목마르지 아니하리니…"라는 그 약속이 나에게 현실이 되었다. 세상에서 얻을 수 없던 깊은 만족과 평안이, 예수님의 말씀을 통해 내 영혼 속 깊이 스며들었다.

그리고 가장 큰 변화는 '죄에 대한 감각'이었다. 이전에는 무뎌서 죄를 지어도 쉽게 잊고 넘어갔다. 하지만 예수님을 알고 난 후에는 작은 죄라도 마음이 불편해 견딜 수가 없었다. 성령께서 즉시 말씀하셨다. "이건 아니야." 요한일서 3장 6절의 말씀, "그 안에 거하는 자마다 범죄하지 아니하나니…"가 피부로 느껴졌다. 물론 여전히 넘어지고 실수한다. 그러나 그때마다 곧바로 회개하게 된다.

주님과의 관계가 멀어지는 답답함이 죄 자체보다 더 괴로웠기 때문이다.

이제 나는 안다. 예수님이 내 삶의 중심이시라는 것을. 교회는 그분의 몸이고, 나는 그 몸 안에서 살아 숨 쉬는 한 지체다. 주님의 생수는 내 영혼을 매일 새롭게 하며, 갈증이 다시는 돌아오지 않게 한다. 그리고 교회, 생수, 죄에 대한 민감함, 회개의 은혜라는 모든 조각들이 더 이상 따로 흩어져 있지 않다. 그것들은 하나의 완성된 복음의 그림이 되어 내 마음 깊이 새겨졌다.

이제 나는 그 그림 속에서 살아간다. 주님의 몸 안에서, 생수의 강가에서, 날마다 회개하며 새로워지는 삶. 이것이 내가 경험한 복음이고, 내가 받은 은혜다. 삶은 여전히 완전하지 않고, 신앙도 하루아침에 성숙하지 않는다. 모든 것을 다 알 수 없고, 완벽하게 닮을 수도 없으며, 전부 표현하거나 고백할 수도 없다. 그러나 나는 오늘도 한 걸음씩 알아가고, 조금씩 닮아가며, 나의 방식대로 주님을 표현하고 고백한다.

그 길 끝에는 변함없는 사랑이 있다. 말로 다 담을 수 없지만, 그 사랑은 내 안에서 커지고, 나를 풍요롭게 하며, 더 깊은 감격으로 이끈다. 성경은 바로 이 사랑의 본질을 이야기한다. 하나님 사랑의 깊이와 아름다움은 우리의 삶을 흔들고, 눈물짓게 하며, 결국 변화시키는 힘이 있다.

그래서 나는 "말씀 위에 피어나는 하루"를 살아가고 있다. 말씀은 단순히 성경책 속에 있는 글자가 아니라, 내 마음 밭에 심겨 매일 자라고 꽃피는 씨앗이다. 그 말씀은 영혼의 상처를 치유하고, 무너진 마음을 다시 세운다. 그래서 말씀과 치유는 결코 따로 떨어져 있을 수 없다. 말씀 안에서 치유가 시작되고, 치유된 마음은 다시 말씀을 붙든다. 매일 말씀 속에서, 나는 다시 살아난다. 그리고 그 하루들이 모여, 내 인생이라는 또 하나의 그림을 완성해 간다.

오늘의 만나

치유산책

머리말   4

Part 1. 자연의 손길 속에서

1. 하루치 은혜, 오늘의 만나	14	18. 자연의 소리에 귀 기울일 때	39
2. 거듭남은 새로운 삶의 시작	15	19. 잡초에게 배우는 은혜의 눈	41
3. 생명의 봄나물, 영혼의 회복	17	20. 하나님이 주신 생명의 밑거름	42
4. 하나님이 차려주신 회복의 식탁	18	21. 하나님의 쉼표가 있는 섬	44
5. 인간의 욕망과 하나님의 공의 사이	20	22. 바다가 들려주는 하나님의 기회	45
6. 희망으로 피어나는 치유의 땅	21	23. 하나님이 심으신 희망의 밭	47
7. 씨앗, 그 놀라운 하나님의 선물	23	24. 하나님이 그리신 회복의 지도	48
8. 하나님의 손에 들린 작은 기적	24	25. 잘 훈련된 두 마리의 사냥개	50
9. 눈 속의 흙, 진실의 얼굴	26	26. 하나님의 봄은 준비되고 있고	51
10. 하나님의 손길이 머문 터전	27	27. 하나님이 주신 생명의 수액	53
11. 품에서 자라난 생명의 어머니	29	28. 창조질서를 위한 회복의 울음	54
12. 근심 많은 어머니 품에서 희망을	30	29. 초록의 숨결, 하나님의 선물	56
13. 삶의 여백을 채우는 치유의 역	32	30. 하나님이 인도하신 길을 따라	58
14. 고향을 향한 영혼의 여정	33	31. 들꽃 백합화, 그리고 진정한 가치	59
15. 밀레의 만종과 우리 시대의 경종	35	32. 쑥부쟁이 피어나는 고향의 사랑	61
16. 석양을 등지고 손을 모은 기도	36	33. 누룽지 사랑, 숭늉에 우려낸 은혜	62
17. 자연의 리듬과 하나님의 시간	38	34. 마음밭에 농업의 씨앗을 심자	64

35. 멈출 수 없는 생명, 상어 정신　65
36. 진정한 아름다움, '米人'이 곧 '美人'　67
37. 낯설고 서러운 땅으로 변한 현실　68
38. 하나님이 기뻐하시는 진짜 세상　70
39. 배려하고 경계하며 살아가는 삶　72
40. 신앙 공동체의 진정한 큰 힘　73
41. 진짜 강함은 조화와 다양성　75
42. 숲은 건강한 생태계의 중심　76
43. 자연이 건네는 치유의 손길　78
44. 우리가 걷고 있는 인생의 길　79
45. 단풍의 속삭임, 하나님의 마음　81
46. 숲, 하나님의 숨결이 머무는 곳　82
47. 뜨거워진 지구, 식어가는 양심　84
48. 농부의 손길은 하나님의 손길　85
49. 삶을 바라보는 '태도'의 차이　87
50. 성탄의 참된 의미를 깨닫고 실천　88
51. 설은 '감사'와 '기억'의 명절　90
52. 섬세한 배려의 큰 울림　91

53. 씨앗의 법칙, 하나님의 원리　93
54. 시련은 깊은 뿌리를 만드는 은혜　95
55. 눈보라 치면 꽃이 핀다는 예고　96
56. 천국은 이미 우리 안에 시작　98
57. 우리가 선물 받은 가장 소중한 선물　99
58. 진리는 우리 인생과 신앙의 근본　101
59. 너를 위한 하나님의 은혜의 땅　102
60. 대나무가 알려주는 하나님의 시간표　104
61. 어두운 산길을 걷는 여정　105
62. 자신이 가장 잘할 수 있는 영역　107
63. 작은 시작이 결국 큰 열매　108
64. 노력과 모험의 끝에는 승리　110
65. 성령과 동행하는 삶의 시작　112
66. 나는 비로소 '꽃'이 되었고　113
67. 쉽게 가지 말고 옳게 가는 길　115
68. 인내라는 꽃은 시련의 산물　116
69. 새로운 길이 열리고 회복의 기적　118
70. 하나님의 권능과 구원의 메시지　120

Part 2. 삶 속에서 배우는 치유

1. 하나님 안에서 두 번 태어난 인생　124
2. 존재의 의미와 고난 속의 하나님　125
3. 질문이 멈추는 곳이 은혜의 시작　127
4. 일상 속에 숨어 있는 예수님의 기적　128

5. 하루에 한 번, 감사의 기적　130
6. 하루 한 장, 믿음의 벽돌　131
7. 사랑을 위한 한 가지 어려운 습관　133
8. 분노 앞에서 멈출 수 있는 지혜　134

9. 진정한 천국, 초대장이 바로 복음 136
10. 사랑은 은혜를 깨닫는 데서 시작 137
11. 보이지 않는 것을 바라는 믿음 139
12. 기도하며 믿음의 근력 키우기 140
13. 십자가의 죽으심의 의미 142
14. 육의 생각, 영의 생각 144
15. 하나님 자녀의 정체성 145
16. 심판에 대한 하나님의 규칙 147
17. 습관과 예배가 되는 삶 149
18. 천국 시민권자가 되려면 150
19. 새 옷과 새 사람을 입으라 152
20. 사랑으로 세상을 이기는 힘 153
21. 믿음, 불 속에서 피어나는 길 155
22. 성경 말씀과 함께하는 여정 157
23. 사람을 통해 흘러가는 축복 158
24. 마음과 사랑을 드리는 행위 160
25. 예수님의 부활과 승천 161
26. 대통령과 '1달러 소송' 163
27. 변하지 않는 사랑과 신앙 164
28. 다시 빛나는 인생의 기회 166
29. 사소한 것들이 모인 물줄기 168
30. 은혜롭고 아름다운 길 169
31. 의심에서 확신으로 171
32. 새롭게 하는 생명의 검 172
33. 본질을 붙드는 참된 열매 174
34. 구원의 길을 따르는 믿음 176
35. 귀한 것을 붙들어가는 삶 177
36. 사랑은 버틸 수 있는 힘 179

37. 하늘이 부르는 은혜의 사람 181
38. 주님만 드러나게 하소서 182
39. 기도의 힘과 기도 생활 184
40. 오늘 세워야 할 신앙의 상징 185
41. 삶 속에서의 하나님의 기적 187
42. 해도 되는 일, 하면 안 좋은 일 189
43. 마르지 않는 샘물처럼 찬양 190
44. 우리가 쓰고 있는 신앙의 가면 192
45. 성경이 전하는 마음의 진실 193
46. 성경이 전하는 마음의 찬양 195
47. 교제는 교회와 신앙의 완성 196
48. 사랑으로 심고 눈물로 거두는 길 198
49. 진리를 지키는 눈물의 싸움 199
50. 셋이면서 하나, 하나이면서 셋 201
51. 진실과 겸손 앞에 선 우리 202
52. 하나님의 공의와 사랑 이야기 204
53. 신비를 품은 나선의 이야기 205
54. 하나님을 다시 붙잡는 그 한 걸음 207
55. 생각과 감정과 말의 틈 208
56. 괴로움에서 완전 이탈하기 210
57. 예배와 기도, 그 깊은 이름들 211
58. 영혼이 먼저 낫는 치유의 은혜 213
59. 다시 일어서는 용기가 믿음 214
60. 믿음으로 다시 시작하는 길 216
61. 승리는 포기하지 않는 자의 것 218
62. 껍질을 깨고 나오는 믿음 219
63. 노력은 하되 걱정은 하지 말기 221
64. 여기까지가 아닌 지금부터 223

65. 속에 숨겨진 하나님의 기회　224
66. 천천히 삼켜가는 안일함　226
67. 미래의 눈, 믿음의 수평선　228

68. 겸손이 강력한 성공의 힘　229
69. 툭툭 털고 일어서는 믿음　231
70. 작아 보여도 의미 있는 목표　233

Part 3. 지혜에서 피어나는 삶

1. 지혜와 명철을 얻는 길　236
2. 배움의 지혜는 믿음의 열매　237
3. 공동체가 성장하는 방식　239
4. 가난은 끝이 아닌 시작　240
5. 배움은 빼놓을 수 없는 축복　242
6. 총명을 이기는 꾸준함의 지혜　243
7. 꿈이라는 씨앗에서 출발　245
8. 열정의 지혜가 천재의 비밀　246
9. 책은 내면을 빚어내는 지혜　248
10. 실패 속에서 단련되는 지혜　249
11. 사고는 미래를 향한 날개　251
12. 기도는 선택 아닌 생존 호흡　252
13. 깊은 생각이 곧 삶의 지혜　254
14. 내 약함이 강함의 지혜　255
15. 흔들리지 않는 희망을 품는 삶　257
16. 하나님이 주신 선한 일과 사랑　258
17. 성스러운 섬김과 희생의 힘　260
18. 양심이 갑옷이 되어 주는 삶　261
19. 혼자가 아님을 알려주는 근거　263

20. 흔들리지 않는 믿음과 지혜　264
21. 한 걸음을 소중히 여기는 지혜　266
22. 두려움을 이기는 큰 지혜　267
23. 흔들리지 않는 믿음의 기초　269
24. 인간의 한계를 뛰어넘는 일　270
25. 희망과 빛을 발견하는 지혜　272
26. 어둠이 깊을수록 빛은 가까워　273
27. 때를 아는 믿음의 망치질　275
28. 태도를 선택하는 순간　276
29. 참된 사랑은 깊고 강한 존재　278
30. 사랑은 표현할 수 없는 음악　279
31. 두 개의 영혼이 하나가 된 것　281
32. 손이 아닌 마음을 잡는 것　282
33. 마음이 세상을 밝히는 횃불　284
34. 큰 힘을 발휘하는 에너지　285
35. 지혜란 하나님을 붙드는 삶　287
36. 의지와 무기력 사이의 경계　288
37. 하나님이 주신 기쁨의 선물　290
38. 마음의 평화를 드러내는 빛　291

39. 말의 무게와 지혜의 깊이　293
40. 인생의 본질을 꿰뚫는 지혜　295
41. 하나님이 동행하시는 길　296
42. 강한 마음과 믿음의 만남　298
43. 마음과 삶이 풍요로운 지혜　299
44. 예상치 못한 기적의 시작　301
45. 순종은 인생의 위대한 시작　302
46. 이 순간이 믿음과 행동의 시간　304
47. 꿈이 현실이 되는 그날까지　305
48. 용서를 택한 사람이 강한 사람　307
49. 내 눈에 비친 세상을 새롭게　308
50. 결과보다 마음과 태도를　310
51. 마음의 문을 여는 열쇠　311
52. 무거운 짐이 남긴 발자국　313
53. 시간 앞에서 모두가 평등　315
54. 숲이 우거질수록 독버섯도　316

55. 믿음 안에서 잔잔한 평안　318
56. 하나님이 준비하시는 비　319
57. 깊은 곳에 숨겨진 연약함　321
58. 믿음과 소망의 깊이와 차이　322
59. 삶의 겸손함과 진정한 가치　324
60. 마음을 적시는 행운의 열매　325
61. 고난 속에서 피어나는 성숙　327
62. 고난은 피할 수 없는 여정　329
63. 사랑과 용서로 문을 열기　330
64. 하나님의 힘을 체험하는 기회　332
65. 내가 지녀야 할 신앙의 향기　333
66. 감사는 시선의 방향을 바꿀 때　335
67. 바른 말보다 중요한 것은 공감　336
68. 인생을 깊이 비추는 거울　338
69. 아름다운 빛과 향기를 내는 삶　339
70. 불안의 한복판에서의 삶　341

Part 4. 행복으로 가는 길

1. 사랑을 나누는 행복과 그 본질　344
2. 하나님의 창조와 우리의 개성　345
3. 진리의 말씀이 주는 깊은 깨달음　347
4. 하나님의 손길과 어머니의 역할　348
5. 인생은 행복과 불행의 숨바꼭질　350
6. 외로움 속에 피어나는 믿음의 빛　352
7. 하나님이 주신 천국행 여행권　353

8. 더 단단하고 아름다운 열매　355
9. 사랑과 인내를 담은 행복한 말　356
10. 내일은 새로운 해가 떠올라　358
11. 성공은 감사로 실패는 성찰로　359
12. 우리는 세상을 살리는 사람들　361
13. 영혼의 갈증을 채우는 생수　363
14. 그 창조의 첫 출발이 '말씀'　364

15. 쓴맛 뒤에 찾아오는 은혜　366

16. 공동체를 살리는 사랑의 물　367

17. 하나님 나라를 세우는 재료　369

18. 자기 마음을 다스리는 것　370

19. 존귀하다는 믿음으로 사는 삶　372

20. 내게 원하시는 우선순위　373

21. 찢어진 세상 속 하나 되기　375

22. 의인의 길은 마치 돋는 햇빛　376

23. 링컨 부하의 믿음과 우리　378

24. 누군가를 위한 영원한 다리　379

25. 변화는 있고 변함은 없어야　381

26. 굽이굽이 하나님의 길　383

27. 하나님의 창조와 영감　384

28. 마음과 행동이 말씀에 뿌리　386

29. 새로운 미래를 향해 비상　387

30. 기도는 계속 떼를 쓰는 것　389

31. 주님께 온전히 맡기는 법　390

32. 뛰는 자와 생각하는 자　392

33. 진짜 승자의 길임을 믿으며　394

34. 꽃향기와 바람 그리고 삶　395

35. 화를 다스리는 첫걸음　397

36. 고독은 가장 따뜻한 친구　399

37. 경험을 넘어 하나님의 지혜로　400

38. 바다는 밥상, 뒷산은 미술관　402

39. 축복을 누리는 참된 보물찾기　404

40. 용기 내어 드러내면 치유　405

41. 하나님과 연결되는 직통번호　407

42. 하나님이 주신 귀한 선물　409

43. 내면에서 발견되는 행복　410

44. 고객을 섬기는 모습도 축복　412

45. 위험 속에서도 뛰어드는 용기　414

46. 포기하지 않는 기도의 힘　415

47. 하나님과 연결되는 삶의 비결　417

48. 하나님은 '믿음의 대상'　419

49. 버팀목이 되어 주던 순간들　420

50. 보혈이 주는 자유와 은혜　422

51. 하나님 사랑과 이웃 사랑　423

52. 세상에서 가장 넉넉한 삶　425

53. 이제 그 은혜를 나누는 자　427

54. 말씨는 마음씨를 담는 그릇　428

55. 내면 깊은 곳을 비추는 거울　430

56. 부부는 서로에게 들숨과 날숨　432

57. 나와 하나님의 깊은 만남　433

58. 우리에게 보내는 큰 초대　435

59. 하나님의 품은 포근한 공간　436

60. 소통과 사랑으로 가득한 삶　438

61. 선택을 하나님께 맡기며　440

62. 단맛은 하나님이 주시는 위로　441

63. 사랑과 긍정으로 키워지는 인생　443

64. 삶을 해석하고 선택하는 힘　444

65. 눈 감고도 걷는 믿음의 길　446

66. 숨겨진 아픔과 참된 성장　448

67. 진심과 마음을 보려는 노력　449

68. 이유와 목적을 바꾸는 인연　451

69. 삶을 붙드는 가장 든든한 힘　452

70. 무거운 짐을 지게 되는 순간　454

Part

1

자연의
손길 속에서

1. 하루치 은혜, 오늘의 만나

만나와 만나다.

만나는 단순한 음식이 아니다. 그것은 이스라엘 백성이 광야에서 하나님과 직접 만나는 도구였다. 먹을 것이 없던 그들에게 하나님은 하늘에서 만나를 내려주시며 "내가 너희를 먹이겠다."는 뜻을 분명하게 보여주셨다. 하지만 이 은혜에는 조건이 있었다. 하루치만 거두고, 남겨두지 말라는 것이었다. 이튿날까지 남긴 만나에는 벌레가 생기고 냄새가 났다. 하나님은 그렇게 가르치셨다. 은혜는 쌓아두는 게 아니라, 오늘 누리는 것이다. 어제의 은혜는 이미 지나갔고, 내일의 은혜는 아직 오지 않았다. 지금 이 순간, 오늘 주어지는 은혜를 믿음으로 받아야 한다.

우리 삶도 때로는 광야 같다. 앞이 보이지 않고, 어디로 가야 할지 막막한 때가 있다. 그럴 때 필요한 건 거창한 계획이 아니라 오늘 하루를 견딜 믿음, 하루치의 은혜다. 어제 있었던 좋은 일이나 실수에 붙잡히거나, 아직 오지 않은 내일에 대한 불안에 시달리기보다는 지금 주어지는 하나님의 은혜를 붙드는 것이 중요하다. 바로 그 하루치 은혜가 오늘을 살아갈 힘이 된다.

재미있는 건, 만나가 아주 작고 흔한 모양이었다는 사실이다. 마치 조약돌 같고, 얇은 서리처럼 보였다고 한다. 이처럼 하나님의 은혜는 늘 거창하지 않다. 작고 소박한 순간 속에 담겨 있다. 우리가 지나쳐버리는 평범한 하루, 익숙한 일상 속에서 하나님은 여전히 우리를 만나고 계신다. 다만 우리가 그 은혜를 자꾸 놓칠 뿐이다. 하지만 분명한 것은, 하나님은 오늘도 우리 삶에 찾아오신다는 것이다.

또한 만나에는 분량의 원칙이 있었다. 각 사람이 자기 먹을 만큼만 거두고, 더 가지려 하지 말라는 것이었다. 욕심을 부리면 만나가 썩었다. 지금도 마찬가지다. 더 많이 소유하려는 마음, 내일을 대비하겠다는 불안이 때로는 우리 마음을 상하게 한다. 하나님은 내일을 맡기라고 하신다. 오늘의 은혜를 믿고, 오늘의 필요를 채워주시는 그분을 신뢰하는 것. 그것이 믿음이고, 그것이 진짜 만나를 누리는 삶이다.

결국, 만나와 만난다는 건 하나님과 함께 걷는다는 뜻이다. 우리의 인생이 아무리 광야 같아도, 하나님은 오늘도 만나를 준비하시며 기다리고 계신다. 거창하지 않아도 괜찮다. 작고 평범한 은혜 속에서 하나님은 우리를 만나신다. 우리가 그 만남에 마음을 열 때, 새로운 힘과 기쁨이 솟아난다. 그렇게 우리는 하루하루를 살아낸다. 하나님의 손길 속에서, 만남의 은혜로.

2. 거듭남은 새로운 삶의 시작

어느 봄날, 마른 가지 같던 나무에 연둣빛 새싹이 피어나는 모습을 보며 한 가지를 깨달았다. 생명은 겉모습에서 시작되는 것이 아니라, 안에서부터 조용히 다시 시작된다는 것이다. 성경이 말하는 '거듭남'도 그렇다. 거듭남은 단순한 변화나 성장이 아니다. 그것은 완전히 새로운 생명으로 다시 태어나는, 은혜로 시작되는 기적이다.

예수님은 니고데모에게 이렇게 말씀하셨다. "사람이 거듭나지 아니하면 하나님의 나라를 볼 수 없느니라."(요한복음 3:3) 평생 율법을 지키며 살아온 니고데모는 이 말씀에 당황한다. '이 정도면 충분한 거 아닌가?'라고 생각했을지 모른다. 하지만 예수님은 분명히 말씀하신다. 육으로 난 것은 육이고, 성령으로 난 것만이 영이라고. 다시 말해, 종교적 행위나 선한 삶만으로는 하나님의 나라에 들어갈 수 없다는 뜻이다. 거듭남은 전적으로 성령의 역사로, 위로부터 주어지는 하나님의 선물이다.

사람은 태어날 때부터 죄의 본성을 가지고 살아간다. 자기중심적인 생각, 끝없는 욕망, 미움과 질투, 아무리 도덕적으로 살려고 해도 인간의 뿌리는 죄에 묶여 있다. 그래서 단순한 행동의 개선이나 마음가짐의 변화만으로는 부족하다. 전혀 새로운 존재로 다시 태어나는 것이 필요하다.

바울은 이렇게 고백한다. "누구든지 그리스도 안에 있으면 새로운 피조물이라. 이전 것은 지나갔으니 보라 새 것이 되었도다."(고린도후서 5:17) 거듭난 삶은 과거의 나를 버리고, 예수님의 생명으로 살아가는 삶이다. 이제는 내가 주인이 아니라, 예수 그리스도가 내 삶의 주인이 되는 것이다.

거듭남은 단순한 감정의 폭발이나 회개의 눈물로 끝나는 일이 아니다. 그것은 인생의 방향이 바뀌는 전환점이고, 영원한 소속이 바뀌는 사건이다. 어둠에서 빛으로, 세상에서 하나님의 나라로, 사망에서 생명으로 옮겨지는 것이다.(골로새서 1:13) 완전히 새로운 삶의 시작이다.

무엇보다 거듭남은 사랑 안에서 일어나는 기적이다. "하나님이 세상을 이처럼 사랑하사 독생자를 주셨으니, 누구든지 그를 믿으면 멸망하지 않고 영생을 얻으리라."(요한복음 3:16) 거듭남은 나의 노력이나 자격이 아니라, 하나님의 사랑이 내게로 찾아온 선물이다. 내 힘으로 얻을 수 없는 생명이, 하나님의 은혜로 내게 주어진다.

하나님은 지금도 사람을 거듭나게 하시길 원하신다. 삶의 새로운 시작이 필요하다면, 예수 그리스도를 믿고 성령의 인도하심을 따르라. 거듭남은 두 번째 기회가 아니라, 가장 놀라운 첫 번째 기적이다. 그리고 그 기적은 지금 이 순간, 누구에게나 열려 있다.

3. 생명의 봄나물, 영혼의 회복

겨울의 긴 터널을 지나 봄이 찾아오면, 땅속 깊은 곳에서 생명의 기운이 꿈틀거린다. 그 첫 번째 인사를 건네는 이들이 있으니, 바로 냉이와 달래, 민들레와 두릅, 씀바귀와 머위, 돌나물과 취나물 같은 봄나물들이다. 섬진강 들녘에 자생하는 이 소중한 풀들은 그저 식재료가 아니다. 이들은 겨울을 견뎌낸 생명 그 자체이며, 하나님이 우리를 위해 준비하신 치유의 손길이다.

성경은 말씀하신다.

"그가 땅에 명하시면 곡식이 자라고…, 여호와께서 주신 것으로 만족하리로다."(시편 104:14-15)

하나님은 들의 백합화를 입히시고 공중의 새를 먹이시는 분이시다. 그분은 우리에게도 필요한 양식을 제때에 주신다. 봄나물은 그 계절의 선물이다. 추위 속에 몸과 마음이 지쳤을 때, 하나님은 땅속 깊이 감추어 두었던 생명을 꺼내어 우리 식탁 위에 올려놓으신다.

냉이의 구수한 향은 우리의 마음을 안정시키고, 달래의 매콤한 맛은 지친 입맛을 깨운다. 민들레의 쓴맛은 마치 광야에서 만나를 먹던 이스라엘 백성이 하나님의 뜻을 배우듯, 삶의 깊이를 가르쳐 준다. 두릅은 하늘을 향해 뻗은 손처럼 올라가고, 그 안엔 부활의 소망이 담겨 있다.

"무엇이든지 하나님께로부터 난 자는 세상을 이기느니라."(요한일서 5:4)

이 말씀처럼 봄나물은 겨울의 혹독함을 이겨낸 승리자다. 그들은 작고 연약해 보이지만 강한 생명력을 품고 있다. 마치 신앙의 길을 걷는 이들이 연약해 보이지만 말씀으로 견고해지는 것처럼, 봄나물은 그 자체로 하나님의 위대한 창조의 언어다.

섬진강을 따라 봄나물이 자라는 들판을 걷다 보면, 마치 에덴동산을 걷는 듯한 평화를 느끼게 된다. 도시에 찌든 사람들이 이곳으로 오는 이유가 바로 그것이다. 단순히 건강한 먹거리를 찾는 것이 아니라, 하나님이 빚어 놓으신 자연 속에서 잊고 지냈던 영혼의 안식을 되찾기 위함이다.

봄나물을 먹는다는 것은 단지 배를 채우는 일이 아니다. 그것은 하나님께서 우리를 위해 예비하신 선하신 뜻을 맛보는 일이다.

"여호와는 나의 목자시니 내게 부족함이 없으리로다. 그가 나를 푸른 풀밭에 누이시며…"(시편 23:1-2)

푸른 풀밭 같은 봄나물 밭에서 우리는 다시 새로운 힘을 얻는다. 그것이 냉이든, 달래든, 씀바귀든, 그 속엔 하나님의 손길과 사랑이 가득하다. 올봄, 섬진강 들녘에서 하나님이 주시는 생명의 양식을 맛보는 은혜가 우리 모두에게 있기를 기도해보자.

4. 하나님이 차려주신 회복의 식탁

날씨가 풀리기 시작하면 유난히 눈꺼풀이 무겁고, 하루 종일 몸이 나른해지는 사람들이 늘어난다. 이른바 '춘곤증'이다. 주말에 푹 쉬어도 피곤이 가시지 않고, 오후만 되면 책상 앞에서 꾸벅꾸벅 졸게 되는 것이 이맘때의 풍경이다. 사람들은 피곤함을 탓하고, 몸이 약해졌다고 말하지만, 실은 자연이 우리 몸에 보내는 작은 신호일지도 모른다. 겨울을 이겨낸 몸과 마음이 봄의 리듬에 적응하기 위해 필요한 시간이기 때문이다. 성경은 이렇게 말한다. "범사에 기한이 있고 천하 만사가 다 때가 있나니."(전도서 3:1)

봄은 회복의 계절이다. 하나님께서 이 땅 위에 다시금 생기를 불어넣으시는 때다. 그 회복은 하늘에서만 내리는 것이 아니다. 땅에서도 자라난다. 들녘에 피어난 봄나물은 단순한 식재료가 아니다. 그것은 하나님이 손수 차려주신 회복의 식탁이다. 냉이, 달래, 쑥, 씀바귀, 두릅 같은 봄나물은 우리 민족이 수천 년 동안 먹어온 자연의 선물이다. 이 나물들은 우리 몸의 유전자에 가장 잘 맞는 음식이다. 따로 비싼 건강식품을 찾을 것도 없이, 이 작은 풀들 속에 하나님이 담아주신 힘이 숨어 있다.

"하나님이 그 모든 것을 지으시되 때를 따라 아름답게 하셨고…"(전도서 3:11)

우리의 입맛은 봄나물 특유의 향에 반응하며 살아난다. 고소한 냉이 된장국, 알싸한 달래장, 쌉쌀한 씀바귀무침은 단순히 배를 채우는 음식이 아니다. 이는 겨우내 움츠렸던 우리 몸을 깨우고, 피곤한 마음을 일으켜 세운다. 우리 조상들은 봄이 오면 들로 나가 나물을 캐며 생명의 순환을 체험했고, 이를 통해 몸도 마음도 새롭게 정돈했다.

하지만, 요즘 우리 밥상은 어느새 외래 채소들로 가득하다. 익숙하지 않은 이름의 채소들이 우리의 몸에 맞지 않는 옷처럼 올라와 있다. 물론 다양성도 중요하지만, 우리가 누구인지, 어떤 땅에서 나고 자랐는지를 잊지 않는 것이 더욱 중요하다. 건강한 삶은 멀리 있지 않다. 그 해의 제철, 그 땅의 나물, 그 향과 맛 속에 우리가 지켜야 할 삶의 방식이 담겨 있다. "여호와의 율법을 즐거워하여 주야로 묵상하는 자는…, 시절을 따라 열매를 맺으며 그 잎사귀가 마르지 아니함 같으니."(시편 1:2-3) 하나님은 우리에게 시절을 따라 채소를 주셨다. 봄에 나는 풀은 봄의 몸에 맞고, 여름의 열매는 여름의 열기를 이긴다. 춘곤증으로 무너지는 몸을 일으키는 힘은 멀리 있는 보약이 아니라, 들판에 흔히 자라는 봄나물 안에 있다. 봄나물을 먹는 일은 단순한 식사가 아니라, 하나님의 때를 따라 사는 신앙의 고백이다.

5. 인간의 욕망과 하나님의 공의 사이

영화 <마파도>는 현대 사회의 어두운 단면을 코믹하게 그려내지만, 그 안에는 우리 모두가 깊이 생각해 봐야 할 진리가 담겨 있다. 욕망과 탐욕, 그리고 그로 인한 혼란 속에서 인간은 어디로 향하는가? 한 조직의 우두머리 신 사장이 복권 당첨금을 둘러싼 사건에 휘말리며 벌어지는 이야기는, 인간 본성의 연약함과 세상의 불의함을 날카롭게 드러낸다.

성경은 경고한다. "사람이 만일 온 천하를 얻고도 자기 목숨을 잃으면 무엇이 유익하리요."(마태복음 16:26) 신 사장은 돈이라는 세상의 권력을 좇으며 끝없이 욕망의 길을 걷는다. 160억이라는 거대한 복권 당첨금 앞에서 인간의 마음은 흔들리고, 결국 불의와 폭력이 그 뒤를 따른다. 장끝순이라는 한 여인의 삶은 그 속에서 휘청이고, '돈'이라는 우상이 얼마나 많은 이들의 생명을 위협하는지 보여준다. 그러나 그 끝에 도달한 마파도라는 섬은 단순한 배경이 아니다. 그것은 욕망과 탐욕이 초래한 혼돈의 현장이며, 동시에 하나님께서 우리에게 주신 '심판'과 '회복'의 장이다. "하나님은 마음이 상한 자를 가까이 하시고 중심에 통회하는 자를 구원하시느니라."(시편 34:18)

형사와 재철이가 마파도에서 만난 할머니 다섯 명은 그 섬의 순수함과 회복의 가능성을 상징한다. 비록 세상의 부도덕함이 넘실대지만, 하나님은 언제나 회개의 문을 열어두셨다. 영화 마지막에서 형사가 처음으로 '형사다운' 역할을 하며 정의를 세우는 장면은, 마치 하나님께서 악과 불의를 심판하시고 공의를 세우시는 모습을 연상케 한다. "여호와는 의로우시며 자기의 길을 기뻐하시며…."(시편 11:7)

마파도의 대마초 밭은 세상의 타락과 무질서의 상징이지만, 동시에 그곳에서 진정한 구원과 회복이 시작될 수 있음을 암시한다. 이 세상에서 우리가 좇는 돈과 권력은 잠시의 환상에 불과하며, 진정한 평화와 기쁨은 하나님과의 바른 관계에서 비롯된다.

"오직 주를 앙망하는 자는 새 힘을 얻으리니 독수리가 날개치며 올라감 같을 것이요…."(이사야 40:31) 영화 <마파도>가 코믹하고 극적인 이야기를 담고 있지만, 그 속에 감춰진 메시지는 무겁다. 탐욕과 불의에 빠진 인간의 마음을 돌아보고, 진정한 구원과 회복이 어디서 오는지 묵상하게 한다. 오늘 우리 모두에게 필요한 것은 하나님을 향한 회개와 신뢰, 그리고 정의로운 삶을 향한 작은 발걸음이다. 그 길 위에서야 비로소 우리 마음의 '마파도'도 평화와 빛을 되찾을 것이다.

6. 희망으로 피어나는 치유의 땅

우리 사회가 황금만능주의, 무정함, 이기주의에만 몰두한다면, 그 끝은 영화 <마파도>처럼 무너진 공동체와 병든 인간성, 그리고 소외된 공간만이 남게 될 것이다. 마파도는 단지 한 편의 코미디가 아니다. 그것은 지금 우리가 발딛고 선 사회의 축소판이며, 동시에 경고의 메시지다. 이기심이 모든 가치를 앞설 때, 그 결과는 불행과 황폐함뿐임을 보여준다. 하지만 마파도는 여전히 가능성의 땅이다.

"보라, 내가 새 일을 행하리니 이제 나타낼 것이라, 내가 광야에 길을, 사막에 강을 내리니."(이사야 43:19) 이 말씀처럼, 하나님은 절망 속에서도 새 일을 시작하시는 분이시다. 이제 우리는 마파도에 '치유농업디자인'이라는 새 옷을 입혀야 한다. 상처 입은 땅에 생명을 다시 불어넣고, 무너진 공동체 위에 사랑과 회복의 꽃을 피워야 한다. 치유농업은 단순히 작물을 재배하는 것을 넘어서, 사람과 자연, 감성과 생명을 이어주는 예술이자 사명이다.

"여호와 하나님이 사람을 에덴동산에 두어 그것을 경작하며 지키게 하시고…."(창세기 2:15) 하나님께서 사람을 처음 창조하셨을 때 그들을 농토에 두신 이유는 단순한 생계 때문이 아니었다. 경작함과 지킴은 곧 하나님의 창조 세계에 동참하는 일이었다. 치유농업은 이 본래의 창조 질서를 회복하는 길이다. 농어촌은 생명의 자원이자 영혼의 쉼터이며, 하나님이 사람에게 맡기신 첫 사명의 장소다.

이제 우리는 마파도를 통해 미래를 꿈꾸어야 한다. 단순한 섬이 아닌, 한국 농어촌의 희망으로, 생명과 치유가 숨 쉬는 '낙원'으로 탈바꿈시켜야 한다. 농어민은 더 이상 낡은 시대의 상징이 아니라, 시대를 이끌어 갈 치유의 장인이며, 생명 디자인의 주체다. 농어촌은 첨단 사회가 도달하지 못하는 '사람 냄새 나는' 공간이며, 기술이 줄 수 없는 위로를 제공하는 곳이다.

"무릇 지킬 만한 것보다 더욱 네 마음을 지키라 생명의 근원이 이에서 남이니라."(잠언 4:23) 치유농업디자인은 단지 땅을 일구는 기술이 아니라 마음을 다스리고 영혼을 살리는 작업이다. 마파도 같은 섬에 우리의 정성과 예술이 더해질 때, 병든 도시의 사람들은 다시 그곳을 찾아와 쉼을 얻을 것이고, 공동체는 사랑으로 회복될 것이다.

마파도는 가장 한국적인 농어촌의 얼굴이자, 우리 민족의 끈기와 지혜가 녹아 있는 보물 창고다. 우리는 지금부터 이 땅을 '자원의 곳간'으로 다시 바라보고, 하나님의 창조물로서 귀하게 다루어야 한다. 치유농업디자인은 단순한 산업이 아니라, 하나님께서 이 시대에 우리에게 맡기신 선교적 사명이기도 하다.

마파도에서, 절망을 딛고 희망의 씨앗을 뿌리는 새로운 봄이 시작되기를 소망해보자.

7. 씨앗, 그 놀라운 하나님의 선물

한 남자가 꿈을 꾸었다. 시장에 들렀다가 낯선 가게에 들어섰다. 가게 안에는 하얀 날개를 단 천사가 주인처럼 서 있었다. 남자가 물었다. "이 가게엔 무엇을 파나요?" 그러자 천사가 대답했다. "당신 가슴이 원하는 것이면 무엇이든 팝니다." 이 말에 감격한 남자는 가장 귀한 것들을 주문했다. "마음의 평화와 사랑, 지혜와 행복, 두려움 없는 자유를 주세요." 천사는 미소를 지으며 말했다. "죄송하지만, 저희는 열매는 팔지 않습니다. 씨앗만을 팝니다."

그렇다. 하나님도 우리에게 단번에 완성된 삶을 주지 않으신다. 그분은 언제나 씨앗을 주신다. 작은 기회의 씨앗, 말씀의 씨앗, 믿음의 씨앗, 섬김의 씨앗을 우리 손에 쥐어 주신다. 하나님은 우리에게 창조된 결과를 주시기보다, 창조할 수 있는 씨앗을 주심으로써 우리가 그분의 동역자가 되길 원하신다. "심는 자와 물 주는 자는 하나요, 오직 하나님께서 자라나게 하시느니라."(고린도전서 3:7)라는 말씀처럼, 우리의 역할은 심고, 가꾸고, 기다리는 것이다.

우리는 종종 다이아몬드 같은 결과를 원하지만, 정작 숯처럼 보잘것없어 보이는 씨앗을 받는다. 그러나 다이아몬드와 숯은 본질적으로 같은 탄소다. 단지 압력과 시간이 그것을 결정지을 뿐이다. 하나님이 우리에게 주신 인생의 씨앗도 마찬가지다. 그 씨앗을 어떻게 다루느냐에 따라, 평범한 삶이 빛나는 축복으로 자라날 수도 있고, 그저 사라지는 흔적 없는 흔적이 될 수도 있다.

씨앗을 뿌리는 일은 곧 믿음을 뿌리는 일이다. "무엇이든지 사람이 심는 대로 거두리라."(갈라디아서 6:7)는 말씀은 하나님의 창조질서를 그대로 담고 있다. 좋은 씨앗을 심고, 인내로 물을 주고, 말씀으로 햇빛을 비추면 언젠가는 반드시 열매를 거두게 되어 있다.

그러므로 오늘 우리에게 중요한 것은 열매가 아니다. 지금 내 손안에 쥐어진 하나님의 씨앗을 발견하고, 그것을 사랑으로 심고 가꾸는 것이다. 하나님은 우리 모두에게 똑같은 씨앗을 주셨다. 다이아몬드의 가능성은 누구에게나 열려 있다. 믿음으로 씨앗을 품는 자에게만 그것이 현실이 된다.

이제 조용히 스스로에게 물어보자. 우리의 삶 속 씨앗은 지금 어디에 심어져 있는가? 하나님은 오늘도, 내일도, 변함없이 씨앗을 주시는 분이다. 그리고 그 씨앗을 통해, 우리 인생을 가장 아름다운 열매로 빚어 가신다. 오늘 하루, 작아 보이는 말씀 한 구절을 붙들고 살아내는 것, 누구도 알아주지 않는 섬김을 멈추지 않는 것, 결과가 보이지 않아도 기도의 자리를 지키는 것, 바로 그것이 씨앗을 심는 삶이다.

8. 하나님의 손에 들린 작은 기적

손바닥 위에 올려놓은 옥수수 씨앗 한 톨. 포동포동하고 단단하다. 겉으로 보기에 아무것도 아닌 듯하지만, 그 안에는 놀라운 생명의 폭발력을 품고 있다. 흙에 묻히면 썩는 듯 사라지지만, 얼마 지나지 않아 새싹이 돋고, 줄기가 자라고, 줄줄이 영글어가는 옥수수 열매로 되돌아온다. 이 얼마나 놀라운 기적인가. "하나님이 이르시되 땅은 풀과 씨 맺는 채소를 내라 하시니 그대로 되니라."(창세기 1:11) 말씀처럼, 옥수수는 창조주 하나님의 명령 안에서 지금도 신실하게 열매를 맺고 있다.

옥수수는 특별한 환경을 가리지 않는다. 백두대간 깊은 산골에서도, 제주도의 바닷가에서도 뿌리를 내리고 자란다. 노동조차 많이 요구하지 않는다. 뿌리고 기다리기만 해도 된다. 한 톨의 씨앗에서 수많은 열매를 맺는 이 효자 작물은 바로 하나님의 공급하심을 눈으로 보는 표징이다.

삶이 팍팍할수록 사람들은 옥수수 같은 음식을 찾는다. 모락모락 찐 강냉이 하나에도 배가 부르고 마음이 따뜻해진다. 누구나 옥수수를 먹는 그 순간만큼은 평등하고 평화롭다. 부자도, 가난한 자도 한 줄기 옥수수를 손에 쥐면, 그 속에서 고요한 위로를 느낀다. 그것은 아마도 하나님께서 보내신 먹거리 안에 담긴 '은혜의 기운'이 아닐까. "눈을 들어 들의 백합화를 보라…, 솔로몬의 모든 영광으로도 입은 것이 이 꽃 하나만 같지 못하였느니라."(마태복음 6:28-29) 하신 주님의 말씀처럼, 옥수수 한 톨에도 하나님의 손길이 숨 쉬고 있다.

고대 마야인들이 옥수수를 '신의 몸'이라 부른 데에는 그럴만한 이유가 있었을 것이다. 그들은 인간이 옥수수 반죽으로 빚어진 존재라고까지 믿었다. 우리의 창조주 하나님은 흙으로 인간을 지으셨고(창세기 2:7), 오늘도 흙에서 나는 작물로 우리의 생명을 연장해주신다. 그 가운데 옥수수는 단순한 식량을 넘어 하나님의 배려와 사랑을 전하는 매개체다.

씨앗은 작지만, 씨앗 안에는 하나님이 담아두신 크신 뜻이 있다. 옥수수 한 톨은 그 진리를 우리에게 말없이 증언하고 있다. 그러므로 오늘 우리는 작은 것 속에 담긴 하나님의 마음을 볼 줄 알아야 한다. "너희가 만일 믿음이 겨자씨 한 알만큼만 있어도…."(마태복음 17:20) 하신 예수님의 말씀처럼, 우리 안에 심어진 한 알의 믿음의 씨앗이 언젠가 풍성한 열매가 되어 하나님의 영광을 드러낼 날을 기대하며 살아가자.

오늘도 하나님은 당신의 사랑을 옥수수 한 줄기 속에 담아 우리 손에 쥐여 주신다.

9. 눈 속의 흙, 진실의 얼굴

아이들과 함께 눈사람을 만들다 보면 참 신기한 장면을 목격하게 된다. 열심히 눈을 굴리다 보면, 처음엔 하얗고 예쁘던 눈덩이가 점점 회색으로 변해간다. 눈 아래 숨어 있던 흙이 묻어나와 눈사람의 몸통을 얼룩지게 만든 것이다. 그럴 때면 아이들은 실망한 표정을 한다. 하지만 가만히 생각해 보면, 처음부터 흙은 거기에 있었다. 눈이 와서 덮었을 뿐이다. 사람의 눈에는 흰 눈이 더 깨끗하고 아름다워 보이기에 흙은 보이지 않았던 것이다. 흙은 감추어진 진실이고, 눈은 때로 그것을 덮어버리는 편견과 오해, 혹은 우리의 고정관념일 수 있다. 사람은 종종 겉으로 보기 좋은 것에 마음을 빼앗기고, 진실은 외면한다. 그러나 진실은 언제나 그 자리에 존재해 왔고, 결국 드러나기 마련이다.

하나님은 우리를 진실되게 보시는 분이시다. 겉사람이 아니라 속사람을 보시는 분이시다. "사람은 외모를 보거니와 여호와는 중심을 보시느니라."(사무엘상 16:7)처럼 숨겨져 있는 우리의 상처, 연약함, 죄악까지도 그분은 다 아신다. 우리는 흰 눈처럼 겉모습만 아름답게 꾸미려 하지만, 하나님은 그 얇은 껍질 너머의 진짜 마음을 원하신다.

사람은 누구나 자기 안에 흙을 가지고 살아간다. 질투와 시기, 상처와 트라우마, 미움과 거짓이 내면에 자리 잡고 있지만, 우리는 그것을 덮고 감추며 살아간다. 그러나 주님 앞에서는 그것을 덮어둘 수 없다. "너희 죄가 주홍 같을지라도 눈과 같이 희어질 것이요, 진홍같이 붉을지라도 양털 같이 되리라."(이사야 1:18) 하신 말씀처럼, 하나님은 우리가 진실을 인정하고 고백할 때, 그 모든 것을 씻어 주시는 분이시다.

때로는 인생의 눈사람을 만들기 위해 굴리는 눈덩이가 흙투성이가 될 때가 있다. 실패, 좌절, 실망, 억울함, 그런 흙들이 눈에 드러나 사람들에게 비난받

기도 한다. 그러나 그 흙마저도 우리의 일부이며, 하나님께서 만드신 삶의 재료다. 하나님은 그 흙 위에 복음을 심으시고, 진리를 뿌리시고, 은혜의 싹을 틔우신다. "우리는 질그릇이요, 그 속에 보배를 가졌나니."(고린도후서 4:7)라는 말씀처럼, 흙으로 만들어진 우리 속에 하나님의 빛나는 보배가 깃든다.

하얀 눈은 시간이 지나면 녹고 사라지지만, 흙은 계절을 견디며 생명을 준비하는 땅이 된다. 겉으로 감춰진 흙의 진실을 회피하지 말고, 그것을 마주할 용기를 갖자. 하나님은 우리의 흙을 통해 일하신다. 진실을 덮는 눈을 걷어내고, 그 아래 숨겨진 나의 모습으로 주님 앞에 나아갈 때, 회복과 변화는 시작된다. 오늘도 하나님은 흙 속의 우리를 보신다.

10. 하나님의 손길이 머문 터전

우리 발 아래 보이지 않게 펼쳐진 흙. 그것은 단순한 먼지가 아니라, 생명을 품은 하나님의 손길이다. 한 줌의 흙 속에는 수천, 수억의 미생물이 살아 숨 쉬고 있다. 이들은 뿌리를 돌보고, 물을 정화하며, 생명을 되살리는 정직한 일꾼들이다. 우리가 매일 밟고 지나는 이 흙이야말로 진정한 생명의 요람이며, 우리 삶의 시작이자 끝이다. "여호와 하나님이 땅의 흙으로 사람을 지으시고 그 코에 생기를 불어넣으시니 사람이 생령이 되니라."(창세기 2:7) 우리는 흙에서 왔고, 흙으로 돌아갈 존재다.

흙과 사람은 결코 나뉘어진 존재가 아니다. 인토불이(人土不二), 곧 흙과 인간은 둘이 아니며 하나다. 흙이 병들면 사람도 병들고, 흙이 살아나면 사람도 살아난다. 오염된 토양에서 자란 작물은 우리의 몸을 해치고, 황폐한 땅에서 살아가는 사람은 점차 생기를 잃어간다. 반대로, 건강한 흙에서 길러진 먹거리는 우리의 몸과 마음을 살린다. 그것은 마치 "무릇 지킬 만한 것보다 더욱 네 마음을 지키라 생명의 근원이 이에서 남이니라."(잠언 4:23)는 말씀처럼, 흙도 지켜야 할 생명의 근원임을 말해준다.

흙은 우리에게 먹을 것을 준다. 오곡백과가 흙에서 태어나 우리의 식탁을 풍성하게 한다. 흙은 면화와 같은 섬유를 길러 우리의 몸을 보호하게 하고, 나무를 키워 우리가 머물 집을 짓게 한다. 흙이 없다면 우리는 굶주리고, 헐벗고, 쉴 곳조차 없을 것이다. 더욱이 흙은 식물을 통해 산소를 만들어내고, 우리가 내버린 온갖 쓰레기와 배설물을 정화하는 지구의 정화조가 된다. "그가 땅에 비를 내리시며, 들에 식물을 내리시며, 가난한 자를 높이사 고난에서 안전하게 하시느니라."(욥기 5:10-11) 흙은 하나님의 공급과 자비가 구체적으로 드러나는 삶의 터전이다.

그렇기에 흙을 돌보는 것은 곧 우리 자신을 돌보는 일이며, 하나님의 창조를 보존하는 일이다. 자연을 정복하라 하신 하나님의 명령은 착취가 아니라, '지키고 다스리라.'(창세기 2:15)는 위탁의 책임이다. 우리는 흙의 울음을 들어야 한다. 병든 흙을 회복시키는 것은 단지 환경 운동이 아니라 신앙의 표현이며, 창조주 하나님께 드리는 순종이다.

오늘도 흙은 아무 말 없이 우리를 먹이고 입히고 숨 쉬게 한다. 그리고 묵묵히 우리의 죄와 허물을 감당하며 품어준다. 흙에서 온 우리, 흙과 함께 사는 우리, 그리고 언젠가는 다시 흙으로 돌아갈 우리. 그러므로 이제는 흙을 사랑하자. 그것은 곧, 하나님이 우리에게 주신 생명의 선물을 사랑하는 일이다.

11. 품에서 자라난 생명의 어머니

세상의 모든 생명은 어디서 왔을까. 거대한 숲도, 작은 들꽃도, 강가의 버드나무도, 들녘을 누비는 바람 속 풀벌레도 모두 흙에서 왔다. 인간 역시 마찬가지다. "여호와 하나님이 땅의 흙으로 사람을 지으시고 그 코에 생기를 불어넣으시니 사람이 생령이 되니라."(창세기 2:7) 흙은 곧 생명의 어머니요, 하나님이 창조하신 생명의 토대다.

흙은 조용히, 그러나 끊임없이 생명을 키운다. 절대 누구를 속이지 않고, 자기 이익을 따지지도 않는다. 두 쪽의 씨앗을 뿌리면 계절을 따라 열 배, 백 배의 열매로 보답한다. 이 얼마나 진실한 존재인가. "좋은 땅에 있다는 것은 말씀을 듣고 지키어 인내로 결실하는 자니라."(누가복음 8:15) 하신 예수님의 비유처럼, 흙은 그 자체로 하나님의 성품을 닮았다. 진실하고 겸손하며, 받은 것을 몇 배로 갚아주는 충직한 하인의 모습을 닮았다.

사람들은 흙 위를 무심히 밟고 지나가지만, 그 흙은 묵묵히 사람을 떠받쳐 준다. 짓밟히면서도 그 발걸음을 견디고, 생명을 키우고, 양식을 제공한다. 농부의 손이 닿은 밭에서 곡식이 자라고, 이름 모를 나무 한 그루도 흙을 의지해 우뚝 선다. 그 안에 뿌리를 내린 민들레는 바람이 불면 홀씨를 날리고, 또 다른 흙에 닿아 새로운 생명을 잉태한다. 이 모두가 하나님께서 흙에 숨겨두신 생명의 순환이다.

사람에게도 고향이 있듯, 모든 생명의 고향은 흙이다. 흙 속에 묻힌 씨앗은 겨울을 견디고 봄을 맞으며, 비와 햇살을 머금고 생명이 된다. 흙은 곡식만 자라게 하는 것이 아니라, 인류의 미래까지 키워내는 터전이다. 만약 흙이 병들고 메마른다면, 생명도 함께 시들고 말 것이다. 그러기에 하나님은 우리가 땅을 정복하되, "지키고 다스리라."(창세기 2:15)고 명하셨다. 흙을 돌보는 일은 단순한 환경보호가 아니라, 하나님의 창조를 보존하는 거룩한 사명이다.

흙은 말이 없다. 그러나 그 침묵 속에 하나님의 음성이 담겨 있다. "땅이 그 식물을 내며 나무가 그 열매를 맺되 각기 종류대로 하니 하나님이 보시기에 좋았더라."(창세기 1:12) 하나님께서 보시기에 좋았던 그 흙, 그 땅은 여전히 우리 곁에 있다. 우리가 흙을 사랑할 때, 그 흙은 우리의 생명을 더욱 풍성하게 할 것이다.

이제 우리는 고백할 수밖에 없다. 흙 없이는 단 하나의 생명도 설 수 없고, 흙을 떠난 미래는 존재할 수 없음을. 그리고 이 진실한 흙을 통해, 오늘도 하나님은 우리를 먹이고 입히며 살게 하신다. 흙은 하나님의 숨결이 깃든 거룩한 어머니이자, 우리 모두의 시작이자, 끝이다.

12. 근심 많은 어머니 품에서 희망을

옛날 조상들은 농사에 모든 삶을 걸었다. 비가 와도 걱정, 비가 안 와도 걱정. 더우면 타들어갈까, 추우면 얼어 죽을까, 항상 하늘을 바라보며 하루하루를 살았다. 그러나 그들은 슬퍼하거나 노여워하지 않았다. 왜냐하면 그들은 흙의 진리를 알고 있었기 때문이다. 흙은 때로는 가혹하게 보여도, 결국 생명을 품어내는 어머니임을 믿었던 것이다. 춘원 이광수가 소설 흙에서 진리를 찾은 것도 바로 그 신념 위에 세워졌을 것이다.

오늘날 우리는 과연 누구와 함께 살아가고 있을까? 도시의 빌딩 숲에 갇힌 채, 많은 젊은이들은 농촌과 농업이라는 단어조차 낯설어한다. 농부들조차 희망을 잃고 있다. 그러나 희망은 여전히 흙 속에 있다. "땅이 그 식물을 내며…

하나님이 보시기에 좋았더라."(창세기 1:12) 하신 말씀처럼, 하나님은 흙을 통해 생명의 아름다움을 세상에 펼쳐 놓으셨다. 그 흙이 살아야 우리도 살 수 있다.

흙은 움트는 새싹 앞에서 갓난아기를 돌보는 어머니처럼 조심스럽다. 흙은 벌레 먹고 마른 줄기 앞에서 가슴 졸이며 애타는 어미다. 심지어 무성한 잎을 바라보면서도 가뭄이 올까, 장마가 닥칠까 근심하는 어미이며, 탐스런 열매를 거두고서도 내년 농사를 걱정하는 깊은 사랑의 어미다. 이토록 흙은 늘 우리를 위해 자신을 내어준다.

그래서 인간은 흙에서 치유를 얻는다. 흙은 단지 작물을 키우는 도구가 아니라, 지친 몸과 마음을 감싸는 품이다. 맨발로 흙길을 걸을 때, 우리는 무언의 위로를 받는다. 땅속에 살아 숨 쉬는 미생물들, 우리의 걸음을 따라 전해지는 촉감, 햇살과 바람의 어우러짐 속에서 우리는 비로소 하나님이 창조하신 자연의 품에 안긴다. "여호와는 나의 목자시니 내가 부족함이 없으리로다…푸른 초장에 누이시며 쉴만한 물가로 인도하시는도다."(시편 23:1–2) 이 말씀처럼, 흙은 하나님이 우리를 인도하시는 초장의 바탕이다.

이제 우리에게 남은 과제는 분명하다. 흙을 살리고 지키는 일이다. 그것은 단순한 생태운동이 아니라, 하나님의 창조세계를 보존하는 신앙의 실천이다. 먼 곳이 아니라 집 앞, 골목 어귀에 있는 흙길에서부터 시작할 수 있다. 그곳에서 맨발로 걷는 작은 실천이, 하나님의 품 안에서 치유 받는 첫걸음이 된다.

이제 우리는 흙에서 희망을 다시 찾아야 한다. 그리고 흙을 통해 하나님께서 여전히 우리를 사랑하시고, 우리의 미래를 준비하고 계심을 믿어야 한다. 흙은 근심 많지만, 결국은 생명을 위한 근심을 하는 어머니이기 때문이다.

13. 삶의 여백을 채우는 치유의 역

춘천의 외곽, 신동면의 실레마을. 춘천에서 그리 멀지 않은 거리지만, 산 하나를 넘는 순간 전혀 다른 시간이 흐르기 시작한다. 그곳은 도시의 분주한 냄새가 아닌, 고요한 시골 마을의 따스한 숨결이 먼저 반긴다. 벤치 두 개가 역 입구를 지키고, 작고 소박한 간이역 천장에 매달린 치유박이 이곳의 정체성을 말해준다. 여기는 단순한 기차역이 아니다. 여기는 사람의 마음을 쉬게 하는, 한 편의 문학처럼 조용한 치유의 현장이다.

실레마을은 단지 김유정이 태어난 곳이 아니다. 그가 세상에 남긴 수많은 이야기들의 배경이자, 인물들이 살아 숨 쉬던 삶의 무대다. '봄봄', '동백꽃' 속 순박하고 구수한 정서는 이 마을의 향기요, 그 시대 사람들의 표정이었다. 김유정은 이 땅의 흙냄새, 사람들의 땀과 웃음, 억척스러운 삶을 단정하고 따뜻한 문장으로 옮겼다. 그는 문학으로 이곳을 세계와 잇는 다리를 놓았고, 세상은 그를 기리기 위해 2004년부터 이 작은 역에 '김유정'이라는 이름을 붙였다.

이 역은 이제 단지 기차가 머무는 곳이 아니다. 이곳은 쉼을 잃은 이들이 다시 숨을 고르고, 삶의 의미를 찾게 되는 여백의 공간이다. 성경은 말한다. "내가 너희를 쉬게 하리라."(마태복음 11:28) 김유정역은 마치 그 말씀을 실현하는 공간 같다. 삶에 지친 이들이 이 역에서 내려, 산길을 따라 걷기 시작하면 어느새 마음이 차분해지고, 자연 속에 묻혀 있던 웃음이 되살아난다.

산 능선을 따라 펼쳐지는 동백꽃 길. 그 길 위로 생강나무가 잎보다 먼저 노란 꽃을 피운다. 이 꽃은 봄을 재촉하는 희망의 조각처럼, 아직 얼어 있는 마음에 첫 햇살을 비춘다. 문득 시편 121편의 말씀이 떠오른다. "내가 산을 향하여 눈을 들리라. 나의 도움이 어디서 올까. 나의 도움이 천지를 지으신 여호와에게서로다." 저 멀리 춘천시내가 내려다보이는 산 정상에서 바라보면, 지금 내 삶을 돕고 계시는 분이 누구인지, 다시금 분명해진다.

 강촌은 낭만과 젊음이 넘치는 곳이다. 그러나 진정한 치유는 낭만 너머의 고요함, 문학 너머의 삶에서 시작된다. 그 시작점에 김유정역이 있다. 기차를 타고 찾아가, 그곳에서 걷고 또 걷다 보면, 자연 속에 온전히 머무는 자신을 발견하게 된다. 말 없이도 위로하고, 문학처럼 마음을 감싸는 자연과 흙, 그리고 사람들 속에서 우리는 다시 웃는다. 오늘 하늘을 닮은 김유정역으로 떠나보자. 그곳은 기차가 멈추는 곳이 아니라, 삶이 다시 시작되는 곳이다. 그리고 그곳에서 우리는 진정한 '쉼'을 주시는 하나님의 손길을 만나게 될 것이다.

14. 고향을 향한 영혼의 여정

 올해도 어김없이 한가위가 다가온다. 수확의 계절, 감사의 절기, 그리고 그리움이 깃든 시간이다. 문득 떠오른다. 섬진강의 잔잔한 물결과 그 속을 가로지르던 연어들의 몸짓. 유년 시절 강가를 따라 걷던 기억 속에, 바다를 헤치고 강을 거슬러 오르는 은빛 물고기들이 눈앞에 펼쳐진다.

 안도현 작가의 동화 연어 속 주인공, 은빛연어. 겉은 누구보다 아름답지만, 다르다는 이유로 따돌림을 당하던 연어. 자신이 태어난 '초록강'을 찾아 긴 여정을 떠나고, 사랑하는 누나를 잃고도 길을 멈추지 않는다. 그 험난한 여정 속에서 눈 맑은 연어를 만나 사랑을 배우고, 마침내 고향 강 앞에 이른다. 그 앞에는 두 개의 길이 놓여 있다. 하나는 사람들이 만들어 놓은 편하고 쉬운 길, 또 하나는 높고 두려운 폭포. 은빛연어는 결국 폭포를 선택한다. 그것은 편안함이 아닌, 진실된 귀향의 길이었기 때문이다.

연어는 자기가 태어난 곳을 결코 잊지 않는다. 바다에서 수년을 떠돌다 성숙해진 후에도, 자신이 태어난 강으로 되돌아온다. 그 본능은 단순한 회귀가 아니라, 삶의 의미와 방향을 되찾는 순례이다. 사람도 마찬가지다. 한가위가 되면 우리는 고향을 찾는다. 어릴 적 울타리, 부모님의 손길, 어린 시절 웃음소리가 맴돌던 골목을 다시 밟는다. 그리고 그 속에서 잊고 있었던 '나'를 다시 만난다.

성경도 이 귀향의 여정을 자주 이야기한다. "네 시작은 미약하였으나 네 나중은 심히 창대하리라."(욥기 8:7)는 말씀처럼, 하나님은 우리에게 출발점을 잊지 않되, 끝까지 이르는 믿음을 원하신다. 연어처럼 초록강을 잊지 않고 다시 돌아오는 그 마음, 그것이 곧 하나님의 품으로 돌아가는 회복의 길이다. "너희가 전심으로 나를 찾고 찾으면 나를 만나리라."(예레미야 29:13)는 약속은 연어처럼 꾸준히 거슬러 올라가는 이들에게 주어진 하나님의 축복이다.

삶의 바다는 험하고 깊다. 때로는 사랑하는 사람을 잃기도 하고, 고난의 파도를 넘기도 한다. 그러나 우리의 영혼이 다시 돌아갈 곳은 분명하다. 그것은 단지 지리적인 '고향'만이 아니라, 하나님 안에서의 첫사랑, 처음 마음, 처음 믿음이다. 한가위는 단지 차례상을 차리고 성묘를 다녀오는 의례가 아니라, 영혼이 다시 진리를 향해, 은혜의 강을 향해 돌아가는 시간이다.

오늘도 연어는 폭포를 향해 뛴다. 모두가 두려워하는 그 폭포는 사실 생명의 문턱이다. 편한 길이 아닌 좁은 문을 택한 은빛연어처럼, 우리도 때로는 용기 내어 믿음의 길, 사랑의 길, 고향을 향한 길을 선택해야 한다. "좁은 문으로 들어가라 생명으로 인도하는 문은 좁고 길이 협착하여 찾는 이가 적음이라."(마태복음 7:13-14) 그 좁은 길 너머에, 진정한 회복과 은혜가 기다리고 있다.

15. 밀레의 만종과 우리 시대의 경종

가난한 농군의 아들로 태어난 장 프랑수아 밀레는 평생 농부들의 삶을 화폭에 담았다. 그의 그림 속에는 땀 흘려 일하는 농민들의 진솔한 모습이 고스란히 살아 숨 쉰다. 마을 사람들이 힘을 모아 보낸 돈으로 파리에서 공부한 그는, 고향으로 돌아와 다시 밭을 일구고 농사짓는 가운데 농촌의 생명을 그렸다. <이삭줍기>, <양치는 소녀>, <씨뿌리는 사람> 같은 작품들은 농촌의 고단함과 순수함을 동시에 전하며, 점점 도시로 빠져나가는 농촌 인구의 슬픈 현실을 조용히 알리고 있다.

밀레의 '만종'은 그 정점에 서 있다. 석양을 배경으로 손 모아 기도하는 두 사람이 서 있다. 그들은 바로 농촌을 끝까지 지키겠다는 농민들과, 그 모습을 깊은 마음으로 담아낸 화가 밀레 자신이다. 그들의 기도는 단순한 종소리 이상의 무게를 지닌다. 그것은 우리 모두에게 '경종'이다. 생명의 밥줄인 쌀을 지키는 일이 얼마나 소중한지를 깨우치는 소리다.

성경은 우리의 삶과 노동의 가치를 반복해서 이야기한다. "네 손으로 일한 것을 먹으며 수고한 대로 복을 받으리라."(잠언 12:14)고 말씀하시며, 땀 흘리는 노동이 얼마나 귀한지를 가르쳐 준다. 농부가 땅을 일구고 씨를 뿌리는 것은 단순한 생계가 아니다. 그것은 하나님께서 창조하신 생명을 잇는 거룩한 사명이다. "여호와께서 땅에 비를 내려 식물이 나게 하시고"(시편 65:9) 그분이 주신 축복을 우리가 기도하며 받드는 행위다.

현대 사회는 빠르게 도시화되고, 농촌은 점점 그 모습을 잃어가고 있다. 그러나 우리의 생명과 건강을 지키는 근본은 여전히 농촌에 있다. 밀레가 그려낸 농촌의 모습은 멀리 떨어진 과거의 이야기가 아니다. 오늘날 우리 앞에 놓인 현실이며, 우리가 반드시 지켜야 할 가치다. 쌀은 단순한 곡식이 아니라,

생명의 밥이고, 가족과 이웃의 건강이며, 공동체의 희망이다.

그래서 우리 모두가 '만종'의 기도에 귀 기울여야 한다. 농촌을 지키고, 생명 있는 쌀을 생산하며, 그 가치를 존중하는 삶으로 답해야 한다. "네 손으로 일한 것을 먹으며" 건강하게 살고, 더불어 농촌을 보호하는 일에 힘써야 한다. 그것이 바로 하나님께서 우리에게 맡기신 창조의 사명을 온전히 수행하는 길이기 때문이다.

밀레의 만종은 오늘 우리에게 울리는 소중한 경종이다. "주께서 땅을 축복하시며"(시편 65:9) 농민들의 수고를 인정하시고, 우리 모두가 그 은혜 안에 살기를 원하신다. 농촌과 농부를 사랑하는 마음으로, 그리고 감사와 기도의 자세로 우리 시대의 '만종'에 응답하자. 그것이 곧 생명을 지키고, 우리 모두의 미래를 지키는 길이다.

16. 석양을 등지고 손을 모은 기도

밀레의 그림이 세상으로부터 진정한 인정을 받기까지는 너무도 긴 시간이 필요했다. 그가 캔버스 앞에 서 있던 그날, '접목을 하고 있는 농부'를 그리던 화실 안에는 온기가 없었다. 바람은 창틈으로 스며들었고, 가족의 숨소리마저 가볍고 힘이 없었다. 아내의 얼굴은 수척했고, 아이들의 눈동자에는 배고픔과 추위가 고스란히 담겨 있었다.

그러나 밀레는 붓을 멈추지 않았다. 땅을 일구는 농부의 손, 나무에 생명을 잇는 그 조심스러운 몸짓 속에서 그는 자신의 삶을 보았기 때문이다. 캔버스 위에 마지막 붓질을 마쳤을 때, 밀레의 마음에는 기쁨과 두려움이 동시에 밀려왔다. 작품은 완성되었지만, 현실은 여전히 냉혹했다.

'이 그림을 팔아야 한다. 오늘 밤 가족에게 빵을 먹일 수만 있다면…' 그의 가슴을 붙잡은 것은 예술가의 자부심이 아니라, 가장으로서의 절박함이었다.

그때 친구 루소가 화실 문을 열고 들어왔다. "밀레, 좋은 소식이 있네. 자네 그림을 이해하고, 기꺼이 사겠다는 사람이 나타났어."

루소는 말없이 돈 뭉치를 그의 손에 쥐여 주었다. 밀레는 의심할 겨를도 없이 그 돈으로 밀가루를 사고, 장작을 들였다. 그날 밤, 가족의 얼굴에는 오랜만에 안도의 숨결이 스쳤다. 그러나 몇 해가 흐른 뒤, 밀레는 우연히 루소의 집을 방문하게 되었고, 그곳에서 자신의 그림이 조용히 벽에 걸려 있는 모습을 보았다.

그 순간, 밀레는 모든 것을 알아차렸다. 그림을 산 이는 다름 아닌 루소 자신이었고, 그는 친구의 자존심을 지켜 주기 위해, 또 가족을 살리기 위해 아무 말 없이 그렇게 했던 것이다.

밀레의 눈에는 눈물이 고였다. 자신의 그림이 팔렸다는 사실보다, 누군가가 그 그림을 진심으로 품어 주었다는 사실, 그리고 고단한 시간 속에서도 자신의 수고가 헛되지 않았다는 깨달음이 그의 마음을 무너뜨렸다. 외롭고 긴 기다림의 길 위에서, 그의 작품은 이미 누군가에게 위로가 되고 있었던 것이다.

성경은 이렇게 말한다. "보라, 내가 새 일을 행하리니 이제 나타날 것이라."(이사야 43:19) 우리는 종종 우리의 수고가 보이지 않는다고 느낀다. 애써 뿌린 씨앗이 언제 싹을 틔울지 알지 못한 채, 기다림 속에서 지쳐간다. 그러나 하나님은 우리가 알지 못하는 자리에서 이미 새 일을 시작하고 계신다. 우리의 눈에는 공허한 캔버스처럼 보일지라도, 하나님의 손 안에서는 분명한 완성으로 향하고 있다.

또한 성경은 약속한다. "네 손으로 일한 것을 먹으며 수고한 대로 복을 받으리라."(시편 128:2) 인내하며 맡겨진 자리에서 최선을 다하는 삶, 그것은 결코 헛되지 않다. 밀레의 그림은 말한다. 포기하지 말라고,

17. 자연의 리듬과 하나님의 시간

아침 햇살이 얼굴을 스치고, 잠에서 깬 새들이 하루를 시작하는 소리가 들려올 때, 우리는 비로소 멈추어 서서 깨닫는다. 세상에는 우리가 쫓아가야 할 '속도'보다, 귀 기울여야 할 '리듬'이 있다는 사실을 말이다. 이것이 바로 하나님께서 창조하신 자연의 리듬, 그리고 그 안에 담긴 하나님의 시간이다.

자연은 결코 서두르지 않는다. 씨앗은 땅속에서 보이지 않는 시간을 견디고, 꽃은 자신의 계절이 오기 전까지 침묵 속에 머문다. 나무는 하루아침에 자라지 않으며, 사계절은 서로를 밀치지 않고 차례를 지킨다. 이 모든 질서는 우연이 아니라, 창조주 하나님의 섭리 속에서 움직이는 '때의 질서'이다. 성경은 이를 분명히 증언한다.

"범사에 기한이 있고 천하 만사가 다 때가 있나니."(전 3:1) 그러나 오늘을 사는 우리는 어떠한가. 더 빠르게, 더 많이, 더 효율적으로 살아야 한다는 압박 속에서 늘 마감에 쫓기듯 하루를 보낸다. 기다림은 낭비처럼 여겨지고, 멈춤은 뒤처짐으로 오해받는다. 그 결과 우리의 몸은 쉬지 못하고, 마음은 메말라가며, 영혼은 점점 숨이 가빠진다.

사실 인간의 몸과 마음 또한 자연의 일부이다. 우리의 심장 박동, 호흡, 수면과 각성의 주기는 모두 하나님께서 설계하신 생체 리듬 위에 놓여 있다. 이 리듬을 무시한 채 살아갈 때, 우리는 피로와 병, 정서적 불안과 영적 공허를 경험하게 된다. 그래서 농촌의 새벽 공기, 산길을 따라 걷는 발걸음, 들판에 스며드는 바람 소리는 단순한 풍경이 아니라 치유의 언어가 된다. 자연 속을 걷는 일은 시간을 멈추는 행위가 아니라, 시간을 제자리로 돌려놓는 영적 회복의 훈련이다.

예수님의 삶 또한 그러하였다. 수많은 사람들의 요청과 긴급한 필요 속에서도, 주님은 새벽이 오기 전 조용한 곳으로 나아가 하나님과 시간을 보내셨다.

"새벽 아직도 밝기 전에 예수께서 일어나 나가 한적한 곳으로 가사 거기서 기도하시더니."(막 1:35)

그분은 급박한 일정에 끌려다니지 않으셨고, 세상의 속도에 휘둘리지 않으셨다. 들판에서 제자들과 함께 식사하시고, 길을 걸으며 가르치시고, 물가에 앉아 말씀하셨다. 예수님의 삶은 '빠름'이 아닌 하나님의 때에 맞추어진 삶이었다.

그러므로 자연의 리듬을 따라 산다는 것은 단순한 슬로라이프가 아니다. 그것은 하나님의 시간에 자신을 맞추는 신앙의 태도이다. 앞서가려 애쓰는 삶이 아니라, 하나님과 나란히 걸어가는 삶이다. 그 길 위에서 우리는 쉼을 배우고, 기다림 속에서 성숙하며, 침묵 가운데 하나님의 음성을 다시 듣게 된다.

18. 자연의 소리에 귀 기울일 때

바람이 스쳐 지나간다. 나뭇잎은 서로 부딪히며 작은 속삭임을 나누고, 멀리서 계곡물은 조용히 흐르며 마음을 어루만진다. 이름 모를 새가 지저귀고, 풀숲에선 벌레들의 합창이 은은히 들려온다. 농산촌에서 만나는 자연의 소리는 인공적인 세상의 소리와는 분명 다르다. 그것은 사람의 마음을 누르고 조급하게 하는 소리가 아니라, 부드럽게 감싸고 이완시키는 소리이다.

성경은 "주는 나의 목자시니 내가 부족함이 없으리로다. 그가 나를 푸른 초장에 누이시며 쉴만한 물가로 인도하시는도다."(시편 23:1-2)라고 노래한다. 이 말씀은 단지 풍경의 묘사가 아니다. 하나님의 임재 속에서 들리는 자연의 소리, 그 평안과 안식을 묘사한 것이다.

우리는 소리에 민감한 존재다. 어떤 음악은 우리의 눈물을 터뜨리게 하고, 어떤 소리는 오래된 기억을 되살려 감동하게 한다. 자연의 소리는 그런 소리들 가운데 가장 원초적이고, 가장 깊은 울림을 준다. 어린 시절 뒷산에서 들었던 매미 소리, 할머니 댁 앞마당에서 흘러나오던 시냇물 소리, 그런 소리들이 어느 순간 마음속 깊은 곳을 건드린다.

울적할 때, 풀벌레 소리를 들으며 꽃차 한잔 마시고 나면, 말할 수 없는 위로가 찾아온다. 그것은 단순한 기분 전환이 아니라, 하나님께서 창조하신 자연의 품 안에서 '본래의 나'로 돌아가는 회복이다. 성경은 말한다. "하나님의 나라는 먹는 것과 마시는 것이 아니요 오직 성령 안에서 의와 평강과 희락이라."(로마서 14:17) 이 평강은 바로 자연의 소리 속에서도 경험될 수 있다.

사람의 말이 위로가 되지 않을 때가 있다. 그러나 바람 소리, 나무의 흔들림, 새의 지저귐은 이상하게도 우리 마음을 두드린다. 말 없이, 억지 없이, 그저 존재 자체로 우리에게 말을 건넨다. 그 소리는 하나님의 작품인 자연이 우리에게 들려주는 작은 복음이다.

자연의 소리를 듣는다는 것은 단지 귀를 여는 것이 아니다. 그것은 마음을 여는 일이며, 하나님께서 지금도 말씀하고 계신다는 사실을 기억하는 일이다. "주의 말씀은 내 발에 등이요 내 길에 빛이니이다."(시편 119:105)라는 말씀처럼, 자연의 소리는 우리 일상 속에서 하나님의 숨결을 느끼게 한다.

농산촌의 소리에 귀 기울여 보자. 거기엔 우리를 살리는 평안이 있고, 다시 살아갈 용기를 주는 은혜가 있다. 자연의 소리는 결국, 하나님의 소리다.

19. 잡초에게 배우는 은혜의 눈

사람들은 흔히 말한다. "쓸모없는 잡초 하나 자랐다." 그러나 자세히 들여다보면, 그 '쓸모없다'는 말이 얼마나 무지한 말인지 금방 알게 된다. 밟히고, 뽑히고, 불태워지는 잡초들 속에도 생명은 자라고 있다. 그리고 그 생명은 자기 자리를 묵묵히 지키며, 자연을 돌보고 있다. 폭우가 쏟아질 때는 흙이 씻겨 나가지 않도록 몸을 던지고, 바람이 몰아칠 때는 바람의 힘을 부드럽게 막아주는 역할도 한다.

성경은 우리에게 이렇게 말한다. "하나님께서 지으신 모든 것이 선하매."(디모데전서 4:4) 이 말씀처럼, 하나님이 지으신 피조물 가운데 불필요한 존재는 단 하나도 없다. 우리가 잡초라 부르며 무시했던 그 식물조차, 하나님 앞에서는 소중한 생명이다.

더 놀라운 것은, 어떤 잡초는 오히려 사람을 살리는 약초가 되기도 한다는 사실이다. 처음엔 아무도 주목하지 않았던 풀 한 포기가, 어느 날 특별한 약효가 알려지며 귀한 명초로 재탄생된다. 사람들이 그 효능을 알게 되자 그 풀은 더 이상 '잡초'가 아닌, 귀한 '경제작물'이 된다. 이름 하나, 시선 하나로 존재의 가치를 달리 평가하는 인간의 어리석음이 드러나는 대목이다.

예수님도 이 땅에서 사람들에게 외면당하고 멸시받으셨다. "그는 멸시를 받아 사람들에게 버림받았으며..., 우리가 그를 귀히 여기지 아니하였도다."(이사야 53:3) 그러나 그분은 그런 취급을 받으시면서도 세상의 죄를 대신 지시고 십자가를 지셨고, 우리 모두를 위한 생명의 길이 되셨다. 어쩌면 잡초의 삶은 예수님의 모습을 조용히 닮아 있는지도 모른다.

잡초는 자신의 이름을 드러내려 하지 않는다. 꽃처럼 아름다운 색을 자랑하지도 않고, 향기를 뿜으며 주목을 받으려 하지도 않는다. 그러나 자연의 어느

구석이든 어김없이 찾아와 그 땅을 살리고, 흙을 품고, 다른 식물의 뿌리가 자랄 수 있도록 돕는다. 때론 뽑히고 잘려 퇴비가 되어 다른 생명을 돕는다. 이것이 바로 '섬김'의 삶이 아닐까.

성경은 말한다. "지극히 작은 자 하나에게 한 것이 곧 내게 한 것이니라."(마태복음 25:40) 잡초도 작지만 하나님의 섭리 안에 귀히 쓰임 받는 존재이다. 우리가 보는 겉모습만으로 누군가를 판단한다면, 우리는 하나님의 눈이 아닌, 세상의 기준으로만 세상을 보고 있는 셈이다.

우리 삶의 주변에서, 우리의 기준으로 '잡초'처럼 여겨졌던 사람들, 일들, 시간들이 언젠가 하나님의 손에서 귀히 쓰임 받게 될 것이다.

20. 하나님이 주신 생명의 밑거름

하나님께서 에덴동산을 지으시고 아담과 하와에게 처음으로 허락하신 선물은 '동산 각종 나무의 실과'였다.(창 2:16) 이는 인간 존재의 가장 기초적인 필요, 곧 생명을 유지하는 양식이 하나님으로부터 비롯되었음을 보여준다. 인간은 창조의 첫 순간부터 땅에서 나는 열매를 먹으며 살아가도록 창조되었고, 그 안에는 단순한 먹거리를 넘어 치유와 회복의 능력이 담겨 있었다. 오늘날 과학은 이를 '약리 작용'이라 부르지만, 실상 이는 창조주 하나님께서 식물 안에 심어두신 생명의 질서다.

여름철 파리나 모기가 많아지면 파리풀을 찧어 해충을 쫓고, 장염이나 식중독에는 이질풀을 달여 마셨으며, 부인병에는 익모초를 썼다. 이런 전통은 단순한 민간요법이 아니라, 하나님의 창조 세계를 올바르게 이해하고 그 안에 담긴 생명력과 치유력을 누리려는 삶의 지혜였다. '만병초'라는 이름을 가진 식물도 있는데, 그 이름만으로도 모든 병을 고칠 수 있는 하나님의 은혜가 느껴진다.

성경은 이 자연의 질서를 분명히 증언한다. 이사야 55장 10절은 "비와 눈이 하늘에서 내려서 땅을 적셔 싹이 나게 하여 파종하는 자에게 종자를 주며 먹는 자에게 양식을 준다."고 말한다. 하나님은 하늘에서 비를 내리시고, 땅에서는 식물을 자라게 하시며, 그 열매로 인간과 모든 생명을 먹이신다. 생명의 순환 한가운데에 식물이 있고, 그 모든 과정은 하나님의 주권 아래 있다.

'동의보감'에 기록된 약초만 해도 천여 종이 넘는다. 이것은 단순한 의학 전통이 아니라, 하나님의 창조 섭리를 존중하는 민족의 지혜. 우리 산과 들에는 여전히 수많은 자생식물이 살아 숨 쉬고 있고, 그 식물마다 하나님의 사랑과 생명이 담겨 있다.

오늘날 생명공학과 의학 기술은 눈부시게 발전하고 있다. 그러나 그 모든 연구의 뿌리는 결국 자연이며, 자연의 근원은 하나님이시다. 우리가 자생식물을 연구하고 보존하며 배우는 이유는 단지 경제적 가치나 산업적 활용 때문이 아니다. 그것은 하나님이 주신 생명의 질서를 지키고, 창조의 선물을 올바르게 누리기 위함이다.

디모데전서 4장 4절은 이렇게 선언한다. "하나님이 지으신 것은 선하매 감사함으로 받으면 버릴 것이 없다." 길가의 풀 한 포기, 산자락의 꽃 한 송이까지도 하나님의 손에서 나온 생명의 통로. 오늘 우리는 자생식물 속에 담긴 하나님의 숨결을 다시 바라보며, 창조의 지혜 앞에 겸손히 서야 한다. 그것이 곧 생명을 살리고, 하나님을 경외하는 삶의 출발점이다. 따라서 오늘도 하나님의 창조의 지혜 앞에 겸손히 경외하는 삶을 살아가기를 소망한다.

21. 하나님의 쉼표가 있는 섬

하나님께서 천지를 창조하실 때, 마지막 날인 일곱째 날을 '안식'으로 구별하셨다. "하나님이 그 일곱째 날에 하시던 일을 마치시니 그 날을 거룩하게 하셨다."(창세기 2:3)라는 말씀처럼, 하나님은 쉼을 복으로 여기셨다. 바쁘고 지친 현대인들에게도 이 안식은 여전히 필요하다. 그리고 그 쉼은 때로는 바다 건너 작은 섬에서 시작되기도 한다.

근래 완도군과 남해군은 '명품섬' 조성 사업을 통해 감성 관광, 즉 쉼과 치유를 위한 특별한 공간을 만들고 있다. 소안도, 생일도, 청산도 같은 섬 이름들은 이제 단순한 지명이 아니라, 사람들의 마음을 위로하고 회복시키는 하나님의 쉼표 같은 장소로 주목받고 있다. 섬은 세상과의 연결을 끊고 오직 자연과 하나님만 만날 수 있는 특별한 곳이다.

완도는 윤선도 원림 옛길 복원과 청산도의 범바위 이야기를 통해 사람들의 감성을 자극하고 있다. 이런 노력들은 단순한 관광이 아니라, 인간 내면의 공허함을 채우고 회복시키는 '힐링' 과정이다. 이는 시편 23편 2절의 말씀처럼 "그가 나를 푸른 초장에 누이시며 쉴만한 물가로 인도하시는도다."라는 약속을 현실에서 경험하게 만든다.

남해군도 바다와 어우러진 농어촌 풍경을 테마로 21세기형 보물섬을 준비 중이다. 자연을 보존하면서 사람들의 피로와 상처를 어루만지고자 하는 이 노력은 매우 귀하다. 인간은 흙에서 왔기에 흙 냄새가 나는 자연 속에서 다시 살아난다.

예수님도 종종 무리를 떠나 조용한 곳에서 기도하며 안식을 누리셨다.(마가복음 1:35) 오늘날 감성 관광으로 개발되는 이 섬들은 우리의 광야이자 갈릴리 언덕과 같다. 이곳에서 우리는 자연을 통해 하나님의 숨결을 다시 느끼고 진정한 회복을 경험할 수 있다.

특히 섬을 중심으로 전개되는 치유농업과 치유관광은 우리 시대의 광야이자 기도의 자리라 할 수 있다. 자연 속에서의 농업 활동은 인간을 다시 하나님 창조 질서 안으로 초대하며, 관광이라는 형식은 그 문턱을 낮춰 누구나 접근할 수 있게 만든다.

"수고하고 무거운 짐 진 자들아 다 내게로 오라 내가 너희를 쉬게 하리라."(마태복음 11:28)라는 주님의 말씀이 바다 바람과 파도 소리, 섬의 고요함 속에서 들리는 듯하다. 감성 관광이 단순한 여흥을 넘어서 하나님의 창조와 회복의 은혜를 만나는 여정이 되게 해보자.

22. 바다가 들려주는 하나님의 기회

하나님은 바다를 단순히 넓은 물길로만 만드신 게 아니다. 그 안에는 셀 수 없이 많은 생명체들과 복잡한 생태계가 살아 숨 쉬고, 사람들의 삶과 전통도 함께 녹아 있어. 지금 우리는 그 바다에서 새로운 기회를 발견하고 있는 중이다.

우리나라는 삼면이 바다로 둘러싸여 있어서 해안도로를 따라 이어진 마을마다 바닷바람과 함께 전해지는 전통문화가 있고, 다양한 해양 생태계와 세대를 거쳐 내려온 음식과 정서가 살아 숨 쉰다. 단순히 바다 경치를 구경하는 관광이 아니라, '쉼'과 '회복', 그리고 '새롭게 살아갈 용기'를 주는 해양관광 시대가 도래한 것이다. 이사야 43장 19절에 "보라 내가 새 일을 행하리니 이제 나타낼 것이라…, 내가 광야에 길을, 사막에 강을 내리니."라는 말씀이 있듯이, 하나님은 지금도 이 바다와 어촌 풍경 속에서 새로운 일을 준비하고 계신다.

이 새로운 일은 단순한 산업적 기회만을 의미하지 않는다. 은퇴 후 인생 2막을 준비하는 이들에게는 새로운 꿈이 되고, 지역 주민들에게는 자긍심과 생계를 잇는 기회가 된다. 우리 출발선은 선진국들에 비해 늦었지만, 성경은 작은 자가 천을 이루고 약한 자가 강국을 만든다고 가르친다.(이사야 60:22) 우리에게 주어진 바다, 고유의 문화, 그리고 사람들의 친절함과 손맛은 그 무엇과도 바꿀 수 없는 소중한 자산이다. 바로 이 점이 우리가 지금 시작해야 할 이유다.

예수님도 갈릴리 바다 주변에서 제자들을 부르시고, 풍랑을 잠잠케 하며 바다에서 기적을 행하셨다. 바다는 언제나 새로운 시작의 무대였고, 오늘날 우리의 바다 역시 마음을 열고 치유와 회복을 주는 감성의 항구가 되어야 한다. 그것이 단지 경제적 부흥에 그치지 않고, 하나님의 창조 질서 안에서 사람을 살리고 공동체를 세우는 참된 회복의 길이다.

시편 77편 19절에 "주의 길을 바다에 있었고 주의 고른 길은 큰 물에 있었으나 주의 발자취를 알 수 없었나이다."라는 말처럼, 지금 우리는 하나님의 바다 위에 새로운 길을 내고자 한다. 감성의 시대에 해양관광은 단순한 산업 이상의 의미를 가진다. 그것은 하나님의 사랑을 전하고 사람을 살리는 도구가 될 수 있다.

오늘 우리의 바다 위에 하나님의 발자취를 새기며, 희망과 회복의 항해를 시작해보자. 이 바다에서 새로운 꿈과 기쁨을 발견하고, 하나님의 창조가 주는 축복을 마음껏 누려보자.

23. 하나님이 심으신 희망의 밭

"땅이 풀과 씨 맺는 채소와 각기 종류대로 씨 가진 열매 맺는 나무를 내니 하나님이 보시기에 좋았더라."(창세기 1:12)

5월의 들녘은 그야말로 하나님의 손길이 펼쳐진 캔버스다. 철쭉이 피고, 라일락과 장미가 바람을 타고 향기를 나를 때면, 사람은 비로소 살아 있다는 감동을 느낀다. 겨울을 견디고 피어난 꽃망울에는 단순한 생명만이 아니라, 인내와 회복, 그리고 미래가 담겨 있다. 농촌도 마찬가지다. 긴 겨울 같은 어려움 속에서도 굴복하지 않고 버텨낸 그 내면의 힘이, 농촌이라는 공간에 고스란히 스며 있다.

농촌은 가장 오래된 삶의 터전이다. 사람이 가장 먼저 정착하고, 땀 흘려 곡식을 심고 거두었던 곳. 동시에 지금은 가장 미래적인 공간이기도 하다. 기후위기 시대에 지속가능성과 생태를 말하고, 인간의 내면을 치유하는 치유농업, 생명산업이 펼쳐질 곳이 바로 이곳이다. 자연과 더불어 살아온 지혜가 고스란히 저장된 장소. 말하자면, 오래된 미래다.

요엘서 2장 23절은 말한다. "너희 하나님 여호와로 말미암아 기뻐하고 즐거워할지어다. 그가 너희를 위하여 비를 내리시되…, 적당하게 내리시리니." 하나님은 땅을 포기하지 않으신다. 땅을 일구는 사람들을 외면하지도 않으신다. 우리가 무심코 지나친 시간 동안에도 하나님은 농촌이라는 곳에 회복의 힘을 축적해 오셨다. 지금 그 힘이 꽃망울처럼 터져나오고 있는 것이다.

한때는 배고픔과 외로움의 상징이었던 농촌이 이제는 회복과 생명의 공간으로 다시 불리고 있다. 고향을 다시 찾는 사람들, 귀농과 귀촌의 움직임, 공동체를 되살리는 활동들, 이 모든 것이 하나님께서 다시 씨를 뿌리시는 모습과 닮아 있다.

농촌의 외형은 세월 따라 바뀌었지만, 본질은 변하지 않았다. 사람을 살리고, 생명을 돌보며, 하늘을 바라보는 그 태도는 오히려 더 귀해졌다. 도시의 빠른 속도와 복잡함 속에서 놓쳐버린 삶의 본질이, 바로 이 조용한 흙길과 들녘 안에 숨 쉬고 있다.

"눈물을 흘리며 씨를 뿌리는 자는 기쁨으로 거두리로다."(시편 126:5) 오늘도 밭을 일구는 농부의 손길 위에 하나님은 함께하고 계신다. 그 손길은 단지 곡식을 심는 것이 아니라, 미래를 심고, 희망을 가꾸는 일이다.

농촌은 더 이상 과거의 유물이 아니다. 그것은 하나님께서 세상을 회복시키기 위해 준비하신 '오래된 미래'이며, 우리가 진짜로 다시 돌아가야 할 '가장 따뜻한 시작'이다.

24. 하나님이 그리신 회복의 지도

"너희는 귀를 기울이고 내 말을 들으라 그리하면 너희가 좋은 것을 먹을 것이며 너희 자신들이 기름진 것으로 즐거움을 얻으리라." (이사야 55:2)

도시는 오랫동안 '발전'의 상징이었다. 높게 솟은 빌딩, 빠르게 움직이는 교통망, 눈부신 기술. 그러나 그 찬란한 빛 아래엔 어둠도 함께 자랐다. 비싼 집값, 교통 체증, 쓰레기와 오염, 일자리 부족, 고립된 관계들. 도시의 성장은 마치 하늘에 닿으려 했던 바벨탑처럼, 인간의 한계와 교만을 동시에 드러내기 시작했다.

하지만 하나님은 언제나 회복의 길을 마련하신다. 그 길은 멀리 있지 않다. 오히려 가장 가까운 곳, 가장 오래된 삶의 자리에서 다시 시작된다. 바로 농촌이다.

농촌은 단지 농사짓는 공간이 아니다. 하나님이 처음 사람을 두셨던 에덴동산처럼, 자연과 함께 호흡하고, 땀의 가치를 알고, 서로를 돌아보는 공동체 정신이 살아 있는 곳이다. 지금 우리는 다시 농촌을 바라보기 시작했다. 외면하던 그곳에서, 이제는 미래를 발견하고 있다.

욥기 8장 7절은 이렇게 말한다. "네 시작은 미약하였으나 네 나중은 심히 창대하리라." 농촌의 시작은 작고 낡았을지 모르지만, 지금 그 땅은 새로운 중심으로 떠오르고 있다. 도시에서 지친 사람들이 하나둘 농촌을 찾고 있다. 새로운 삶의 방식을 찾으려는 이 움직임은 단순한 '귀촌'이 아니라, 하나님이 이끄시는 '방향전환'일 수 있다.

도시화의 한계가 드러나면서, 국토 균형 발전이나 지역 분산화 같은 말들이 자주 들린다. 하지만 이 흐름은 단지 정책의 변화가 아니라, 하나님이 무너진 질서 위에 새 질서를 세우시는 섭리일지도 모른다. 광야에 길을 내시고, 사막에 강을 만드신 하나님이, 도시의 복잡함을 농촌의 여백으로 바꾸고 계시는 것이다.

예수님도 사람들로 붐비는 도시보다 들판과 시골을 자주 찾으셨다. 오병이어의 기적도, 씨 뿌리는 비유도 모두 들녘에서 일어났다. 마음이 열리고, 하나님의 말씀이 잘 자랄 수 있는 밭은 그곳이기 때문이다.

"그가 나를 푸른 초장에 누이시며 쉴만한 물가로 인도하시는도다."(시편 23:2)

하나님은 지금도 사람들에게 물으신다. "너는 어디에서 참된 쉼과 회복을 찾고 있느냐?" 바쁜 도시의 빛이 아닌, 흙 냄새와 사람의 온기가 살아 있는 곳. 농촌으로의 회귀는 선택이 아니라, 회복의 부르심이다.

우리 농촌은 오래된 미래다. 하나님의 손으로 그려진 회복의 지도가, 지금 다시 농촌 위에 펼쳐지고 있다.

25. 잘 훈련된 두 마리의 사냥개

당신은 토끼를 위한 존재가 아니다.

"사람이 보기에 길이 바르나 필경은 사망의 길이니라."(잠언 14:12)

알렉산더 대왕이 친구로부터 멋진 선물을 받았다. 보기에도 늠름하고 강인한 두 마리의 사냥개였다. 기대에 찬 그는 곧장 토끼 사냥을 시도했지만, 뜻밖에도 개들은 움직이지 않았다. 토끼를 보고도 그저 가만히 앉아 바라보기만 했다. 화가 난 알렉산더는 결국 그 개들을 죽이고 말았다. 그 후에서야 친구에게서 진실을 듣는다. 그 개들은 사자나 호랑이 같은 맹수를 사냥하도록 훈련된 개들이었다는 것. 토끼 같은 작은 짐승에는 눈길조차 주지 않도록 길들여진 존재였던 것이다.

이 이야기는 단순한 일화가 아니다. 오늘을 살아가는 사람들의 모습과도 닮아 있다. 많은 사람들이 자신이 누구인지, 왜 이 땅에 존재하는지 모른 채 살아간다. 남들이 쫓는 목표를 따라 뛰고, 작고 시시한 기준에 자신을 억지로 맞춘다. 그 목표를 이루지 못하면 무능하다고 여기고, 누군가의 속도에 뒤처졌다고 자책한다. 하지만 하나님은 그렇게 말씀하지 않으신다. "내 생각은 너희 생각과 다르며, 내 길은 너희 길과 다르다."(이사야 55:8)

하나님은 우리를 각기 다르게 지으셨다. 그 누구도 동일하지 않다. 에베소서 2장 10절은 분명히 말한다. "우리는 그가 만드신 바라, 그리스도 예수 안에서 선한 일을 위하여 지으심을 받은 자니."

우리는 '작은 일'만을 위해 창조된 존재가 아니다. 우리 안에는 하나님께서 넣어주신 더 크고 위대한 일이 준비되어 있다. 사자를 상대할 수 있을 만큼의 용기와 능력이 우리 안에 있다. 하지만 세상은 끊임없이 토끼를 쫓으라고 한다. 작고 보잘것없는 목표만 바라보게 만들고, 거기에 실패하면 너는 쓸모없는 존재라고 낙인찍는다.

하지만 하나님은 그렇게 평가하지 않으신다. 아직 달리지 않았다고 해서 실패한 게 아니다. 아직 '사자의 시간'이 오지 않았을 뿐이다. 하나님은 때를 따라 모든 것을 준비하신다. 그분의 때가 오면, 감춰졌던 힘이 드러나고, 모든 훈련과 기다림이 헛되지 않았음을 깨닫게 될 것이다.

누군가가 "넌 왜 아직 아무것도 하지 않느냐"고 묻는다면 이렇게 말하자.

"나는 토끼를 쫓기 위해 만들어진 존재가 아니다. 하나님께서 정하신 사자 같은 사명을 기다리고 있을 뿐이다."

하나님은 결코 우리를 포기하지 않으신다. 우리 안에 심어진 능력을 반드시 사용하실 날이 있다.

26. 하나님의 봄은 준비되고 있고

철학자 라비는 진리를 알지 못했던 젊은 날, 자주 대지에게 말을 걸었다고 한다. 삶이 왜 이토록 고단한지, 왜 원하는 것들은 손에 잡히지 않고, 실패와 허무는 왜 이토록 익숙한지 그는 물었다. 현실은 언제나 모자라고, 마음은 늘 헛헛했다. 대답 없는 질문을 안고 그는 땅을 바라보았다. 그때 대지는 조용히, 그러나 분명한 목소리로 이렇게 말했다. "봄이 오면 그 문턱 앞의 눈도 역시 녹는다."

하나님이 창조하신 자연은 인간의 시간보다 먼저 하나님의 질서를 따른다. 아무리 겨울이 길고 추워도, 봄은 반드시 오고, 그 따뜻한 햇살 아래 쌓인 눈도 결국 녹는다. 마음이 얼어붙어 버린 것 같고, 앞날이 보이지 않아도, 하나님의 때는 멈추지 않고 흐른다. 전도서 3장 1절의 말씀처럼, 모든 일에는 때가 있다. 눈물에도, 고독에도, 막막한 기다림에도, 하나님은 당신만의 시간을 정해 두셨다.

랍비는 또 이렇게 말했다. "그대의 삶이 아무리 남루하더라도 그것을 정직하게 맞이하라. 외면하지 말고, 미워하지 말라."

이 말은 바울의 고백과 닮아 있다. "어떤 형편이든지 나는 자족하기를 배웠노니." (빌립보서 4:11) 삶이 뜻대로 되지 않을 때, 사람들은 현실을 피하려 하고, 지금 이 순간을 저주하곤 한다. 하지만 하나님은 그런 우리에게 그 현실을 정직하게 마주하라고 하신다. 가난해도 괜찮고, 외로워도 괜찮다. 오늘 하루를 감사함으로 살아가는 자에게 하나님은 반드시 위로와 회복을 주신다.

햇빛은 부자의 대리석 창에도, 가난한 이의 좁은 골목에도 공평하게 비친다. 하나님의 은혜는 조건 없이 임하고, 누구에게나 그 사랑을 숨기지 않으신다. 자비롭고 공의로우신 하나님은 오늘도 우리 인생의 작은 틈 사이로 햇살을 비추신다.

때로는 너무 추운 계절을 걷는 것 같다. 아무리 기도해도, 아무리 참고 기다려도 봄이 오지 않을 것처럼 느껴진다. 하지만 하나님은 절대 잊지 않으신다. 봄은 이미 우리를 향해 다가오고 있다. 지금 눈앞에 희망이 없어 보여도, 하나님의 봄은 준비되고 있다.

그 봄이 오면, 마음의 문턱에 남아 있던 마지막 눈송이조차 조용히 녹을 것이다. 굳게 닫혀 있던 마음도 다시 열리고, 얼어붙었던 말들도 흘러나올 것이다. 생명이 다시 피어나고, 잃었던 웃음이 되살아날 것이다. 그러니 오늘 이렇게 다짐해 본다.

남루하고 보잘것없는 내 삶을 부끄러워하지 않겠다. 고단한 현실을 미워하지도 않겠다. 왜냐하면, 그 끝에 하나님이 기다리고 계시기 때문이다.

눈물의 계절도 지나가고, 하나님의 봄은 반드시 우리 마음에 도착할 것이다.

그리고 그날, 문 앞에 남아 있던 마지막 하얀 눈도 조용히 녹아내릴 것이다.

27. 하나님이 주신 생명의 수액

"강 같은 평화를 네게 주며, 넘치는 시내 같이 네 영광을 주리니…"(이사야 66:12)

이른 봄, 대지는 아직 찬 기운을 품고 있지만 땅속 어딘가에서는 이미 생명의 기운이 움트고 있다. 그 물결을 가장 먼저 품는 나무가 있으니, 바로 고로쇠나무다. 고로쇠 수액은 단지 건강 음료가 아니다. 그것은 수백 년의 전설과 함께 하나님의 회복을 담은 생명의 물이다.

전해지는 이야기에 따르면, 통일신라 말 도선국사가 수행 중 무릎이 펴지지 않아 쓰러질 위기에 놓였을 때, 부러진 나무에서 떨어진 맑은 수액을 마시고 다시 일어났다고 한다. 그때 그의 몸을 일으킨 것은 단지 물이 아니라, 하나님의 은혜의 손길이 아니었을까. 하나님은 자연을 통해, 피조물을 통해 사람을 회복시키시기도 한다. 창세기 1장 29절에서 하나님은 이렇게 말씀하신다. "땅에서 나는 채소와 열매를 너희의 먹을거리로 주노라." 고로쇠는 그 말씀을 그대로 담은 듯하다.

지리산 자락, 해발 1,000미터 이상의 고산지대에서 자생하는 고로쇠나무는 겨울을 온몸으로 견디고 나서야 뿌리 깊은 곳에서 수액을 품어낸다. 마그네슘, 칼슘, 미네랄, 아미노산… 자연이 정성껏 배합한 생명의 성분들이 한 방울 한 방울 수액에 담겨 있다. 변비, 신경통, 고혈압, 산후통까지도 덜어준다 하니, 그저 몸을 위한 물이 아니다. 마음까지 어루만지는 위로의 물이다.

고로쇠는 온돌방에 앉아 땀을 흘리며 조용히 마셔야 제맛이라고 한다. 바쁜 일상 속에서 허겁지겁 마셔버리면, 수액이 담고 있는 은혜를 느끼기 어렵다. 하나님의 말씀도 그렇다. 눈앞의 일에 쫓길 땐 그냥 흘려보내지만, 조용히 무릎 꿇고 마음을 열면 그 말씀이 영혼을 치유하고 몸을 회복시킨다. "내가 너를 치료하는 여호와임이라."(출애굽기 15:26)는 그 말씀이 지금 이 순간에도 유효

하다는 것을, 고로쇠 한 잔이 조용히 알려준다. 하나님은 오늘도 이렇게 말씀
하신다. "나는 네가 지쳐 있는 걸 안다. 네가 힘겨운 시간 속에서도 포기하지
않은 걸 기억한다. 그리고 네가 다시 일어날 수 있도록, 이 은혜의 한 잔을 준
비해 두었다."

　하나님의 은혜는 때때로 이런 방식으로 다가온다. 누군가의 위로, 자연의 숨
결, 고요한 시간 속에서의 한 모금 수액. 그리고 그 안에는 보이지 않는 하나
님의 회복의 여과 과정이 담겨 있다. 고로쇠의 뿌리처럼, 그 은혜는 눈에 보이
지 않는 깊은 곳에서 조용히 자리를 잡고, 마침내 생명을 밀어 올린다.

　삶에 지치고 마음이 갈라진 날엔, 고로쇠 한 잔을 마시듯 하나님의 위로를
한 모금 들이켜보자. 그 안에 생명이 있다. 회복이 있다. 다시 걸어갈 힘이 있
다. 고로쇠는 단순한 나무의 물이 아니다. 그것은 하나님이 오늘 너를 위로하
기 위해 준비하신, 조용한 생명의 기적이다.

28. 창조질서를 위한 회복의 울음

"하나님이 이르시되 땅은 생물을 그 종류대로 내되…, 각기 종류대로 내니
하나님이 보시기에 좋았더라."(창세기 1장 24~25절)

　하나님이 세상을 창조하셨을 때, 동물들은 각기 고유한 모습으로 자연 속을
자유롭게 살아가도록 하셨다. 사슴은 들판을 달리고, 새는 하늘을 날며, 모두
자기 방식대로 하나님을 찬양했다. 닭도 마찬가지다. 흙을 쪼고, 날개를 퍼덕
이며 햇살을 받으며 뛰노는 모습은 단순한 본능이 아니라, 하나님이 의도하신
삶의 질서다.

하지만 지금, 우리가 만든 세상은 그 질서를 뒤틀어 놓았다. 좁은 철창 안에 갇힌 닭들은 한 치도 움직이지 못한 채 알을 낳고 고기가 되어간다. 외형은 풍족해 보인다. 계란은 넘쳐나고 닭고기는 싸게 팔린다. 그러나 그 안을 들여다보면, 하나님의 뜻에서 멀어진 인간의 탐욕이 고스란히 자리하고 있다.

잠언 12장 10절은 말한다. "의인은 자기의 가축의 생명까지 돌보나, 악인의 긍휼은 잔인하니라."

동물을 대하는 우리의 태도는 곧 우리 내면을 비추는 거울이다. 닭이 움직이지 못하고 고통받는 그 현실은 결국 사람에게도 되돌아온다. 스트레스에 찌든 닭들은 면역력이 약하고, 병에 더 잘 걸린다. 그러다 보면 그 바이러스는 다시 인간의 식탁으로 찾아온다.

하나님은 사람에게 자연을 다스릴 권한을 주셨지만, 동시에 그것을 돌보라고도 하셨다. 생명을 억누르며 효율만을 쫓는 지금의 방식은 돌봄이 아니라 지배이고, 관리가 아니라 착취다. 닭 한 마리가 발 디딜 틈도 없는 감옥에 갇혀 있는 모습은, 어쩌면 우리가 스스로 만든 세상의 감옥이기도 하다.

유럽의 몇몇 나라들은 이런 상황을 바꾸기 위해 닭 한 마리당 최소한의 공간을 보장하고 있다. 33㎠의 공간, 어쩌면 작은 배려처럼 보이지만, 그 안에는 생명의 윤리를 회복하려는 커다란 결단이 담겨 있다. 자유롭게 뛰놀며 흙을 쫀 닭이 낳은 계란은 단지 건강한 식재료를 넘어선다. 그것은 창조 질서 안에서 자라난 생명이 주는 선물이다.

욥기 12장 10절은 말한다. "무릇 살아있는 것은 다 그 기운이 하나님께 있느니라." 닭이 자유롭게 살 수 있는 세상은 단지 동물의 복지를 의미하지 않는다. 그것은 하나님의 창조 세계 전체가 회복되는 출발점이며, 인간의 건강과 영혼의 평화를 회복하는 길이다.

"하나님, 우리가 길 잃은 지배자가 아니라 생명을 지키는 청지기로 살게 하소서."

그 기도는 거창한 선언이 아니라, 닭장의 문을 여는 작고 조용한 실천에서 시작된다. 닫힌 창조 질서의 문을 다시 여는 손길 속에, 하나님이 보시기에 '좋았더라' 하신 그 생명의 울음이 다시 들려올 것이다.

29. 초록의 숨결, 하나님의 선물

"하나님이 이르시되 땅은 풀과 씨 맺는 채소와 각기 종류대로 씨 가진 열매 맺는 나무를 내라 하시니 그대로 되어…, 하나님이 보시기에 좋았더라."(창세기 1장 11~12절)

하나님이 세상을 창조하실 때, 가장 먼저 땅 위에 올라온 것은 다름 아닌 녹색식물이었다. 풀과 채소, 나무 같은 식물들은 단지 자연을 장식하기 위한 존재가 아니었다. 그 안에는 하나님의 생명 순환 원리가 고스란히 담겨 있다. 초록의 식물은 인간을 살리고, 세상을 정화하며, 생명을 지속시키는 하나님의 도구였다.

녹색식물은 탄소를 받아들이고 산소를 내뿜는다. 우리가 내쉰 숨, 피곤과 스트레스로 가득 찬 공기를 받아들여, 식물은 그 안에서 에너지를 만들고 다시 맑은 숨으로 되돌려준다. 이것은 마치 우리의 기도를 하나님께 올릴 때, 그분이 위로와 소망으로 응답하시는 것과 닮아 있다. 엽록체라는 작고 신비한 기관 안에서 태양의 빛은 양분이 되고, 열매가 되고, 우리의 밥상이 된다.

밥 한 숟가락, 상추 한 장, 사과 한 조각에는 태양과 물, 흙, 시간, 그리고 하나님의 섬세한 손길이 들어 있다. 신명기 26장 11절은 말한다. "너희 하나님 여호와께서 너희에게 주신 그 땅에서 소산을 먹을 것이요, 너희가 배부르고 즐거워할 것이라." 단순한 식사가 아니다. 그것은 하나님이 주신 축복의 결과다.

그래서 우리는 초록 앞에서 겸손해야 한다. 무심히 지나쳤던 길가의 풀잎조차도 하나님의 창조 질서 속에 존재한다. 회색빛 도시에서 무너져 가는 사람들의 건강과 정서를 회복하기 위해, 다시금 초록으로 돌아가야 한다. 녹색은 단지 색깔이 아니라 하나님의 위로이며, 치유의 손길이다. 식물이 있는 곳에선 몸이 가볍고, 마음이 부드러워진다. 스트레스는 누그러지고, 생각은 맑아진다.

최근 치유농업이 주목받는 이유도 여기에 있다. 밭을 갈고, 씨를 뿌리고, 열매를 기다리는 과정 속에서 사람들은 놀라운 회복을 경험한다. 흙냄새를 맡고, 햇살을 느끼며, 바람과 대화하는 동안 오래된 마음의 병도 조금씩 사라진다. 이는 인간의 기술이 아니라, 하나님이 자연 안에 숨겨놓으신 생명의 힘이다.

이사야 55장 12절은 말한다. "너희는 기쁨으로 나아가며 평안히 인도함을 받을 것이요..., 들의 모든 나무가 손뼉을 칠 것이며" 자연은 하나님의 말씀에 순종하는 예배자이며, 그 자체가 하나의 찬양이다. 나무의 흔들림, 풀잎의 속삭임, 바람을 타고 흐르는 꽃향기, 그 모든 것이 하나님의 임재를 증언한다.

우리가 자연을 돌보는 일은 단순한 환경보호가 아니다. 그것은 창조주를 기억하고, 그분의 사랑을 삶 속에서 실천하는 행위다. 초록은 생명의 빛이고, 회복의 약이며, 하나님의 사랑이 시각적으로 표현된 색이다.

30. 하나님이 인도하신 길을 따라

"우리는 그가 만드신 바라 그리스도 예수 안에서 선한 일을 위하여 지으심을 받은 자니…"(에베소서 2장 10절)

어느 날 동물들이 학교를 만들었다. 모든 동물이 똑같은 과목을 배우도록 정했다. 달리기, 오르기, 날기, 수영, 이 네 과목을 모두 수강하도록 했다. 오리는 수영을 잘했지만, 달리기와 나무 오르기는 엉망이었다. 토끼는 빠르게 달렸지만 수영은 전혀 못했고, 독수리는 하늘을 자유롭게 날았지만 물에서는 무력했다. 다람쥐는 나무 타기의 천재였지만 날 수는 없었다. 그런데, 이 중에서 모든 과목을 그럭저럭 해낸 뱀장어가 1등을 차지했다. 과연 이 결과가 옳았을까?

세상은 자꾸만 하나의 기준을 만든다. 그리고 모든 사람을 그 기준 안에 넣으려 한다. 교육도, 직장도, 심지어 신앙생활도 마찬가지다. 그러나 하나님은 그렇게 사람을 만들지 않으셨다. 각기 다른 모습으로, 각기 다른 길을 걷도록 지으셨다. 사도 바울은 고린도전서 12장에서 성령께서 각 사람에게 다양한 은사를 나눠주셨다고 말했다. 몸의 모든 지체는 다르고, 각각 역할이 다르지만, 하나하나가 중요하다고 했다. 눈이 손더러 쓸모없다 하지 못하고, 머리가 발더러 필요 없다 말하지 못하듯이, 어느 누구도 다른 사람을 불필요하다고 말할 수 없다.

문제는 세상의 잣대가 너무 좁다는 것이다. 사회는 하나의 우등 기준을 만들고, 거기에 들지 않으면 실패자라고 낙인을 찍는다. 사람들은 끊임없이 비교당하고, 있는 그대로의 자기를 잃어간다. 하지만 하나님은 토끼에게 수영을 잘하라고 하지 않으시고, 오리에게 달리기를 잘하라고도 요구하지 않으신다. 대신 이렇게 말씀하신다. "너는 너답게 살아라. 내가 너를 그렇게 만들었단다."

오리는 물에서 헤엄칠 때 가장 자연스럽고, 독수리는 하늘을 날 때 가장 위엄 있다. 토끼는 들판을 달릴 때 자유롭고, 다람쥐는 나무를 탈 때 빛이 난다.

각자 자기 자리를 찾을 때, 그 존재는 비로소 빛난다. 인간도 마찬가지다. 하나님은 각자에게 맞는 은사와 길을 주셨다. 그것은 누군가 대신 걸어줄 수 없는, 자신만의 길이다. 세상이 말한다. "왜 너는 이것밖에 못하니?" "왜 저 사람만큼 못해?" 그러나 하나님은 말씀하신다. "그건 네 길이 아니란다. 너는 내가 맡긴 길 위에서 이미 잘하고 있다."

진짜 성공은 모든 사람 중 1등이 되는 것이 아니다. 하나님의 목적대로, 자신에게 주어진 길을 충실히 걸어가는 것이 참된 성공이다. 자신에게 주어진 은사를 알고, 그것을 따라 살아갈 때, 그 인생은 하나님 앞에서 가장 귀한 삶이 된다.

오늘도 비교에 휘둘릴 필요 없다. 지금 걷고 있는 이 길, 더딜지라도 분명 하나님이 인도하시는 길이다. 때론 달릴 수도 있고, 때론 날 수도 있다. 또 어떤 날엔 쉬어야 할 수도 있다. 그러나 그 모든 과정은 하나님의 교육과정 안에 있다.

31. 들꽃 백합화, 그리고 진정한 가치

가을 들판에서 바람에 실려 춤추는 쑥부쟁이를 본 적이 있는가? 연보랏빛 꽃잎과 노란 꽃술이 어우러진 그 모습은 소박하면서도 경이롭다. 겨우내 땅속에서 고요히 기다리다, 봄의 숨결과 함께 깨어난 쑥부쟁이는 봄과 여름의 햇살을 흠뻑 머금고 자라나 가을이면 자신이 품은 생명의 결실을 활짝 피운다. 어느새 고추잠자리가 찾아와 꽃 위에 앉고, 작고 앙증맞은 벌레들이 그 주위를 맴돌며 정을 나누는 듯 잉잉 노래를 부른다. 그 모습은 참 평화롭고 따뜻하다.

하지만 우리는 이런 아름다움을 쉽게 놓치곤 한다. 바쁘다는 이유로, 더 중요한 일이 있다는 핑계로, 가까이에 있어 오히려 소중함을 잊은 채 살아간다.

쑥부쟁이처럼 흔한 들꽃도 자세히 들여다보면 하나님의 솜씨가 고스란히 묻어난다. 예수님께서 말씀하신 "들의 백합화를 보라."는 음성이 오늘도 귓가에 맴돈다. "솔로몬의 모든 영광으로도 입은 것이 이 꽃 하나만 못하였느니라."(마태복음 6:29)

드라마 쑥부쟁이는 오늘날 우리 사회의 치열한 경쟁과 물질 만능주의 속에서 잃어버린 가치를 되돌아보게 만든다. 극 중 인물들이 돈 앞에 자존심도 관계도 내어주는 모습은 우리 자신의 자화상처럼 느껴지기도 한다. 그러나 진정한 가치는 눈에 보이는 것이 아니라 마음으로 보는 데 있다는 것을 우리는 잊어서는 안 된다.

예수님께서 "한 사람이 온 천하를 얻고도 자기 목숨을 잃으면 무엇이 유익하리요?"(마태복음 16:26)라고 하신 말씀은, 우리가 좇아야 할 것이 무엇인지 분명히 일러주신다. 들꽃 하나조차 세심히 입히시는 하나님의 섭리 아래, 우리가 진정으로 추구해야 할 것은 소유가 아닌 존재, 욕심이 아닌 사랑, 외형이 아닌 본질이어야 한다.

가을의 쑥부쟁이처럼, 우리도 각자의 자리에서 조용히 피어나 하나님의 뜻을 담아내는 삶을 살아갈 수 있어야 한다. 바람이 불 때마다 흔들려도 그 안에 담긴 깊은 생명력처럼, 겉으로는 소박하지만 속은 단단한 믿음으로 살아갈때만이 인생은 들꽃처럼 보기에 심히 좋을 것이다.

32. 쑥부쟁이 피어나는 고향의 사랑

TV 속 전원생활 프로그램을 보다 보면, 낯익은 풍경이 스치듯 지나간다. 굽이진 논두렁 사이로 난 좁은 길, 바람에 흔들리는 벼 이삭, 우물가 옆에 가지런히 놓인 장독대, 마당 한가운데 퍼지는 볕 냄새. 화면은 따뜻하지만, 그 풍경 속에는 말로 다 하지 못한 고요한 쓸쓸함이 함께 흐른다. 아이들 웃음소리 대신 새소리만 남은 마을, 명절이 지나면 다시 적막해지는 골목. 자식들은 도시로 떠나고, 남겨진 어르신들은 굽은 허리로 오늘도 밭을 일군다. 서로 의지하며 살아가는 모습은 애틋하지만, 그 애틋함이 오히려 마음 한켠을 더 아리게 한다. 이것이 오늘 우리가 마주한 고향의 얼굴이다.

1960년대만 해도 대부분의 사람들은 땅을 삶의 중심에 두고 살았다. 새벽 닭 우는 소리에 잠을 깨고, 서둘러 논으로 밭으로 향하던 시절. 허기진 배를 움켜쥐고 김을 매다가도, 해질 무렵이면 된장국 냄새에 하루의 고단함을 내려놓았다. 넉넉하지는 않았지만, 그 하루하루는 하나님께서 허락하신 질서 안에서 흘러가던 복된 시간이었고, 땀 흘린 만큼 감사가 쌓이던 삶이었다.

울안 텃밭에 심긴 상추 한 포기에는 가족을 먹이려는 부모의 마음이 담겨 있었고, 콩잎 하나에도 자식의 건강을 바라는 기도가 스며 있었다. 어머니가 손수 담근 된장과 간장, 고추장은 단순한 음식이 아니라 세월과 사랑이 발효된 신앙의 유산이었다. 장독대 앞에서 "올해도 무탈하게 하소서"라고 중얼거리던 어머니의 기도는, 오늘날 교회 강단의 기도 못지않게 간절한 예배였다.

이제 다시 봄이 오고 있다. 들녘에는 겨울 내내 흙 속에 몸을 숨겼던 쑥부쟁이가 피어날 준비를 한다. 화려하지도, 요란하지도 않게, 그저 때가 되면 제자리를 지키며 조용히 얼굴을 내민다. 그 모습은 꼭, 자식이 보고 싶어도 말 한마디 아끼며 밭을 갈고, 마을 길을 쓸며 하루를 보내는 우리 어머니, 아버지의 삶과 닮아 있다. 쑥부쟁이는 말을 하지 않아도 존재만으로 따뜻함을 전한다. 그 침묵 속의 위로는 예수님께서 하신 말씀, "수고하고 무거운 짐 진 자들아 다 내게로 오라 내가 너희를 쉬게 하리라."(마태복음 11:28) 라는 음성과 겹쳐진다. 말없이 피어난 들꽃처럼, 주님의 위로도 그렇게 조용히 다가온다.

설 연휴가 지나면, 농촌의 시간은 다시 분주해진다. 씨앗을 고르고, 논두렁을 정비하고, 올해 농사를 가늠하는 손길이 분주해진다. 그러나 이 반복되는 계절의 순환을 이제는 단순한 '일상'이 아니라 '은혜의 순환'으로 바라보고 싶다. 도시의 편리함 속에서 쉽게 잊고 살았던 농촌의 가치, 부모님의 노동과 인내, 그리고 그 안에 담긴 신앙의 깊이를 다시 헤아려본다. 이 봄, 다시 피어나는 쑥부쟁이처럼, 우리가 미처 표현하지 못했던 사랑과 감사도 우리 마음 속에서 조용히, 그러나 분명하게 피어나게 해보자.

33. 누룽지 사랑, 숭늉에 우려낸 은혜

어릴 적 부엌 한켠에서 피어오르던 장작불 냄새는, 세월이 아무리 흘러도 마음 깊은 곳에서 사라지지 않는다. 새벽이면 어머니는 아직 어둠이 걷히기도 전에 일어나, 마른 장작을 골라 아궁이에 넣고 불씨를 살리셨다. 불이 잘 붙지 않으면 입으로 살짝 불어가며, 손으로 바람을 막아가며 조심스레 불을 키우셨다. 아궁이 앞에 쪼그려 앉아 불을 지피는 어머니의 등 뒤에는, 하루를 살아낼 가족을 향한 책임과 기도가 함께 얹혀 있었다. 무쇠 가마솥에 씻어둔 쌀을 안치고, 물의 양을 손등으로 가늠하신 뒤 뚜껑을 덮으셨다. 물이 끓기 시작하면, 가마솥 속에서 쌀알이 부딪히는 소리가 은근히 들려왔다. 그 소리는 아침을 재촉하는 종소리처럼 집 안을 깨웠다. 밥물이 잦아들고 뜸이 오를 즈음, 어머니는 불길을 줄이고 재를 덮어, 밥이 타지 않도록 마지막까지 살피셨다. 그 섬세한 손길 속에는 밥 한 끼를 대하는 경외심 같은 것이 있었다.

밥을 퍼내고 나면, 가마솥 바닥에는 어김없이 누룽지가 눌어붙어 있었다. 어머니는 국자를 들고 조심스레 누룽지를 긁어내 양푼에 담으셨다. 조금이라도 남김없이 긁어내려는 그 모습은, 마치 흩어진 시간을 다시 모으는 사람처럼 정성스러웠다. 거기에 물을 붓고 다시 불에 올리면, 곧 고소하고 구수한 숭늉 향이 부엌 가득 퍼졌다. 그 향은 겨울 아침의 찬 공기와 맞닿아, 몸뿐 아니라 마음까지 데워주었다.

누룽지는 단지 밥의 부산물이 아니었다. 그것은 어머니의 삶 그 자체였다. 찬밥 한 톨도 허투루 여기지 않으셨던 어머니의 손길에는, 가난했던 시절을 견뎌낸 절제와 자식을 먼저 생각하는 사랑이 함께 배어 있었다. 숭늉을 건네시며 "이게 속에 더 좋다."며 웃으시던 어머니의 말에는, 당신은 늘 뒤로 물러나고 자식은 앞으로 내세우던 인생의 태도가 담겨 있었다.

"네 시작은 미약하였으나 네 나중은 심히 창대하리라."(욥기 8:7)는 말씀처럼, 가장 미미해 보였던 누룽지가 숭늉으로 다시 살아나듯, 어머니의 검소한 삶 속에는 눈에 보이지 않는 풍요가 켜켜이 쌓여 있었다.

누룽지는 늘 가마솥의 바닥에서 생긴다. 사람들 눈에는 가장 마지막이고, 가장 보잘것없는 자리처럼 보일 수도 있다. 그러나 진짜 깊은 맛은 그 가장 낮은 자리에서 우러난다. 숭늉 한 모금을 넘길 때 느껴지는 따뜻함은, 단순한 온기가 아니라 시간과 인내, 그리고 사랑이 농축된 결과다. "사람이 떡으로만 살 것이 아니요 하나님의 입으로부터 나오는 모든 말씀으로 살 것이라."(마태복음 4:4)는 예수님의 말씀처럼, 누룽지에는 배를 채우는 양식을 넘어 삶의 태도와 영혼의 위로가 담겨 있다. 오늘 하루도 누룽지처럼 고소하고 깊은 은혜를 기억하며 살고 싶다. 버려질 뻔한 자리에서 피어난 사랑, 가장 낮은 곳에서 우러난 감사가 우리의 삶을 다시 데우기를 바라며, 어머니의 숭늉 같은 하나님의 사랑 안에서 감사함으로 하루를 시작한다.

34. 마음밭에 농업의 씨앗을 심자

요즘 초등학교 사회 교과서를 들여다보면, '농업'과 '농촌'이라는 단어는 마치 오래된 사진첩 속 이야기처럼 희미하게 자리하고 있다. 실린 사진은 빛바랜 듯 시대에 뒤떨어졌고, 농업의 본질은 단순한 직업으로 축소되어 있을 뿐이다. 그러나 농업은 단순히 먹거리를 생산하는 수단이 아니라, 자연과 생명을 잇는 위대한 연결 고리요, 하나님께서 맡기신 창조 질서를 돌보는 귀한 사명이다.

"사람이 땅의 소산으로 살리니 땅을 경작하고 지키라."(창세기 2:15)는 말씀처럼, 농업은 인류가 창조되었을 때부터 하나님이 맡기신 가장 처음의 사역이었다. 하지만 오늘날 도시화와 산업화 속에서 농업은 점점 눈에 띄지 않게 되었고, 교과서에서도 조용히 자취를 감추고 있다. 아이들은 논이 어떤 소리를 내는지, 씨앗이 어떻게 자라는지, 땀방울이 쌀 한 톨이 되기까지 얼마나 많은 사랑이 깃드는지 모른 채 자라난다.

반면 일본을 비롯한 선진국에서는 농업을 단순한 기술이 아니라 생명교육의 관점에서 접근한다. 일본의 소학교 5학년 교과서는 절반 이상을 농업에 할애하고, 쌀의 중요성과 의미를 깊이 있게 다룬다. 그것은 단순히 식량 안보 때문만이 아니라, 자연과 더불어 살아가는 공존의 철학을 심어주기 위해서다. 우리가 하나님과 이웃, 자연과의 관계 안에서 살아가야 한다는 성경적 가르침과도 일맥상통한다.

우리 아이들의 교과서에도 변화가 필요하다. 농업은 단순히 먹거리를 제공하는 수단이 아니다. 그것은 생명의 소중함, 자급자족의 기쁨, 땀의 가치, 그리고 무엇보다 이 땅을 맡기신 하나님의 섭리를 배울 수 있는 살아있는 교과서다. "무엇이든지 참되며 경건하며 옳으며 정결하며 사랑할 만하며 칭찬받을 만한 일이 있으면 이것들을 생각하라."(빌립보서 4:8)는 말씀처럼, 농업은 그런 귀한 가치들을 품고 있다.

아이들의 마음밭은 아직 부드럽고, 씨앗을 뿌리기에 가장 좋은 계절이다. 그 밭에 농업의 씨앗을 심자. 그 씨앗은 생명의 소중함을 알게 하고, 자연을 소중히 여기며, 농부의 땀에 감사하는 마음을 길러줄 것이다. 교과서가 단지 지식을 전달하는 책을 넘어, 생명과 진리를 전하는 통로가 될 수 있도록, 이제 우리가 나서야 할 때다. 오늘 아이들의 손에 쥐어지는 교과서 한 권이 내일의 농업을 바꾸고, 미래의 생명 문화를 세워갈 것이다. 그리고 그 밑거름엔 하나님이 맡기신 '땅을 사랑하라'는 명령이 깊이 새겨져 있어야 한다.

35. 멈출 수 없는 생명, 상어 정신

깊은 바다를 유영하는 상어는 겉보기엔 두렵고 위협적인 존재처럼 보이지만, 그 이면엔 놀라운 생명의 비밀이 숨어 있다. 상어는 대부분의 물고기와 달리 '부레'가 없다. 몸의 부력을 유지시켜 주는 이 부레가 없기에, 상어는 쉬지 않고 헤엄쳐야만 살아갈 수 있다. 잠을 잘 때도, 피곤할 때도 멈출 수 없다. 멈추는 순간, 상어는 가라앉고 만다. 바로 여기에 '상어 정신'이란 특별한 생존 원칙이 있다.

요즘 중국 상하이의 많은 사람들은 이 '상어 정신'을 본받아 쉼 없이 노력하며 미래를 개척해 나가고 있다. 멈추지 않는 전진, 쉬지 않는 도전. 이것은 비단 경제적 성공을 위한 전략만이 아니라, 우리 모두가 인생 속에서 배워야 할 교훈일지도 모른다.

성경에서도 '멈추지 말라'는 하나님의 뜻이 곳곳에서 드러난다. "푯대를 향하여 그리스도 예수 안에서 하나님이 위에서 부르신 부름의 상을 위하여 달려가노라."(빌립보서 3:14)는 바울의 고백처럼, 신앙의 여정 또한 마치 상어처럼 멈춤 없이 전진해야 하는 길이다. 쉬고 싶을 때도 있고, 포기하고 싶은 순간도 있지만, 믿음은 그때마다 우리를 다시 앞으로 나아가게 만든다.

우리 인생에도 '부레'처럼 우리를 떠받쳐 주는 환경이나 조건이 없을 때가 있다. 세상은 점점 경쟁이 치열해지고, 편히 기대어 쉴 수 있는 기반은 점점 줄어든다. 그러나 하나님은 우리에게 그 대신 '믿음'을 주셨다. "믿음은 바라는 것들의 실상이요 보이지 않는 것들의 증거니."(히브리서 11:1) 이 말씀처럼, 부레 없이도 살아가는 상어처럼, 보이지 않는 하나님의 약속을 붙잡고 앞으로 나아가야 한다.

상어는 멈추지 않는 동물이다. 하지만 그 유영은 단순한 버티기가 아니다. 상어는 움직이며 호흡하고, 움직이며 길을 찾고, 움직이며 사명을 이룬다. 우리도 마찬가지다. 삶의 무게에 눌려 주저앉을 때가 있지만, 하나님께서 주신 비전과 사랑을 기억하며 다시 한 번 발걸음을 떼야 한다.

혹자는 말할 것이다. "언제쯤 멈춰 쉴 수 있느냐"고. 하지만 성경은 우리에게 말한다. "너희 수고가 주 안에서 헛되지 않은 줄을 알라."(고린도전서 15:58) 하나님 안에서 흘린 눈물과 땀, 멈추지 않고 이겨낸 그 모든 과정은 반드시 의미가 있다. 그것이 바로 우리가 끝까지 달려야 하는 이유이다.

바다 깊은 곳에서도 쉼 없이 헤엄치는 상어처럼, 우리도 오늘 믿음을 품고 다시 걸어가자. 멈추지 말자. 어두운 밤바다를 가르며 나아가는 그 길 위에,

주님의 인도하심이 함께할 것이다. 그리고 그 여정 끝에서 우리는 마침내, 하나님의 품 안에 깊이 안기게 될 것이다.

36. 진정한 아름다움, '米人'이 곧 '美人'

국제화의 바람을 타고 미(美)의 기준은 날로 바뀌고 있다. 키가 크고, 허리는 잘록하며, 다리는 길고 가늘어야 한다는 외형 중심의 기준이 어느새 보편적 미인의 조건이 되었다. 그러나 겉모습을 위해 식사를 거르고, 무리한 다이어트와 성형수술을 감행하는 현대인의 모습은 진정한 아름다움에서 점점 멀어져가고 있지는 않은가.

성경은 우리에게 말한다. "사람은 외모를 보거니와 여호와는 중심을 보시느니라."(사무엘상 16:7) 이는 단지 종교적인 원칙이 아니라, 오늘날 우리가 다시 회복해야 할 아름다움의 본질이다. 참된 미인은 외형이 아닌 건강한 정신과 육체, 조화로운 삶의 모습에서 비롯된다. 건강이 무너진 아름다움은 결코 오래갈 수 없고, 정신이 피폐해진 외모는 결국 빛을 잃는다.

옛사람들은 '藥補는 肉補보다 못하고, 肉補는 食補보다 못하다'고 했다. 아무리 좋은 약과 보양식도, 일상적인 바른 식습관을 이길 수 없다는 지혜다. 우리가 먹는 음식이 곧 우리의 몸이 되고, 삶이 되며, 나아가 얼굴빛과 몸매에도 드러난다. 요즘처럼 식품이 넘쳐나는 시대에 오히려 균형 잡힌 밥 한 공기, 김치 한 조각, 정성스런 제철 나물 반찬이야말로 최고의 건강식이며 미용식이다.

그래서 이런 말도 생겼다. "미인(米人)이 곧 미인(美人)이다." 쌀밥을 먹고 제철 식재료로 건강을 지키는 사람, 즉 '米人'이야말로 진짜 '美人'이라는 뜻이다. 이는 곧, 건강한 식생활이 아름다움의 출발점이라는 사실을 일깨운다. 이와 함께 "너희 몸을 하나님이 기뻐하시는 거룩한 산 제물로 드리라."(로마서 12:1)는 말씀처럼, 자신의 몸을 소중히 여기며 관리하는 삶이야말로 하나님께서 기뻐하시는 거룩한 삶이다.

아름다움은 꾸며진 얼굴이 아니라, 정직하고 건강한 삶에서 우러나온다. 억지로 만든 외모는 언젠가 시간 앞에 무너질 수 있지만, 진심과 절제, 정성으로 가꾼 건강은 세월이 흘러도 변함없는 향기를 낸다.

이제 미인의 기준을 새롭게 세울 때다. 보기 좋은 외형보다, 몸을 지탱해 줄 튼튼한 다리와 웃음을 잃지 않는 건강한 정신, 밥 한 공기에 담긴 감사의 마음이 더 소중하다는 것을, 그리고 무엇보다 "온유하고 정숙한 심령은 하나님 앞에 값진 것이라."(베드로전서 3:4)는 말씀을 기억하자. 참된 미인은 바로 그런 사람이다. 아름다움은 겉이 아니라 중심에서부터 피어나는 꽃이기 때문이다.

진정한 아름다움은 거울 앞이 아니라 식탁과 삶의 자리에서 만들어진다. 오늘 우리가 먹는 한 끼, 살아내는 하루가 곧 내일의 얼굴이 된다. 그러므로 '米人'으로 살아가는 선택은 단지 건강을 위한 선택이 아니라, 하나님께서 기뻐하시는 아름다운 삶의 고백이다.

37. 낯설고 서러운 땅으로 변한 현실

매년 산자락을 넘는 귀향 열차 안에서 창밖을 바라보면, 일찌감치 앵초가 봄맞이 나온 듯 산촌이 반갑게 맞아준다. 섬을 끼고 있는 어촌에서는 갈매기들이 서둘러 귀성객을 맞을 준비를 하는 모습이 눈에 선하다. 이런 풍경을 마주할 때면 누구나 정겨운 고향 노래를 흥얼거리며 마음 한 켠에 잔잔한 그리움을 품게 된다.

설날은 단순한 새해 첫날이 아니다. 묵은 해의 무거움을 털어내고, 새로운 계획과 다짐으로 다시 시작하는 날이다. 우리말 '설'에는 여러 뜻이 있지만, 그중 '서럽다'는 의미가 깊게 와닿는다. 내 고향이 점점 낯설고 서러운 땅으로 변해가는 현실은 마음 한구석을 아프게 한다. 하지만 성경은 그런 우리에게 위로와 희망을 건넨다.

시편 34편 18절은 "여호와는 마음이 상한 자에게 가까이 하시고 중심에 통회하는 자를 구원하신다."고 한다. 고향이 적막하고 사람의 웃음소리가 줄어든다고 해도, 하나님은 상한 마음에 가까이 계시며 위로하신다. 며칠이라도 아이들의 웃음소리가 들리면, 그 고향은 다시 생명력 넘치는 터전이 된다. 잠언 15장 13절에서 "마음의 즐거움은 얼굴에 빛을 더하나 마음의 근심은 심령을 상하게 한다."는 말씀처럼, 아이들의 웃음은 고향을 밝히는 빛이다.

밤이면 술래잡기에 정신없이 떠드는 모습도 있다. 사람들은 때로 외로움을 달래려 소리 지르기도 한다. 하나님은 그런 인간의 연약함도 품으신다. 로마서 12장 15절에 "즐거워하는 자들과 함께 즐거워하고 우는 자들과 함께 울라."는 말씀이 있다. 고향의 적막 속에서도 서로의 아픔과 기쁨을 나누는 공동체가 되어야 한다는 뜻이다.

예수님은 요한복음 15장 5절에서 "나는 포도나무요 너희는 가지니 그가 내 안에, 내가 그 안에 거하면 사람이 많은 열매를 맺나니."라고 말씀하셨다. 고향은 우리의 뿌리이며, 하나님 안에서 다시 새롭게 열매 맺을 밭이다. 낯설고 서러운 땅일지라도, 하나님과 이웃 안에서 다시금 생명을 잉태할 수 있다.

오늘 우리가 고향을 기억하고, 기도하고, 다시 찾는 그 발걸음 하나하나가 씨앗이 된다. "눈물을 흘리며 씨를 뿌리는 자는 기쁨으로 거두리로다."(시편

126:5)라는 말씀처럼, 지금은 서럽고 허전해 보여도 하나님은 반드시 그 땅에 새 생명을 자라게 하신다.

그러니 설날, 낯설고 서러운 고향을 다시 바라보자. 아이들의 웃음소리를 들려주고, 서로의 아픔에 귀 기울이며, 하나님의 사랑으로 고향을 따뜻하게 품어야 한다. 그렇게 하면 고향은 다시 살고 싶은, 머무르고 싶은 터전으로 거듭날 것이다. 산자락 너머 귀향 열차를 타고 돌아오는 이 마음마다 하나님의 은총은 계속될 것이다.

38. 하나님이 기뻐하시는 진짜 세상

요즘 아이들의 놀이문화를 보면 참 격세지감이 느껴진다. 어린 시절 나만 해도 자연이 가장 큰 놀이터였다. 도시락과 장난감 대신에 소나무와 참나무에 붙어 있는 매미와 사슴벌레, 초가을이면 하늘을 수놓는 고추잠자리, 시냇물 속에서 헤엄치던 이름 모를 물고기들과 어울려 놀았다. 그때는 자연과 하나 되어 뛰놀며, 온몸으로 계절을 느끼고 자연의 변화를 체험하는 것이 일상이었다.

아이들은 똘똘 뭉쳐 다니며 함께 노는 것이 가장 즐거웠다. 혼자 놀면 심심했고, 같이 어울려 뛰놀 때 비로소 진짜 재미와 풍성한 성과가 있었다. 지금 생각해 보면 그것은 자연스러운 공동체 의식이었고, 서로를 돌보며 함께 성장하는 삶의 토대였다. 서로 협력하고 나누는 두레정신은 자연스러운 놀이 속에서 살아 숨 쉬었다.

성경은 이 같은 공동체의 중요성을 여러 곳에서 일깨운다. 전도서 4장 9절과 10절은 "두 사람이 한 사람보다 나음은 그들이 수고함으로 좋은 상을 얻을 것임이라 혹시 그들이 넘어지면 하나가 그 동무를 일으켜 주려니와"라고 말씀하셨다. 혼자가 아닌 '함께'라는 힘이 얼마나 큰지를 명확히 보여준다. 자연과 하나 되어 뛰놀던 어린 시절의 놀이문화는 이 공동체 정신의 좋은 예다.

또한, 예수님은 마태복음 18장 20절에서 "두세 사람이 내 이름으로 모인 곳에는 나도 그들 중에 있느니라."라고 하셨다. 우리가 함께 모여 놀이와 전통을 이어가는 자리에는 하나님의 임재가 함께한다는 뜻이다. 그렇기에 어린이들의 놀이문화를 단절시키는 것은 단순히 놀 거리 하나가 사라지는 것이 아니라 공동체와 신앙의 토대마저 약화시키는 일이 될 수 있다.

요즘 아이들은 점점 자연과 멀어지고, 혼자 스마트폰 화면에 집중하는 경우가 많다. 하지만 그럴수록 두레정신과 전통놀이를 통해 다시금 자연과 공동체의 따뜻한 연결고리를 회복하는 일이 시급하다. 자연 속에서 함께 뛰놀고, 서로 돕고 나누며, 작은 생명 하나하나를 소중히 여기는 마음이 자라야 한다. 그것이 곧 하나님이 기뻐하시는 공동체의 모습이다.

그래서 우리 어른들이 앞장서서 아이들이 다시 자연 속에서 자유롭게 뛰놀 수 있도록 터전을 마련하고, 전통놀이를 계승하며, 두레정신을 실천하는 장을 만들어야 한다. 그런 작은 움직임들이 모여 건강한 공동체가 자라고, 하나님께서 기뻐하시는 세상이 펼쳐질 것이다. 자연과 하나 되고, 이웃과 더불어 살아가는 그 힘찬 미래를 기대하며 오늘도 한 걸음씩 나아가자.

39. 배려하고 경계하며 살아가는 삶

　정월 대보름 하면 내 기억 속에서 가장 먼저 떠오르는 것은 '더위팔기'다. 열나흗날 저녁, 어머니는 나와 동생들에게 "보름날 아침 해가 뜨기 전에는 절대 동네 사람들이 부르는 소리에 대답하지 말라."고 당부하셨다. 더위를 팔고 빼앗기는 일이니 조심하라는 뜻이었다.

　하지만 그해 보름 아침, 이웃에 사는 친구가 일찍 찾아와 밖에서 놀자며 내 이름을 불렀다. 나는 무심코 "응" 하고 대답했다. 그러자 그 친구가 기다렸다는 듯 "네 더위, 내 더위!"라고 외쳤다. 아차 싶었다. 먼저 더위를 팔아야 했는데 내가 먼저 내 더위를 뺏기고 말았다. 그날 이후 그 친구가 웬수 같아지는 건 어쩔 수 없었다. 이런 풍속이 바로 '더위팔기', 즉 '매서(賣暑)'였고, 그렇게 우리는 정월 대보름을 시작했다.

　이 이야기를 생각하면, 성경에 나오는 지혜로운 가르침들이 떠오른다. 잠언 22장 3절에는 "악인을 보고도 경계하는 자는 뿔이 없는 양이 아니니라."라는 말씀이 있다. 나는 어머니의 당부를 충분히 들었음에도 순간의 경솔함으로 더위를 뺏기고 말았다. 경계하지 않는 마음은 때때로 우리에게 손해를 안겨준다.

　또한 로마서 12장 17절은 "아무에게도 악을 악으로 갚지 말고 모든 사람 앞에서 선한 일을 도모하라."고 권면한다. 더위팔기라는 놀이 속에서 서로 '더위'를 주고받는 것은 일종의 장난이고 풍습이지만, 그 속에는 서로 조심하고 배려하는 마음도 담겨 있다. 경쟁과 다툼이 아니라, 공동체 안에서 함께 어려움을 이겨내려는 마음이다.

　정월 대보름의 '더위팔기'는 단순한 놀이가 아니라, 우리 삶의 교훈을 담고 있다. 우리가 때로는 상대보다 먼저 행동하고, 때로는 조심스럽게 자신을 지켜야 한다는 사실을 보여준다. 그리고 무엇보다 하나님께서는 우리에게 항상 지혜와 사랑으로 서로를 대하며 살아가라고 가르치신다.

이것이 바로 은혜의 기억이다. 하나님은 우리의 실수마저도 삶의 교훈과 감사로 바꾸어 주시는 분이시다. "모든 것이 합력하여 선을 이루느니라."(로마서 8:28)는 말씀처럼, 그날의 '더위'는 나를 성찰하게 하는 은혜가 되었다.

오늘도 나는 그 어린 시절 '더위팔기'의 기억을 떠올리며, 순간의 부주의함이 가져올 결과를 마음에 새긴다. 그리고 서로를 배려하고 경계하며 살아가는 삶, 하나님 앞에서 선한 일을 도모하는 사람이 되길 다짐한다. 정월 대보름, 더위를 팔고 빼앗는 놀이 속에도 하나님이 주신 지혜와 사랑이 깃들어 있음을 잊지 말아야 한다.

그럴 때 정월 대보름의 달빛은 우리의 삶 위에 가장 밝고 온전한 빛으로 머물 것이다.

40. 신앙 공동체의 진정한 큰 힘

과거 '꼭지점 댄스'가 장안의 화제가 된 적이 있다. 여러 사람이 모여 피라미드 형태의 꼭지점 대형을 이루며 함께 춤을 추는 이 방식은, 과거 개인의 화려한 개인기와는 전혀 다른 집단 협업의 아름다움을 보여준다. 각자가 제 위치에서 힘을 모아 하나의 조화로운 무대를 완성하는 모습은 보는 이의 가슴을 설레게 한다.

이제 곧 다가올 월드컵 응원전에서 우리는 이러한 집단적 역동성을 다시 한번 경험하게 될 것이다. 여러 사람이 모여 하나의 목표를 위해 호흡을 맞추고, 서로를 지탱하며 큰 힘을 발휘하는 모습은 공동체의 진정한 힘을 보여준다. 여기서 우리는 성경 말씀의 가르침과도 깊은 연관을 발견할 수 있다.

고린도전서 12장 12절은 "몸이 하나여도 많은 지체가 있고 지체가 다 같지 아니하니."라고 말한다. 꼭지점 댄스에서 각자가 맡은 자리와 역할이 다르듯, 우리도 각기 다른 은사와 능력을 가진 지체로서 한 몸을 이루고 있다. 서로가 협력하고 존중할 때 비로소 하나의 완전한 몸이 되어 큰 역동성을 발휘한다는 뜻이다.

또한 로마서 12장 4절과 5절은 "우리가 많은 지체이나 몸은 하나요 모든 지체가 서로 같이 한 몸을 이루었느니라."고 가르친다. 꼭지점 댄스의 힘은 개인의 독주가 아니라, 협업과 연대에서 나온다. 서로가 서로를 지탱하며 균형을 맞추기에 비로소 우아하고 강한 무대가 완성된다.

이러한 집단 협업의 정신은 단지 춤이나 스포츠에만 머무르지 않는다. 우리가 일상에서 공동체와 함께 살아가고, 서로를 배려하며 하나님의 뜻을 이루는 데에도 꼭지점 댄스의 교훈이 필요하다. 각자의 자리에서 자신의 역할을 충실히 하며, 서로의 다름을 인정하고 존중할 때, 우리 공동체는 더욱 건강하고 역동적인 모습으로 성장한다.

과거 '꼭지점 댄스'의 열풍을 단순한 유행으로 넘기지 말고, 성경 말씀과 연계한 새로운 콘텐츠로 활용하면 좋겠다. 이것은 신앙 공동체가 함께 성장하고 하나님의 사랑 안에서 조화를 이루는 아름다운 상징이 될 수 있다. 각 지체가 조화를 이루어 하나의 몸을 완성하는 그 모습처럼, 우리 모두가 서로 돕고 격려하며 함께 나아가는 삶을 꿈꿔 본다.

다가올 월드컵 응원전의 뜨거운 열기 속에서, 꼭지점 댄스가 보여준 협력과 연대의 정신이 우리의 신앙 공동체에도 새 힘과 용기를 불어넣기를 기대한다. 하나님께서도 서로 사랑하며 하나 되는 우리를 기쁘게 여기실 것이다.

41. 진짜 강함은 조화와 다양성

해마다 4월이 되면 어김없이 식목일이 찾아온다. 봄기운이 완연해지고, 대지 위에 새 생명이 움트는 이 계절에 사람들은 하나둘 나무를 심는다. 요즘은 단순히 나무 한 그루를 심는 것을 넘어, 다양한 수종을 섞어 심는 '혼식(混植)' 방식이 주목받고 있다. 이는 마치 우리가 잡곡밥을 먹듯, 자연의 균형과 건강을 고려한 생태적 선택이다.

우리 몸에 맞는 잡곡을 섞어 먹으면 성인병 예방에 좋은 것처럼, 산에도 다양한 나무를 함께 심으면 병충해에 강해지고 생태계가 더욱 건강해진다고 한다. 나무를 섞어 심으면 서로 다른 뿌리 구조와 성장 속도가 어우러지며 경쟁보다는 공존의 길을 만들어간다. 그 안에서 숲은 더 단단해지고, 오랜 시간 경제적 가치도 높아진다.

성경 속에도 혼식과 같은 지혜는 곳곳에 스며 있다. 고린도전서 12장 14절은 "몸은 한 지체뿐만 아니요 여럿이니라." 말씀한다. 서로 다른 지체가 모여야 건강한 몸이 되듯, 다양한 나무들이 함께 자라야 건강한 숲이 된다. 같은 수종만 심으면 보기엔 정돈되어 보일지 몰라도, 자연의 다양성과 복원력은 떨어진다. 결국 조화와 다양성이 진짜 강함이다.

이처럼 식목일의 정신도 단순한 행사에 머무를 게 아니라, 자연과 함께 살아가는 지혜를 배우는 날이 되어야 한다. 다양한 나무를 심는 것은 단지 숲을 위한 일이 아니다. 그것은 우리 삶을 돌아보고, 우리 마음의 밭에도 서로 다름을 존중하는 나무들을 심는 일이기도 하다.

또한 식목일의 유래도 의미 깊다. 신라가 삼국을 통일한 날, 조선 성종이 직접 논을 경작한 날에서 비롯된 4월 5일은, 나라를 다스리는 자가 백성과 땅을 사랑한 날이다. 창세기 2장 15절에서도 하나님께서 아담에게 에덴동산을 "다스리며 지키라."고 명하셨듯, 사람은 자연을 정복하는 존재가 아니라, 돌보고 가꾸는 청지기로 부름받았다.

지금 이 순간도, 누군가는 작은 묘목 하나를 땅에 심고 있다. 그 나무는 시간이 흘러 그늘을 만들고, 공기를 맑게 하며, 생명을 품을 것이다. 오늘 우리가 심는 나무는 단지 나무 한 그루가 아니라, 공존과 책임, 그리고 미래를 위한 약속이다.

혼식처럼, 사람도 나무도 함께 어우러질 때 진짜 숲이 된다. 올 식목일엔 내 마음에도 작은 묘목 하나 심어보자. 사랑, 인내, 나눔 같은 것들 말이다. 그렇게 하나님이 기뻐하실 숲, 그분이 거닐고 싶어 하시는 숲을 우리 삶 가운데 만들어가 보자.

42. 숲은 건강한 생태계의 중심

숲은 단순히 나무들이 모여 있는 공간이 아니다. 다양한 나무가 섞여 조화를 이루는 혼식(混植)의 숲은 생명의 복합체이며, 건강한 생태계의 중심이다. 나무가 건강하게 자라기 위해서는 충분한 수분과 햇빛, 그리고 대기 중의 이산화탄소가 원활하게 공급되어야 한다. 이 세 가지 요소가 균형을 이루지 못하면 나무는 약해지고, 병충해에 쉽게 노출된다. 결국 그 숲은 생태계의 빈곤을 초래하며, 자연의 균형을 깨뜨리는 결과를 낳는다.

성경은 우리에게 자연과 인간이 함께 살아가는 법을 가르친다. 창세기 1장 31절에서는 하나님께서 창조하신 모든 것이 "심히 좋았다."고 선언하셨다. 이는 창조 세계가 조화와 균형 속에 완벽히 설계되었음을 뜻한다. 그리고 고린도전서 12장 14절에서 20절에 이르는 말씀은 우리 몸의 여러 지체들이 조화

를 이루어 하나의 몸을 이루듯, 자연도 다양한 나무와 생물이 함께 어우러져
야 건강함을 유지한다고 말한다.

혼식은 숲 생태계가 건강하게 유지되도록 돕는 지혜로운 방법이다. 서로 다
른 나무들이 뿌리를 내리고 자라면서 부족한 부분을 채우고, 서로의 성장을
돕는다. 이는 곧 하나님께서 세상을 창조하실 때 "모든 것들이 서로 연결되어
있다."고 하신 가르침을 몸소 실천하는 것이다. 만약 나무 한 종만 심어 편식
하듯 돌본다면, 그 숲은 금세 병들고 쇠퇴할 수밖에 없다.

이처럼 나무와 숲도 이제 하나의 창조산업으로서 주목받고 있다. 과거처럼
단일 수종 위주의 편식적 나무 심기 방식은 지속 가능하지 않다. 경제성과 건
강을 동시에 추구하는 혼식 방식이야말로 산촌의 경쟁력을 보장하는 길이다.
이는 곧 하나님께서 우리에게 맡기신 자연을 지혜롭게 관리하고 돌보는 청지
기 정신이기도 하다. 시편 24편 1절은 "땅과 거기에 충만한 것과 세계와 그 중
에 거하는 자들이 다 여호와의 것이로다."라고 말한다. 우리가 이 땅을 잘 가
꾸고 보존하는 책임이 있다는 뜻이다.

하지만 중요한 것은, 나무를 한 번 땅에 심어놓으면 저절로 자란다는 안일한
생각에서 벗어나는 것이다. 잠언 27장 23절은 "네 가축의 형편을 자세히 알고
네 소 떼를 잘 돌보라."는 지혜를 준다. 이는 자연도, 우리의 삶도 끊임없는 관
심과 돌봄이 필요함을 말한다. 우리 손길이 닿지 않으면 생명은 쇠퇴하기 쉽다.

그래서 앞으로 우리는 숲을 가꾸는 일에 더욱 마음을 기울여야 한다. 혼식의
지혜로 나무들이 건강하게 자라도록 돕고, 숲속 생태계의 균형을 지키는 일이
야말로 하나님의 창조 세계를 사랑하는 가장 큰 실천이다. 작은 묘목 하나에도
정성을 다할 때, 그 숲은 우리에게 푸른 숨결과 풍요로운 삶을 선물할 것이다.

43. 자연이 건네는 치유의 손길

강원도 봉평의 머루와 다래마을, 일명 '청산별곡 마을'에는 다른 곳에서는 쉽게 느낄 수 없는 독특한 기운이 흐른다. 이곳은 단순한 농산촌이 아니다. 도시의 소음과 분주함을 뒤로하고, 자연과 함께 살아가는 여백이 살아 있는 곳이다. 이 마을의 '청산'은 단지 푸르른 산과 나무, 풀이 우거진 풍경만을 뜻하지 않는다. 그 푸름 속에는 쉼과 회복, 삶의 본질을 되찾는 깊은 치유가 담겨 있다.

머루와 다래는 단지 건강한 먹거리가 아니다. 그것은 자연이 건네는 조용한 위로요, 하나님의 치유의 손길이다. 오염되지 않은 산골에서 자란 머루 한 송이, 다래 한 알에는 자연의 생명력과 하나님의 섬세한 섭리가 배어 있다. 시편 104편 14절은 이렇게 말한다. "그는 가축을 위하여 풀을 자라게 하시며 사람을 위하여 채소를 자라게 하사 땅에서 먹을 것을 내게 하시며" 우리가 먹는 그 작은 열매 하나도 하나님께서 친히 준비하신 선물이다.

이 마을의 사람들은 비록 도시처럼 물질적으로 풍족하지는 않지만, 마음만은 훨씬 넉넉하고 밝다. 삶이 단순하면 생각도 맑아지고, 작은 것에서 기쁨을 발견할 줄 알게 된다. 바로 이것이 '청산'이 주는 진짜 선물이다. 잠언 15장 17절의 말씀처럼, "채소를 먹으며 서로 사랑하는 것이 살진 소를 먹으며 미워하는 것보다 나으니라." 이 말씀은 마치 머루와 다래마을 사람들의 삶을 그대로 옮겨 놓은 듯하다.

도시의 화려함과 속도에 지친 현대인들이 각박함 속에 살아갈 때, 이곳 사람들은 흙냄새 나는 삶 속에서 생명의 본질적 기쁨을 누린다. '청산별곡'이라는 이름처럼, 이 마을에서의 삶은 마치 옛 선비들이 꿈꾸던 자연 속 유유자적한 삶을 닮았다. 그러나 이 마을의 청산은 단순히 자연으로 돌아가자는 이야기가 아니다. 그것은 삶의 방향을 되돌아보게 하고, 하나님이 주신 본래의 순수한 삶으로 다시 걸어가게 만드는 '신앙적 회복'의 상징이기도 하다.

요한복음 10장 10절에서 예수님은 이렇게 말씀하셨다. "내가 온 것은 양으로 생명을 얻게 하고 더 풍성히 얻게 하려는 것이라." 도시의 욕망과 경쟁 속에서는 그 생명의 의미를 잊기 쉽다. 하지만 청산의 흙 위에 발을 딛는 순간, 우리는 비로소 하나님의 숨결이 스며든 생명의 소리를 듣게 된다. 그곳엔 사람을 향한 하나님의 따뜻한 배려가 있고, 손에 흙을 묻히며 마음의 상처가 천천히 아물어가는 기적이 일어난다.

그래서 머루와 다래마을에서의 쉼은 단순한 휴식이 아니다. 그것은 하나님께서 처음 우리에게 바라셨던 건강하고 조화로운 삶, 자연과 더불어 살아가는 삶, 이웃과 함께 나누는 사랑의 삶을 회복하는 일이다.

오늘도 그 마을 어딘가에서는 누군가 머루 넝쿨을 손질하며 미소 짓고, 다래나무 아래 고요히 기도하고 있을 것이다. 바로 그 자리, 청산에서 하나님은 여전히 우리를 회복의 길로 초대하고 계신다.

44. 우리가 걷고 있는 인생의 길

초등학교 시절, 마을에서 학교까지 매일같이 십 리 길을 걸어 다녔던 기억이 문득 떠오른다. 그 길은 단순히 학교에 가기 위한 통로가 아니었다. 굽이진 산등성이를 돌아 논둑길을 지나고, 감나무 골을 지나야 했던 그 길은 내 어린 시절의 놀이터였고, 인생을 가르쳐 준 교실이었다. 맑은 하늘 아래 코끝을 스치던 들꽃 향기, 졸졸 흐르던 시냇물 소리, 감나무 사이로 쏟아지던 햇살은 모두 자연이 내게 베풀어 준 따뜻한 은혜였다.

지금은 그 길이 사라지고, 대신 반듯한 2차선 아스팔트 도로가 뚫려 있다. 사람들은 더 빠르게 이동하게 되었지만, 마음속 여백은 점점 줄어든 것 같다. 돌아보면, 그 꾸불꾸불한 흙길은 느렸지만, 그만큼 모든 순간이 살아 있었다. 걸음마다 묵직한 발자국이 남았고, 그 발걸음 속에서 생각은 깊어졌다. 자연은 조용히 말을 걸어왔고, 나는 그 속에서 하나님이 주신 선물을 누리고 있었다.

시편 119편 105절은 말한다. "주의 말씀은 내 발에 등이요 내 길에 빛이니이다." 어린 나는 그저 앞만 보고 걸었지만, 지금 돌아보면 그 길은 주님의 말씀이 이끄시는 생명의 길이었다. 비 오는 날 미끄러지기도 하고, 눈 오는 날 발이 빠지기도 했지만, 그 모든 순간은 나를 단단하게 빚어 가시는 하나님의 손길이었다.

창세기 1장 31절에서 "하나님이 지으신 그 모든 것을 보시니 보시기에 심히 좋았더라." 하신 말씀처럼, 그 감나무 골도, 굽은 논길도, 산등성이도 모두 하나님의 선하신 창조물이었다. 나는 그 안에서 평안하게 뛰놀았고, 생명의 기운을 온몸으로 느끼며 자랐다. 그 길은 단지 거리와 시간을 이동하는 공간이 아니었다. 거기에는 어머니의 숨결 같은 따뜻함이 스며 있었다. 찬바람이 부는 날 덮어주시던 외투, 말없이 싸 주신 도시락, 멀리서 바라보시던 어머니의 눈빛까지도 그 길의 한 풍경이었다.

생각해 보면, 내 삶의 출발점에는 언제나 사랑이 있었다. 그리고 그 사랑은 어머니의 손길을 닮았고, 궁극적으로는 하나님의 사랑과 닮아 있었다. 이사야 46장 4절에서 하나님은 이렇게 말씀하신다. "너희가 늙을 때에도 내가 동일한 이니…, 내가 지었은즉 내가 업을 것이요 내가 품고 구하여 내리라." 어린 시절 걸었던 그 길처럼, 지금 걷고 있는 인생의 길도 결국 하나님이 이끄시고, 품으시고, 업고 가시는 길이다. 세월은 흘렀고, 길은 바뀌었지만, 그 따뜻한 숨결은 여전히 내 마음속에 살아 있다. 어린 시절 십 리 길을 걸으며 배운 것은 단순한 인내심이 아니었다. 그것은 하나님의 손길 속에 살아가는 법이었고, 자연과 사랑 안에서 사람답게 살아가는 법이었다.

45. 단풍의 속삭임, 하나님의 마음

아무리 뛰어난 음악도 가을 단풍이 불타며 내는 그 소리에는 미치지 못한다. 단풍잎 하나하나가 바람에 흔들리며 내는 작고 여린 소리는, 생명이 깃든 듯 사람의 마음에 스며들어 깊은 울림을 남긴다. 세상의 소음과 분주함 속에서는 쉽게 들리지 않지만, 조용히 귀 기울이는 사람에게는 그 소리가 내면의 깨우침을 전해준다.

성경은 자연 속에 하나님의 섭리와 사랑이 담겨 있다고 말한다. 시편 기자는 이렇게 고백했다. "하늘은 하나님의 영광을 선포하고 궁창은 그의 손으로 하신 일을 나타내는도다."(시편 19:1) 자연은 말이 없지만, 그 자체로 하나님의 뜻과 숨결을 전하는 메시지다. 바람이 불고 단풍잎이 흔들릴 때에도 그 안에는 하나님의 손길이 스며 있다. 그 자연의 속삭임은 세상에 지친 영혼을 깨우고, 메마른 마음을 씻어주는 신선한 물줄기처럼 다가온다.

가을 산속, 단풍나무 아래 누워 바람 소리를 들으면, 그것은 단순한 자연의 소리가 아니다. 그것은 하나님의 위로요, 쉼과 회복의 메시지다. 예수님도 이렇게 말씀하셨다. "내가 너희에게 평안을 끼치노니 곧 나의 평안을 너희에게 주노라."(요 14:27) 우리가 진정으로 바라는 것은 더 빠르게 달리는 삶이 아니라, 마음 깊은 곳에서 느껴지는 평안이다.

속도에 지친 우리는 자연의 느림과 고요 속에서 다시 살아나는 법을 배워야 한다. 그 속에서 인간성은 회복되고, 하나님께서 처음 창조하신 삶의 의미를 되찾게 된다. 자연은 우리에게 단지 풍경이 아니라, 하나님의 메시지를 전하는 통로다. 그 안에서 우리는 비로소 하나님의 은혜를 체험하고, 내면의 공허함이 채워지는 것을 느낀다.

"주의 인자하심이 생명보다 나으므로 내 입술이 주를 찬양할 것이니이다."(시 63:3) 단풍이 불타며 전하는 그 고요한 아름다움은, 하나님께서 우리에게 주신 가장 위대한 찬양이자 위로다. 세상의 번잡함을 잠시 내려놓고, 그 소리에 귀 기울여 보자. 그 속에서 하나님과 연결된 참된 평안이 시작되고, 진짜 회복이 이루어진다.

오늘, 자연이 선물하는 느림의 속도와 마음의 풍요를 깊이 누려보자. 그리고 그 안에서 하나님의 깊은 사랑과 평화가 우리의 삶을 가득 채우기를 소망한다. 이것이야말로 우리가 다시 인간다움을 회복하는 길이며, 하나님이 우리를 창조하신 본래의 자리로 돌아가는 여정이다.

46. 숲, 하나님의 숨결이 머무는 곳

숲은 하나님의 손길로 빚어진 생명의 요람이다. 도시의 뿌연 공기를 지나 숲에 들어서면 마치 또 하나의 세상이 열린 듯 숨통이 트이고 마음이 맑아진다. 과학은 말한다. 1리터의 도시 공기에는 수십만 개의 먼지가 있지만, 숲의 공기에는 고작 수천 개밖에 없다고. 숲은 보이지 않는 먼지와 오염을 걸러내는 거대한 정화기이며, 인간이 만든 어떤 기계보다도 섬세하고 정밀하게 작동하는 하나님의 작품이다.

"하나님이 보시기에 심히 좋았더라."(창 1:31) 하나님께서 창조의 마지막 날 자연을 바라보며 감탄하신 이유를, 우리는 숲속에 들어설 때마다 다시 느낄 수 있다. 숲은 깨끗한 공기만 주는 곳이 아니다. 그곳은 소음을 흡수하는 조용한 안식처이고, 거센 바람을 막아주는 천연 방패다. 또한, 땅속에 물을 저장하고 필요할 때마다 천천히 흘려보내는 '녹색의 댐'이기도 하다. 우리나라 숲은 무려 180억 톤의 물을 저장하며, 해마다 닥치는 가뭄과 홍수 앞에서 묵묵히 우리를 지켜주는 재해방지센터 역할을 한다.

이런 질서와 조화가 우연히 만들어졌을까? 아니다. 성경은 이렇게 말한다. "주는 만물의 생명을 보존하시며... 여호와는 모든 것을 사랑하시나이다."(느 9:6, 시 145:9) 하나님은 숲을 통해 우리를 보호하시고, 회복하게 하시며, 참된 평안을 누리게 하신다. 나뭇잎이 흔들리는 소리, 바람을 막아주는 나무들의 울타리, 비가 와도 흙이 흘러내리지 않게 붙잡아주는 그 조용한 힘 속에는 하나님의 섬세한 돌보심이 담겨 있다. 숲은 단순한 자연이 아니라, 하나님께서 주신 살아있는 선물이며, 거룩한 성소와도 같다.

우리 삶에도 이런 '숲'이 필요하다. 세상의 소음과 속도, 혼란과 불안 속에서 숲처럼 조용히 믿음을 지키고, 오염된 공기를 정화하듯 마음을 맑게 하며, 무너지는 누군가에게 피난처가 되어주는 존재. 그런 삶이야말로 하나님께서 기뻐하시는 삶이다. "의인은 종려나무 같이 번성하며 레바논의 백향목 같이 성장하리로다."(시 92:12) 하나님은 우리가 숲처럼 살기를 원하신다. 드러나지 않아도 묵묵히 세상을 정화하고, 그늘을 드리우며, 생명을 보호하는 존재. 그런 삶을 통해, 우리는 이 땅에 하나님의 손길이 되어간다.

세상이 각박해질수록 숲 같은 사람이 필요하다. 조용히 서 있으면서도 세상을 변화시키는 힘. 오늘도 그런 숲 같은 삶을 선택하며, 하나님의 뜻을 닮아가보자.

47. 뜨거워진 지구, 식어가는 양심

최근 우리나라를 뒤덮은 유례없는 폭염은 단순한 날씨 변화로 볼 수 없다. 열대야가 일상이 되고, 계절의 경계가 사라지듯 흐려지고 있는 지금, 지구는 점점 아열대화되고 있다. 언론은 매일같이 폭염의 심각성을 알리고 있지만, 정작 우리는 이 현상의 원인이 바로 우리 자신에게 있다는 사실을 외면하고 있는 건 아닐까?

하나님께서 창조하신 이 땅은 원래 조화롭고 아름다웠다. "하나님이 그 지으신 모든 것을 보시니 보시기에 심히 좋았더라."(창 1:31) 그러나 우리는 그 아름다운 질서를 스스로 무너뜨렸다. 더 빠르고 더 편리한 삶을 위해 무분별하게 에너지를 소비하고, 자연을 훼손하며 살아왔다. 지난 250년 동안 이산화탄소는 30% 이상 증가했고, 한국은 세계 10위의 에너지 소비국, 9위의 온실가스 배출국이 되었다.

지구가 뜨거워지고 있다는 문제보다 더 심각한 것은, 우리의 양심이 점점 식어가고 있다는 점이다. 하나님은 우리를 에덴동산에 두어 그것을 경작하고 지키게 하셨다.(창 2:15) 우리는 자연을 파괴자가 아니라, 관리자로서 사랑과 책임으로 돌봐야 할 존재들이다. 하지만 우리는 너무 쉽게 이 명령을 잊고, 삶의 편의만을 좇아 살아왔다.

폭염, 열대야, 기후 이상은 더 이상 먼 미래의 이야기가 아니다. 지금, 우리가 살아가는 현실이다. 로마서 8장 22절은 이렇게 말한다. "피조물이 다 이제까지 함께 탄식하며 함께 고통을 겪고 있는 것을 우리가 아나니." 지금 자연은 신음하고 있다. 하나님의 피조물들이 고통 속에서 우리에게 도움을 요청하고 있다.

이제는 우리부터 변해야 한다. 에너지를 절제하고, 더불어 살아가는 삶을 선택해야 한다. 더 작게 소비하고, 더 책임 있게 행동해야 한다. 창조 질서를 회복하는 이 길에 동참하는 것, 그것이 우리가 하나님 앞에 다시 설 수 있는 청지기의 삶이다.

뜨겁고 갈라진 이 땅 위에서, 우리는 다시금 마음을 돌이켜야 한다. 하나님께서 맡기신 이 지구를 사랑하는 것은 곧 하나님을 사랑하는 것이며, 동시에 다음 세대를 위한 책임이다. 지금은 회복과 순종의 시간이고, 다시 하나님 앞에 서야 할 결단의 계절이다.

더 늦기 전에, 우리의 삶이 지구를 식히는 은혜의 바람이 되어야 한다. 말이 아닌 행동으로, 후회가 아닌 순종으로, 창조 세계를 향한 책임을 다하는 사람이 되어야 한다. 지금 이 순간이 하나님께서 주신 마지막 기회일 수 있음을 기억해야 한다.

48. 농부의 손길은 하나님의 손길

기상이변이 해마다 반복되면서 우리의 삶을 위협하는 시대를 살아가고 있다. 더 이상 이런 변화를 두려워하거나 외면하며 살아갈 수는 없다. 성경은 오래전부터 자연과 세상을 귀하게 여기고 책임감을 가지고 돌보라고 가르쳐 왔다. "땅을 사랑하라."는 하나님의 말씀처럼, 우리가 사는 이 땅은 단순한 생활 공간이 아니라 하나님께서 주신 선물이자 다음 세대에 물려줘야 할 소중한 유산이다.

창세기 2장 15절에서 하나님은 아담에게 에덴동산을 "다스리며 지키라."고 명령하셨다. 이 말씀은 지금을 살아가는 우리에게도 여전히 유효하다. 자연을 함부로 착취하거나 낭비하는 것이 아니라, 지혜롭게 관리하고 보존하라는 뜻이다. 하나님은 인간에게 자연을 파괴하라고 하신 적이 없다. 오히려 그 안에서 더불어 살아가며 책임을 다하라고 하셨다.

일상 속에서 에너지를 아끼고, 물을 절약하고, 자원을 재사용하는 작은 실천은 단순한 습관이 아니라, 하나님께서 창조하신 세계에 대한 존중의 표현이다. 바울은 빌립보서 4장 8절에서 "무엇이든지 참되며, 경건하며, 옳으며, 정결하며, 사랑받을 만하며, 칭찬할 만한 것들을 생각하라."고 말했다. 환경을 지키는 일은 경제적 이익을 넘어서서, 하나님의 창조세계를 '정결하고 사랑받을 만한 모습'으로 유지하려는 마음의 표현이다.

나무를 심고 가꾸는 것도 마찬가지다. 시편 1편 3절은 "시냇가에 심은 나무가 철 따라 열매를 맺으며 그 잎사귀가 마르지 아니함 같으니."라고 말한다. 나무 한 그루는 신선한 공기를 제공하고, 그늘을 만들어 쉼을 주며, 땅을 안정시키고 생태계를 지탱한다. 나무를 가꾸는 일은 하나님이 주신 복과 연결된 삶이며, 땅을 살리는 중요한 실천이다.

재활용을 생활화하고, 환경을 고려한 제품을 선택하는 일도 하나님이 기뻐하시는 청지기의 삶이다. 누가복음 16장에 나오는 청지기 비유는 우리에게 맡겨진 자원을 어떻게 사용하고 관리해야 하는지를 알려준다. 우리는 지구라는 큰 집을 관리하는 청지기다. 무분별하게 소비하지 않고, 하나님께 받은 것을 지혜롭게 사용하는 것, 그 자체가 하나님의 뜻을 실천하는 길이다.

농업 또한 중요한 역할을 한다. 단지 먹을거리를 생산하는 차원을 넘어, 땅을 돌보고 생명을 이어가는 귀한 사역이다. 이사야 58장 11절은 "여호와께서 너를 항상 인도하시며 메마른 곳에서도 네 영혼을 만족하게 하시며"라고 말씀하신다. 농업은 하나님의 은혜를 땅 위에 실현시키는 통로이고, 농부의 손길은 하나님의 손길과 연결되어 있다.

기후 위기와 기상이변이 거세게 밀려오는 시대지만, 우리에게 맡겨진 사명이 사라진 것은 아니다. 오히려 지금이야말로 하나님께서 주신 땅을 사랑하고 돌보는 삶을 더욱 적극적으로 살아야 할 때다. 작고 평범한 실천들이 모여 큰 변화를 만들고, 우리가 살아갈 이 땅을 조금 더 아름답고 건강하게 가꿔갈 수 있다.

49. 삶을 바라보는 '태도'의 차이

세상을 살아가다 보면 우리는 참 다양한 사람들을 만난다. 어떤 이는 어떤 상황에서도 웃음을 잃지 않고, 힘든 순간에도 희망을 붙잡고 살아간다. 반면 또 어떤 이는 같은 상황에서도 한숨부터 쉬며, 어제의 상처와 후회에 오늘을 묶어두고 산다. 이 둘의 차이는 환경이나 능력 때문만은 아니다. 바로 삶을 바라보는 '태도'의 차이에서 비롯된다.

감나무 아래 누워 입을 벌리고 있는 사람이 있다. 그는 언젠가 감이 떨어지기를 기다린다. 하지만 감을 따기 위한 수고에는 관심이 없다. 반면 또 다른 이는 똑같이 누워 있지만, 한쪽 다리로 나무를 툭툭 치며 기대와 행동을 함께 한다. 이 작은 차이, 즉 '기다림'과 '행동' 사이의 간극이 결국 삶의 큰 차이를 만든다.

야고보서 2장 17절은 이렇게 말한다. "이와 같이 행함이 없는 믿음은 그 자체가 죽은 것이라." 아무리 믿음이 크다 해도 행동으로 이어지지 않으면 아무런 열매도 맺지 못한다. 감이 떨어지길 바란다면, 우리가 해야 할 몫도 분명히 존재한다. 믿음이란 단지 가만히 앉아 기다리는 것이 아니라, 믿음으로 발을 내딛는 용기이기도 하다.

아브라함이 하나님의 약속을 믿고 본토를 떠났고, 다윗이 믿음으로 거인 골리앗 앞에 섰던 것처럼, 성경의 믿음의 사람들은 모두 '믿음+행동'의 삶을 살았다. 감이 저절로 떨어지기를 바라는 것이 나쁘다고 할 수는 없지만, 아무런 수고도 없이 바라기만 한다면 그것은 '게으른 기대'에 불과하다.

　잠언 13장 4절은 말한다. "게으른 자는 마음으로 원해도 얻지 못하나 부지런한 자의 마음은 풍족함을 얻느니라." 하나님의 은혜는 누구에게나 공평하게 주어진다. 그러나 그 은혜를 붙잡고 열매로 맺는 사람은 손과 발을 움직이는 사람이다. 부지런히 행동하는 사람에게 열매는 찾아온다.

　삶은 우리가 원하는 대로 흘러가지 않는다. 감이 쉽게 떨어질 때도 있지만, 아무리 나무를 흔들어도 떨어지지 않는 날도 있다. 그러나 그런 순간에도 포기하지 않고, 하나님의 뜻을 신뢰하며 계속해서 움직이는 사람은 결국 열매를 보게 된다. 로마서 5장 4절은 "인내는 연단을, 연단은 소망을 이루는 줄 알미로다."라고 말한다. 인내는 그냥 참고 견디는 것이 아니라, 기대를 가지고 기다리는 것이며, 그 기대는 결국 행동으로 이어져야 한다. 지금 나는 감나무 아래에서 어떤 모습으로 앉아 있는가? 입만 벌린 채 떨어질 감만 기다리고 있는 것은 아닌가? 아무런 움직임 없는 기다림은 결국 무기력일 뿐이다.

　오늘, 두 다리로 감나무를 툭툭 쳐 보자. 아주 작은 움직임이더라도, 하나님은 그 발걸음 속에 응답을 예비하고 계신다. 믿음은 기다림이지만, 동시에 움직임이다. 그리고 그 움직임 속에서 우리는 비로소 열매를 얻게 될 것이다.

50. 성탄의 참된 의미를 깨닫고 실천

　성탄절이 다가오면 백화점마다 반짝이는 불빛과 함께 사랑 나눔 행사가 한창이다. 산타클로스는 아이들에게 선물을 나누는 친근한 존재일 뿐 아니라, 가족과 친구들이 함께 행복을 나누는 순간을 상징한다. 빨간 옷에 흰 수염, 검은 부츠를 신고 아이들 양말에 선물을 넣어 주는 산타의 모습은 우리 마음 깊은 곳에 따뜻한 미소를 불러일으킨다.

하지만 요즘 성탄절은 점점 상업화되고 있다. 물질과 돈이 중심이 된 축제로 변하면서, 산타마저도 '파업'을 선언할지 모른다는 농담 섞인 상상이 떠오른다. 과연 산타가 진짜 원하는 것은 무엇일까? 과거 산타는 '주는 기쁨'의 상징이었다. 그런데 오늘날 아이들은 '받는 것'에 너무 익숙해졌다. 그래서 '주는 기쁨, 나누는 행복'을 잊지 않도록 산타의 모습도 달라져야 한다는 메시지가 더욱 절실해졌다.

성경은 "주는 것이 받는 것보다 복이 있다."(사도행전 20장 35절)고 가르친다. 하나님께서 우리에게 베푸신 사랑과 은혜를 기억하며, 우리도 이웃과 나누는 삶을 살아야 한다는 뜻이다. 산타가 외롭다고 느낀다면, 그것은 '받음'이 빠진 삶의 외로움일 것이다. 마치 우리가 하나님께 받은 사랑을 이웃과 나누지 않을 때 마음이 허전해지는 것과 같다.

성탄절은 단순한 선물 교환의 날이 아니다. 하나님께서 우리에게 주신 가장 큰 선물, 즉 예수 그리스도의 사랑을 되새기는 시간이다. 요한복음 3장 16절은 "하나님이 세상을 이처럼 사랑하사 독생자를 주셨으니."라고 말한다. 이 사랑이야말로 산타가 전하려 했던 '주는 기쁨'의 근원이다.

우리 모두는 산타처럼, 또 하나님처럼 '주는 삶'을 살도록 부름받았다. 받기만 바라던 아이가 선물을 나누는 즐거움을 배우듯, 우리도 세상의 소외된 이들과 함께 기쁨을 나눠야 한다. 산타가 외롭지 않게 하려면, 우리가 서로 손을 잡고 사랑을 전하는 성탄절이 되어야 한다. 결국 성탄은 과거의 한 사건이 아니라, 오늘 우리의 삶 속에서 계속해서 다시 태어나야 할 이야기다. 예수님이 우리 마음의 주인이 되실 때, 산타의 전설은 복음의 그림자가 되고, 나눔은 선택이 아니라 삶의 방식이 된다. 이 성탄절, 우리가 주고받는 선물보다 더 귀한 것은 서로를 향한 따뜻한 시선과 사랑의 손길이다.

성탄절의 참된 의미를 깨닫고 실천할 때, 물질과 상업의 그림자 속에서도 진정한 행복과 사랑이 우리 삶에 깊게 스며든다. 산타의 미소가 단지 선물을 주는 모습에 머물지 않고, 사랑과 나눔을 실천하는 우리의 모습으로 바뀌어야 한다.

51. 설은 '감사'와 '기억'의 명절

설날이 코앞이다. 옛날에는 기차를 타고 산을 넘을 때마다 마음이 먼저 고향에 닿곤 했다. 하지만 지금은 고속열차, 비행기, 고속버스, 승용차 등 다양한 교통수단 덕분에 고향이 일일 생활권이 됐다. 덕분에 예전처럼 고향을 애타게 그리며 부르던 노래들도 점점 사라지고 있다.

그럼에도 설날은 여전히 특별한 날이다. 까치가 앞마당 감나무에 내려앉아 반가운 소식을 전하고, 바닷가 마을 갈매기들은 귀성객 맞이 준비로 분주하다. 고향의 골목길, 흙길, 바람결에는 부모님의 기다림과 추억의 향기가 아직 살아 있다.

설날은 단순한 명절이 아니라 가족과 이웃, 공동체가 함께 모여 마음을 나누는 시간이다. 오랜만에 만난 가족들이 둘러앉아 이야기꽃을 피우고, 윷놀이에 웃음이 터지며, 함께 떡국을 끓이고 음식을 준비한다. 설 준비는 한 사람만의 일이 아니라 모두가 기쁨으로 함께 만들어가는 '따뜻한 사랑의 연습'이다.

성경은 이런 가족의 연합을 귀하게 여긴다. 시편 133편 1절은 "보라 형제가 연합하여 동거함이 어찌 그리 선하고 아름다운고"라고 말한다. 명절에 모인 가족들의 모습은 바로 이 말씀을 실천하는 장면이며, 하나님이 기뻐하시는 순간이다.

설을 준비하며 함께 음식을 만들고, 상을 차리고, 아이들은 웃고 어른들은 이야기를 나누는 모습은 초대교회 성도들이 "마음을 같이 하여 성전에 모이기를 힘쓰고 떡을 떼며 기쁨과 순전한 마음으로 음식을 먹고"(사도행전 2장 46절) 교제하던 장면과도 닮아 있다. 설날은 그 자체가 하나의 작은 '예배'이자 삶 속 감사의 잔치다.

무엇보다 설은 '감사'와 '기억'의 명절이다. 하나님이 지난 한 해 동안 지켜주신 은혜를 되돌아보고 감사하며, 가족과 조상의 사랑을 기억하고 그 유산을 자녀들에게 전하는 시간이다. 신명기 6장 6-7절은 "오늘 내가 네게 명하는 이 말씀을 너는 마음에 새기고… 자녀에게 부지런히 가르치라."고 말한다. 설날은 이 '가르침과 나눔'이 살아 숨 쉬는 시간이다.

물질이 넘쳐나는 세상에서도 정과 사랑은 돈으로 살 수 없다. 명절 밥상 위의 정성, 웃음 사이에 스며든 배려, 함께 잠자리를 나누며 속마음을 털어놓는 시간들은 우리가 얼마나 풍성한 은혜 가운데 살고 있는지를 깨닫게 한다.

하나님이 주신 가족이라는 선물, 고향이라는 안식처, 함께 모여 음식을 나누고 사랑을 확인하는 이 소중한 명절이 그저 지나가는 풍습이 아니라 감사와 은혜가 넘치는 '신앙의 자리'가 될 것이다.

52. 섬세한 배려의 큰 울림

펄벅 여사가 처음 한국을 방문했을 때의 일화가 떠오른다. 천년의 고도 경주를 향해 기차를 타고 가던 중, 감나무 끝에 매달린 몇 개의 홍시를 보고 그녀는 의아해했다. "왜 따지 않고 그냥 두는 거지?"라고 물었고, 주변 사람들이

"까치밥이라 해서 겨울새들을 위해 남겨두는 것"이라고 설명하자, 펄벅 여사는 감탄하며 말했다. "바로 이것이야. 고적이나 왕릉보다 이런 것을 보러 한국에 온 것이 더 뜻깊다."

사람들은 종종 거창하고 눈에 띄는 것에 감탄하지만, 하나님은 세상의 작은 섬세함 속에서도 당신의 섭리를 드러내신다. 까치밥 하나에도 섬세한 배려와 사랑이 담겨 있다. 그것은 마치 하나님께서 인간에게 일용할 양식을 주시고, 심지어 날지 못하는 새나 작은 생명까지 돌보시는 모습과 같다. "공중의 새를 보라, 심지도 않고 거두지도 않고 창고에 모아들이지도 아니하되 너희 천부께서 기르시나니 너희는 이것들보다 귀하지 아니하냐'라는 말씀처럼, 자연 속 섬세한 배려는 인간에게 큰 울림을 준다.

한국의 농촌은 이러한 마음이 살아 있는 공간이다. 집에서 기르지 않는 새들의 겨울양식까지 챙기는 후덕한 마음이 존재하는 곳, 그 속에서 자연과 인간이 조화롭게 어우러진 삶을 엿볼 수 있다. 농촌진흥청 자료에 따르면, 우리 농촌의 환경적 다양성과 휴양 가치가 중국의 소주나 항주보다 뛰어나다고 한다. 사람의 손길과 자연의 배려가 함께 만들어낸 공간, 그것이 바로 하나님이 주신 자연의 선물이다.

하나님께서는 작은 것 하나에도 섭리를 담아 주신다. 겨울새를 위한 홍시 한 알, 들판에 남겨진 잡초 하나, 강가에 흩어진 갈대 한 포기까지도 하나님의 세심한 손길이 닿아 있다. 인간은 종종 큰 것만 보고 소중함을 놓치지만, 하나님은 그 모든 작은 것 속에서도 사랑과 질서를 드러내신다. 그러므로 우리는 자연 속에서 하나님을 만날 수 있다. 산과 들, 강과 숲 속에서, 까치밥 하나에도 담긴 하나님의 배려를 보고, 마음 깊이 감탄할 수 있다.

펄벅 여사가 감탄한 그 순간처럼, 고적이나 왕릉이 아닌, 단순한 자연과 그 속의 배려에서 느끼는 감동이 진정한 깨달음을 준다. 하나님의 사랑은 거창한 것이 아니라, 우리가 미처 눈치채지 못한 작은 배려와 섬세함 속에 존재한다. 우리의 일상과 자연 속에서 하나님을 만나는 순간, 그 자체로 감사와 평안이 찾아온다. 한국의 농촌, 사람과 자연이 함께 만들어낸 이 공간이 바로 그런 하나님의 섬세한 손길을 체험할 수 있는 현장이 된다.

53. 씨앗의 법칙, 하나님의 원리

세상은 눈에 보이지 않는 법칙들로 움직인다. 그중 하나가 '씨앗의 법칙'이다. 우리가 매일 주고받는 모든 일은 작은 씨앗과 같다. 그 씨앗은 자라서 열매를 맺고, 다시 뿌려지며 우리의 인생을 바꿔 나간다. 이 법칙은 세상뿐 아니라 성경에도 깊이 새겨져 있다.

첫째, 먼저 뿌리고 나중에 거둬야 한다. 갈라디아서 6장 7절은 "사람은 무엇으로 심든지 그대로 거두리라."고 말한다. 사랑 받고 싶으면 먼저 사랑을 베풀어야 하고, 도움 받고 싶으면 먼저 도와야 한다. 농부가 씨앗도 뿌리지 않고 열매만 바라면 어리석은 일일 뿐이다.

둘째, 뿌리기 전에 밭을 갈아야 한다. 호세아 10장 12절에 "너희 묵은 땅을 기경하라."고 하셨다. 아무리 좋은 씨앗도 돌밭이나 가시덤불에서는 자라지 못한다. 마음의 밭, 관계의 밭, 믿음의 밭을 먼저 준비해야 씨앗이 뿌리내릴 수 있다. 무턱대고 주기보다 상대의 필요를 이해하고 적절한 때와 방법으로 나눠야 한다.

셋째, 시간이 지나야 거둘 수 있다. 전도서 3장 1절에 "범사에 기한이 있고 천하 만사가 다 때가 있다."고 했다. 씨앗을 뿌렸다고 바로 열매를 기대하면 안 된다. 기다림은 믿음의 한 형태다. 하나님의 시간은 우리의 시간과 다르니 인내가 필요하다. 급히 거두려 하지 말고 하나님의 때를 신뢰하라.

넷째, 뿌린 씨가 다 열매가 되지는 않는다. 예수님도 씨 뿌리는 비유에서 말씀하셨다. 어떤 씨는 길가에, 어떤 씨는 돌밭에, 어떤 씨는 가시덤불에 떨어져 열매를 맺지 못한다. 실패가 있다고 낙심하지 마라. 모든 수고가 결실로 돌아오지는 않지만 헛되지 않다.

다섯째, 뿌린 것보다 더 많이 거둔다. 마가복음 4장 8절에 "삼십 배, 육십 배, 백 배의 결실을 맺었느니라."고 하셨다. 하나님의 방식은 항상 풍성하다. 네가 뿌린 사랑, 선행, 말씀, 격려는 하나님 손에 들려 배가 되어 돌아온다. 이해타산보다 사랑과 믿음으로 심어라. 그 결실은 놀랍다.

여섯째, 콩 심은 데 콩 나고, 팥 심은 데 팥 난다. 심은 대로 거두는 것은 자연의 법칙이자 하나님의 공의다. 악한 의도로 심으면 결국 악을 거두고, 선한 마음으로 심으면 축복을 거둔다. 다른 사람 삶에 어떤 씨앗을 심는지 늘 점검해야 한다. 심은 대로 거둔다.

일곱째, 종자는 남겨 두어야 한다. 고린도후서 9장 10절에 "심는 자에게 씨와 먹을 양식을 주시는 이가 너희 심을 것을 주사 풍성하게 하시고"라고 하셨다. 수확한 모든 것을 다 쓰지 말고 일부는 다시 심을 종자로 남겨야 한다. 받은 은혜는 다시 나누고, 얻은 축복은 다시 흘려보내야 지속된다. 이처럼 씨앗의 법칙은 인생과 신앙에서 가장 기본이 되는 진리다. 먼저 뿌리고, 밭을 준비하고, 기다리고, 실패해도 낙심하지 않으며, 더 많이 거두고, 심은 대로 거두며, 종자를 남기는 것. 이 모든 과정이 인생을 풍요롭게 만드는 하나님의 섭리다.

54. 시련은 깊은 뿌리를 만드는 은혜

시련은 깊은 뿌리를 만드는 은혜의 도구다. 도시 사람들은 봄에 비가 많이 내려야 식물이 잘 자란다고 생각하지만, 농부들은 안다. 봄 가뭄이 오히려 식물에게 더 유익하다는 것을. 겉보기엔 비가 부족해 보이지만, 그 시련 속에서 식물은 살아남기 위해 뿌리를 더 깊이 내린다. 그리고 그 깊은 뿌리야말로 강한 생명의 근원이 된다.

반대로, 비가 자주 내리는 좋은 날씨는 식물을 겉으로 무성하게 자라게 하지만, 뿌리는 얕고 약하다. 결국 바람이나 가뭄이 오면 쉽게 뽑히고 만다. 그러나 가뭄 속에서 자란 식물은 물과 양분을 찾기 위해 더 깊이 파고들고, 그렇게 생존을 향한 강한 의지를 기르게 된다. 시련은 외면적 성공보다 내면의 강함을 키우는 은밀한 축복이다.

성경도 이 원리를 분명히 말한다. "환난은 인내를, 인내는 연단을, 연단은 소망을 이룬다."(롬 5:3-4) 하나님은 우리가 고난을 통해 깊은 믿음의 뿌리를 내리기를 원하신다. 봄 가뭄이 식물을 깊게 뿌리내리게 하듯, 인생의 시련도 우리를 진짜 강하게 만든다.

욥기의 욥도 그랬다. 갑작스러운 재난과 상실 앞에서 하나님을 붙든 그는 마침내 이렇게 고백한다. "귀로 듣기만 하였던 주님을 이제는 눈으로 뵙습니다."(욥 42:5) 고난은 그에게 지식의 믿음을 넘어, 살아 있는 믿음으로 나아가게 했다. 시련이 없었다면 결코 만날 수 없었던 하나님과의 깊은 만남이었다.

우리는 종종 '왜 이런 일이 내게 일어나는가' 묻지만, 하나님은 우리가 편안한 봄날보다 가뭄 같은 시기를 지나도록 하신다. 그 이유는 분명하다. 우리의 뿌리가 얕은 곳이 아니라, 더 깊은 곳, 곧 하나님의 말씀과 은혜에 닿게 하시려는 것이다. "그 뿌리가 강하여 바람에 흔들리지 않는다."(시 1:3)는 사람은 바로 그런 과정을 통해 빚어진다.

인간도 마찬가지다. 순탄한 환경에서 자란 사람은 빨리 자랄 수 있어도 쉽게 무너진다. 반면, 시련과 고난을 견딘 사람은 쉽게 꺾이지 않는다. 겉으론 느리게 성장하는 것처럼 보여도, 안에서는 단단한 영적 뿌리가 자라나는 중이다.

하나님은 겉모습의 화려함보다, 깊이 내린 뿌리를 귀하게 여기신다. 그래서 오늘 겪는 시련도 의미 없는 것이 아니다. 고난은 우리를 믿음의 사람으로 다듬어 가는 하나님의 손길이다. "고난 당한 것이 내게 유익이라 이로 말미암아 내가 주의 율례를 배우게 되었나이다."(시 119:71) 이 고백이 오늘 우리 입술에도 울려 퍼지게 만들자.

55. 눈보라 치면 꽃이 핀다는 예고

어떠한 문제나 역경도 없이 사는 것이 과연 정말 멋진 삶일까? 결코 그렇지 않다. 성경은 분명하게 말한다. "고난은 인내를, 인내는 연단을, 연단은 소망을 이루느니라."(로마서 5:3-4) 고난은 단순히 불행한 사건이 아니라, 인내를 낳고 우리를 단련하며 결국 더 깊고 단단한 소망으로 이끄는 하나님의 도구다. 폭풍우가 지나간 뒤에야 더 밝게 빛나는 햇살처럼, 인생의 고난 뒤에 찾아오는 축복과 기쁨은 그 무엇보다도 찬란하다.

삶의 시련은 결코 헛된 일이 아니다. 야고보서 1장 2절은 이렇게 말한다. "여러 가지 시험을 당하거든 온전히 기쁘게 여기라." 고난 가운데서도 기뻐하라는 이 말씀은 현실을 무시하라는 뜻이 아니다. 오히려 그 시련 속에서도 하나님의 뜻과 계획이 있다는 것을 믿고, 그분을 더욱 신뢰하라는 초대다. 눈보라가 아무리 거세도 봄은 반드시 오고, 그 봄에 피는 꽃은 추위 속에서 더 단단해진다.

고난은 사람을 겸손하게 만들고, 자신이 아닌 하나님을 더욱 의지하게 한다. 시편 34편 19절은 이렇게 말한다. "의인은 많은 환난을 당하나 여호와께서 그 모든 환난에서 건지시는도다." 고난이 있다는 것은 결코 하나님이 나를 외면하셨다는 뜻이 아니다. 오히려 그 고난의 한복판에서 하나님은 우리와 함께하신다. 때론 침묵 속에 계시지만, 결코 우리를 홀로 두지 않으신다. 하나님은 우리의 아픔을 아시고, 그 모든 과정을 통과할 수 있는 힘과 위로를 주신다.

또한, 고난은 방향을 바꾸게 만든다. 지금 당장은 이해할 수 없는 고통이라 해도, 그 안에는 더 나은 길로 이끄시는 하나님의 손길이 있다. 예레미야 29장 11절은 이렇게 말한다. "너희를 향한 나의 생각은 평안이요 재앙이 아니며, 너희에게 미래와 희망을 주는 것이다." 지금 이 순간이 아무리 어둡고 막막해도, 하나님은 그 어둠 너머에 평안과 희망을 준비하고 계신다. 그래서 우리는 포기하지 않고 나아갈 수 있다.

"눈보라 치면 꽃도 핀다." 이 말처럼 시련은 잠시일 뿐, 그것이 지나고 나면 반드시 꽃이 피고 봄날이 찾아온다. 그러니 낙심하지 말고, 고난을 두려워하지 말고, 믿음으로 맞서야 한다. 여호수아 1장 9절에서 하나님은 이렇게 말씀하신다. "강하고 담대하라. 두려워하지 말며 놀라지 말라. 네 하나님 여호와가 너와 함께 하느니라." 이 약속은 오늘을 버티게 하는 힘이며, 내일을 향해 나아갈 수 있는 용기다.

만약 고난이 없었다면 행복도 깊이 느낄 수 없었을 것이다. 눈물이 있었기에 웃음이 더 귀하고, 어둠이 있었기에 빛이 더 따뜻하다. 그러니 오늘의 눈보라를 견디자. 이 시련은 곧 지나갈 것이고, 그 끝에서 우리는 더 깊어진 믿음과 단단한 소망을 품은 채 꽃피는 봄날을 맞이하게 될 것이다. 지금 이 순간이 바로 그날을 준비하는 시간이다.

56. 천국은 이미 우리 안에 시작

천국은 우리가 땅에서 짓는 집과 다르다. 땅에서는 벽돌과 시멘트로 집을 세우지만, 천국은 믿음으로 세워진 집이다. 우리의 작은 순종, 눈물 속에도 놓지 않는 신뢰, 바람 앞에 흔들리면서도 꺾이지 않는 믿음 모두가 천국을 짓는 나무가 된다.

사도 바울은 말했다. "각 사람이 자기의 일을 시험할 것이요, 그 일이 어떤 불로 드러나리라."(고린도전서 3:13) 어떤 이들은 금이나 은, 보석 같은 값진 재료로 집을 짓고, 어떤 이들은 나무나 풀, 짚으로 짓는다 했다. 그런데 여기서 말하는 나무는 썩는 나무가 아니다. 하나님을 향한 믿음으로 심고 자란 생명의 나무다. 시편 1편에 나오는 의인이 시냇가에 심은 나무처럼, 그 믿음의 나무는 계절마다 열매를 맺고 잎사귀가 마르지 않는다.

믿음은 눈에 보이지 않는 것을 보게 만든다. 노아는 비가 오기 전에 방주를 지었다. 주변 사람들은 비웃었지만, 그는 하나님의 말씀을 믿었고, 그 믿음이 그의 집과 인류의 생명을 지켰다.(히브리서 11:7) 아브라함도 보이지 않는 미래를 향해 떠났고, 하나님은 그 믿음을 의로 여기셨다.(창세기 15:6) 그의 믿음은 천국의 기초가 되었다.

예수님도 말했다. "내 말을 듣고 행하는 자는 반석 위에 집을 지은 지혜로운 사람과 같다."(마태복음 7:24) 믿음은 말로만 세워지는 것이 아니다. 그 말씀을 삶에서 붙들고 실천할 때, 그것이 하늘 집을 짓는 것이다.

이 땅에서 흘리는 믿음의 땀과 드리는 기도, 아무도 모르게 견디는 인내가 모두 천국을 세우는 재료가 된다. 하나님은 그 모든 것을 기억하시고, 잊지 않는다. "너희 수고가 주 안에서 헛되지 않은 줄을 알라."(고전 15:58)

오늘도 우리는 믿음의 나무 한 그루를 심는다. 말씀은 비처럼 내리고, 기도는 햇살처럼 비추며, 순종은 뿌리를 깊게 내린다. 그 나무는 하늘에서 집이 된다. 천국은 멀리 있지 않다. 우리가 믿음으로 살 때, 천국은 이미 우리 안에 시작된다.

천국의 집은 금이나 보석이 아니라, 하나님을 신뢰하며 쌓아 올린 시간들로 지어진다. 그 집은 영원히 무너지지 않는다. 세상은 여전히 경쟁과 불안으로 요동치지만, 천국을 사는 사람의 마음에는 설명할 수 없는 평안이 깃든다. 그것은 환경이 아니라, 하나님이 다스리시는 내면에서 흘러나오는 평안이다.

그러므로 오늘도 낙심하지 말고 믿음의 손으로 한 조각씩 집을 세우자. 우리의 삶이 완벽하지 않아도 괜찮다. 하나님을 신뢰하며 하루를 살아내는 그 자체가 이미 천국을 사는 증거이기 때문이다. 천국은 언젠가 가야 할 곳이 아니라, 지금 하나님과 동행하는 삶 속에서 이미 시작된 현실이다. 그 천국이 오늘 우리의 말과 선택, 사랑을 통해 세상 가운데 더욱 분명히 드러나기를 소망 해보자.

57. 우리가 선물 받은 가장 소중한 선물

오늘은 우리에게 주어진 가장 소중한 선물이다. 시편 118편 24절은 "이날을 여호와께서 정하셨으니 이 날에 우리가 즐거워하고 기뻐하리로다."라고 노래한다. 어제는 이미 지나간 추억에 불과하고, 내일은 아직 오지 않은 희망일 뿐이다. 오직 오늘만이 우리가 실제로 살아 숨 쉬는 선물이다.

예수님도 "내일 일을 위하여 염려하지 말라."(마태복음 6:34)고 말씀하셨다. 염려가 오늘의 기쁨을 빼앗지 않도록, 주님은 오늘 필요한 양식만 구하라고 가르치신 것이다. 마치 아침마다 내리는 이슬처럼, 하루하루 문제도 새롭게 찾아온다. 어제의 무거운 짐은 뒤에 놔두고, 오늘의 새 길을 힘차게 걸으라는 초대이다.(예레미야 31:22)

야고보서 4장 14절은 우리 삶을 "안개 같은 것."에 비유하며, "내일 일을 너희가 알지 못하나니."라고 일깨운다. 아무리 우리가 계획을 잘 세워도, 그 계획이 이루어지려면 하나님께서 허락하시는 오늘이 있어야 한다. 그래서 우리는 매 순간을 하나님의 은혜로 받아들이고, 오늘 하루를 그분의 축복으로 노래해야 한다.

시편 103편 11절은 "주의 인자하심이 주의 백성에게 어찌 그리 많은지요."라고 고백한다. 하루하루 쌓인 시간이 우리의 인생 기초가 된다. 오늘을 소홀히 하면 인생 전체를 허비할 수 있다. 반대로 오늘을 감사로 채우면, 그것이 내일의 풍성한 열매를 맺는 밑거름이 된다.

삶의 길이 막힐 때면 "보라 내가 새 일을 행하리니."(이사야 43:19)라는 주님의 음성에 귀 기울여야 한다. 오늘의 작은 걸음이 내일의 큰 발전을 준비한다. 그러니 가장 행복한 날, 중요한 결정을 내리는 날, 그리고 가장 귀중한 날은 바로 오늘, 지금 이 순간이다.

이 순간이 전부라고 느끼며, 주님이 주신 오늘이라는 선물을 기쁨으로 풀어내자. 축복의 날, 감사의 날, 그리고 변화의 날이 바로 이 순간부터 여러분 삶 속에서 시작된다. 오늘을 진심으로 살아가는 사람만이 그 선물을 온전히 누릴 수 있다.

그러므로 오늘을 허비하지 말고, 두려움으로 움켜쥐지도 말자. 오늘은 이미 하나님께서 선하다고 선언하신 시간이며, 우리에게 맡기신 가장 값진 선물이다. 숨 쉬는 지금 이 순간, 사랑할 수 있는 기회가 주어졌고, 변화될 수 있는 은혜가 열려 있다. 오늘 하루를 믿음으로 살아내는 그 자체가 하나님께 드리는 가장 아름다운 감사의 제사가 된다.

이 하루가 지나갈 때, 우리는 내일을 보장받았기 때문에 평안한 것이 아니라, 오늘을 하나님께 맡겼기 때문에 평안하다. 가장 소중한 선물인 '오늘'을 붙들고, 주님과 동행하며 기쁨으로 살아가는 하루가 되기를 소망한다. 오늘이 바로 하나님께서 우리에게 주신 최고의 선물이다.

58. 진리는 우리 인생과 신앙의 근본

언제나 씨앗을 먼저 뿌려야 한다는 진리는 우리 인생과 신앙의 기본이다. 우리가 성장하지 못하는 가장 큰 이유는 씨를 뿌리지 않기 때문이다. 즉, 자기중심적인 태도에 머물러 다른 사람에게 사랑과 나눔의 손길을 내밀지 않기 때문이다. 잠언 11장 24절은 "적게 뿌리는 자는 적게 거두고 많이 뿌리는 자는 많이 거둔다."고 말한다. 하나님도 사랑의 씨앗을 아낌없이 뿌리는 자에게 복을 더해 주신다.

여유가 생길 때까지 기다리다 보면 시간이 흘러도 결코 성장하지 못한다. 누군가를 도울 준비가 완벽해질 때까지 망설이지 말고 지금 당장 베푸는 삶을 시작해야 한다. 누가복음 6장 38절은 "주라 그리하면 너희에게 줄 것이니 곧 후히 되어 누르고 흔들어 넘치도록 하여 너희에게 안겨 주리라."고 약속한다. 베푸는 자에게 하나님의 은혜가 넘쳐나고, 그 은혜는 다시 우리 삶에 풍성한 축복으로 돌아온다.

베푸는 행위는 마치 보험과 같다. 우리가 어려움에 처한 사람을 도울 때 하나님은 우리 자신이 어려울 때 도와줄 사람을 미리 준비해 두신다. 고린도후서 9장 6-8절은 "적게 심는 자는 적게 거두고 많이 심는 자는 많이 거두리라."고 하며 하나님은 너그러운 자를 사랑하시고 필요한 모든 은혜를 넘치도록 부어주신다고 말한다. 나눔은 단순한 선행이 아니라 하나님의 축복을 저장하는 통로다.

예수님도 우리에게 이웃 사랑을 실천하라고 가르치셨다. 마태복음 25장 40절은 "내가 진실로 너희에게 이르노니 너희가 여기 내 형제 중 지극히 작은 자 하나에게 한 것이 곧 내게 한 것이라."고 하셨다. 우리가 사랑과 도움의 씨앗을 심을 때 하나님은 그 마음을 보시고 반드시 갚아 주신다.

결국 진리는 변하지 않는다. 뿌리면 거두고, 주면 채워지며, 낮아지면 높아진다. 이 진리는 세상의 논리와는 달라 보이지만, 하나님 나라의 가장 확실한 법칙이다. 그러므로 계산하지 말고, 비교하지 말며, 미루지 말자. 오늘 우리가 뿌리는 씨앗이 내일의 열매가 되고, 그 열매가 또 다른 생명을 살리는 씨가 될 것이다.

지금 이 순간, 하나님 앞에서 다시 한 번 결단하자. 크고 화려하지 않아도 좋다. 진리의 씨앗 하나를 믿음으로 뿌리는 삶, 그 삶 위에 하나님은 반드시 자라게 하시고 풍성하게 하신다. 그 약속의 진리를 붙들고, 오늘도 기쁨으로 사랑의 씨앗을 뿌리는 복된 인생이 되어야 한다.

그러니 지금 이 순간 마음을 열고 주위를 돌아봐라. 작은 사랑의 씨앗이라도 심는다면 하나님은 기적처럼 풍성한 열매로 갚아 주실 것이다. 여유가 생길 때까지 기다리지 말고 지금 당장 베푸는 삶을 시작하라. 하나님이 약속하신 대로 "주라 그리하면 너희에게 줄 것이니 후히 되어 넘치도록 할 것."임을 믿고 사랑의 씨앗을 뿌려야 한다.

59. 너를 위한 하나님의 은혜의 땅

깊고 어두운 밤, 한 사람이 절벽에서 미끄러졌다. 그는 절벽 아래로 떨어질지도 모른다는 두려움에 사로잡혀 가까스로 나뭇가지를 붙잡았다. 아무것도 보이지 않는 깜깜한 어둠 속에서 밤새 "사람 살려!"라고 외쳤지만, 그 소리는 허공에 메아리칠 뿐 아무도 오지 않았다. 손은 점점 얼어붙고, 팔은 저려오며, 붙잡은 가지마저 힘에 부쳐 흔들렸다.

하지만 동이 트고 나서야 그는 아래를 내려다볼 수 있었다. 그제야 알았다. 자신이 그렇게 두려워하던 절벽, 그 죽음의 끝이라 생각했던 곳은 고작 2미터 높이였고, 손만 놓으면 바로 평지를 밟을 수 있었다는 것을. 얼마나 허탈하고 어이없는 순간이었을까. 이 이야기는 우리의 인생을 그대로 보여주는 거울 같다.

성경은 이런 우리의 마음을 다정히 일깨운다. 시편 34편 4절은 "내가 여호와께 간구하매 내게 응답하시고, 내 모든 두려움에서 나를 건지셨도다."라고 고백한다. 우리가 붙잡고 있는 걱정과 근심이 실제보다 훨씬 더 커 보이는 이유는 하나님이 아니라 두려움에 시선을 고정하고 있기 때문이다.

사실, 우리가 밤새 걱정하며 붙잡고 있는 문제들은 고작 '2미터 깊이'의 절벽일지도 모른다. 하지만 그 아래를 들여다볼 용기를 내지 못하고, 하나님께 맡기지 못해 두려움에 갇혀 있다. 예수님은 마태복음 6장 27절에서 "누가 염려함으로 그 키를 한 자라도 더할 수 있겠느냐?"라고 말씀하셨다. 걱정은 문제를 해결하지 못하고 오히려 믿음을 방해하는 마음의 소음일 뿐이다.

로마서 8장 28절은 "하나님을 사랑하는 자, 곧 그 뜻대로 부르심을 입은 자들에게는 모든 것이 합력하여 선을 이루느니라."고 약속한다. 우리가 두려움에 매달려 있어도 하나님은 여전히 일하고 계신다. 우리가 믿음으로 손을 놓기만 하면, 바로 그 아래에는 하나님이 예비하신 안전한 평지가 기다리고 있다.

그러니 지금 네 마음속 절벽은 정말 끝인 낭떠러지인가? 아니면 하나님께 맡기지 못해 걱정에 사로잡힌 것뿐인가? 혹시 너도 2미터 아래 평지를 보지 못하고 손에 힘을 주며 고통 속에 있는 건 아닌가?

이제는 손을 놓아야 할 때다. 이 손은 포기의 손이 아니라 하나님께 맡기는 믿음의 손이다. 베드로전서 5장 7절은 "너희 염려를 다 주께 맡기라 이는 그가 너희를 돌보심이라."고 말씀한다. 하나님은 너의 두려움보다 크고, 절망보다 깊으며, 무엇보다 너를 가장 안전한 곳으로 인도하실 분이다.

걱정의 밤은 지나가고 아침이 밝았다. 아래를 내려다봐라. 그저 2미터일 뿐이다. 이제 하나님을 믿고 그분의 품으로 걸어가라. 네가 매달린 가지 아래에는 너를 위한 하나님의 은혜의 땅이 기다리고 있다.

60. 대나무가 알려주는 하나님의 시간표

중국의 모소 대나무는 정말 신기한 식물이다. 심은 뒤 4년 동안은 겉으로 거의 아무런 변화가 없다. 죽순 하나 제대로 자라지 않으니 실패한 것처럼 보일 수밖에 없다. 하지만 5년째가 되면 놀라운 일이 벌어진다. 단 6주 만에 15미터를 훌쩍 자라며, 굵고 강한 대나무로 솟아오른다. 이런 일이 가능한 이유는 그동안 땅속 깊이 조용히, 그러나 꾸준히 뿌리를 내렸기 때문이다. 보이지 않는 곳에서 준비한 시간들이 결국 폭발적인 성장을 가능하게 한 것이다.

우리 삶도 이와 다르지 않다. 기도해도 변화가 없는 것 같고, 애써도 결과가 보이지 않을 때가 있다. 사람들은 말한다. "그쯤 했으면 됐지, 이제 그만해." 하지만 하나님은 다르게 말씀하신다. "선을 행하되 낙심하지 말지니 포기하지 아니하면 때가 이르매 거두리라."(갈 6:9) 하나님의 시간표는 우리의 시계보다 훨씬 더 정밀하고 깊다. 겉으론 아무 일도 없어 보일지라도, 하나님은 우리의 영혼 깊은 곳에서 뿌리를 내리게 하신다.

요셉의 인생을 보자. 형들에게 팔리고, 노예가 되고, 억울한 감옥살이까지, 그 모든 시간은 마치 땅속에 묻힌 인생 같았다. 하지만 그 시간 동안 하나님은 요셉 안에 인내와 지혜, 리더십이라는 강한 뿌리를 길러주셨다. 그리고 마침내 하나님의 때가 되었을 때, 요셉은 애굽의 총리가 되어 수많은 생명을 살리는 자로 쓰임 받게 된다. 요셉은 이렇게 말했다. "하나님이 생명을 구원하시려고 나를 당신들보다 먼저 보내셨나이다."(창 45:5) 하나님의 사람은 보이지 않는 땅속에서도 쓰임 받을 준비를 멈추지 않는다.

지금은 모소 대나무처럼 조용히 기다려야 할 시간일 수도 있다. 그러나 그 시간이 결코 헛된 건 아니다. 말씀을 붙잡고, 기도로 다지고, 작은 충성으로 매일을 살아가는 그 시간이 바로 뿌리다. 하나님은 그 뿌리가 충분히 깊어졌을 때, 우리를 높이 드러내실 것이다.

지금 열매가 보이지 않는다고 실망하지 마라. 지금도 너의 뿌리는 깊어지고 있다. 눈물의 기도, 보이지 않는 섬김, 조용한 인내, 이 모든 것이 결국 너를 세우는 하나님의 손 길이 된다. 믿음은 기다림이고, 기다림은 준비다. 그 준비는 절대 헛되지 않는다. 5년 동안 준비한 가운데 6주 만에 15미터를 훌쩍 자라는 모소 대나무처럼 우리의 '시간도' 곧 온다. 그러니 지금은 단단히 뿌리를 내려야 한다. 그날이 오면, 우리는 하나님이 세우신 놀라운 기둥이 되어 있을 것이다.

61. 어두운 산길을 걷는 여정

인생은 때때로 깊고 어두운 산길을 걷는 여정 같다. 많은 사람들은 자신의 부족함을 고치기 위해 애쓰고, 단점을 극복하려는 데 집중한다. 하지만 그것은 마치 어두운 산속에서 회중전등 하나만 들고 새로운 길을 만들어 정상을 오르려는 것과 같다. 어둠 속에서 길을 개척하는 일은 쉽지 않고, 지치기 마련이다. 반면에 이미 나 있는 등산로, 곧 자신이 가진 강점을 따라가면 더 수월하고 더 즐겁게 정상에 도달할 수 있다.

성경은 우리 각 사람이 고유한 은사를 받았다고 말한다. "우리에게 주신 은혜대로 받은 은사가 각각 다르니."(로마서 12:6) 하나님은 모든 사람에게 특별한 능력과 재능을 주셨고, 그 은사는 우리가 세상 속에서 빛과 소금이 되도록 돕는 도구다. 자신이 가진 강점을 발견하고 그것을 활용할 때, 우리는 하나님이 예비하신 길을 더 효과적으로 걸을 수 있다.

사람들은 흔히 자신의 단점에 집착하며 그것을 고치려고 애쓴다. 물론 성장하려면 변화가 필요하다. 하지만 그것이 자기 본질을 부정하고 억지로 꾸며낸 모습이라면, 진정한 열매를 맺기 어렵다. 예수님도 제자들을 부르실 때 그들의 약점보다 강점과 가능성을 보셨다. 베드로의 성급함 속에서는 리더십을, 요한의 감성 속에서는 깊은 사랑을 보셨고, 그들을 있는 그대로 사용하셔서 하나님의 나라에 동참하게 하셨다.

달란트 비유(마태복음 25장)에서도 주인은 종들에게 각자의 능력에 따라 다른 수의 달란트를 맡긴다. 다섯, 둘, 하나, 그 수는 중요하지 않았다. 중요한 것은 자기가 받은 것을 얼마나 충실히 사용했느냐다. 하나님께서 우리에게 주신 강점도 마찬가지다. 그 재능이 크든 작든, 믿음으로 사용하면 하나님은 그 위에 축복을 더하신다.

강점을 따르는 삶에는 억지가 없다. 오히려 즐거움과 감사가 있고, 다른 사람에게도 유익이 된다. "사람이 자기의 일을 즐거워하면 왕 앞에 설 것이요, 천한 자 앞에 서지 아니하리라."(잠언 22:29)는 말씀처럼, 자신이 가진 강점을 따라 일할 때 우리는 하나님의 영광을 드러내며 존귀한 자리에 서게 된다.

혹시 오늘도 자신의 부족함만을 바라보며 낙심하고 있지는 않은가? 이제는 작은 회중전등 하나에 의지해 어둠을 뚫으려 하기보다, 하나님께서 이미 내 안에 만들어 놓으신 '등산로'를 따라 걸어보자. 그것이 바로 너의 강점이고, 하나님이 주신 은사다.

62. 자신이 가장 잘할 수 있는 영역

지구에는 수백만 종이 넘는 생물들이 살아간다. 만약 그 모든 생물들이 같은 방식으로 살아남으려 했다면, 지금과 같은 생명의 다양성이 존재할 수 있었을까? 생물들은 살아남기 위해 자신이 가장 잘할 수 있는 것에 집중해 왔다. 어떤 새는 날개를 키워 하늘을 날았고, 어떤 물고기는 지느러미를 진화시켜 바다를 지배했다. 생물의 진화는 결국 '선택과 집중'의 결과였고, 그것이 곧 생존의 열쇠였다.

이 원리는 인간 사회에도 그대로 적용된다. 특히 개인의 삶이나 기업의 운영에서도 마찬가지다. 모든 걸 잘하려고 애쓰기보다, 자신이 가장 잘할 수 있는 영역, 곧 하나님께서 주신 은사와 소명을 발견하고 거기에 집중하는 것이 가장 복된 길이다. 베드로전서 4장 10절은 이렇게 말한다. "각 사람이 은사를 받은 대로 하나님의 여러 가지 은혜를 맡은 선한 청지기 같이 서로 봉사하라." 하나님은 우리 모두에게 다른 은사를 주셨고, 그 은사는 이 세상에서 자신이 걸어가야 할 방향을 알려주는 나침반과 같다.

오늘날 많은 기업들이 각자의 고유한 강점과 정체성을 통해 자신만의 시장을 형성하듯, 우리 인생도 그와 같다. 모든 것을 잘하려다 아무것도 이루지 못하는 경우가 많다. 하지만 하나님은 각 사람에게 한 가지 은사를 주시고, 그 은사를 통해 최상의 열매를 맺기를 원하신다. 예수님께서도 "충성된 자에게 더 큰 것을 맡기신다."고 하셨다. 이는 주어진 일에 최선을 다할 때 비로소 더 큰 문이 열린다는 뜻이다. 마태복음 25장의 달란트 비유가 바로 그 진리를 말해 준다.

바울 역시 고린도전서 3장 10절에서 "내게 주신 하나님의 은혜를 따라 내가 지혜로운 건축자와 같이 터를 닦아 두매."라고 고백한다. 그는 자신의 사명이 무엇인지 분명히 알았고, 다른 사람의 사명을 부러워하거나 흉내 내려 하지 않았다. 복음을 전하는 자신의 일에 온 힘을 쏟았고, 그 안에서 탁월한 열매를 맺었다.

우리가 해야 할 일은 '할 수 있는 일'과 '할 수 없는 일'을 구분하고, 할 수 있는 일에 집중해 하나님께 영광을 돌리는 것이다. 나무가 하늘을 향해 자라기 위해선 뿌리를 깊이 내려야 한다. 그 뿌리가 바로 자신의 강점이며, 하나님께서 각자에게 주신 은사다. 뿌리가 깊으면 어떤 바람에도 쉽게 흔들리지 않는다.

혹시 지금 너무 많은 것에 손을 대며 방향을 잃고 있지는 않은가? 혹은 다른 사람의 재능을 부러워하며 자신의 길을 놓치고 있지는 않은가? 하나님은 당신이 누구보다 잘할 수 있는 일을 이미 알고 계시며, 그 안에 생존과 축복의 길을 미리 열어두셨다.

전도서 9장 10절은 말한다. "무엇이든지 손이 일을 당하면 힘을 다하여 하라." 오늘 내가 할 수 있는 일을 분명히 알고, 그것에 최선을 다할 때 하나님은 그 일을 통해 나만의 사명, 나만의 자리, 나만의 열매를 맺게 하신다.

63. 작은 시작이 결국 큰 열매

큰 나무가 작은 씨앗에서 시작되듯, 우리의 삶과 모든 일도 작은 마음가짐에서부터 출발한다. 성경은 이 사실을 여러 군데에서 강조한다. 마태복음 13장 31절에서 예수님은 "겨자씨 한 알이 땅에 심겨 자라면 모든 채소보다 커서 큰 나무가 되어 하늘의 새들이 와서 그 가지에 깃든다."고 말씀하셨다. 작은 믿음과 시작이 결국 큰 열매와 성공으로 자라난다는 의미다.

우리의 작은 마음가짐은 씨앗과 같다. 그것이 돌파구를 만들고, 돌파구는 새로운 가능성을 연다. 빌립보서 4장 13절 말씀처럼 "내게 능력 주시는 자 안에서 내가 모든 것을 할 수 있다."는 믿음은 우리에게 가능성의 문을 활짝 열어준다. 이 가능성은 성과로 이어지고, 성과는 자신감을 키우며, 자신감은 성공이라는 열매를 맺게 한다. 이 모든 과정은 하나님께서 우리 안에 심어주신 성장의 길이다. 이것이 바로 진화다.

반면, 세상과 마음속에 벽을 쌓으면 그 벽이 우리를 가두고 자유롭게 나아가지 못하게 한다. 잠언 18장 19절은 "형제 간의 다툼은 담을 치는 것과 같으나 사랑하는 자 사이에는 화목이 있다."고 말한다. 마음에 벽을 쌓는다는 것은 하나님과 이웃, 그리고 자신과의 관계를 끊는 일이고, 결국 스스로 갇히는 길이다.

또한 히브리서 12장 1절은 "우리 앞에 구름같이 둘러싼 허다한 증인들이 있으니 모든 무거운 것과 얽매이기 쉬운 죄를 벗어버리고 인내로 경주를 하자."고 권면한다. 마음속 벽과 무거운 짐을 벗어버리고, 하나님이 주신 힘과 용기를 붙들 때 우리는 성장과 진보의 길로 나아갈 수 있다.

작은 씨앗에서 큰 나무가 자라듯, 작은 마음가짐과 믿음으로 시작한 우리의 삶도 하나님과 함께할 때 놀라운 성공과 진화를 이룰 수 있다. 하지만 마음의 벽을 쌓고 닫으면 그 벽이 우리를 가두고 앞길을 막는다. 지금 이 순간, 작은 믿음의 씨앗을 심고 하나님이 주시는 용기와 사랑으로 마음의 벽을 허물어라. 그러면 너의 삶은 풍성한 열매와 아름다운 성공으로 자라날 것이다.

"여호와를 앙망하는 자는 새 힘을 얻으리니 독수리가 날개 치며 올라감 같을 것이다."(이사야 40:31)는 말씀을 믿고, 작은 시작을 두려워하지 말고 용기 있게 앞으로 나아가라.

하나님은 작은 시작을 통해 큰 일을 이루시는 분이다. 모세의 지팡이, 다윗의 물맷돌, 과부의 두 렙돈처럼, 하나님 손에 들려질 때 작은 것은 결코 작지 않다. 오늘 내 마음에 심는 믿음의 씨앗 하나가, 내일 누군가에게 쉼터가 되는 큰 나무로 자랄 것이다.

이제 다시 한 번 마음을 열고 결단하자. 벽을 쌓는 대신 길을 열고, 두려움 대신 믿음을 선택하자.

64. 노력과 모험의 끝에는 승리

노력한다는 건 때로 실패할 위험을 감수하는 일이다. 하지만 성경은 모험과 도전을 두려워하지 말라고 용기를 준다. 전도서 11장 6절은 "아침에 네 씨를 뿌리고 저녁에 손을 거두지 말라 네가 그것이 잘되고 못되고를 알지 못함이라."고 말한다. 노력과 도전은 결과를 확신할 수 없지만, 그 과정에서 배움과 성장이 있다는 걸 알려 준다.

모험하지 않는 사람은 순간의 고통이나 실패를 피할 수는 있지만, 진정한 변화와 성장, 사랑과 승리는 경험하지 못한다. 야고보서 1장 2-4절은 "여러 가지 시험을 만나거든 온전히 기쁘게 여기라 이는 너희 믿음의 시련이 인내를 만들어 내는 줄 너희가 앎이라 인내를 온전히 이루라 이는 너희로 온전하고 구비하여 조금도 부족함이 없게 하려 함이라."고 가르친다. 시련과 도전을 통해 믿음과 인내가 단련되고, 진정한 성장이 이뤄진다.

히브리서 12장 1절은 "우리 앞에 놓인 구름 같이 둘러싼 허다한 증인들이 있으니 모든 무거운 것과 얽매이기 쉬운 죄를 벗어 버리고 인내로서 우리 앞에 당한 경주를 하자."고 권면한다. 모험과 노력은 때로 무거운 짐처럼 느껴질 수 있지만, 그 길을 걸어갈 때 하나님이 인도하시고 승리로 이끈다.

예수님도 세상에 오셔서 고난과 희생의 길을 걸으면서 본을 보여 주셨다. 요한복음 16장 33절에서 "너희가 세상에서는 환난을 당하나 담대하라 내가 세상을 이기었노라."고 말씀하셨다. 고난과 도전은 피할 수 없지만 믿음으로 나아가면 승리가 따른다.

모험하지 않는 삶은 꽃이 피지 않은 채 겨울에 머무는 것과 같다. 반면 믿음의 모험을 감행하는 사람은 하나님이 주시는 능력과 은혜로 새롭게 태어나 변화하며, 진정한 사랑과 승리를 경험한다.

그러니 오늘 실패의 두려움에 움츠러들지 말고 하나님이 주시는 담대함으로 한 걸음 내딛어라. "내게 능력 주시는 자 안에서 내가 모든 것을 할 수 있느니라."(빌립보서 4:13) 말씀을 붙들고 인생이라는 경주에서 모험하며 성장하는 축복의 길을 걷길 바란다. 모험의 끝에는 하나님이 주시는 참된 승리와 기쁨이 기다리고 있다.

그러므로 낙심하지 말라. 지금 씨를 뿌리는 자리에 있다면, 아직 열매가 보이지 않아도 손을 거두지 말라. 하나님은 보이지 않는 땅속에서 이미 일하고 계신다. 갈라디아서 6장 9절의 권면처럼 "우리가 선을 행하되 낙심하지 말지니 포기하지 아니하면 때가 이르매 거두리라."

오늘의 모험은 내일의 간증이 된다. 오늘의 눈물은 내일의 찬양으로 바뀐다. 하나님 안에서 감행한 모든 믿음의 도전은 결코 헛되지 않다. 그러니 다시 한번 마음을 들어 올려 하늘을 바라보라. 주께서 앞서 가시며, 뒤에서 붙드시고, 곁에서 동행하신다.

65. 성령과 동행하는 삶의 시작

어느 무더운 여름날, 갑작스레 불어온 시원한 바람은 내 몸과 마음을 동시에 식혀주었다. 눈에 보이지 않지만 분명히 느껴지는 바람처럼, 성령도 그런 분이셨다. 눈으로 볼 수 없지만, 내 삶 깊은 곳에서 조용히 말씀하시고, 이끌어주시고, 회복시키시는 하나님의 숨결.

예수님은 요한복음 14장 26절에서 이렇게 말씀하신다. "보혜사 곧 아버지께서 내 이름으로 보내실 성령, 그가 너희에게 모든 것을 가르치고 내가 너희에게 말한 모든 것을 생각나게 하리라." 성령은 단순한 힘이나 느낌이 아니다. 성령은 '인격적인 하나님'이시며, 지금도 우리 곁에 계시는 친구이자 상담자이시다.

삶이 벽처럼 막힐 때, 방향을 잃고 헤맬 때, 성령은 말없이 속삭이신다. "이 길이 옳다. 이 길로 가라." 그 음성은 때로 양심의 찔림이 되고, 때로는 위로의 바람이 되어 내 마음을 움직인다. 사도행전의 초대 교회가 성령의 인도하심을 따라 복음을 전했던 것처럼, 오늘 우리도 성령의 손을 붙들고 살아가는 것이다.

성령은 또한 연약한 우리를 위해 기도하시는 분이다. 로마서 8장 26절은 말한다. "성령이 말할 수 없는 탄식으로 우리를 위하여 친히 간구하시느니라." 말로 다 할 수 없는 아픔 속에서도 성령은 나를 외면하지 않으신다. 오히려 가장 깊은 눈물의 언어로 하나님께 나를 대신해 기도해 주신다.

성령은 우리를 변화시키신다. 성령이 내 안에 거하실 때, 미움은 사랑으로, 불안은 평안으로, 절망은 소망으로 바뀌어 간다. 갈라디아서 5장 22절은 성령의 열매로 '사랑과 희락과 화평과 오래 참음…'을 말한다. 그것은 스스로 만들어낼 수 없는 삶의 열매이며, 오직 성령이 함께하실 때 맺을 수 있는 천상의 열매다.

성령은 단지 능력이 아니라, 우리 안에 거하시는 하나님이시다. 그분은 우리를 떠나지 않으시고, 항상 우리 안에서 말씀하시고 이끄시는 사랑의 영이시다.

오늘도 그분의 조용한 음성에 귀를 기울여 보자. "나는 네 곁에 있다. 네가 혼자가 아님을 잊지 마라."

그것이 바로, 성령과 동행하는 삶의 시작이다. 성령과 동행하는 삶의 가장 분명한 증거는 화려한 능력이 아니라, 삶의 태도에서 드러난다. 이전에는 참지 못하던 것을 참게 되고, 이전에는 외면하던 사람을 품게 되며, 이전에는 절망으로 끝나던 상황 앞에서 기도하며 기다릴 줄 알게 되는 변화, 그 조용한 변화 속에 성령의 발자국이 남는다.

그리고 무엇보다, 성령과 동행하는 삶은 혼자가 아님을 날마다 확인하는 삶이다. 실패했을 때도, 믿음이 흔들릴 때도, 다시 일어설 힘이 없을 때도 성령은 떠나지 않으신다. "내가 너를 버리지 않는다."는 하나님의 약속을 가장 가까이에서 증언해 주시는 분이 바로 성령이시다.

66. 나는 비로소 '꽃'이 되었고

그분이 나를 부르셨을 때, 나는 비로소 '꽃'이 되었다.

김춘수 시인은 이렇게 말했다. "내가 그의 이름을 불러주었을 때 그는 내게로 와서 꽃이 되었다." 이 시를 처음 읽었을 때, 내 마음에는 '하나님'이 떠올랐다.

내가 하나님을 부르기 전에, 하나님이 먼저 나를 불러주셨다는 사실. 그리고 그 부르심의 순간, 나는 세상 속 이름 없는 존재에서 하나의 '꽃'으로 피어난 감격을 느꼈다.

우리 삶도 마찬가지다. 하나님께 부름받았다고 해서 모든 것이 쉬워지는 건 아니다. 때로는 어려움과 고난이 찾아오고, 넘어질 때도 있다. 하지만 그 부르심 속에는 '능력의 약속'이 함께 있다.

고린도전서 1장 26~27절은 이렇게 말한다. "형제들아, 너희를 부르심을 생각해 보라. 육신을 따라 지혜 있는 자가 많지 않고, 능력 있는 자도 많지 않으며, 높은 가문에서 태어난 사람도 많지 않다.

그러나 하나님은 세상의 미련한 것들을 택하여 지혜 있는 자들을 부끄럽게 하시고…." 하나님의 선택은 세상의 기준과 다르다.

하나님은 약하고 부족한 사람을 들어 강하게 하시고, 없는 사람을 통해 큰일을 이루신다. 나 역시 특별하지 않은 평범한 사람이다. 하지만 하나님이 내 이름을 불러주셨다. 그 부르심 속에서 나는 꽃이 되었다. 그분의 향기와 능력, 그리고 약속이 내 작은 존재 안에서 피어났다.

그래서 이제는 두려워할 필요가 없다. 내가 하는 게 아니라 하나님이 이루신다.

그분이 나를 부르셨고, 그분이 내 곁에 계시며, 그분이 내 삶을 아름답게 꽃피우실 것이다. 이 진리를 붙들고 오늘을 살아가자. 하나님이 부르셨다는 그 사실 하나만으로도 우리는 이미 특별한 존재이며, 그분의 손길로 날마다 새로워질 수 있다.

그래서 이제는 두려워할 필요가 없다. 내가 잘해서가 아니라, 하나님이 신실하시기 때문이다. 내가 계획하지 못한 미래도, 준비되지 않은 내일도 하나님 손에 맡길 수 있다. "내가 하는 게 아니라 하나님이 이루신다."는 이 고백은 체념이 아니라, 가장 큰 믿음의 선언이다.

이제 나의 기도는 이렇게 바뀐다. "하나님, 제가 얼마나 크게 피어날지보다, 어디에서 어떤 향기를 내며 피어야 할지를 알게 해 주세요."

하나님이 부르셨다는 그 사실 하나만으로도 우리는 이미 충분히 귀한 존재다. 그리고 그 부르심 안에서 우리는 날마다 새로워지고, 누군가의 삶 한가운데 작은 위로의 꽃으로 피어나게 될 것이다. 오늘도 하나님은 조용히 우리의 이름을 부르신다. 그 음성에 응답하는 순간, 우리의 삶은 다시 한 번 꽃이 된다.

67. 쉽게 가지 말고 옳게 가는 길

사람들은 누구나 쉽고 편한 길을 찾는다. 덜 아프고, 덜 손해 보고, 덜 고생하는 길을 원한다. 하지만 성경은 우리에게 다른 길을 보여준다.

"좁은 문으로 들어가라. 생명으로 인도하는 문은 좁고 길이 협착하여 찾는 이가 적다."(마태복음 7:13-14) 쉽지 않은 길, 그러나 옳은 길, 그 길에 참된 생명이 있다. 햇볕만 가득한 땅은 처음에는 따뜻하고 평화로워 보인다.

하지만 시간이 지나면 풀 한 포기 자라지 않는 사막이 된다. 때로 우리 삶에 찾아오는 폭풍과 눈보라 같은 시련은 우리를 메마르지 않게 하고, 깊은 뿌리를 내리게 만든다.

히브리서 12장 11절은 말한다. "무릇 징계가 당시에는 즐겁지 않고 슬퍼 보이나 후에 연단 받은 자들은 의와 평강의 열매를 맺는다."

해바라기는 해를 따라 움직인다. 그처럼 믿음의 사람은 늘 '주바라기'다.

눈에 보이는 형편이 아니라, 보이지 않는 주님을 바라보는 사람이다.

야곱이 환도뼈가 부러지는 고통 속에서도 "나를 축복하지 않으면 놓지 않겠습니다."라고 씨름하던 그 밤, 하나님은 그의 이름을 바꾸셨다.

"너의 이름은 이제부터 이스라엘이다."(창세기 32:28) 그리고 그의 후손 에브라임을 통해 복의 통로를 여셨다. 고통을 통해 얻은 이름, 야곱이 이스라엘로 다시 태어난 그 밤, 그 순간은 우리 각자에게도 있다.

철학자 쇼펜하우어는 "행복이란 고통이 없는 상태"라 했지만, 성경은 다르게 말한다.

"너희가 여러 가지 시험을 만나거든 온전히 기쁘게 여기라."(야고보서 1:2)

고통이 없는 삶이 아니라, 고통 속에서도 주님을 만나고, 그분의 뜻을 따라 걸어가는 삶이 진정한 '복된 인생'이다.

세상은 묻는다. "왜 굳이 그렇게 어렵게 살아?"

우리는 대답한다. "쉽게 가려 하지 않는다. 옳게 가기 위해서다."

그 길 끝에서 만날 주님을 바라보며, 오늘도 땀과 눈물로 옳은 길을 걷는다.

그 길은 힘들지만, 그분과 함께이기에 가장 복된 길이다.

옳은 길은 언제나 선택을 요구한다. 타협하면 편해질 수 있는 순간에, 정직을 택하는 것. 침묵하면 안전할 수 있는 자리에서, 진리를 말하는 것. 남들이 모두 돌아가는 길을 갈 때, 홀로 좁은 길을 선택하는 것. 그 선택들은 작아 보이지만, 그 하나하나가 인생의 방향을 결정한다.

비록 지금은 숨이 차고 발걸음이 무거울지라도, 그 길 끝에는 반드시 주님이 계신다. 그리고 그분은 오늘도 우리 곁에서 이렇게 말씀하신다.

"잘하고 있다. 이 길이 생명의 길이다."

68. 인내라는 꽃은 시련의 산물

"인내라는 꽃은 아무 데나 피는 꽃이 아니다."

인내는 겨울 끝자락에 피는 꽃과 같다. 아무 땅에나 심었다고 꽃이 피는 것이 아니고, 아무 마음에나 뿌리내려 자라는 것도 아니다. 깊은 땅속에서 얼음장 같은 추위를 견디고, 거센 바람을 이겨낸 뿌리에서야 비로소 꽃은 피어난다. 그래서 인내는 귀하고 아름다우며, 그 자체가 믿음의 열매다.

성경은 이렇게 말한다. "너희가 여러 가지 시험을 당하거든 온전히 기쁘게 여기라 이는 너희 믿음의 시련이 인내를 만들어 내는 줄 너희가 앎이라."(야고보서 1장 2-3절) 인내는 시련의 산물이다. 고난이 없다면 인내도 없다. 하나님은 우리를 훈련시키실 때 고통이라는 연단의 도가니 속에서 인내라는 꽃을 피우신다.

또한 고린도전서 10장 13절은 "사람이 감당할 시험밖에는 너희에게 당한 것이 없나니…, 시험 당할 즈음에 또한 피할 길을 내사 너희로 능히 감당하게 하시느니라."고 말씀한다. 시련은 무작위로 주어지는 것이 아니다. 하나님은 우리가 감당할 수 있는 무게만 허락하신다. 우리가 부러지거나 꺾이지 않도록 가장 적절한 시점에 필요한 만큼의 무게만 주신다.

한 아이가 있었다. 나무를 심고 매일 물을 주었지만, 며칠 지나도 싹이 트지 않자 실망하며 포기하려 했다. 하지만 어머니는 말했다. "땅속에서 뿌리가 깊어지고 있을 거야. 뿌리가 단단히 자리 잡아야 꽃도 피우는 거란다." 인생도 같다. 인내는 눈에 보이지 않는 시간 속에서 조용히 자라고, 어느 날 마침내 우리 안에 피어난다.

인내는 단순히 고통을 견디는 것이 아니라, 그 고통 속에서 하나님의 뜻을 붙드는 것이다. 욥은 상상할 수 없는 고난 속에서도 "내가 알거니와 나의 구속자가 살아 계시니."(욥기 19:25)라고 고백했다. 그 믿음이 인내를 낳았고, 결국 하나님의 회복을 경험했다.

인내는 아름답다. 하지만 아무 마음에나, 아무 상황에나 피지 않는다. 그 꽃은 눈물의 땅, 기도의 땅, 그리고 믿음으로 버텨낸 땅에서 피어난다. 지금 겪고 있는 시련이 바로 그 꽃을 피우기 위한 밑거름임을 믿어야 한다. 하나님은 당신을 잊지 않았다. 인내의 꽃이 피어날 때, 당신은 그 어떤 꽃보다도 깊고 향기로운 존재가 될 것이다.

마침내 꽃이 피는 날, 우리는 깨닫게 될 것이다. 그 긴 기다림이 헛되지 않았음을, 그 눈물이 씨앗이었음을, 그리고 하나님께서 한 순간도 우리를 홀로 두지 않으셨음을 말이다. 인내라는 꽃은 아무 데나 피지 않는다. 그러나 하나님을 신뢰하는 마음에는 반드시 피어난다. 오늘도 그 꽃을 기다리며, 믿음으로 하루를 견뎌내는 당신의 삶 위에 하나님께서 조용히 말씀하신다.

"때가 되면, 반드시 피어난다."

69. 새로운 길이 열리고 회복의 기적

모세의 기적, 정말 사실일까? 홍해가 갈라지고, 하늘에서 만나가 내리고, 바위에서 물이 터져 나왔다는 이야기는 너무도 놀랍다. 그래서 어떤 사람들은 "과연 진짜 있었던 일일까?" 하고 의문을 품는다. 하지만 성경은 단순히 전설이나 신비한 이야기들을 모아놓은 책이 아니다. 성경은 하나님의 살아 계심과 실제로 역사하시는 손길을 증거하는 생명의 말씀이다.

출애굽기 14장을 보면, 이스라엘 백성은 죽음의 위기에 놓인다. 앞에는 끝없이 펼쳐진 홍해가 있고, 뒤에서는 애굽의 군대가 무섭게 쫓아온다. 이때 모세는 하나님의 말씀에 순종해 지팡이를 들고 손을 내민다. 그러자 바다가 갈라지고, 마른 땅이 되어 백성들은 그 길로 안전하게 건넌다. 반면 뒤따라오던 애굽의 군대는 물에 휩쓸려 멸망하고 만다.

이 장면은 사람의 이성으로는 쉽게 이해되지 않는다. 하지만 성경은 이것을 분명히 '하나님의 능력'이라고 말한다. 출애굽기 14장 31절은 "이스라엘이 여호와께서 애굽 사람들에게 행하신 그 큰 능력을 보았으므로 백성이 여호와를 경외하며 여호와와 그의 종 모세를 믿었더라."고 전한다. 즉, 이 기적은 단순한 사건이 아니라, 하나님의 신실하심과 구원의 손길을 보여주는 상징이다.

모세의 기적들은 모두 하나님께 대한 '순종'에서 시작되었다. 하늘에서 만나가 내린 것도, 바위에서 물이 흘러나온 것도, 모두 하나님이 명하신 말씀을 모세가 믿고 따랐기에 가능했다. 민수기 20장 8절에서 하나님은 "반석에게 명령하여 물을 내게 하라."고 하셨고, 모세가 그 말씀대로 행했을 때 반석에서 물이 흘러나와 백성이 생명을 얻었다.

이런 이야기에서 가장 중요한 것은, 그것이 '사실인가 아닌가'를 따지는 게 아니다. 그보다 더 중요한 건, 그 기적들이 우리에게 전하는 하나님의 성품이다. 하나님은 위기의 순간에 길을 여시는 분이며, 인간의 불가능 속에서도 새로운 가능성을 여시는 분이다. 그리고 그 하나님은 지금도 변함없이 살아 계신다.

모세의 기적은 단지 오래된 이야기나 신화가 아니다. 그것은 오늘 우리 삶에도 적용된다. 우리가 마주한 문제들이 홍해처럼 앞을 가로막을 때, 하나님은 여전히 길을 만드신다. 우리의 메마른 삶 속에도 하늘의 만나처럼 하나님의 은혜는 계속되고, 아무것도 흘러나올 것 같지 않은 단단한 마음과 상황에서도 하나님의 명령에 믿음으로 순종하면 생명의 물줄기가 터져 나온다.

그래서 우리는 질문을 바꿔야 한다. "정말 있었던 일일까?"가 아니라, "나는 지금 하나님의 능력을 믿고 있는가?"라는 질문으로 바꿔야 한다. 하나님은 변하지 않으시고, 오늘도 믿는 사람을 통해 역사하신다.

지금 이 순간, 모세의 하나님을 믿는 우리에게도 새로운 길이 열리고 회복의 기적이 시작될 수 있다.

70. 하나님의 권능과 구원의 메시지

고대 이집트. 태양이 뜨겁게 내리쬐고, 나일강이 유유히 흐르는 그 땅은 한때 파라오가 지배하던 강력한 왕국이었다. 수많은 백성이 그곳에 살고 있었지만, 이들의 삶은 하나님께서 이스라엘 백성을 이집트의 속박에서 구원해 내시려는 크신 계획 속에서 거대한 전환점을 맞게 된다.

하나님은 모세를 택하셔서, 그의 입을 통해 파라오에게 명령하셨다. "내 백성을 보내라." 하지만 파라오는 완강하게 거부했고, 그 결과 하나님께서는 이집트에 열 가지 재앙을 내리셨다. 이 재앙들은 단순한 자연현상이 아니었다. 하나님께서 자신의 백성을 위해 일하시는 분임을 드러내는 신성한 심판이자, 교만한 권세 앞에 주신 경고였다.

첫째 재앙으로 나일강의 물이 피로 변했다. 이집트 사람들의 생명줄이었던 강물은 순식간에 죽은 강이 되었고, 물은 마실 수 없게 되었다. 이어서 온 땅을 뒤덮은 개구리 떼는 사람들의 일상 자체를 혼란스럽게 만들었다. 모래처럼 쏟아진 이로 인해 사람과 짐승 모두가 괴로워했고, 파리 떼가 들끓으며 위생과 평안을 완전히 무너뜨렸다.

가축에게는 전염병이 퍼져 대량 폐사가 일어났고, 사람들 몸에는 악성 종기가 생겨 고통이 더해졌다. 하늘에서 떨어진 불 섞인 우박은 농작물을 짓밟고 집들을 무너뜨렸으며, 이어진 메뚜기 떼는 마지막 남은 식량마저 삼켜 버렸다. 어둠의 재앙은 낮조차 캄캄하게 만들었고, 마침내 이집트의 모든 장자가 죽는 마지막 재앙에 이르러 파라오는 무릎 꿇고 이스라엘 백성을 떠나보낸다.

하지만 이 모든 재앙은 단순히 고통을 주기 위한 것이 아니었다. 하나님은 이 사건을 통해 악한 권세를 심판하시고, 억눌린 자들에게 자유의 길을 여셨다. 동시에 하나님의 공의와 자비, 그리고 백성을 향한 끊임없는 사랑을 드러내셨다. 이는 단순한 옛날 이야기가 아니라, 지금도 하나님께서 세상을 어떻게 이끄시는지를 보여주는 강력한 메시지다.

우리 삶에도 때때로 재앙처럼 느껴지는 고난이 찾아온다. 예기치 못한 병, 상실, 실패가 삶을 덮을 때가 있다. 그러나 그런 순간에도 하나님은 침묵하지 않으신다. 하나님은 고난 속에서도 구원을 준비하시고, 회복을 향한 길을 여시는 분이시다. 우리가 그 손길을 신뢰하고 붙든다면, 고난은 오히려 새로운 생명과 자유를 맞이하는 통로가 될 수 있다.

이집트의 열 가지 재앙은 시대를 초월하여 오늘 우리에게도 큰 울림을 준다. 하나님은 여전히 역사하시고, 진리를 외면하는 교만한 마음은 무너지게 하신다. 반면, 하나님의 말씀에 귀 기울이고 순종하는 자는 참된 평안과 자유를 얻게 된다.

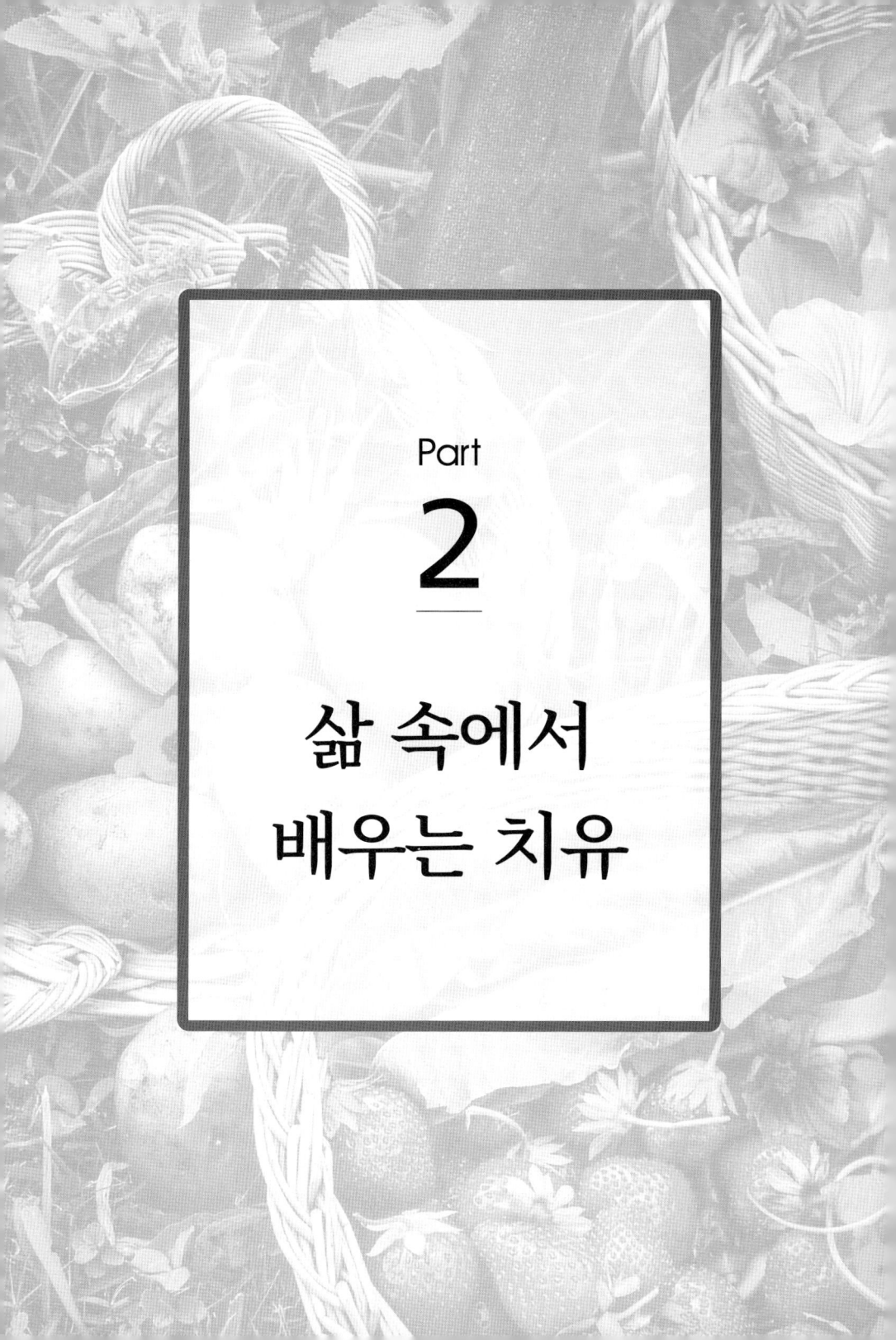

Part

2

삶 속에서
배우는 치유

1. 하나님 안에서 두 번 태어난 인생

사람은 누구나 한 번은 태어난다. 대부분은 부모의 사랑 속에서 세상에 나왔다고 믿는다. 틀린 말은 아니다. 하지만 성경은 그보다 훨씬 깊은 진실을 전한다. 우리가 태어나기도 전에, 우리가 빛을 보기 전부터, 하나님은 이미 우리를 알고 계셨고, 계획하셨다. "내가 너를 모태에 짓기 전에 너를 알았고…"(예레미야 1:5)라는 말씀처럼, 우리는 우연히 생겨난 존재가 아니다. "그가 우리를 만드셨고 우리는 그의 것이라."(시편 100:3)고 하신 대로, 우리는 하나님의 손에서 지어진 존재, 그 분의 소유다.

하지만 그렇게 태어난 인간은 죄와 어둠 속에 갇혀 있었다. 하나님의 형상대로 지음받았지만, 죄로 인해 그 영광을 잃어버렸다. 참된 생명, 참된 기쁨을 모른 채 방황하던 인생에게 하나님은 또 다른 길을 열어주셨다. 바로 예수 그리스도를 통한 '두 번째 탄생'이다. 성경은 분명히 말한다. "사람이 물과 성령으로 나지 아니하면 하나님의 나라에 들어갈 수 없느니라."(요한복음 3:5) 진짜 삶은 단순히 숨 쉬는 삶이 아니라, 영적으로 다시 태어나는 데서 시작된다.

우리는 두 번 태어났다. 한 번은 육적인 생명으로, 또 한 번은 영적인 생명으로. 처음은 창조의 손에서, 두 번째는 십자가에서 흘러나온 피로. 이보다 더 큰 사랑은 없다. 세상은 출생의 배경을 자랑하지만, 우리는 창조와 구속이라는 두 개의 기적을 가진 존재다. 단 한 번의 생명도 감격스러운데, 하나님은 우리를 두 번이나 품으셨다. 우리 존재의 의미는 이 두 번의 탄생 속에 담겨 있다.

하나님은 우리의 시작이자 끝이시다. 우리가 누구인지, 왜 살아야 하는지, 어디로 가야 하는지 그분의 손 안에 해답이 있다. 우리는 그냥 태어난 게 아니다. 하나님의 뜻 안에서 지음받고, 하나님의 사랑으로 다시 태어난 존재다. 그러니 흔들리지 말자. 실패해도, 지쳐도, 낙심하지 말자. 하나님은 지금도 우리를 붙들고 계신다. 처음부터 지금까지, 그리고 앞으로도. 그분은 변하지 않는 우리의 참된 아버지다.

그러므로 오늘 하루를 허투루 살 이유가 없다. 숨 쉬는 순간마다 은혜가 있고, 평범해 보이는 일상 속에도 하나님의 섭리가 흐르고 있다. 우리는 이미 하나님의 이야기 속에 들어와 있으며, 우리의 삶 자체가 그분의 작품이다. 아직 완성되지 않았을 뿐, 지금도 빚어지고 있는 귀한 걸작이다.

2. 존재의 의미와 고난 속의 하나님

"나는 왜 존재하는가?"라는 질문은 철학의 시작이자 인간 깊은 내면에서 솟아나는 본질적인 외침이었다. 수많은 철학자들이 이 질문 앞에서 씨름했지만, 결국 도달한 진실은 하나다. 절대자 없이 인간 존재를 온전히 설명할 수 없다는 것. 아무리 이성을 동원하고 논리를 세워도, 인간은 자신 안에서 존재의 이유를 찾을 수 없다. 우리는 스스로 태어나지 않았고, 스스로를 유지할 수도 없다. 성경은 이렇게 말한다. "만물이 주에게서 나오고, 주로 말미암고, 주에게로 돌아간다."(로마서 11:36) 결국 우리의 시작도, 존재의 목적도, 끝도 하나님께 있다.

하지만 현실은 그리 단순하지 않다. 삶은 때로 고통스럽고, 고난은 너무 길다. 아무리 기도해도 아무 일도 일어나지 않는 것 같은 날이 있다. 마음속에 울려 퍼지는 질문, "하나님은 도대체 어디 계신가?" 그 질문이 벽처럼 가슴을 짓누를 때, 우리는 기억해야 한다. 하나님의 침묵은 부재가 아니라, 그분이 일하고 계신 신호일 수 있다는 사실을. 예수님조차도 십자가 위에서 "나의 하나님, 어찌하여 나를 버리셨나이까."(마태복음 27:46)라고 외치셨다. 그러나 바로 그 순간, 하나님은 인류 역사상 가장 위대한 구원의 일을 이루고 계셨다.

하나님은 눈에 보이지 않아도 결코 멀리 계신 분이 아니다. "이스라엘아 두려워하지 말라. 내가 너를 구속하였고, 너를 지명하여 불렀나니 너는 내 것이다."(이사야 43:1) 이 말씀은 단지 옛사람들에게 주신 말씀이 아니라, 오늘 우리에게도 여전히 유효하다. 우리의 고난 한가운데서도 하나님은 함께 계신다. 우리의 눈물이 헛되지 않고, 아픔 속에서도 하나님은 우리를 새롭게 빚고 계신다.

그리고 하나님은 명확하게 말씀하신다. "강하고 담대하라. 두려워하지 말라. 내가 너와 함께 한다."(여호수아 1:9) 이 말은 단순한 위로가 아니다. 실제로 하나님이 함께 하시기에 가능한 명령이다. 존재의 의미는 단지 살아 있다는 데 있지 않다. 고난 속에서도 하나님이 나를 알고 계시고, 여전히 일하고 계신다는 이 사실 안에서 비로소 드러난다.

그러니 오늘도 절망을 향해 고개를 숙이는 대신, 눈을 들어 하늘을 바라봐야 한다. 거기에 우리가 존재하는 이유가 있고, 고난 속에 숨겨진 하나님의 소망이 있다.

하나님 안에서 우리는 의미 없는 존재가 아니다. 설명되지 않는 시간 속에서도, 여전히 사랑받고 선택받은 존재다. 오늘도 하나님은 우리에게 말씀하신다. "내가 너를 안다. 네가 지나가는 길을 내가 함께 걷고 있다." 이 약속을 붙드는 순간, 우리의 삶은 더 이상 우연이 아니라, 하나님의 이야기 안에 놓인 거룩한 여정이 된다.

3. 질문이 멈추는 곳이 은혜의 시작

사람들은 자주 묻는다. "하나님이 계시다는 걸 어떻게 증명할 수 있죠?" "사랑의 하나님이 왜 세상에 고통을 허락하셨나요?" "죄는 왜 생겼으며, 왜 우리는 그 죄에서 자유로울 수 없나요?" "죽음 이후, 정말 천국이나 지옥이 있을까요?" 이런 질문들은 단순한 지적 호기심에서 비롯된 것 같지만, 사실은 인간 존재 자체와 맞닿아 있는 깊은 물음이다.

누구나 인생의 조용한 순간에 이런 생각들을 하게 된다. 철학자든, 평범한 사람이든, 밤늦게 혼자 깨어 있을 때 문득 떠오른다. "나는 어디서 왔을까? 왜 살아야 하지? 죽으면 어떻게 되는 걸까?" 인간은 질문을 안고 사는 존재다. 삶의 무게만큼 질문의 무게도 크다.

그런데 성경은 이 질문들에 대해 꽤 다른 방식으로 응답한다. 설득하려 들거나 논리적인 해명을 늘어놓지 않는다. 대신 이렇게 시작한다. "태초에 하나님이 천지를 창조하시니라."(창세기 1:1) 마치 해가 떠오르듯, 성경은 하나님을 설명하거나 증명하려 하지 않는다. 그분이 모든 존재의 시작이라고 단순하고도 분명하게 선언한다. 하나님의 존재는 설명이 아니라, 사실로 선포된다.

고통과 죽음의 문제 앞에서도 성경은 명확하다. "죄의 삯은 사망이다."(로마서 6:23) 고통은 하나님의 본심이 아니다. 인간의 죄가 초래한 결과다. 하지만 하나님은 그 결과 앞에서 등을 돌리지 않으셨다. "우리가 아직 죄인 되었을 때에 그리스도께서 우리를 위하여 죽으셨다."(로마서 5:8) 모든 질문의 끝자락에는 십자가가 놓여 있다. 예수님의 피 흘림이 바로 하나님의 응답이다. 고통과 죽음이라는 인간의 질문에 대해 하나님은 사랑으로 답하신 것이다.

죽음 이후의 삶에 대해, 영혼의 실체에 대해 물을 때 예수님은 이렇게 말씀하셨다. "나는 부활이요 생명이다. 나를 믿는 자는 죽어도 살고…"(요한복음

11:25) 예수님은 단순한 종교적 교리가 아니라 존재 그 자체이며, 생명의 근원이시다. 그분 안에서만 인생의 의미와 죽음 너머의 소망을 발견할 수 있다.

사실 무신론자의 질문도 진짜 목적은 신을 거부하는 데 있지 않을 수 있다. 어쩌면 그것은 절박한 구원의 갈망에서 비롯된 외침일지도 모른다. 누구도 죄와 고통, 죽음과 영원의 문제에서 자유롭지 않기 때문이다. 그렇기에 예수 그리스도는 모든 인간 존재가 마주하는 질문들에 대한 유일한 대답이 된다.

결국 질문이 멈추는 그 자리, 그곳에서 하나님의 은혜는 시작된다. 논리를 넘은 신비, 증명을 뛰어넘은 사랑이 우리를 기다리고 있다.

4. 일상 속에 숨어 있는 예수님의 기적

사람들은 기적을 원한다. 병든 자가 갑자기 나음을 입고, 죽은 자가 살아나는 놀라운 일들. 그런 장면을 떠올리며 "기적"이라 부른다. 그래서 성경 속 예수님의 기적들, 물 위를 걷고, 오병이어로 수천 명을 먹이신 이야기에 감탄하고, 그런 일이 오늘도 일어나길 기대한다.

그런데 만약 그런 일이 매일 반복된다면 어떨까? 이스라엘 백성이 광야에서 40년 동안 하늘에서 내리는 만나를 먹었다. 처음엔 감격했고, "이것이 무엇이냐?"며 놀라워했다. 하지만 시간이 지나자 그것은 당연한 일이 되었고, 결국 불평의 대상이 되었다. 매일 반복되는 기적은 더 이상 기적으로 느껴지지 않는다. 사람은 기적조차도 익숙해지면 일상처럼 여기게 된다.

예수님 시대에도 그랬다. 표적을 보고 믿는 사람들은 많았지만, 그 믿음은 쉽게 흔들렸다. 기적은 믿음의 출발점일 수는 있어도, 믿음의 본질은 아니다.

하나님은 우리에게 "믿음으로 행하고 보는 것으로 하지 않는다."(고린도후서 5:7)고 하신다. 믿음은 눈에 보이는 현상이나 감정이 아니라, 보이지 않는 하나님의 신실하심을 신뢰하는 것이다.

가끔 뉴스에서 교통사고 후 기적처럼 살아난 사람의 이야기를 듣는다. 사람들은 "정말 기적이다."라고 말한다. 그런데 더 놀라운 건, 그동안 우리가 아무 사고 없이 무사히 살아왔다는 사실 아닐까? 아침에 눈을 뜨고, 숨을 쉬며 하루를 시작하고, 평범하게 집으로 돌아오는 이 모든 일이야말로 하나님의 보이지 않는 손길이다. 그게 진짜 기적이다.

문제는 우리가 그 기적에 너무 익숙해져 있다는 점이다. 매일 반복되는 하나님의 은혜를 '당연한 일'로 받아들이기 시작하면, 감탄은 사라지고 무감각만 남는다. 하지만 성경은 말한다. "주의 인자하심이 아침마다 새롭고, 주의 성실하심이 크도다."(예레미야 애가 3:23) 아침이 밝는 것도, 햇살이 방 안으로 들어오는 것도, 자녀의 웃음소리도, 모두 하나님의 신실하심이 쌓아 올린 은혜다.

기적은 믿음을 불러오는 작은 통로일 수 있다. 그러나 진짜 믿음은 기적이 없을 때도 하나님을 신뢰하는 것이다. 기적이 없어도, 하나님은 여전히 선하시고, 여전히 일하고 계시기 때문이다. 결국 믿음은, 하나님의 손길을 기적적인 순간이 아니라 일상의 평범한 순간들 속에서 알아보는 것이다.

그래서 오늘도 이렇게 고백할 수 있다. "주님, 기적이 눈에 보이지 않아도, 일상의 평범함 속에 숨겨진 은혜를 보게 하소서. 그 은혜가 나의 참된 기적임을 깨닫게 하소서." 기적은 멀리 있는 것이 아니다. 우리가 지금 누리고 있는 바로 이 순간, 그 안에 숨어 있다.

5. 하루에 한 번, 감사의 기적

　"성경에는 '감사'라는 말이 365번 나온대요. 마치 하나님이 매일 하루에 한 번은 감사하라고 하시는 것 같지 않아요?" 누군가의 이 말에 웃음이 났다. 농담 같았지만, 왠지 마음에 와 닿았다. 그래서 그날부터 하루에 한 번, 무슨 일이 있어도 감사할 제목을 찾기로 결심했다. 그런데 놀라운 일이 벌어졌다. 바뀐 건 상황이 아니라 내 시선이었다.

　성경은 말한다. "범사에 감사하라. 이는 그리스도 예수 안에서 너희를 향하신 하나님의 뜻이다."(데살로니가전서 5:18) 감사는 단순한 선택이 아니라, 하나님의 뜻이다. 그런데 이 말씀이 버거울 때가 있다. 삶이 버겁고, 슬픔이 몰려올 때 '감사하라'는 명령은 오히려 마음을 더 무겁게 만든다. 하지만 감사는 억지로 짜내는 말이 아니라, 믿음에서 시작되는 고백이다.

　예수님도 기적을 행하시기 전에 먼저 감사를 드리셨다. 오병이어로 수많은 사람을 먹이기 전에, "예수께서 떡을 가지사 감사기도 하셨고"(요한복음 6:11), 죽은 나사로를 살리기 전에도 "아버지여, 내 말을 들으신 것을 감사하나이다."(요한복음 11:41)라고 하셨다. 감사는 상황이 좋아져서 드리는 반응이 아니라, 믿음으로 하나님을 먼저 인정하는 자세다.

　그렇게 하루 한 번 감사를 시작하자, 세상이 다르게 보이기 시작했다. 평소엔 당연하게 지나쳤던 것들이 특별하게 느껴졌다. 눈을 떠 아침을 맞이할 수 있는 것, 따뜻한 밥을 먹을 수 있는 것, 가족과 인사를 나눌 수 있는 오늘이 있다는 것. 이런 평범한 것들이 기적처럼 다가왔다.

　그리고 무엇보다 감사한 건, 하나님이 나를 사랑하신다는 사실 하나다. 그 어떤 상황보다, 그 어떤 감정보다 더 큰 진리. "하나님께 감사하라, 그는 선하시며 그의 인자하심이 영원함이로다."(시편 136:1) 이 말씀 하나면 충분하다.

감사는 조건이 아니라, 믿음에서 솟아나는 고백이다. 하나님의 성품을 아는 사람은 상황을 넘어서서 감사할 수 있다.

그래서 오늘도 나는 감사하려 한다. 하루에 한 번이라고 했지만, 사실은 수십 번이라도 괜찮다. 하나님이 여전히 내 삶을 붙들고 계신다는 사실 하나로 충분하니까. 기적은 멀리 있지 않다. 숨 쉬는 지금, 살아 있는 이 시간, 사랑하고 사랑받는 이 관계 속에 이미 기적이 있다.

"주님, 오늘도 감사합니다. 이 숨, 이 시간, 이 사랑, 모든 것이 당신의 은혜입니다."

감사는 하루에 한 번 하는 의무가 아니라, 하나님을 아는 자가 누리는 특권이다.

6. 하루 한 장, 믿음의 벽돌

"세상에서 가장 쉬운 일은 결심을 하루만 실천하는 것이고, 가장 어려운 일은 그 결심을 끝까지 지키는 것이다." 이 말은 단순한 격언이 아니다. 인간의 약함과 의지의 한계를 꿰뚫는 깊은 통찰이다. 심지어 고대 그리스 철학자 플라톤도 이 말에 고개를 끄덕였다는 사실은, 지혜로운 사람도 결국 결심 앞에서는 연약한 존재임을 보여준다.

신앙 생활도 마찬가지다. 한 번 예배에 참석하는 건 어렵지 않다. 하루 성경을 읽는 것도 그렇게 힘든 일이 아니다. 하지만 그 일을 매일매일 꾸준히 이어가는 것이 진짜 믿음의 힘이다. 성경은 말한다. "진리의 말씀을 올바르게 분별하고 부끄러울 것 없는 일꾼으로 자신을 하나님 앞에 드리도록 힘써라."(디모데후서 2:15)이 말씀처럼 믿음은 하루아침에 완성되는 것이 아니라 꾸준한 노력이 필요하다.

매일 벽돌 하나씩 쌓는 마음으로 오늘도 말씀 한 구절, 기도 몇 분을 이어간다면, 그 작은 습관들이 모여 영혼을 둘러싼 거룩한 성이 된다. 성벽이 하루아침에 완성되지 않는 것처럼, 하나님의 사람도 순간적으로 완성되지 않는다. "선을 행하다가 낙심하지 말라, 포기하지 않으면 때가 되어 거두리라."(갈라디아서 6:9)는 약속은 믿음의 꾸준한 반복 속에 담긴 하나님의 인내와 은혜를 보여준다.

때로는 결심을 지키지 못하고 좌절할 때도 있다. "이번엔 반드시 하겠다."고 다짐하지만 며칠 못 가 무너져버린 적도 많다. 하지만 하나님은 그런 우리를 포기하지 않으신다. 오히려 "지금이라도 다시 시작하라."고 초대하신다. 실패보다 더 큰 은혜는 다시 시작할 기회가 주어진다는 사실이다.

하루 한 장의 말씀, 하루 한 줄의 기도, 하루 한 번의 찬양. 작지만 계속 쌓이면 인생을 바꾸는 하나님의 성전이 된다. 꾸준한 작은 믿음의 행동들이 모여 결국 하나님께서 머무시는 성을 이루는 것이다.

그러니 오늘도 다시 시작하자. 선한 결심들을 모아 믿음의 습관을 쌓아가자. 혹시 지키지 못했던 결심이 있다 해도 괜찮다. 한 번 실패했다고 끝나는 게 아니다. 벽돌 하나라도 놓는다면, 언젠가 하나님의 영광이 머무는 성이 완성될 것을 믿는다.

그러므로 믿음의 여정에서 조급해하지 말자. 비교하지 말고, 스스로를 정죄하지도 말자. 하나님은 속도가 아니라 방향을 보신다. 어제보다 조금이라도 하나님을 향해 나아갔다면, 그걸로 충분하다. 우리의 작은 걸음 하나하나가 모여 결국 하나님의 때에 열매로 드러날 것이다.

오늘도 벽돌 하나를 손에 쥐자. 크지 않아도 괜찮고, 완벽하지 않아도 괜찮다. 하나님은 그 벽돌 위에 자신의 영광을 얹으실 줄 아시는 분이다. 그리고 어느 날 돌아보면, 우리가 쌓아 올린 줄도 몰랐던 그 작은 순종들 위에 하나님이 친히 거하시는 성이 서 있음을 발견하게 될 것이다. 그날까지, 오늘도 다시 시작하는 믿음으로 걸어가자.

7. 사랑을 위한 한 가지 어려운 습관

"사랑하라."는 말은 짧지만, 실제로 사랑을 실천하는 일은 결코 쉽지 않다. 특히 사랑을 단순한 감정이 아니라 의지로, 순간적인 느낌이 아니라 일상의 삶으로 만들어가는 습관으로 만드는 것이 가장 어렵다.

미국의 심리상담가 닐르 넬슨 박사는 사랑을 돕는 다섯 가지 습관을 제시했다. 첫째, 사랑은 언제나 진심이어야 한다. 둘째, 사랑은 조건 없이 주는 것이다. 셋째, 사랑의 표현은 사람마다 다르다. 넷째, 사랑은 의무를 충실히 이해하는 것이다. 다섯째, 사랑은 약점을 이해하고 감싸는 것이다.

이 다섯 가지 원칙은 사실 성경이 오랜 세월 가르쳐온 사랑의 본질과 정확히 맞닿아 있다. 예수님은 "네 마음을 다하고 목숨을 다하고 뜻을 다하여 주 너의 하나님을 사랑하라⋯ 네 이웃을 네 자신 같이 사랑하라."(마태복음 22:37-39)고 하셨다. 이 사랑은 단지 감정의 산물이 아니라 삶 전체를 관통하는 태도이며 습관이다.

사랑은 진심에서 나와야 한다. 하나님은 "외모로 보지 아니하시고 중심을 보시는"(사무엘상 16:7) 분이다. 그러니 겉모습이나 말뿐인 사랑은 아무 의미가 없다. 마음 깊은 곳에서 우러나야 한다.

또한 사랑은 조건 없이 주는 것이다. "우리가 아직 죄인 되었을 때에 그리스도께서 우리를 위하여 죽으심으로"(로마서 5:8) 보여주신 그 사랑처럼, 아무런 조건도, 대가도 기대하지 않는다.

사랑은 다양한 방식으로 드러난다. 어떤 이는 말로, 어떤 이는 섬김으로, 또 어떤 이는 눈물로 사랑을 표현한다. 고린도전서 12장은 성도 각자가 서로 다른 역할과 은사를 가졌음을 보여준다. 사랑의 표현도 그만큼 다양하다.

사랑은 또한 책임감과 의무를 다하는 것이다. 부모로서, 친구로서, 교회의 한 지체로서 해야 할 역할이 있다. "사랑은 행함과 진실함으로 하자."(요한일서 3:18)는 말씀처럼, 사랑은 말만 하는 게 아니라 행동으로 증명하는 책임이다.

마지막으로 사랑은 약점을 감싸는 것이다. "사랑은 허다한 죄를 덮느니라."(베드로전서 4:8) 완벽해서 사랑하는 게 아니라, 불완전하기 때문에 더 사랑해야 한다. 서로의 부족함을 이해하고 받아들이는 게 진정한 사랑이다.

사랑은 한순간에 완성되지 않는다. 오늘 한 번 참아주고, 내일은 한 번 더 이해하며, 모레는 또 용서하면서 조금씩 자라가는 습관이다.

그러니 매일매일 사랑을 훈련하자. 사랑이 본능이 아니라, 기도와 말씀으로 다져진 습관이 되도록 노력하자. 하나님을 더 사랑하고, 이웃을 주님의 마음으로 사랑하는 사람이 되어가자.

8. 분노 앞에서 멈출 수 있는 지혜

분노는 누구나 겪는 감정이다. 아무리 완벽해 보이거나 조용한 사람도, 어느 순간 마음속에 분노가 일어나지 않은 경우는 없다. 분노는 인간의 본능적인 감정이기 때문이다.

성경도 이 사실을 부정하지 않는다. 에베소서 4장 26절에 "분을 내어도 죄를 짓지 말며 해가 지도록 분을 품지 말라."는 말씀이 있다. 분노 자체는 죄가 아니지만, 그 감정을 어떻게 다루느냐가 중요하다.

분노는 마음속 불씨와 같다. 제대로 다루면 경고 신호가 되지만, 제어하지 못하면 모든 것을 태워 버리는 불길이 된다. 시편 37편 8절은 "분을 그치고 노를 버리며 불평하지 말라. 오히려 악을 만들 뿐이라."고 경고한다. 분노를 통제하지 못하면 결국 더 큰 죄와 파괴로 이어진다.

고대 그리스 철학자 아리스토텔레스는 분노를 다스리는 네 가지 지혜를 말했다. 첫째, 누구에게 화를 낼 것인가? 둘째, 무엇 때문에 화를 낼 것인가? 셋째, 언제 화를 낼 것인가? 넷째, 어떻게 화를 낼 것인가? 이 네 가지 질문은 마치 자문서의 교훈과도 닮았다. "분을 쉽게 내는 자는 다툼을 일으켜도, 노하기를 더디 하는 자는 시비를 그치게 하느니라."(잠언 15:18)는 말처럼, 지혜로운 사람은 감정에 휘둘리지 않고 오히려 분노를 통해 평화를 만들어 낸다.

예수님도 성전에서 분노하신 적이 있다. 하지만 그 분노는 자기 감정을 위한 것이 아니라, 하나님의 집이 장사꾼들로 가득 찬 데 대한 거룩한 의로움이었다. 우리도 때로 정당한 이유로 분노할 수 있다. 그러나 그 감정을 어떻게 다루느냐에 따라 그 분노는 거룩함이 될 수도, 죄악이 될 수도 있다.

하나님은 감정을 부정하지 않는다. 오히려 그 감정을 십자가 앞에 내려놓기를 원하신다. 기도는 분노를 다스리는 지혜의 시작이다. 말씀은 마음의 온도를 조절하는 하나님의 도구다. 우리가 분노의 순간에 침묵을 선택하고, 기도를 선택하며, 용서를 선택할 때 그 자리는 곧 성숙의 현장이 된다. 그 선택은 결코 약함이 아니라, 가장 강한 힘이다. 세상은 즉각적인 분노 표출을 용기라 말하지만, 성경은 절제된 마음을 능력이라 부른다. "자기 마음을 제어하는 자는 성을 빼앗는 자보다 강하니라."(잠언 16:32)

그러므로 분노의 순간을 두려워하지 말자. 그 순간은 하나님께 더 가까이 갈 수 있는 초대의 시간이 될 수 있다. 오늘 우리가 분노를 십자가 아래 내려놓을 때, 하나님은 그 자리에 평안과 분별력을 부어주신다. 분노가 지나간 자리에는 상처가 아니라, 성숙이 남게 될 것이다.

9. 진정한 천국, 초대장이 바로 복음

천국은 많은 이들이 한 번쯤 궁금해하는 주제다. 죽음 이후에 가는 곳, 끝이 아니라 시작이라고 불리는 그곳 말이다. 그래서 사람들은 묻는다. "천국이 정말 있을까?" "누가 천국에 갈 수 있을까?" 그리고 "나는 과연 갈 수 있을까?"라고.

많은 사람은 착한 일을 많이 해야 천국에 갈 수 있다고 생각한다. 어떤 사람은 종교 생활을 열심히 하면, 또 어떤 이는 도덕적으로 살면 천국행 열차를 탈 수 있다고 믿는다. 하지만 성경은 그보다 훨씬 더 분명하고 놀라운 기준을 알려준다.

"너희는 그 은혜에 의하여 믿음으로 말미암아 구원을 받았으니 이것은 너희에게서 난 것이 아니요 하나님의 선물이라."(에베소서 2:8) 구원의 기준은 '선행'이 아니다. '출석 도장'이나 '마음의 점수'도 아니다. 단 하나, 복음을 믿느냐, 예수 그리스도를 믿느냐가 그 기준이다.

천국은 하나님이 준비한 잔치다. 그리고 우리 손에 쥐어진 초대장이 바로 복음이다. 예수님은 분명히 말씀하셨다. "내가 곧 길이요 진리요 생명이니 나로 말미암지 않고는 아버지께로 올 자가 없느니라."(요한복음 14:6)

그 초대장을 들고 하늘나라에서 직접 이 땅으로 오신 분이 있다. 바로 예수 그리스도다. 그는 하늘의 영광을 버리고 초라한 인간의 몸으로 오셨다. 우리 대신 죄를 지고 십자가에서 죽으셨고, 사흘 만에 부활하셨다. 그리고 "회개하고 복음을 믿으라."(마가복음 1:15)고 선언하셨다.

천국은 막연한 희망이 아니라 확실한 약속이다. 그 약속은 예수님 안에서 완성되었다. 그분을 믿는 사람은 결코 정죄함을 받지 않으며 영원한 생명을 누린다. 천국은 완전한 기쁨과 평안이 있고, 주님과 영원히 함께하는 곳이다.

지금, 당신 손에 초대장이 있다. 그 초대장을 믿는가? 그리고 그 초대장을 가지고 오신 예수 그리스도를 마음에 영접했는가? 진정한 천국은 멀리 있지 않다. 예수님을 믿는 그 순간, 우리는 천국의 백성이 된다. 그리고 언젠가 약속된 나라에 들어가게 될 것이다.

"주 예수를 믿으라 그리하면 너와 네 집이 구원을 받으리라."(사도행전 16:31)

또한 천국은 개인만을 위한 약속이 아니다. 하나님은 우리가 받은 복음을 통해 다른 이들도 초대받기를 원하신다. 우리가 전하는 한 마디의 진실한 복음, 한 번의 사랑의 실천을 통해 누군가는 영원의 문 앞에 서게 된다. 천국의 초대장은 나누면 줄어드는 것이 아니라, 나눌수록 더 많은 생명을 살리는 은혜의 통로가 된다.

그러므로 오늘도 이 땅에서 천국 백성답게 살아가자. 완벽해서가 아니라 은혜로 사는 사람답게, 공로가 아니라 감사로 살아가자. 우리의 삶 자체가 "천국은 실제다."라는 가장 설득력 있는 증거가 되게 하자. 그리고 그날, 믿음으로 받은 초대장을 들고 주님 앞에 설 때, 우리는 듣게 될 것이다.

10. 사랑은 은혜를 깨닫는 데서 시작

한 아버지가 있었다. 그는 매일 새벽같이 일어나 일했고, 손에 굳은 살이 박히도록 자식들을 위해 헌신했다. 자식들은 어릴 때 그저 그게 당연한 줄 알았다. 하지만 세상을 직접 마주하고 나서야 아버지의 사랑이 얼마나 큰 희생 위에 세워진 것인지 깨닫게 됐다. 그리고 그때서야 마음 깊은 곳에서 우러나오는 존경과 사랑이 생겼다.

하나님의 은혜도 마찬가지다. 우리가 아직 죄인일 때, 아무것도 모를 때 하나님은 먼저 우리를 사랑하셨다.(로마서 5:8) 예수 그리스도는 십자가 위에서 우리를 위해 모든 것을 내어주셨다. 우리의 의로나 공로가 아닌, 전적인 하나님의 은혜였다.

"너희가 그 은혜에 의하여 믿음으로 말미암아 구원을 받았으니 이것은 너희에게서 난 것이 아니요 하나님의 선물이라."(에베소서 2:8) 이 말은 우리가 가진 모든 게 선물임을 깨닫게 한다. 숨 쉬는 것, 살아 있는 것, 가족, 일상, 구원, 이 모든 게 은혜다.

사랑은 바로 이 은혜를 깨달을 때 시작된다. 내가 받은 걸 알고 나서야 비로소 다른 사람에게도 베풀고 싶은 마음이 생긴다. "우리가 사랑함은 그가 먼저 우리를 사랑하셨음이라."(요한일서 4:19) 하나님께 받은 사랑이 크기 때문에 우리는 그 사랑을 흘려보낼 수 있는 거다.

향유옥합을 깨뜨려 예수님의 발에 부은 여인의 이야기를 기억할 것이다.(누가복음 7:36-50) 사람들은 낭비라고 말했지만, 예수님은 그녀의 사랑이 크다고 하셨다. 왜일까? 그녀가 얼마나 많은 죄를 용서받았는지 알았기 때문이다. 은혜를 깊이 깨달은 자만이 진심으로 사랑할 수 있다.

누군가를 용서하고 품고 이해하고 섬길 수 있는 힘은 우리 안에서 나는 게 아니다. 그건 오직 은혜라는 뿌리에서 자라나는 열매다.

오늘도 이 은혜를 기억하자. 그리고 감사함으로 사랑을 시작해보자. 모든 것이 은혜고, 그 은혜가 사랑의 첫걸음이다.

오늘 우리가 누군가에게 내미는 작은 친절, 한마디 위로, 조용한 섬김이 있다면, 그것은 우리의 인격이 아니라 은혜의 흔적이다. 하나님께서 먼저 우리를 품으셨기에, 우리도 누군가를 품을 수 있는 것이다.

그러니 오늘도 은혜를 잊지 말자. 삶이 팍팍해질수록, 사랑하기 어려울수록 더 깊이 은혜를 기억하자. 모든 것이 은혜에서 시작되었고, 그 은혜가 우리를 오늘도 사랑의 길로 이끌고 있다.

11. 보이지 않는 것을 바라는 믿음

믿음은 참 신기한 힘이다. 손에 잡히지도 않고 눈에 보이지도 않지만, 우리의 삶을 움직이고 마음을 견디게 한다. 성경은 믿음을 이렇게 설명한다. "믿음은 바라는 것들의 실상이요, 보이지 않는 것들의 증거니."(히브리서 11:1) 즉, 믿음은 아직 오지 않은 것을 마치 이미 받은 것처럼 살아가는 힘이다.

아브라함은 백세가 넘은 나이에 아들을 얻었다. 처음 하나님께 후손이 하늘의 별처럼 많을 것이라는 약속을 받았을 때, 그것이 얼마나 허황되게 들렸을지 상상하기 어렵지 않다. 하지만 아브라함은 보이지 않는 미래를 믿었다. 눈앞의 현실은 불가능해 보여도, 하나님의 약속을 신뢰했다. "그가 바랄 수 없는 중에 바라고 믿었으니."(로마서 4:18) 라는 말씀처럼, 그의 믿음은 눈이 아닌 마음으로 하늘을 바라보는 믿음이었다.

우리도 인생을 살면서 종종 보이지 않는 것과 싸운다. 병든 몸, 경제적 어려움, 관계의 갈등, 그리고 불확실한 미래는 우리 눈앞에 닥친 현실이다. 하지만 우리의 희망은 바로 그 너머에 있다. 바로 그때 믿음이 우리를 붙잡는다. 아무리 현실이 어두워도 하나님은 여전히 일하고 계시며, 그분의 약속은 결코 헛되지 않다는 확신이 우리를 일으킨다.

모세는 이집트 왕궁의 영광을 뒤로하고 광야를 선택했다. 보이는 영광보다 보이지 않는 하나님과의 동행을 택한 것이다. 그는 "보이지 아니하시는 자를 보는 것 같이 하여."(히브리서 11:27) 살았다. 그의 광야 길은 불확실했지만, 믿음은 확고했다. 그 믿음이 이스라엘 민족을 가나안 땅으로 이끈 시작이 되었다.

믿음은 단순한 감정이 아니다. 그것은 상황보다 하나님의 성품을 바라보는 선택이다. 하나님은 신실하시고 그분의 말씀은 우리 눈에는 더디 이루어지는 것 같아도 결코 실패하지 않는다. 예수님은 도마에게 "보지 못하고 믿는 자들은 복되다."(요한복음 20:29)고 말씀하셨다. 오늘 우리에게도 같은 축복이 약속되어 있다.

보이지 않는 것을 바라는 믿음, 그 믿음 덕분에 우리는 오늘도 다시 일어설 수 있다. 흔들리는 세상 속에서 꺼지지 않는 등불처럼, 그 믿음은 우리를 천국으로 이끄는 나침반이 된다. 하나님은 우리의 믿음을 보시고 절대 외면하지 않으신다. 결국 믿음은 하나님이 보이시게 되는 길이다.

오늘 우리의 믿음은 크지 않아도 괜찮다. 예수님은 겨자씨만 한 믿음이라도 하나님 나라의 역사를 움직일 수 있다고 하셨다. 중요한 것은 믿음의 크기가 아니라, 그 믿음이 향하고 있는 대상이다. 우리의 시선이 문제에 머물지 않고, 문제보다 크신 하나님께 고정될 때, 믿음은 다시 살아 움직인다.

그래서 믿음은 끝까지 포기하지 않는 사랑이다. 넘어져도 다시 하나님을 부르고, 울면서도 그분의 손을 놓지 않는 태도다. 하나님은 그런 믿음을 귀히 여기시며, 반드시 당신의 방식과 시간으로 응답하신다.

12. 기도하며 믿음의 근력 키우기

헬스장에서 근육을 키우려면 많은 시간과 노력이 필요하다. 하루아침에 뚝딱 만들어지는 게 아니고, 반복적인 운동과 인내, 꾸준함이 필수다. 우리 영혼도 마찬가지다. 죄를 이기는 힘은 한순간에 생기지 않는다. '믿음의 근력'을 키워야 한다. 이 믿음의 근력이 자라날 때, 우리는 죄를 이길 수 있는 힘을 얻는다.

성경은 신앙 생활을 경기장에 뛰는 경주에 비유한다. "운동장에서 다름질하는 자들이 다 달릴지라도 오직 상을 받는 자는 하나인 줄을 너희가 알지 못하느냐 너희도 이와 같이 달음질하라."(고린도전서 9:24)고 했다. 사도 바울은 신앙을 단순히 마음속 고백이 아니라 훈련된 삶으로 보았다. 죄의 유혹은 마치 무거운 역기 같다. 그 무게를 견디려면 영혼의 근력이 필요하다. 그 근력이 바로 믿음이다.

믿음은 말씀을 들을 때 자란다.(로마서 10:17) 매일 성경을 묵상하는 것은 마치 근육을 단련하는 반복 운동과 같다. 기도는 내면의 근력을 키우는 훈련이다. 예수님도 "시험에 들지 않게 깨어 기도하라."(마태복음 26:41)고 하셨다. 기도를 하지 않으면 영혼은 약해지고 죄의 문은 쉽게 열리기 때문이다.

성경 속 요셉은 유혹 앞에서 도망쳤다. 그가 단순히 순간적으로 피한 것이 아니라, 평소 믿음의 근력을 꾸준히 키워왔기 때문에 가능한 일이었다. "내가 어찌 이 큰 악을 행하여 하나님께 죄를 지으리이까."(창세기 39:9)라는 고백은 평소 훈련 없이는 나올 수 없는 말이다.

믿음의 근력은 작게 시작된다. 작은 죄를 이기고, 사소한 유혹을 뿌리치고, 아무도 모르는 곳에서 정직하고, 자제하는 습관이 쌓일 때 믿음의 근육은 자란다. 그런 반복이 쌓여야 점점 더 큰 시험도 이겨낼 수 있다.

죄는 언제나 우리 문 앞에 엎드려 있다.(창세기 4:7) 하지만 하나님은 "너는 죄를 다스릴지니라."고 말씀하신다. 죄를 다스리려면 우리는 영적으로 강해져야 한다. 운동선수가 근육을 키우듯, 우리도 믿음의 훈련을 통해 영혼을 강하게 만들어야 한다.

오늘도 말씀을 붙들고 기도하며 믿음의 근력을 키워라. 작지만 꾸준한 순종의 훈련이 쌓이면, 어느 순간 죄의 무게가 더 이상 너를 눌러 넘어뜨리지 못할 것이다. 하나님 안에서 강해진 믿음이 그 어떤 유혹보다 강력한 무기가 될 것이다.

오늘의 작은 훈련이 내일의 큰 승리가 된다. 눈에 띄는 변화가 없어 보여도, 말씀 한 구절을 붙들고 드린 기도 하나가 영혼 깊은 곳에서 믿음의 근육을 키우고 있다. 하나님은 그 과정을 모두 보고 계신다. 결국 믿음의 근력은 죄를 이기는 힘일 뿐 아니라, 어떤 상황에서도 하나님을 선택하게 만드는 힘이다. 그 힘으로 오늘도 우리는 다시 영적 훈련장에 서 있다.

13. 십자가의 죽으심의 의미

십자가는 한때 가장 잔인하고 수치스러운 형벌의 도구였다. 로마 시대에는 죄수들을 경고하기 위해 사람을 나무에 매달아 서서히 죽게 했다. 그러나 지금은 그 십자가가 사랑과 구원의 상징이 되었다. 왜일까? 그 위에 예수 그리스도께서 죽으셨기 때문이다.

성경은 말한다. "우리가 아직 죄인 되었을 때에 그리스도께서 우리를 위하여 죽으심으로 하나님께서 우리에 대한 자기의 사랑을 확증하셨느니라."(로마서 5:8) 예수님의 죽음은 단순한 순교가 아니다. 그것은 하나님의 사랑이 실체가 되어 세상 가운데 나타난 사건이었다. 죄로 인해 죽어야 할 자리에 예수님이 대신 서셨다.

십자가는 인간의 죄가 얼마나 무거운지를 보여준다. 사람은 하나님 앞에서 스스로 구원할 수 없는 존재다. 율법을 완전히 지킬 수도 없고, 마음속까지 의롭게 할 수도 없다. "모든 사람이 죄를 범하였으매 하나님의 영광에 이르지 못하더니."(로마서 3:23) 그러나 바로 그 절망의 한가운데, 하나님은 십자가라는 희망을 두셨다.

예수는 침묵하셨고, 채찍에 맞으셨고, 조롱을 받으셨다. 손과 발에는 못이 박혔고, 머리에는 가시관이 씌워졌다. 그 고통 속에서도 예수는 이렇게 말했다. "아버지여 저들을 사하여 주옵소서. 자기들이 하는 것을 알지 못함이니이다."(누가복음 23:34) 그 순간에도 용서를 베푸신 것이다. 이것이 십자가의 사랑이다. 완전한 자가 불완전한 자를 위해 대신 죽은 사랑.

그러나 예수님의 죽음은 끝이 아니었다. 십자가는 죽음의 끝이 아니라 부활의 출발점이 되었다. 그래서 바울은 이렇게 고백한다. "내가 그리스도와 함께 십자가에 못 박혔나니…, 이제는 내가 사는 것이 아니요 오직 내 안에 그리스도께서 사시는 것이라."(갈라디아서 2:20) 십자가는 죽음의 상징이 아니라 새로운 삶의 시작이다.

십자가를 바라볼 때마다 기억해야 한다. 그것은 단순한 기독교의 상징이 아니라 하나님이 우리에게 보여주신 가장 깊고 뜨거운 사랑의 증거다. 그리고 그 사랑은 지금도 우리를 부르고 있다. "나를 따르라." 그 길은 고통의 길이지만, 그 끝에는 참된 생명이 기다리고 있다.

십자가는 하나님의 마음이다. 죄인을 향한, 나를 향한 하나님의 사랑의 고백이다. 오늘 그 사랑을 기억하며 다시금 십자가 앞에 서보자. 그리고 그 사랑 안에서 다시 살아갈 힘을 얻자.

오늘도 우리는 각자의 삶의 자리에서 수많은 십자가를 만난다. 고통과 실패, 억울함과 눈물의 자리에서 십자가는 우리를 무너뜨리는 표지가 아니라, 다시 일어서게 하는 하나님의 능력이다. 주님께서 먼저 그 길을 걸으셨기에, 우리는 외롭지 않다.

그러므로 다시 십자가 앞에 서자.

14. 육의 생각, 영의 생각

　인생을 살다 보면 누구나 두 갈림길 앞에 선다. 하나는 육의 생각이고, 다른 하나는 영의 생각이다. 육의 생각은 당장의 이익과 편안함을 좇는다. 눈에 보이는 것에 집중하고, 지금 만족할 수 있는 것을 추구한다. 반면 영의 생각은 보이지 않는 것을 바라보고, 하나님의 뜻을 따라 살아가려 한다. 이 둘은 결코 함께 갈 수 없다. 성경은 말한다. "육의 생각은 사망이요, 영의 생각은 생명과 평안이니라."(로마서 8:6)

　육의 생각은 본질적으로 자기중심적이다. 내가 원하는 것, 내가 더 갖고 싶은 것, 나만 편하면 된다는 생각은 결국 하나님으로부터 멀어지게 한다. 에덴 동산에서 아담과 하와가 선악과를 따먹은 순간이 그랬다. 그것은 육의 생각이 이긴 순간이었다. 겉보기엔 탐스럽고 먹음직스러워 보였지만, 결과는 단절과 고통이었다.

　영의 생각은 하나님 중심이다. 손해처럼 보일 수도 있고, 세상 눈엔 어리석어 보일 수도 있다. 하지만 그 끝에는 하나님의 평안이 있다. 예수님은 광야에서 사탄에게 시험을 받았을 때, 육의 유혹을 단호하게 거절하셨다. "사람이 떡으로만 살 것이 아니요, 하나님의 입으로 나오는 모든 말씀으로 살 것이라."(마태복음 4:4) 이 말씀은 영의 생각이 무엇인지를 분명히 보여준다. 하나님의 말씀이 삶의 중심이 되는 것이다.

　육의 생각은 사람을 조급하게 만든다. 지금 이 순간만 보게 하고, 만족하라고 부추긴다. 하지만 영의 생각은 기다릴 줄 안다. 하나님의 시간과 계획을 신뢰하기 때문이다. 아브라함도 그랬다. 하나님의 약속을 기다리는 시간이 결코 짧지 않았고, 그 속엔 고통도 있었지만, 결국 그는 믿음의 조상이 되었다.

　이 두 생각은 늘 사람 안에서 충돌한다. 바울도 고백했다. "내 속 사람으로는 하나님의 법을 즐거워하지만, 내 지체 속에는 또 다른 법이 있어 나를 죄의 법으로 이끈다."(로마서 7:22-23) 그러나 성령이 우리 안에 계시면, 우리는 육이 아니라 영을 따라 살 수 있다.

영의 생각은 우리를 살린다. 하나님을 바라보고, 말씀에 귀 기울이고, 기도로 삶을 세우는 것. 그것이 영의 생각이다. 그렇게 살아가는 자에게 하나님은 약속하신다. "너희가 내 안에 거하고 내 말이 너희 안에 거하면 무엇이든지 구하라. 그리하면 이루리라."(요한복음 15:7)

오늘 어떤 생각을 붙들고 살아가고 있는가? 육의 길은 넓고 편할 수 있다. 그러나 그 끝은 막다른 골목이다. 영의 길은 좁고 더디지만, 생명과 평안으로 인도한다. 매일의 선택 속에서 영의 생각을 붙들자. 그 길 끝에 하나님이 주시는 참된 기쁨과 생명이 기다리고 있다.

15. 하나님 자녀의 정체성

이 땅을 살아가면서 가장 중요한 질문 중 하나는 "나는 누구인가?"이다. 세상은 말한다. "너는 네가 이룬 것, 소유한 것, 그리고 다른 사람이 너를 어떻게 평가하는가에 따라 정체성이 정해진다."고. 하지만 하나님은 전혀 다른 말씀을 하신다. "너희는 하나님께서 택하신 족속이요, 왕 같은 제사장들이며, 거룩한 나라요, 그의 소유된 백성이라."(베드로전서 2:9) 우리는 세상의 기준이 아니라, 하나님께 속한 자, 곧 '하나님의 자녀'이다.

요한복음 1장 12절은 이렇게 말한다. "영접하는 자, 곧 그 이름을 믿는 자들에게는 하나님의 자녀가 되는 권세를 주셨으니." 이는 단순히 종교적 신분이 바뀐 것이 아니라 존재 자체가 새로워졌다는 뜻이다. 더 이상 세상의 가치에 휘둘리지 않는다. 하나님의 사랑 안에 뿌리내린, 존귀하고 소중한 자녀가 된 것이다.

탕자의 이야기를 떠올려본다. 아버지의 집을 떠나 욕망을 따라 살던 아들은 결국 모든 것을 잃고 돼지우리에서 자신의 처지를 돌아보게 된다. 그러다 아버지를 떠올리며 돌아갈 결심을 한다. 하지만 아버지는 아들이 오기도 전에 먼발치에서 달려가 그를 끌어안는다. 자신을 종으로 여겨달라는 아들의 말에, 아버지는 말한다. "이 아들은 죽었다가 살아났으며, 잃었다가 다시 얻은 자다."(누가복음 15:24) 그리고 새 옷과 반지, 신을 신기며 아들의 신분을 회복시킨다.

이것이 바로 하나님의 마음이다. 자녀가 돌아오기를 기다리고, 달려 나가 안아주며, 그 정체성을 회복시켜 주신다. 하나님의 자녀가 된 우리는 이제 두려움의 영이 아니라 양자의 영을 받았다. 그래서 우리는 하나님을 향해 "아빠, 아버지"라고 부를 수 있다.(로마서 8:15) 이 친밀한 관계 안에서 우리는 참된 안정과 자유를 누린다.

세상은 우리의 약함을 실패로 여기고, 때로는 버림받았다고 느끼게 만든다. 하지만 하나님은 말씀하신다. "내가 너를 지명하여 불렀나니, 너는 내 것이라."(이사야 43:1) 하나님의 자녀라는 이 정체성은 상황이나 감정에 따라 흔들리지 않는다. 반석 위에 세워진 진리이다.

그러니 오늘도 자신이 누구인지를 잊지 말아야 한다. 우리는 하나님의 사랑받는 자녀. 하늘 아버지의 시선 안에서 존귀하며, 어떤 상황에서도 결코 버려지지 않는다. 이 정체성을 붙들고, 당당하게 믿음의 길을 걸어가자. 하나님은 언제나 우리 편이시다.

오늘도 삶의 자리에서 스스로를 작게 여기고 있다면, 다시 하나님의 음성에 귀 기울이자. "너는 내 사랑하는 아들이다, 내 사랑하는 딸이다." 이 음성이 우리를 다시 일으켜 세운다. 그 사랑을 힘입어 우리는 두려움 대신 담대함으로, 절망 대신 소망으로 살아갈 수 있다.

16. 심판에 대한 하나님의 규칙

사람들은 '심판'이라는 말을 들으면 먼저 두려움부터 떠올린다. 재판정에 선 것처럼 자신의 모든 삶이 낱낱이 드러나고 판단받는다는 생각 때문일 것이다. 하지만 성경은 말한다. 하나님의 심판은 사람의 심판과는 다르다고. "여호와께서 공의로 세계를 심판하시며 정직으로 만민에게 판결을 내리시리로다."(시편 9:8) 하나님의 심판은 단순히 무서운 것이 아니다. 그것은 완전하고 공정하며, 사랑에서 비롯된 거룩한 질서이다.

하나님은 감정에 휘둘리거나 충동적으로 판단하시는 분이 아니다. 사람처럼 순간의 분노로 결정하지 않으신다. "사람은 외모를 보거니와 여호와는 중심을 보시느니라."(사무엘상 16:7) 하나님은 겉모습이나 행동보다 그 사람의 마음과 의도, 진심을 보신다. 이것이 하나님의 심판의 첫 번째 특징이다. 사람은 겉을 보지만, 하나님은 속을 보신다.

두 번째로, 하나님의 심판은 회개의 기회를 동반한다. 노아의 시대를 보자. 하나님은 홍수 심판을 내리시기 전, 120년이라는 긴 시간을 주시며 사람들이 돌이키기를 기다리셨다.(창세기 6:3) 소돔과 고모라의 멸망 앞에서도, 아브라함과 대화를 나누시며 의인 열 명만 있어도 그 성을 멸하지 않겠다고 하셨다.(창세기 18장) 하나님의 심판은 언제나 갑작스러운 파괴가 아니라, 돌아오라는 자비로운 부르심이 먼저다.

세 번째로, 하나님의 심판은 변덕이 아니라 진리 위에 세워진다. "하나님의 말씀은 살아 있고 활력이 있어 좌우에 날선 어떤 검보다도 예리하여…, 또 마음의 생각과 뜻을 판단하나니."(히브리서 4:12) 하나님의 말씀은 거울과 같아서, 우리가 누구인지, 어떤 길을 가고 있는지를 분명하게 보여준다. 하나님의 심판 기준은 언제나 그분의 말씀이다. 상황에 따라 바뀌지 않고, 변하지 않는 진리 위에 있다.

그러나 무엇보다 놀라운 것은, 그 무겁고 두려운 심판을 예수 그리스도께서 대신 감당하셨다는 사실이다. "그가 찔림은 우리의 허물 때문이요, 그가 상함은 우리의 죄악 때문이라."(이사야 53:5) 십자가는 하나님의 심판이 쏟아진 자리였지만 동시에 하나님의 은혜가 흘러넘친 자리이기도 하다. 우리가 받아야 할 형벌을 예수님이 대신 짊어지셨기에, 우리는 구원받는 은혜를 입게 되었다.

그래서 하나님의 심판은 단순한 두려움의 메시지가 아니다. 그것은 우리를 바른 길로 이끄는 하나님의 경고이며, 결국에는 우리를 정결하게 하시려는 사랑의 표현이다. 심판은 끝이 아니라, 회복을 위한 과정이다.

오늘 하루, 내 삶을 말씀 앞에 비추어 보자. 심판을 피하려고만 하지 말고, 그 속에 담긴 하나님의 공의와 자비를 기억하며 살아가자. 날마다 돌이키고 새롭게 되기를 소망하자. 하나님의 규칙은 때로 무겁게 느껴질 수 있지만, 그 끝에는 언제나 회복의 은혜가 기다리고 있다.

17. 습관과 예배가 되는 삶

하루를 시작할 때, 사람들은 저마다 다른 방식으로 아침을 연다. 누군가는 알람을 끄자마자 SNS를 열고 세상의 소식을 훑는다. 또 누군가는 커피 한 잔으로 마음을 다스리며 하루의 리듬을 잡는다. 그런데 어떤 이는 눈을 감고 조용히 속삭인다. "주님, 오늘도 동행해 주세요." 이 단순한 고백이 한 사람의 하루를 '예배'로 바꾼다.

디모데전서 4장 7절은 이렇게 말한다. "오직 경건에 이르도록 네 자신을 연단하라." 경건은 어느 날 갑자기 생기는 게 아니다. 그것은 매일 정성스럽게 쌓아 올리는 돌탑과 같다. 말씀을 읽고, 기도하고, 감사하는 삶의 습관이 하나씩 모여 경건이라는 삶의 모양을 만들어 간다.

이렇게 쌓인 경건은 결국 '예배가 되는 삶'으로 이어진다. 예배는 주일 아침에 교회에 앉아 있는 한 시간이 전부가 아니다. 로마서 12장 1절은 말한다. "너희 몸을 하나님이 기뻐하시는 거룩한 산 제물로 드리라. 이는 너희가 드릴 영적 예배니라." 다시 말해 우리의 몸과 삶 전체가 하나님께 드려질 수 있는 예배라는 뜻이다. 우리의 일상, 관계, 시간, 일과 쉼까지도 모두 예배가 될 수 있다.

출근길에 듣는 찬양을 따라 부르는 것, 힘든 동료에게 따뜻한 말을 건네는 것, 불편한 사람을 위해 조용히 기도하는 것. 이런 사소해 보이는 행동들조차 하나님 앞에 드려지는 작은 예배가 된다. 결국 경건의 훈련이 쌓일수록, 일상이 예배가 되는 삶을 살아갈 수 있게 된다.

예배당을 벗어나도, 삶의 자리에서 하나님을 향한 마음을 잃지 않는 것. 그게 진짜 예배다. 그리고 이런 예배는 삶을 천국의 향기로 채우고, 세상 속에 하나님의 나라를 심어 가는 거룩한 발걸음이 된다.

오늘 하루, 작은 습관 하나라도 하나님을 기억하며 시작해 보자. 눈을 감고

짧게 기도하는 것, 말씀 한 구절을 되새기는 것, 감사의 마음을 표현하는 것. 이런 작은 순간들이 쌓여 우리의 삶 전체가 예배가 되는 기적을 만들어 낸다. 경건은 작게 시작되지만, 그 열매는 놀랍도록 크다.

우리가 완벽해서 예배가 되는 것이 아니다. 때로는 지치고, 넘어지고, 마음이 흐트러질 때도 있다. 그럼에도 다시 하나님을 바라보고, 다시 마음을 돌이키는 그 순간이 이미 예배다. 하나님은 우리의 형식보다 중심을 보시며, 우리의 노력보다 동행을 기뻐하신다.

오늘 하루를 하나님께 올려 드리자. 크고 거창한 결단이 아니라, 작은 순종과 반복되는 선택으로. 그렇게 쌓인 경건의 시간들은 어느새 우리의 삶을 바꾸고, 우리의 하루를 거룩하게 만들 것이다. 그리고 언젠가 돌아보면, 우리는 알게 될 것이다. 우리의 평범한 일상이 하나님 앞에서 가장 아름다운 예배였음을.

18. 천국 시민권자가 되려면

어릴 적, 외국에 사는 친척에게서 편지가 왔다. 편지 속엔 푸른색 여권 사진이 들어 있었고, 거기엔 이렇게 적혀 있었다. "이제 난 시민권자야!" 어릴 땐 그 말이 참 멋져 보였다. 세상 어디든 갈 수 있고, 나라로부터 보호받을 수 있는 권리를 가진 사람이 된 것이다. 그런데 성경은 말한다. 우리가 진짜로 사모하고 자랑해야 할 시민권은 이 땅의 것이 아니라 "하늘에 있는 시민권"이라고 (빌립보서 3:20)

그렇다면 어떻게 해야 천국의 시민이 될 수 있을까? 요한복음 3장에서 예수님은 니고데모에게 이렇게 말씀하신다. "사람이 거듭나지 아니하면 하나님의 나라를 볼 수 없느니라." 천국의 시민권은 노력이나 혈통으로 얻어지는 것이 아니다. 예수 그리스도를 믿음으로 다시 태어날 때, 하나님이 은혜로 주시는 선물이다.

예수님을 주로 고백하고, 그분의 십자가 앞에 나아갈 때, 우리는 더 이상 이 땅에 속한 자가 아니라 하나님 나라에 속한 존재로 거듭난다. 에베소서 2장 19절은 이렇게 말한다. "그러므로 이제부터 너희는 외인도 아니요 나그네도 아니요 오직 성도들과 동일한 시민이요 하나님의 권속이라." 얼마나 놀라운 특권인가. 하늘의 법 아래 살고, 하늘의 사랑을 입으며, 하늘의 소망을 품고 살아가는 인생이다.

천국 시민권자는 세상의 방식보다 하나님의 말씀을 삶의 기준으로 삼는다. 손해를 보더라도 정직하게 살고, 용서하기 어려운 상황에서도 용서를 선택한다. 자신을 낮추는 것을 두려워하지 않고, 사람들의 박수보다 하나님의 음성을 더 귀하게 여긴다. 그렇게 살아가는 것이 바로 이 땅에서 천국을 살아내는 길이다.

천국 시민이 된다는 것은 단지 죽은 후에 누리는 어떤 장소를 말하는 것이 아니다. 예수님께서 말씀하셨듯이, "하나님의 나라는 너희 안에 있느니라."(누가복음 17:21) 예수님 안에 있는 사람이라면, 이미 그 삶 속에 천국이 시작된 것이다. 천국은 저 멀리 미래의 일이 아니라, 지금 이곳에서 믿음으로 살아가는 현재의 진실이다.

그래서 오늘도 자신에게 물어야 한다. "나는 천국 시민권자로 살고 있는가?" 만약 그 대답이 예수님 안에 있다면, 우리는 이미 하늘나라의 백성이다. 세상의 소속을 넘어, 하나님께 속한 사람이다. 그리고 언젠가 주님 앞에 서게 될 그날, 그분은 따뜻한 미소로 이렇게 말씀하실 것이다.

"잘 하였다, 착하고 충성된 종아. 이제 내 아버지 나라에 들어오라."

언젠가 믿음의 여정을 마치고 본향에 이르는 날, 우리는 낯선 곳이 아닌, 오래전부터 속해 있던 나라로 돌아가게 될 것이다. 그날까지 이 땅에서 천국을 살아내는 시민으로, 소망과 기쁨을 품고 담대하게 살아가자. 하늘의 시민권은 이미 우리에게 주어졌고, 그 약속은 결코 흔들리지 않는다.

19. 새 옷과 새 사람을 입으라

낡은 옷은 편하다. 몸에 익숙하고, 버리기 아까운 추억도 묻어 있다. 하지만 그 옷을 입고 중요한 자리에 갈 수는 없다. 누군가 나를 초대했고, 그 자리에 걸맞은 새 옷이 준비되어 있다면, 기꺼이 갈아입는 것이 마땅하다. 하나님께서 우리에게 하시는 말씀이 바로 이것이다. "이제는 낡은 옷을 벗고, 새 옷을 입으라."

에베소서 4장 22-24절은 이렇게 말한다. "너희는 유혹의 욕심을 따라 썩어져 가는 옛 사람을 벗어 버리고, 오직 너희 심령이 새롭게 되어 하나님을 따라 의와 진리의 거룩함으로 지으심을 받은 새 사람을 입으라."

하나님은 우리를 죄와 수치의 옷이 아닌, 거룩함과 의로움의 새 옷으로 갈아 입히길 원하신다.

우리는 종종 과거의 상처와 실패, 습관에 묶여 산다. 마치 닳아 해진 옷처럼 우리의 자아는 낡고 초라할 때가 많다. 하지만 예수님은 우리를 보시며 말씀하신다. "내가 너를 새롭게 하리라. 너는 더 이상 어둠에 속한 자가 아니다."

누가복음 15장의 탕자는 아버지를 떠나 허랑방탕하게 살다 돌아왔을 때, 아버지는 제일 좋은 옷을 꺼내 입혔다. 그는 더 이상 돼지 우리에 있었던 아들이 아니라, 다시 회복된 사랑받는 아들이었다.

하나님은 오늘도 우리에게 말씀하신다. "이제 그 옛 옷은 벗어버려라. 죄책감,

미움, 두려움의 옷을 벗고, 내가 준비한 새 옷, 용서와 자비, 사랑의 옷을 입으라."

골로새서 3장 12절은 말한다. "그러므로 너희는 하나님이 택하신 거룩하고 사랑받는 자처럼 긍휼과 자비와 겸손과 온유와 오래 참음을 옷 입듯 입으라."

그것은 단지 새로운 겉모습이 아니라, 새롭게 변화된 마음의 상태이며, 성령의 인도하심 속에 걷는 새로운 삶이다.

오늘도 하나님은 우리를 거룩한 잔치에 초대하신다. 그 자리에 어울리는 옷은 세상의 찢긴 옷이 아니라, 은혜와 진리로 짜여진 새 옷이다. 이제 우리는 묻어두었던 과거의 옷을 벗고, 하나님이 마련하신 새 옷을 입을 시간이다.

그 옷을 입는 순간, 우리는 더 이상 과거의 내가 아닌, 하나님의 자녀로, 존귀한 사람으로 다시 살아난다.

그때 우리의 삶은 달라진다. 말과 행동이 달라지고, 관계가 달라지며, 무엇보다 스스로를 바라보는 시선이 달라진다. 하나님께서 입혀 주신 그 새 옷은 결코 낡지 않으며, 어떤 상황 속에서도 우리를 존귀하게 만든다.

이제 새 옷을 입고 살아가자. 은혜로 짜인 옷, 사랑으로 물든 옷, 진리로 완성된 옷을 입고. 그리고 그 옷을 입은 우리의 삶 자체가 세상 속에서 하나님 나라를 증거하는 가장 분명한 메시지가 되게 하자.

20. 사랑으로 세상을 이기는 힘

사랑은 말로는 쉽다. "사랑해요."라는 고백은 하루에도 수없이 들을 수 있다. 하지만 진정한 사랑은 말보다 삶으로 증명된다. 진정한 사랑에는 힘이 있다. 그 힘은 사람을 변화시키고, 상처를 싸매며, 절망을 소망으로 바꾼다.

그리고 그 사랑의 본체가 바로 하나님이시다. 요한일서 4장 8절은 선언한다. "하나님은 사랑이시라."

예수님의 생애는 사랑의 능력이 무엇인지 우리에게 보여주신 삶이었다. 원수를 위해 기도하시고, 병든 자를 고치시고, 죄인과 식사를 나누셨다. 그리고 마침내, 십자가에서 우리를 위해 생명을 내어주셨다. 로마서 5장 8절은 말한다. "우리가 아직 죄인 되었을 때에 그리스도께서 우리를 위하여 죽으심으로 하나님께서 우리에 대한 자기의 사랑을 확증하셨느니라."

이 사랑은 조건이 없고, 계산하지 않으며, 언제나 먼저 다가온다.

진정한 사랑의 힘은 '받는 데' 있지 않고, '주는 데' 있다. 고린도전서 13장은 사랑에 대해 이렇게 말한다. "사랑은 오래 참고, 사랑은 온유하며, 시기하지 아니하며, 자랑하지 아니하며, 교만하지 아니하며, 모든 것을 참으며, 모든 것을 믿으며, 모든 것을 바라며, 모든 것을 견디느니라." 이 말씀은 사랑이 얼마나 강인한지를 보여준다. 사랑은 무른 감정이 아니라, 의지의 결단이며, 포기하지 않는 마음이다.

우리는 살아가며 상처받기도 하고, 또 상처를 주기도 한다. 그러나 그럴 때일수록 진정한 사랑의 힘이 필요하다. 용서하고, 감싸 안고, 다시 손을 내미는 힘. 그 힘은 내 안에서 나오는 것이 아니다. 하나님께서 먼저 우리를 사랑해주신 그 은혜를 기억할 때, 우리는 그 사랑을 세상에 흘려보낼 수 있다.

진정한 사랑은 눈에 보이지 않을 수 있지만, 분명한 흔적을 남긴다. 굳은 마음을 녹이고, 닫힌 문을 열며, 어두운 골짜기를 환히 밝힌다.

세상은 여전히 미움과 경쟁으로 가득하지만, 하나님의 사랑을 입은 우리는 그 안에서 다르게 살아갈 수 있다.

진정한 사랑의 힘은 세상을 이기는 힘이다. 오늘도 그 사랑으로 살고, 그 사랑으로 누군가를 품을 수 있기를. 그 사랑이 바로, 우리가 받은 가장 큰 능력이며, 가장 깊은 기적이다.

하나님의 사랑은 결코 실패하지 않는다. 당장 변화가 보이지 않을지라도, 사랑은 반드시 흔적을 남기고 열매를 맺는다. 그래서 우리는 결과를 계산하지 않고, 오직 사랑하기로 부름받은 사람들이다.

오늘도 그 사랑 안에 머물자. 그리고 받은 사랑을 다시 흘려보내자. 그럴 때 우리의 삶은 조용하지만 분명하게 말하게 될 것이다. 하나님은 살아 계시며, 그분의 사랑은 지금도 세상을 변화시키고 있다고.

21. 믿음, 불 속에서 피어나는 길

사람들은 삶이 잘 풀릴 때 흔히 이렇게 말한다. "하나님의 은혜야."

하지만 가만히 돌아보면, 그 말이 때로는 단지 결과에 붙인 형식적인 태그에 불과할 때가 많다. 하나님께 영광을 돌린다고는 했지만, 그 영광이 진짜 하나님을 위한 것인지, 아니면 내 만족을 위한 정당화였는지 자신도 잘 모를 때가 있다.

진짜 믿음은 결과가 좋을 때만 믿는 것이 아니다. 결과가 아무것도 없을 때도 하나님을 신뢰하는 것이다.

다니엘의 세 친구가 풀무 불 속에서도 "그리 아니하실지라도" 믿음을 저버리지 않겠다고 고백했던 것처럼(다니엘 3:18), 믿음은 불 속에서 더 선명해진다.

은은 960도에서 녹고, 금은 1020도에서 녹는다. 하지만 흙은 1200도의 불을 견뎌야 비로소 아름다운 도자기가 된다.

믿음도 마찬가지다. 약한 믿음은 낮은 열에 녹아내리지만, 하나님께 연단된 믿음은 높은 시련 속에서도 굳건히 서서 마침내 찬란한 그릇으로 빚어진다. 어떤 사람들은 길이 막히면 쉽게 절망한다. 그러나 하나님은 말씀하신다.

"내 생각은 너희 생각과 다르며, 내 길은 너희 길보다 높다."(이사야 55:8-9)

부모는 한 가지 길만 열어주지만, 하나님은 우리가 상상하지 못한 수많은 길을 여시는 분이다.

사막에서는 길이 없다고 하지만, 하나님은 그 사막에 강을 내시고(이사야 43:19), 광야 속에서도 길을 만들어 가신다.

믿음은 이미 열린 길을 보는 게 아니다. 닫힌 문 앞에서도 하나님을 믿는 것이다.

불같은 시련 속에서도 녹아내리지 않고, 오히려 정금처럼 빛나기를 바라는 주님의 사랑이 우리 믿음을 연단하신다.

그러니 우리가 붙잡아야 할 것은 결과가 아니라 하나님 자신이다. 길이 없어 보여도 주님은 길이시고, (요한복음 14:6) 우리가 흙처럼 보일지라도 그분 손 안에서 가장 귀한 그릇으로 다시 빚어질 수 있다.

믿음은 눈에 보이지 않지만, 가장 뜨거운 불 속에서 빛나는 보물이다.

오늘 우리가 서 있는 자리가 불가마처럼 느껴진다 해도 두려워하지 말자. 그 불 한가운데서도 주님은 우리를 놓지 않으시고, 반드시 목적을 가지고 인도하신다. 그리고 마침내 우리는 알게 될 것이다. 그 뜨거운 시간들이 헛되지 않았으며, 그 속에서 우리의 믿음이 단단해졌음을.

그러니 결과를 붙잡지 말고 하나님을 붙잡자. 길이 막힌 것처럼 보일 때에도, 주님은 여전히 길이시다. 그분을 신뢰하며 한 걸음씩 나아갈 때, 우리의 믿음은 불 속에서도 꺼지지 않는 빛으로 남아 세상을 비추게 될 것이다.

22. 성경 말씀과 함께하는 여정

단테 알리기에리의 『신곡』 첫 문장, "나는 숲속에서 길을 잃었다."는 말은 우리 모두가 겪는 삶의 혼란과 고난을 잘 표현한다. 누구나 살면서 한 번쯤은 갈 길을 몰라 막막한 순간을 맞이한다. 단테도 피렌체에서 벌어진 정치적 싸움에 휘말려 고향을 떠나야 했다. 그의 상황은 우리 역시 세상의 갈등과 아픔 속에서 마음의 평화를 잃을 때가 있다는 걸 떠올리게 한다.

성경에도 길을 잃은 사람이 많다. 시편 23편에서 다윗은 "내가 사망의 음침한 골짜기로 다닐지라도 두려워하지 아니하리니."라고 고백한다. 힘들고 어두운 길을 걸어도 하나님이 함께하심을 믿으며 길을 찾는다는 의미다. 단테가 어둠 속에서 길을 찾으려 애썼던 것처럼, 우리 인생도 하나님이 비추는 빛을 따라 걸어가야 한다.

단테가 피렌체를 떠난 여정은 외로웠지만, 그 과정에서 그는 자신의 내면을 돌아보고 진정한 행복이 무엇인지 찾아갔다. 성경 야고보서 1장 2절은 "여러 가지 시험을 당하거든 온전히 기쁘게 여기라."라고 말한다. 힘든 순간에도 하나님이 주시는 평안과 기쁨을 붙잡으라는 뜻이다. 이것은 단테가 어둠 속 시련을 통과하며 희망을 찾은 이야기와 닮았다.

단테가 만난 다양한 인물과 상황은 우리 영혼의 상태를 보여 준다. 죄와 절망, 회개와 구원의 이야기가 펼쳐진다. 이것은 예수님이 "나는 길이요 진리요 생명이다."(요한복음 14:6)라고 말씀하신 진리와 연결된다. 단테가 어둠을 지나 빛을 향해 나아간 것처럼, 우리도 예수님을 따라 진정한 길을 찾아가는 믿음의 여정을 걷는 것이다.

마지막에 단테가 진정한 행복을 찾았듯, 성경은 "하나님을 기뻐하라 그리하면 너의 마음의 소원을 이루어 주시리라."(시편 37:4)고 약속한다. 세상의 싸움과 혼란에서 벗어나 하나님 안에서만 누릴 수 있는 평안과 기쁨이 바로 진짜 행복이라는 걸 단테의 이야기는 다시 한 번 일깨워 준다.

오늘 우리도 때때로 숲속에서 길을 잃은 듯한 혼란과 고통을 겪는다. 하지만 단테처럼 하나님이 인도하시는 길을 믿고 따라가면, 결국 어둠을 벗어나 참된 빛과 평안을 만나게 된다. 세상의 분쟁과 갈등에서 벗어나, 하나님이 주시는 사랑과 용서 안에서 우리도 진정한 행복을 찾아가는 여정을 계속해 나가자.

단테의 이야기 속에서 우리 신앙의 길과 맞닿은 깊은 진리를 발견하며, 오늘도 하나님과 함께 걸어가는 그 길 위에서 참된 행복을 누려보자.

23. 사람을 통해 흘러가는 축복

하나님의 축복과 만남은 언제나 사람을 통해 전해진다. 갑자기 하늘에서 쌀 가마니가 뚝 떨어진다고 상상해 보라. 그 상황은 끔찍하기 짝이 없다. 누군가는 다치거나 죽을 수도 있고, 아무리 단단해 보여도 귤 한 알이 머리에 떨어지면 쉽게 터지고 만다. 하나님은 그런 식으로 직접 뭔가를 내려주지 않으신다. 대신 사람들을 통해, 정성스러운 손길을 통해 우리에게 은혜와 축복을 전해 주신다.

성경 곳곳에도 하나님이 천사를 보내거나 사람을 통해 위로와 축복을 전하신 이야기가 많다. 대표적인 예가 만나다. 만나가 하늘에서 갑자기 떨어진 게 아니라, 하나님께서 이스라엘 백성에게 "내일 아침에 만나가 있을 것이다."라고 말씀하셨고, 그 말씀과 약속을 믿는 사람들에게 필요한 만큼 만나를 허락하셨다.(출애굽기 16장) 이것은 하나님이 우리와의 만남을 얼마나 소중히 여기시는지를 보여 준다. 각자의 자리에서 하나님의 은혜가 흘러넘치도록 사람과 상황을 세심하게 준비하신 것이다.

　하나님의 축복은 관계를 통해 이루어진다. 갑자기 무자비하게 떨어지는 것이 아니라, 서로의 손을 잡고 주고받으며 함께 성장하는 여정이다. 그래서 한 사람이 받은 축복은 자연스럽게 또 다른 사람에게 전해질 수 있다. 귤 한 알이 조심스럽게 전달될 때 그 안에 담긴 사랑과 배려가 터져 나온다. 이런 만남을 통해 진짜 은혜가 흘러간다.

　오늘 우리도 누군가에게 하나님의 축복을 전하는 통로가 되길 바란다. 혹은 우리가 먼저 따뜻한 손길이 되어 다른 사람에게 은혜를 나누는 사람이 되자. 하늘에서 갑자기 떨어지는 축복을 기다리기보다, 우리 삶 속에서 사람과 사람 사이를 통해 흘러가는 축복의 손길을 붙잡자. 그렇게 서로의 만남을 통해 하나님이 주시는 은혜를 나누는 축복의 하루를 살아가길 소망한다.

　오늘 우리가 만나는 사람은 우연이 아니다. 하나님께서 예비하신 만남이며, 그 만남 속에 흘려보내야 할 은혜가 담겨 있다. 때로는 내가 받는 사람일 수도 있고, 때로는 내가 주는 사람일 수도 있다. 그러나 그 모든 순간 속에서 하나님은 관계를 통해 우리를 살리고, 세워 가신다.

　그러니 오늘 하루, 축복의 통로로 살자. 무거운 쌀가마니처럼 던져지는 은혜가 아니라, 귤 한 알처럼 정성껏 건네는 은혜로. 그렇게 사람과 사람 사이를 오가며 흘러가는 하나님의 축복이 우리 삶을 따뜻하게 적실 것이다. 그리고 어느새 우리는 깨닫게 될 것이다. 하나님께서 이미 우리를 통해, 그리고 우리에게, 충분히 일하고 계셨음을.

24. 마음과 사랑을 드리는 행위

하나님께 드리는 헌금은 단순한 돈의 나눔이 아니다. 그 안에는 우리의 사랑과 믿음, 그리고 헌신이 담겨 있다. 말하자면, 헌금은 '사랑의 시험대' 같은 것이다. 이 마음 깊은 이야기를 들려주려고 한다.

영국 시인 T.S. 엘리엇은 그의 작품『전능자의 그늘』에서 "엘리엇은 총을 가지고 있으면서 창을 맞았다."라고 썼다. 총은 강력한 무기지만, 그 강함 속에서도 창에 맞아 아픈 상처를 입었다는 의미다. 이처럼 우리의 신앙 역시 강함과 약함이 공존한다. 강하게 믿으려 하지만, 때로는 상처받고 흔들린다.

성경은 헌금에 대해 여러 가르침을 준다. 마태복음 6장 21절에서는 "네 보물이 있는 그 곳에는 네 마음도 있다."고 말한다. 즉, 우리가 드리는 헌금은 단순히 돈을 내는 게 아니라, 우리의 마음과 사랑을 드리는 행위라는 뜻이다. 마음이 어디에 있느냐가 헌금으로 드러난다.

또한 사도행전 5장에 나오는 아나니아와 삽비라 이야기를 통해 우리는 헌금의 진심과 진실성을 배운다. 그들은 일부만 드리고 온전한 것처럼 속였고, 그 결과 심판을 받았다. 이는 하나님 앞에서 우리의 사랑과 믿음이 얼마나 진실한지 시험받는 '사랑의 테스트'임을 보여준다.

하나님은 우리의 믿음을 강하게 하시지만, 동시에 우리의 약함도 잘 아신다. 엘리엇의 비유처럼, 신앙 속에서 강함과 약함이 공존하는 것이다. 헌금도 마찬가지다. 형편이 넉넉하지 않아도, 하나님께 드릴 때 마음이 진실하고 충만하다면 그것이 진짜 헌금이며, 사랑의 증거다.

한 마을에 가난한 여인이 있었다. 그녀는 헌금함에 몇 푼 되지 않는 돈을 넣었고, 주변 사람들은 비웃었다. 하지만 하나님은 그녀의 진심을 보셨다. 예수님도 누가복음 21장에서 "이 가난한 과부가 모든 사람 중에서 가장 많이 넣었다.”고 칭찬하셨다. 그녀의 헌금은 물질을 넘어선 사랑과 믿음의 '사랑의 시험'을 통과한 증거였다.

우리도 살면서 '창'을 맞는 순간이 있다. 믿음이 흔들리고 어려움에 부딪힌다. 하지만 그럴 때 하나님께 드리는 작은 헌금과 사랑이 우리를 다시 세우는 힘이 된다. 그 마음은 '전능자의 그늘' 아래서 보호받는 귀한 보물이 된다.

결국 하나님께 드리는 헌금은 우리의 사랑과 믿음을 시험하는 무대다. 그 안에서 우리의 믿음은 더욱 단단해지고 성장한다. 엘리엇이 "총을 가지고 있으면서 창을 맞았다.”는 말처럼, 신앙의 강함 속에도 상처가 있지만, 그 상처마저도 하나님의 사랑 안에서 치유되고 축복받는다.

우리가 드리는 헌금이 단순한 물질을 넘어서 진정한 사랑과 믿음의 고백이 되게 하자. 온전한 마음으로 드릴 때, 그 사랑은 헛되지 않으며, 우리 삶에 가장 큰 축복이 될 것이다.

25. 예수님의 부활과 승천

백정 박성춘과 에비슨 이야기는 예수님의 부활과 승천, 그리고 하나님께서 인간의 죄를 대신 대속하신 깊은 의미를 담고 있다. 이 이야기는 우리 신앙의 본질을 다시 생각하게 하는 소중한 교훈이다.

먼저 박성춘은 당시 사회에서 가장 천대받던 사람이었다. 그런 그가 복음을 듣고 예수님을 믿게 된 건 기적과도 같았다. 에비슨 선교사 역시 그 복음을 전하며 예수님의 부활과 승천의 신비를 알렸다. 부활과 승천은 단순한 역사적 사건이 아니라, 예수님이 십자가에서 우리 죄를 대신 지시고 죽음을 이기셨다는 증거다.

성경 요한복음 3장 16절에는 "하나님이 세상을 이처럼 사랑하사 독생자를 주셨으니 이는 저를 믿는 자마다 멸망치 않고 영생을 얻게 하려 하심이라."고 기록되어 있다. 하나님은 인간의 죄를 대속하기 위해 예수님을 보내셨고, 그분은 십자가에서 우리 죄를 대신 짊어지셨다.

부활하신 예수님은 사도행전 1장 9절에서 "하늘로 올려지심을 보라."고 하셨다. 이는 예수님이 죄와 죽음을 이기시고 하나님 우편에 앉아 계신다는 뜻이다. 승천은 우리에게 부활의 소망과 영원한 생명을 약속하는 선언이며, 하나님께서 예수님을 높이셨다는 증거다.

박성춘과 에비슨 이야기를 통해 우리는 하나님의 크신 사랑과 은혜를 본다. 사회적 편견과 죄악 속에 있던 한 사람을 통해 하나님은 구원의 계획을 이루셨다. 예수님을 믿음으로 죄 사함을 받고, 부활과 승천을 통해 영생을 받는 축복을 나누었다.

우리 모두 죄의 무거운 짐을 지고 있지만, 예수님이 그 짐을 대신 지셨기에 자유할 수 있다. 부활하신 예수님은 지금도 우리와 함께하시며, 승천하신 곳에서 우리를 위해 기도하고 계신다. 이 진리는 박성춘 같은 우리 모두에게 희망과 빛이 된다.

마지막으로 예수님의 승천은 우리에게 새로운 삶의 목표를 준다. 하늘에 계신 주님을 바라보며 이 땅에서 신실하게 살아가라는 부르심이다. 박성춘과 에비슨의 믿음처럼 우리도 하나님이 주신 이 놀라운 구원의 은혜를 감사하며, 세상에서 그 사랑을 나누는 삶을 살아야 한다.

예수님의 부활과 승천, 그리고 하나님이 인간의 죄를 대신 대속하신 이 놀라운 사랑 이야기는 오늘도 우리의 마음을 울리고, 영원한 생명의 길로 인도한다. 우리 모두 이 은혜를 붙들고 믿음 안에서 굳건히 서보자.

26. 대통령과 '1달러 소송'

프랭클린 D. 루즈벨트 대통령과 '1달러 소송' 이야기는 우리에게 진정한 가치와 신앙의 의미를 다시 생각하게 하는 특별한 일화다. 이 이야기에 담긴 교훈을 성경 말씀과 함께 나누고자 한다.

어느 날 루즈벨트 대통령은 손에 작은 1달러 지폐를 들고 소송에 휘말렸다. 단순한 1달러였지만 그 안에는 그의 신념과 결단, 그리고 희망이 담겨 있었다. 1달러는 당시 미국 경제를 상징했고, 국민 삶을 지탱하는 기본 단위였다. 그래서 작지만 그 의미는 단순한 화폐를 넘어서는 것이었다.

성경 마태복음 25장 21절에는 "잘 하였도다. 착하고 충성된 종아 네가 적은 일에 충성하였으니 내가 많은 것을 네게 맡기리니."라는 말씀이 있다. 이는 작은 일에 충실한 자에게 더 큰 축복이 임한다는 진리다. 루즈벨트가 소중히 여긴 1달러도 같은 의미다. 비록 적은 돈일지라도 책임감 있게 다루는 태도는 우리 신앙에 깊은 울림을 준다.

또 누가복음 16장 10절은 "지극히 작은 것에 충성된 자는 큰 것에도 충성되며"라고 하셨다. 삶에서 보잘것없어 보이는 일들이야말로 하나님께 충성하는 마음을 기르는 토대다. 루즈벨트의 1달러 소송은 단순히 돈 문제가 아니라 신념과 책임, 그리고 하나님 앞에서 작은 것도 소홀히 하지 않는 믿음의 모습을 보여준다.

우리도 때로는 삶의 작은 일, 작은 헌금, 작은 봉사, 작은 사랑을 대하는 태도가 얼마나 중요한지 잊곤 한다. 하지만 하나님은 그런 작은 마음을 기뻐하시며 그 속에 큰 복을 감추어 두셨다. 시편 37편 4절에 "여호와를 기뻐하라 그가 네 마음의 소원을 네게 이루어 주시리로다."라는 약속처럼 우리의 작은 신뢰와 순종이 큰 은혜로 돌아온다.

결국 루즈벨트의 1달러는 그가 국민과 나라를 위해 작지만 강한 믿음과 책임감을 가진 상징이 되었다. 우리도 신앙의 길에서 작은 일에 최선을 다하는 사람이 될 때 하나님께서 큰일을 이루실 것을 믿는다.

이처럼 '1달러'라는 단어 속에 담긴 교훈은 작지만 귀한 믿음의 씨앗이다. 우리가 가진 모든 것, 심지어 가장 작은 것이라도 하나님께 온전히 맡기고 충성할 때, 그 안에서 하나님의 나라가 놀랍게 역사한다. 루즈벨트의 이야기는 오늘을 사는 우리에게 '작은 일에도 충성하라'는 성경 말씀을 다시 새기게 하는 축복의 이야기다.

그러니 작은 일에 낙심하지 말자. 지금 맡겨진 자리에서 최선을 다하자. 하나님은 우리가 충성으로 심은 작은 씨앗을 통해, 우리가 상상하지 못한 열매를 맺게 하시는 분이시다. 그리고 언젠가 주님 앞에 설 그날, 우리에게도 이렇게 말씀하실 것이다. "잘 하였도다, 적은 일에 충성된 종아."

이것이 바로 1달러에 담긴 복음이며, 오늘을 사는 우리에게 주시는 하나님의 조용하지만 분명한 부르심이다.

27. 변하지 않는 사랑과 신앙

삶에서 가장 중요한 진리 중 하나는 '변하지 말아야 할 것이 변하면 실패한다'는 것이다. 그 중심에는 변하지 않는 사랑과 신앙이 자리한다. 내 인생을 둘로 나눈다면 '널 만나기 전'과 '널 만난 후'로 나뉠 만큼 큰 변화를 가져온 존재가 있다. 바로 예수 그리스도다.

히브리서 13장 8절은 "예수 그리스도는 어제나 오늘이나 영원토록 동일하시니라."고 말한다. 예수님은 변함없다. 세상은 빠르게 변하고 내 마음도 흔들리기 쉽지만, 그분의 사랑과 진리는 결코 변하지 않는다. 변하지 않는 그분을 붙들 때, 비로소 진정한 성공과 평안을 누릴 수 있다.

한 사람의 삶을 떠올려 보자. 그는 예수님을 만나기 전과 만난 후가 완전히 달랐다. 만나기 전에는 방황과 혼란 속에 있었지만, 만난 후에는 평안과 희망으로 가득했다. 요한복음 15장 5절에 "나는 포도나무요 너희는 가지라."고 하신 것처럼, 예수님과 연결된 삶은 실패하지 않는다. 가지가 포도나무에서 떨어지면 마르지만, 붙어 있을 때는 열매를 맺는다.

변하지 말아야 할 것은 바로 이 '붙어 있음'이다. 신앙과 사랑, 진리, 그리고 하나님과의 관계는 흔들려서는 안 된다. 잠언 4장 25-27절은 "네 눈을 앞으로 향하여 네 시선을 반드시 곧게 하라…, 네 발걸음이 악한 길로 치우치지 말라."고 말씀한다. 변하지 않는 중심을 향해 나아갈 때 실패하지 않는 삶을 살게 된다.

삶도 마찬가지다. 사랑하는 사람을 만난 뒤 그 사랑이 변한다면 관계가 깨지고 마음도 무너진다. 그러나 하나님이 우리에게 주신 사랑은 영원하고 변치 않는 사랑이다.(요한일서 4:16) 그 사랑 안에 머무를 때, 내 인생은 두 부분으로 나뉘지만 모두 축복의 이야기로 이어진다.

결국 변하지 말아야 할 것을 붙잡는다는 것은 '예수님과의 관계'를 지키는 것이다. 그분은 흔들리는 삶을 붙들어 주시고, 실패와 절망에서 구원해 주신다. 내 인생을 둘로 나눈다면 '예수님을 만나기 전'과 '만난 후'로 나뉠 것이고, 만난 후의 삶은 진정한 성공과 기쁨의 길임을 믿는다.

이제 흔들리는 세상 속에서도 변하지 않는 주님을 바라보며, 그 사랑 안에서 흔들리지 않는 삶을 살아가길 바란다. 변하지 않는 주님을 만난 인생은 이미 실패가 아닌 승리의 길 위에 서 있다.

오늘 다시 고백하자. "주님, 저는 변하지 않겠습니다." 세상이 무엇을 요구하든, 상황이 어떻게 바뀌든, 주님과의 관계만은 놓지 않겠다고. 그 고백 위에 하나님은 우리 삶을 세우시고, 흔들리지 않는 평안과 열매를 더해 주신다.

그러니 담대히 걸어가자. 어제도 오늘도 영원토록 동일하신 주님과 함께라면, 우리의 인생은 이미 올바른 길 위에 서 있다. 변하지 않는 주님을 만난 인생은 결국 실패가 아니라, 끝까지 승리로 완성될 것이다.

28. 다시 빛나는 인생의 기회

검은콩과 흰콩을 섞는 데는 1분이면 충분하다. 하지만 그것을 다시 하나하나 골라내려면 하루가 걸린다. 이 간단한 비유는 우리 삶에도 깊은 의미를 가진다. 작은 실수나 순간의 선택, 한마디 말이 인생 전체를 흔들어 놓을 수 있다는 뜻이다. 한 번 섞인 것은 쉽게 원래 상태로 돌아가지 않는다. 그래서 우리는 조심해야 한다.

성경 전도서 3장 1절에 "범사에 기한이 있고 천하 만사가 다 때가 있나니."라고 했다. 모든 일에는 때가 있고, 순서가 중요하다. 아무 때나 섞으면 힘든 수고를 치러야 한다. 쉽게 섞는 일은 해도, 다시 분리하는 데는 긴 시간과 인내가 필요하다.

특히 말은 작은 불과 같다. 야고보서 3장 5절은 "혀도 작은 지체지만 큰 것을 자랑한다. 작은 불이 얼마나 많은 나무를 태우는가"라고 경고한다. 한마디 말이 관계를 무너뜨리고, 신뢰를 깨트린다. 가벼운 말 한마디가 검은콩과 흰콩을 모두 섞어버리고, 마음속 상처와 오해가 길고 고된 회복 과정을 만든다.

하지만 그렇다고 희망이 없는 건 아니다. 실수가 있더라도 하나님은 우리를 포기하지 않는다. 누가복음 15장에 나오는 탕자의 비유처럼, 잘못된 길로 갔던 아들도 돌아올 수 있었고, 아버지는 그를 기쁘게 맞아주었다. 우리 삶이 엉

켜도 하나님은 다시 회복시키는 분이다.

검은콩과 흰콩을 골라내는 과정은 쉽지 않다. 하지만 그 안에서 우리는 분별력과 인내를 배운다. 하나님은 우리의 실수까지도 사용하셔서 더 깊은 믿음과 사랑으로 우리를 빚어 가신다. 로마서 8장 28절에 "하나님을 사랑하는 자에게는 모든 것이 합력하여 선을 이룬다."고 약속하셨다.

삶에서 우리는 매순간 선택의 갈림길 앞에 선다. 섞기 전, 말하기 전, 행동하기 전에 멈추고 생각하는 그 잠깐이 얼마나 중요한지 잊으면 안 된다. 그 작은 순간이 하루를 지키고, 사람을 지키고, 신앙을 지킨다.

오늘도 우리는 수많은 검은콩과 흰콩 같은 상황 속에 산다. 섞이지 않도록 조심하고, 무너지지 않도록 마음을 다잡아야 한다. 만약 이미 섞여버린 삶이라 해도 하나님은 인내로 우리를 다시 분별하고 회복시키신다.

그러니 너무 늦었다고 생각하지 말자. 하나님 손 안에서 다시 시작할 수 있다. 그 시작이 바로 새로운 하루가 되고, 다시 빛나는 인생의 기회가 될 것이다.

오늘 하루를 시작하며 마음에 새기자. 말하기 전 잠깐의 침묵, 행동하기 전 짧은 기도, 선택 앞에서의 한 번 더 생각함이 우리의 인생을 지켜준다. 그리고 혹 넘어졌더라도, 하나님 손에 다시 맡길 때 그 실패조차 은혜의 재료가 된다.

그러니 담대하되 조심하며 살자. 섞이지 않도록 지혜로 지키고, 섞였을 때는 인내로 회복하며. 그 모든 과정 속에서 하나님은 우리를 더 빛나는 그릇으로 만들어 가신다. 오늘도 그분의 손 안에서, 다시 시작할 수 있다.

29. 사소한 것들이 모인 물줄기

인생을 살다 보면 누구나 큰일을 바란다. 한 번에 인생이 확 바뀌는 기적 같은 성공을 꿈꾸고, 한 방에 모든 걸 이루고 싶어 한다. 하지만 실제로 인생을 만들어 가는 건 그런 '고래 잡는 일'이 아니다. 매일 매일 꾸준히 '작은 새우를 잡는 일'이다. 성경도 끊임없이 말한다. "작은 것이 결국 큰 것을 이룬다."고.

예수님은 "지극히 작은 자 하나에게 한 것이 곧 내게 한 것이다."(마태복음 25:40)라고 말씀하셨다. 큰 헌신을 해야만 의미가 있는 게 아니다. 작은 사랑 한 번, 작은 친절 한 번, 작은 믿음의 행동 하나가 하나님 나라를 세우는 데 쓰인다. 사소해 보이는 작은 일들이 모여서 결국 하나님의 큰 계획을 이루는 흐름이 되는 것이다.

요한복음 6장에 나오는 한 소년의 도시락 이야기가 이를 잘 보여 준다. 떡 다섯 개와 물고기 두 마리밖에 없던 그 작은 양이 예수님의 손에 들려 오천 명을 먹이고도 남는 기적으로 변했다. 하나님은 우리의 '작은 새우 같은 헌신'을 통해 '큰 강물 같은 은혜'를 이루신다.

세상은 큰 꿈, 큰 성공만을 말한다. 하지만 진짜 복은 작은 것에 충실할 때 온다. 잠언 13장 11절에 "망령되이 얻은 재물은 줄어가고 손으로 모은 것은 늘어간다."고 했다. 큰 고래를 잡으려다 실패하는 것보다, 매일 꾸준히 새우를 잡는 삶이 결국 풍요로운 삶을 만든다.

시냇물이 흘러 개울이 되고, 개울이 모여 강이 되듯, 인생도 마찬가지다. 매일매일 말씀을 묵상하고, 한 사람에게 친절을 베풀며, 맡은 일을 성실히 해내는 그 '작은 것들'이 결국 인생의 큰 방향을 바꾸는 큰 흐름이 된다.

우리 눈에는 작고 하찮아 보여도, 하나님은 그 모든 작은 것들을 귀하게 여기신다. "네가 작은 일에 충성하였으니 내가 너에게 큰 것을 맡기리라."(마태복음 25:21) 하신 주님의 말씀은 오늘을 사는 우리에게도 그대로 적용된다. 고래 한 마리보다 매일의 작은 새우가 우리의 믿음을 키운다.

삶의 진짜 부는 대단한 업적보다 성실한 일상 속에 있다. 그래서 우리는 오늘도 작은 일들을 소중히 여기고, 그 안에 담긴 하나님의 은혜를 발견하며 살아야 한다. 작은 것들이 쌓여 인생의 강이 되고, 그 강은 결국 하나님의 축복이 넘치는 바다로 흘러간다. 지금 잡고 있는 오늘의 '작은 새우'가 내일의 기적이 될 것이다.

그러니 조급해하지 말고 비교하지도 말자. 고래를 잡지 못했다고 낙심할 필요도 없다. 오늘 맡겨진 작은 새우를 정직하게 붙잡는 사람이 결국 가장 풍성한 삶을 살게 된다. 그 길 위에서 우리는 깨닫게 될 것이다. 인생의 기적은 단번에 터지는 사건이 아니라, 매일 쌓이는 충실함 속에서 조용히 이루어진다는 사실을.

오늘도 믿음으로 작은 새우를 잡자.

30. 은혜롭고 아름다운 길

엄마가 주름살이 생기는 건 나이 때문이 아니라 자식의 눈물 때문이라는 말에는 깊은 뜻이 담겨 있다. 이 말은 하나님과의 관계에서도 더 크게 느껴진다. 하나님은 우리의 영적인 부모님이시고, 우리 마음속 모든 아픔과 눈물을 가장 깊이 아시는 분이다.

시편 56편 8절에 보면 하나님은 "주의 눈에는 나의 눌린 것이 다 기록되었나이다."라고 말씀하신다. 우리의 작은 눈물 하나하나, 마음속 깊은 슬픔까지 하나님은 결코 놓치지 않으시고 모두 기억하신다. 시간이 흘러도 하나님 마음이 무뎌지지 않고, 오히려 우리의 눈물이 그분의 마음을 더 아프게 한다.

예레미야 애가 1장 17절은 이렇게 말한다. "여호와여 주의 눈물이 나의 눈물 같으니 주의 눈물이 밤낮 내게 있나이다." 하나님은 우리의 고통 속에서 함께 눈물 흘리시는 분이다. 엄마가 자식의 눈물을 볼 때 마음이 무너지는 것처럼, 하나님도 우리 영혼의 아픔을 느끼시며 가슴 아파하신다.

하나님은 우리를 사랑하시기에 무엇보다 우리의 회복과 기쁨을 바라신다. 요한복음 16장 20절에서 예수님은 "너희가 이제는 근심하겠지만 내가 다시 너희를 보리니 너희 마음이 기뻐하고 너희 기쁨을 빼앗길 자가 없으리라."고 약속하셨다. 하나님은 우리의 눈물이 헛되지 않도록 위로하시고 새 희망을 주신다.

엄마가 자식의 눈물을 보며 주름살이 깊어지듯, 우리의 죄와 고통, 좌절도 하나님 마음에 상처를 남긴다. 하지만 그 눈물이 회개와 변화로 이어질 때 하나님은 그 자리를 은혜와 평안으로 채우신다. 우리의 눈물은 하나님과 깊이 통하는 교감이 되고, 그 속에서 진정한 치유가 시작된다.

그래서 우리의 눈물은 결코 혼자인 것이 아니다. 하나님이 직접 그 눈물을 닦아 주시고, 지친 영혼을 어루만지신다.(요한계시록 21:4) 우리가 흘리는 눈물은 하나님 사랑의 표현이고, 하나님은 그 사랑으로 우리 삶의 주름을 아름답게 고쳐 가신다.

오늘도 우리를 사랑하시는 하나님께 우리의 눈물을 솔직히 드려라. 하나님은 그 눈물 속에서 우리를 더욱 사랑하시며, 지치고 상한 마음을 새롭게 하시는 참된 부모님이시다. 우리의 눈물이 하나님 마음에 깊은 울림이 되어, 결국 우리 인생을 은혜롭고 아름다운 길로 인도할 것이다.

그러니 눈물을 참지 말고 하나님께 가져가자. 말로 다 표현할 수 없는 슬픔일지라도, 하나님은 다 이해하신다. 그분의 품 안에서 흘린 눈물은 상처가 아니라 치유의 시작이 된다.

엄마의 주름이 사랑의 흔적이듯, 하나님 마음에 남은 우리의 눈물도 사랑의 흔적이다. 그리고 그 사랑은 언젠가 우리 삶 속에서 웃음과 평안으로 다시 피어나게 될 것이다. 오늘도 눈물로 기도하는 우리 곁에, 하나님은 가장 가까운 부모로 함께 계신다.

31. 의심에서 확신으로

도마는 예수님의 열두 제자 중 한 명이다. 하지만 사람들은 그를 '의심 많은 도마'로 기억한다. 예수님이 부활했다는 소식을 들었을 때 도마는 이렇게 말했다. "내가 그 손에 난 못 자국을 보고, 내 손가락을 그 못 자국에 넣어 보며, 내 손을 그 옆구리에 넣어 보지 않고는 믿지 않겠다."(요한복음 20:25) 도마의 세상은 '끝없는 의심'에서 시작됐다. 그는 논리적인 확인 없이는 마음을 열지 못하는 사람이었다.

사람들은 도마를 쉽게 판단하지만, 사실 많은 사람들이 도마처럼 믿음의 기초 단계에 머물러 있다. 신앙은 단순히 말로 듣고 흘려보내는 것이 아니라, 삶 속에서 진짜로 느끼고 만나야 하는 것이기 때문이다. 도마의 의심은 주님을 향한 냉소가 아니라, 오히려 더 깊은 만남을 갈망하는 몸부림이었다. 그는 주님의 십자가를 눈으로 보고, 손으로 만져야만 믿을 수 있는 사람이었다.

그런데도 주님은 도마를 꾸짖지 않으셨다. 오히려 다시 나타나셔서 "네 손가락을 내밀어 내 손을 보고, 네 손을 내밀어 내 옆구리에 넣어 보라. 믿음 없는 자가 되지 말고 믿는 자가 되라."(요한복음 20:27)고 말씀하셨다. 주님은 의심 속에 갇힌 도마를 외면하지 않고, 기꺼이 그 갈등의 한가운데로 찾아오셨다. 이것이 신앙의 '갈등 단계'다. 질문하고 부딪히고 씨름하면서 진리를 향해 가는 여정이다.

그 순간, 도마의 세상은 완전히 바뀌었다. 그는 눈으로 보고 손으로 만진 후에 이렇게 고백했다. "나의 주님이시요, 나의 하나님이시니이다!"(요한복음 20:28) 그의 말에는 더 이상 논리적 의심의 흔적이 없었다. 마음 깊은 곳에서 터져 나온 믿음의 외침, 확신 단계에 이른 신앙의 고백이었다.

이 도마의 여정은 오늘 우리 모두의 이야기이기도 하다. 우리도 때로 도마처럼 의심하고, 논리로만 믿으려 하며, 눈에 보이는 증거를 요구한다. 하지만 주님은 우리를 정죄하지 않으시고, 의심의 자리로 친히 찾아오신다. 손을 내밀어 보여 주시고, 우리 마음을 두드리신다.

믿음은 단번에 생기는 게 아니다. 기초, 갈등, 확신의 단계를 거치는 신비로운 여정이다. 하지만 그 여정 끝에서 우리는 깨닫게 된다. 예수님은 그 모든 의심을 품으시고, 사랑으로 우리를 인도하시는 참된 주님이라는 것을. 그리고 "믿는 자는 복되다."(요한복음 20:29)는 말씀은 바로 우리 모두를 향한 축복의 선언임을.

혹시 지금 의심의 안개 속에 있다면, 도마처럼 솔직해져라. 그리고 기다려라. 주님은 반드시 네 마음에도 찾아오실 것이다. 그때 너도 고백하게 될 것이다. "나의 주님이시요, 나의 하나님이시니이다."

32. 새롭게 하는 생명의 검

하브리서가 우리에게 전하는 '양날의 날선 검'은 단순한 무기가 아니라 하나님 말씀이 가진 두 가지 면모를 보여준다. 히브리서 4장 12절에 "하나님의 말씀은 살아 있고 활력이 있어 좌우에 날선 어떤 검보다도 예리하여 혼과 영과 관절과 골수를 찔러 쪼개기까지 하며 마음의 생각과 뜻을 감찰한다."고 기록되어 있다. 이 말씀은 우리 영혼 깊은 곳까지 꿰뚫는 동시에 회복과 심판이라는 두 가지 기능을 동시에 수행한다.

먼저 이 날선 검의 회복 기능을 생각해 보자. 하나님 말씀은 상처 입은 마음을 치유하는 약이자 힘이다. 죄로 인해 무너지고 상한 마음이 주님의 말씀 앞에서 새롭게 회복된다. 회개하는 사람에게 이 검은 부드럽고 따뜻한 사랑의 손길로 다가와 무너진 믿음을 다시 세우고 새로운 희망을 심어 준다. 이것이 바로 하나님의 사랑과 자비가 드러나는 모습이다.

하지만 동시에 이 검은 심판의 역할도 가지고 있다. 불순종하고 완악한 마음을 향해 이 검은 냉혹한 공의의 심판으로 다가온다. 회복을 거부하고 하나님 뜻을 거스르는 사람은 이 날선 검에 상처를 입게 되고 결국 영적 죽음의 위험에 처하게 된다. 순종과 불순종의 기준이 분명해지는 순간, 우리는 하나님 말씀 앞에서 우리의 진심을 돌아보게 된다.

그렇다면 여기서 '가나안 성도'란 누구인가? 성경은 가나안 땅에 들어간 이스라엘 백성을 믿음과 순종의 시험대 위에 올려놓았다. 오늘날 우리도 영적인 가나안 성도라 할 수 있다. 축복과 시험, 회복과 심판이 공존하는 이 땅에서 우리는 하나님 말씀에 '거꾸로 안 나가'야 한다. '거꾸로'란 뒤집혀 혼란스럽고 엉망이 된 삶을 뜻한다. 즉, 세상의 가치관과 나쁜 습관대로 살면서 '성도'라는 이름을 무너뜨리면 절대 안 된다는 말이다.

'성도'라는 이름이 무너지면 우리의 영혼은 갈 길을 잃고 흔들리게 된다. 가나안 성도는 하나님 말씀으로 날마다 날을 세우고 자신의 마음을 정결케 하며 순종으로 나아가는 사람이다. 이 길에서 벗어나 거꾸로, 즉 뒤집힌 모습으로 살면 '성도'라는 정체성 자체가 무너지고 만다.

그래서 오늘 우리에게 주어진 도전은 명확하다. 양날의 검인 하나님의 말씀 앞에서 회복을 받고 동시에 심판의 칼날을 두려워하며 흔들리지 않고 순종의 길을 걷는 '진짜 성도'가 되는 것이다. 회복과 심판 사이에서 흔들리지 말고 '거꾸로 안 나가는' 삶으로 주님이 기뻐하시는 '가나안 성도'로 서야 한다.

하나님의 말씀은 우리의 삶을 정결케 하고 새롭게 하는 생명의 검이다. 이 검 앞에서 '성도'라는 이름을 부끄럽게 하지 않고 날마다 믿음과 순종으로 성장하는 우리가 되길 바란다. 하나님은 언제나 우리를 사랑하시며 회복시키고 올바른 길로 인도하시는 분이다. 그 사랑의 검을 믿음으로 붙잡고 굳건히 서는 우리의 삶을 진심으로 축복한다

33. 본질을 붙드는 참된 열매

만원짜리와 천원짜리의 대화는 참 재미있고 의미심장하다. "왜 이렇게 바쁘냐?"는 질문에 만원짜리는 "술집, 노래방 다니느라 바쁘다."고 답하고, 천원짜리는 "교회와 기도원 다니느라 바쁘다."고 말한다. 이 짧은 대화 속에는 우리 삶의 선택과 가치관이 그대로 담겨 있다.

성경은 우리에게 무엇보다도 마음의 중심을 하나님께 두라고 말한다. 마태복음 6장 21절에는 "네 보물 있는 그 곳에는 네 마음도 있느니라."라고 되어 있다. 만원짜리가 술집과 노래방에서 바쁘게 움직이는 모습은 세상의 즐거움과 유흥에 마음을 쏟는 현대인의 모습을 떠올리게 한다. 반면 천원짜리가 교회와 기도원에서 바쁘다는 말은 영적인 삶을 위해 힘쓰는 사람을 상징한다.

우리 각자가 어디에 '보물'을 두느냐에 따라 삶의 방향과 바쁨의 이유가 달

라진다. 잠언 4장 23절은 "무릇 지킬 만한 것보다 네 마음을 지키라 생명의 근원이 이에서 남이니라."고 권면한다. 만원짜리처럼 세상 유혹에 마음을 빼앗기면 결국 허망함과 피로만 쌓인다. 반면 천원짜리처럼 하나님과 동행하는 삶은 참된 생명과 평안을 준다.

예수님도 누가복음 10장 41~42절에서 마르다와 마리아 이야기를 통해 "많은 일에 염려하고 근심하지 말라."고 하셨다. 세상의 바쁨과 비교할 때, 영적인 '바쁨'은 결코 헛된 것이 아니다. 오히려 하나님과의 관계를 깊게 하고 삶의 본질을 붙드는 참된 열매임을 알게 해준다.

그래서 오늘 우리 스스로에게 물어봐야 한다. 나의 바쁨은 어디에 집중되어 있나? 세상의 화려한 유흥과 소란에 빠져 허덕이고 있지는 않은가? 아니면 하나님 앞에 기도하며 영혼을 세우는 일에 마음을 쏟고 있는가? 시편 1편은 "여호와의 율법을 즐거워하여 그 율법을 주야로 묵상하는 자는 시냇가에 심은 나무가 철 따라 열매를 맺으며 그 잎사귀가 마르지 아니함 같으니 그가 하는 모든 일이 다 형통하리로다."라고 약속한다.

만원짜리와 천원짜리의 대화는 우리에게 삶의 우선순위와 가치를 다시 돌아보게 한다. 세상의 바쁨에 쫓기며 피곤하고 허무한 인생을 살 것인가, 아니면 하나님 안에서 참된 기쁨과 평안을 누리며 진정으로 '잘 사는' 인생을 살 것인가 하는 물음이다.

결국 우리 모두 천원짜리처럼 하나님 앞에서 바쁘고 진실된 삶을 살아가야 한다. 그 바쁨이 우리 영혼을 건강하게 하고, 세상의 어떤 유혹보다도 강한 믿음과 사랑으로 꽃피우는 축복의 시간이 되어보자.

34. 구원의 길을 따르는 믿음

세상은 늘 죄의 크기와 무게를 재려 한다. 법정은 죄의 정도에 따라 형벌을 내리고, 사람들은 잘못의 크기를 따져 평가한다. 사회의 기준은 늘 "얼마나 큰 죄인가"에 맞춰져 있다. 하지만 성경은 전혀 다른 시선을 제시한다. 성경은 죄의 크기를 비교하지 않는다. 오히려 '원죄'와 '구원'이라는 두 가지 틀로 인간의 상태를 말한다.

창세기 3장에서 아담과 하와는 단 하나의 죄를 지었지만, 그 결과는 전 인류에게 영향을 미쳤다. 원죄는 인간 모두를 죄 아래 놓이게 만들었다. 이것은 죄를 분류하고 무게를 재는 문제가 아니라, 모든 사람이 본질적으로 죄인이라는 선언이다. 누구나 그 아래 놓여 있고, 그 결과 하나님과의 관계가 끊어진 상태에 있다.

로마서 6장 23절은 이렇게 말한다. "죄의 삯은 사망이요 하나님의 은사는 그리스도 예수 우리 주 안에 있는 영생이라." 죄가 크든 작든 그 결과는 사망이다. 그러나 하나님은 우리에게 구원을 주셨다. 이 구원은 죄의 무게나 비교와는 상관없다. 전적으로 예수 그리스도의 십자가에서 흘러나온 은혜이다.

세상은 죄를 엄격히 재고 따진다. 그러나 하나님은 단 하나, 진심 어린 회개와 믿음을 바라신다. 요한일서 1장 9절은 말한다. "만일 우리가 우리 죄를 자백하면 그는 미쁘시고 의로우사 우리 죄를 사하시며 모든 불의에서 우리를 깨끗하게 하실 것이라." 죄가 아무리 무겁다 해도 진심으로 돌아오면 용서받을 수 있다는 약속이다.

그래서 중요한 건 죄의 크기가 아니라, 구원의 길을 받아들이는 믿음이다. 죄 앞에 자책하고 무너지는 것이 아니라, 은혜로 새 삶을 시작하는 것이다. 삶의 저울은 더 이상 세상의 기준이 아니다. 십자가의 사랑이 우리를 새롭게 저울질한다. 그 사랑 안에서 자유를 얻고, 평안을 누리며, 새로운 기준으로 살아간다. 죄를 따지는 세상에서 벗어나, 하나님의 은혜로 오늘도 깊은 기쁨을 누리자.

믿음은 감정이 아니라 방향이다. 완벽해서 믿는 것이 아니라, 넘어져도 십자가를 향해 다시 걸어가는 것이 믿음이다.

구원받은 사람의 삶은 죄가 없는 삶이 아니라, 죄를 안고도 하나님께 나아가는 삶이다. 이제 우리의 저울은 세상의 기준이 아니다. 성공과 실패, 도덕 점수와 사람의 평가가 아니라, 십자가 위에서 이미 값을 치르신 하나님의 사랑이 우리의 기준이다.

그 사랑 안에서 우리는 자유를 얻고, 평안을 누리며, 감사와 순종으로 새로운 삶을 배워간다.

죄를 따지는 세상에서 벗어나, 은혜로 살고, 은혜로 다시 일어서며, 은혜로 오늘을 살아가는 것, 그것이 바로 구원의 길을 따르는 믿음이다.

35. 귀한 것을 붙들어가는 삶

사람들은 매일 바쁘게 살면서 크고 눈에 띄는 것들에 집중한다. 요란한 말, 화려한 성공, 사람들의 시선이 쏠리는 자리에 마음을 빼앗기기 쉽다. 하지만 진짜 중요한 것들은 대부분 조용하고, 눈에 잘 띄지 않으며, 종종 그 존재조차 잊힌다. 예를 들어 지구는 쉬지 않고 돌고 있지만, 그 소리를 들을 수 있는 사람은 없다. 그렇다고 그 움직임이 의미 없는 것은 아니다. 덕분에 우리는 계절을 누리고, 낮과 밤을 살아간다. 또 공기 역시 눈에 보이지 않지만, 없으면 단몇 분도 버틸 수 없는 필수적인 존재다.

성경은 이런 진리를 일깨운다. 고린도후서 4장 18절은 "우리가 주목하는 것은 보이는 것이 아니요. 보이지 않는 것이니 보이는 것은 잠깐이요. 보이지 않는 것은 영원함이라.”고 말한다. 세상은 겉모습을 기준 삼지만, 하나님은 보이지 않는 마음의 중심을 보신다. 사람은 외모에 속지만 하나님은 진실을 꿰뚫어 보신다.

예수님의 탄생도 그랬다. 왕궁이 아니라 마구간에서 태어나셨다. 사람들은 메시아가 권위 있게 나타날 거라 기대했지만, 예수님은 가장 낮고 조용한 자리에서 오셨다. 하나님의 일하심은 언제나 그렇게 조용하지만, 가장 강력하다. 지구가 소리 없이 도는 것처럼, 하나님의 사랑도 언제나 변함없이 우리 삶을 감싸고 있다.

요한복음 3장 8절은 성령님을 바람에 비유한다. “바람이 임의로 불매 네가 그 소리는 들어도 어디서 와서 어디로 가는지 알지 못하나니 성령으로 난 사람도 그러하니라.” 성령님은 보이지 않지만, 우리 안에서 역사하시며 생명을 불어넣으신다.

보이지 않는 것을 믿는 것이 바로 믿음이다. 히브리서 11장 1절은 “믿음은 바라는 것들의 실상이요 보이지 않는 것들의 증거”라 말한다. 하나님을 사랑하고, 예배하며, 기도하는 삶은 겉으로는 평범하고 조용해 보일지 몰라도, 하늘에서는 가장 귀하고 크다.

요란한 세상 속에서 묵묵히 말씀을 붙들고, 아무도 보지 않는 자리에서 기도하며, 정직하고 성실하게 살아가는 인생. 그런 삶이야말로 하나님이 가장 귀하게 여기시는 삶이다. 소리 없이 도는 지구처럼, 보이지 않지만 늘 곁에 있는 공기처럼, 하나님의 손길이 오늘도 조용히 우리를 감싸고 있다.

눈에 보이지 않지만 가장 귀한 것을 붙들고 살아가는 삶. 그 안에 참된 평안과 은혜가 있다.

사람들의 시선과 세상의 평가에 흔들리지 않고, 조용한 자리에서 성실히 기도하며 말씀을 붙드는 삶은 겉으로는 작아 보일지라도, 하늘에서는 가장 크고 값진 삶이다. 소리 없이 도는 지구처럼, 눈에 보이지 않는 공기처럼, 하나님의 사랑과 손길은 오늘도 변함없이 우리를 감싸며 인도하신다. 우리가 믿음으로 붙드는 작은 선과 진실, 조용한 순종의 순간들 속에 참된 평안과 은혜가 깃들어 있음을 기억하자.

36. 사랑은 버틸 수 있는 힘

성경은 참으로 놀라운 책이다. 인간의 이성과 감정을 뛰어넘는 하나님의 깊은 진리가 그 안에 담겨 있다. 성경을 읽다 보면 이런 질문이 자연스럽게 떠오른다. "하나님은 절대적인 분이신데, 왜 하나님을 믿는 사람에게도 고난이 찾아올까?" 이 질문은 단순한 호기심이 아니라, 실제 삶의 아픔 속에서 터져 나오는 절규에 가깝다.

하지만 성경은 이 질문에 조용하지만 분명한 대답을 건넨다. 고린도후서 12장 9절에서 하나님은 바울에게 이렇게 말씀하신다. "내 은혜가 네게 족하도다 이는 내 능력이 약한 데서 온전하여짐이라." 바울은 육체의 가시로 인해 괴로워했지만, 하나님은 그것을 없애지 않으셨다. 대신 그 고통을 견딜 수 있는 '은혜'를 주셨다. 이것이 하나님의 방식이다. 고난 자체를 없애는 것이 아니라, 그 고난을 이길 힘을 주시는 것. 그것이 하나님의 사랑이다.

다니엘서에 나오는 사드락, 메삭, 아벳느고도 마찬가지다. 하나님은 풀무불을 끄지 않으셨다. 대신 그 불 속에 함께 들어가셨다. 하나님은 고난을 없애기보다, 고난 가운데 함께하시는 분이다. 우리가 불 속을 지나갈 때에도, 홀로 걷는 것이 아니라는 뜻이다.

세상은 사랑을 '편안함'으로 이해한다. 하지만 하나님의 사랑은 '함께 버틸 수 있는 힘'이다. 예수님도 십자가를 피해 가지 않으셨다. 겟세마네에서 "이 잔을 옮겨 달라."고 기도하셨지만, 결국 "아버지의 뜻대로 하옵소서."라고 고백하셨다. 그 안에는 하나님의 계획과 사랑에 대한 전적인 신뢰가 담겨 있었다.

하나님을 믿는다고 해서 고난이 사라지는 건 아니다. 오히려 믿음은 고난을 뚫고 나갈 수 있는 영적인 근력을 키워준다. 때때로 우리의 기도에 하나님이 침묵하시는 것처럼 느껴질 때가 있다. 하지만 그 침묵 속에서 하나님은 여전히 일하고 계신다. 우리가 무너지지 않도록, 다시 일어설 수 있도록 보이지 않게 돕고 계신다.

히브리서 12장 6절은 이렇게 말한다. "주께서 그 사랑하시는 자를 징계하시고 그가 받으시는 아들마다 채찍질하심이라." 고난은 하나님의 외면이 아니라, 오히려 깊은 사랑의 또 다른 표현일 수 있다. 고난을 통해 우리는 하나님을 더 가까이 만나고, 그분의 능력을 더 깊이 경험하게 된다.

지금 어떤 고난 속에 있다면, 그것을 하나님이 떠나셨다는 증거로 여기지 마라. 오히려 하나님이 더 가까이 계신 증거일 수 있다. 환경을 바꾸지 않더라도, 환경을 이길 수 있는 힘을 주시는 그 사랑 안에서, 오늘도 버티고 걸어가는 그 믿음이야말로 진짜 빛나는 것이다.

37. 하늘이 부르는 은혜의 사람

세상은 종종 '바른 말'을 중요하게 여긴다. 틀리지 않은 말, 논리적인 말, 정확한 표현. 물론 이런 말은 필요하다. 하지만 성경은 그보다 더 깊은 가치를 보여준다. 하나님이 부르시는 사람은 단순히 옳은 말을 하는 사람이 아니라, 은혜로운 말을 하는 사람이다. 진리를 말하되 사랑으로, 정의를 말하되 긍휼로 감싸는 사람. 그것이 하나님 마음에 합한 사람이다.

에베소서 4장 29절은 이렇게 말한다. "무릇 더러운 말은 너희 입 밖에도 내지 말고 오직 덕을 세우는 데 소용되는 대로 선한 말을 하여 듣는 자들에게 은혜를 끼치게 하라." 맞는 말이 때로는 사람의 마음을 찌르고 무너지게 할 수 있다. 하지만 은혜의 말은 상처 입은 마음을 싸매고, 꺾인 심령을 다시 일으킨다.

예수님은 이 땅에 오셔서 진리를 선포하셨다. 하지만 그 진리는 언제나 사랑 안에 있었다. 병든 자에게는 위로를, 죄인에게는 정죄가 아닌 용서를, 외로운 자에게는 함께하는 따뜻함을 말씀하셨다. 요한복음 1장 14절은 예수님에 대해 "말씀이 육신이 되어 우리 가운데 거하시매…, 은혜와 진리가 충만하더라."고 전한다. 예수님은 진리를 말씀하셨지만, 그것을 은혜로 감싸셨다.

은혜의 말은 감사에서 시작된다. 감사는 일상을 특별하게 만들고, 고난조차 의미 있게 바꾸는 힘이 있다. 데살로니가전서 5장 18절은 "범사에 감사하라 이것이 그리스도 예수 안에서 너희를 향하신 하나님의 뜻이니라."고 한다. 병들고 지쳐 있을 때에도 감사할 수 있다면, 그 사람 안엔 이미 은혜의 말이 자라고 있다는 뜻이다.

특히 아픔을 나누는 말은 깊은 위로의 통로가 된다. 고린도후서 1장 4절은 하나님이 "우리의 모든 환난 중에서 우리를 위로하사…, 위로를 받는 자들을 능히 위로하게 하신다."고 말한다. 상처를 숨기지 않고 진솔하게 나눌 때, 그 말이 누군가에게는 위로가 되고, 다시 살아갈 힘이 되기도 한다.

하나님은 이런 사람을 찾으신다. 정의를 말하되 사람을 살리는 자, 고난 중에도 감사의 말을 놓지 않는 자, 아픔을 나누며 회복의 길을 함께 걷는 자. 맞는 말 그 자체보다, 은혜로운 말로 생명을 전하는 자를 하나님은 귀히 여기신다.

오늘 우리의 입술도 그런 은혜의 도구가 되었으면 한다. 진리를 담되, 그 위에 은혜의 향기를 더하자.

단지 옳은 말을 넘어, 진리를 담되 사랑으로 감싸며, 감사와 위로, 소망과 회복의 말을 나누는 삶. 그 작은 말 한마디가 누군가의 마음을 세우고, 삶을 변화시키며, 하나님 나라의 빛을 비추게 된다. 맞는 말보다 은혜로운 말을 선택하는 사람, 상처를 치유하고 삶을 세우는 말을 하는 사람, 바로 그런 사람이 하늘이 부르시는 '은혜의 사람'이다. 오늘도 우리의 입술을 통해 은혜가 흘러가기를, 작은 말 한마디 속에서도 하나님의 사랑이 드러나기를 기도하자.

38. 주님만 드러나게 하소서

대표기도는 많은 사람들이 어려워하는 부분이다. "무엇을 어떻게 말해야 할지 모르겠다.", "내가 기도하기엔 부족한 것 같다."는 마음이 들곤 한다. 하지만 성경은 우리에게 기도를 어렵게 생각하지 말라고 말한다. 대표기도는 사람 앞에서 잘 말하려는 기술이 아니라, 하나님 앞에 진심으로 나아가는 고백이다. 그 중심에는 언제나 하나의 고백이 있어야 한다. "주님만 드러나게 하소서."

기도의 시작은 찬양으로 열어야 한다. 시편 100편은 이렇게 말한다. "즐거운 소리로 여호와께 노래하며 온 땅이여 기쁨으로 섬기며 그 앞에 나아갈지어다." 찬양은 우리의 시선을 하나님께로 향하게 만든다. 그의 위대하심과 거룩하심, 사랑을 높이면서 기도자는 자연스레 자신을 낮추고 하나님을 높이게 된다. 찬양은 기도의 문을 여는 열쇠다.

그리고 다음은 회개의 시간이다. 요한일서 1장 9절은 "우리가 우리 죄를 자백하면 그는 미쁘시고 의로우사 우리 죄를 사하시며 모든 불의에서 우리를 깨끗하게 하실 것"이라고 말한다. 기도는 거룩하신 하나님 앞에 서는 것이기 때문에, 먼저 자신을 돌아보고 진실하게 잘못을 고백해야 한다. 회개는 하나님과의 관계를 회복시키고, 우리의 기도를 맑게 한다.

이후에는 간구의 시간을 갖는다. 예수님도 겟세마네 동산에서 자신의 마음을 솔직하게 하나님께 아뢰셨다. "내 아버지여 만일 할만하시거든 이 잔을 내게서 지나가게 하옵소서." 시편 34편 18절도 말한다. "여호와는 마음이 상한 자에게 가까이 하시고 중심이 통해하는 자를 구원하신다." 우리의 고통과 필요, 슬픔과 고민을 숨기지 않고 하나님께 드릴 때, 하나님은 반드시 그 마음을 어루만지시고 힘을 주신다.

마지막으로, 기도의 마무리는 늘 "주님만 드러나게 하소서."라는 고백이 되어야 한다. 마태복음 6장, 예수님께서 가르쳐 주신 주기도문은 이렇게 시작된다. "나라가 임하시오며 뜻이 하늘에서 이루어진 것같이 땅에서도 이루어지이다." 내 뜻이 아니라 주님의 뜻이 이루어지길 바라는 겸손한 마음, 그것이 진짜 기도의 완성이다.

대표기도는 사람을 감동시키려는 말이 아니라, 하나님을 높이기 위한 고백이다. 찬양으로 시작해 회개로 마음을 깨끗이 하고, 간구로 아픔을 나누며, 마침내 주님의 영광만 구하는 것이 성경이 말하는 기도의 길이다.

그러니 대표기도가 어렵다고 느껴질 때 주저하지 말자. 내 기도가 부족하게 느껴져도 괜찮다. 하나님은 외형이 아니라 중심을 보시는 분이다. 오늘도 "주님만 드러나게 하소서."라는 고백 하나만으로 기도의 자리로 담대히 나아가자. 하나님은 반드시 그 기도에 귀 기울이신다.

39. 기도의 힘과 기도 생활

기도의 힘과 기도 생활에 대해 생각할 때, 우리는 성경 곳곳에서 그 놀라운 능력과 깊은 의미를 발견하게 된다. 기도는 단순히 말을 주고받는 행위가 아니다. 그것은 하나님과 우리 영혼을 이어주는 다리이며, 신앙의 가장 강력한 무기다.

성경은 기도의 힘을 여러 번 증거한다. 야고보서 5장 16절은 "의인의 간구는 역사하는 힘이 많으니라."고 말한다. 이는 단순히 열심히 기도하는 것 이상의 의미를 담고 있다. 진실한 마음으로 드리는 기도는 하늘에 닿아 놀라운 역사를 일으키는 힘이 있다. 예수님도 마가복음 11장 24절에서 "무엇이든지 기도하고 구하는 것은 받은 줄로 믿으라 그리하면 너희에게 그대로 되리라."고 말씀하셨다. 기도는 믿음과 결합될 때, 우리 삶에 변화와 기적을 가져온다.

기도 생활은 꾸준함과 인내를 필요로 한다. 누가복음 18장에 나오는 과부의 비유처럼, 끈질기게 하나님께 간구할 때 하나님은 우리의 부르짖음을 외면하지 않으신다. 하루하루의 기도는 영적인 근육을 키우는 운동과 같다. 때로는 답이 더디 오거나 기대와 달리 보일지라도, 꾸준히 기도하는 자에게 하나님은 뜻밖의 은혜와 힘을 허락하신다.

기도는 또한 우리의 마음을 정결하게 하고, 하나님의 뜻을 분별하게 한다. 빌립보서 4장 6-7절은 "아무 것도 염려하지 말고, 오직 모든 일에 기도와 간구로 너희 구할 것을 감사함으로 하나님께 아뢰라, 그리하면 모든 지각에 뛰어난 하나님의 평강이 그리스도 예수 안에서 너희 마음과 생각을 지키시리라."고 약속한다. 기도는 단순한 부탁이 아니라, 마음의 평안을 주고 영혼의 안식을 가져다주는 축복의 통로다.

또한 기도는 공동체를 세우고, 서로를 위한 사랑의 연결고리가 된다. 예수님은 "두 사람이 내 이름으로 합심하여 구하면 무엇이든지 받으리라."(마태복음 18장 19절)고 말씀하셨다. 함께 드리는 기도는 그 힘이 배가되어, 어려운 상황 속에서도 믿음을 굳건히 세우고 서로를 격려한다.

오늘도 우리에게 필요한 것은 힘 있는 기도 생활이다. 말로만 하는 기도가 아니라, 하나님과 진실하게 대화하는 기도, 인내하며 믿음으로 나아가는 기도입니다. 삶의 풍파가 몰아쳐도, 마음이 흔들려도 기도를 멈추지 않는 자에게 하나님은 언제나 함께 하시며 강한 힘을 주신다.

기도는 우리를 변화시키고, 세상을 변화시키는 놀라운 능력이다. 성경이 증언하듯, 그 힘을 믿고 오늘도 꾸준히 기도의 자리에 나아가는 우리가 되길 간절히 소망해보자. 하나님은 오늘도 우리의 기도를 들으시고, 놀라운 응답과 은혜로 인도하실 것이다. 이 시간부터 당장 기도의 힘으로 삶의 여정을 담대히 걸어가보자.

40. 오늘 세워야 할 신앙의 상징

노아 할아버지와 방주 이야기는 많은 이들에게 신화 같고, 어린 시절에 들었던 동화처럼 느껴지기도 한다. 하지만 성경은 이 이야기를 단순한 전설이나 상징으로 다루지 않는다. 창세기 6장부터 9장까지, 방주의 이야기는 매우 구체적으로 기록되어 있으며, 하나님께서 인류에게 주신 심판과 구원의 사건으로 분명하게 자리 잡고 있다.

당시 세상은 극도로 부패했고, 사람들의 생각과 행동은 죄로 가득 차 있었다. 창세기 6장 5절은 "여호와께서 사람의 죄악이 세상에 가득함을 보시고 마음에 근심하셨다."고 기록한다. 그런 가운데 하나님은 의인이었던 노아를 택하셨고, 그에게 방주를 짓도록 명령하신다. 방주는 단순한 구조물이 아니라, 하나님의 구원을 상징하는 도구였다. 세상의 죄에 대한 심판이 임할 때, 하나님은 동시에 새 출발을 준비하셨다.

물론 오늘날 과학과 역사적 시각으로 이 이야기를 바라보면 의문이 생길 수 있다. 정말 그 큰 배가 실제로 있었을까? 온 세상이 물에 잠겼다는 게 사실일까? 하지만 성경은 이 이야기를 과학적으로 증명하려 하기보다, 그 안에 담긴 메시지에 주목하라고 말한다. 히브리서 11장 7절은 "노아는 아직 보지 못한 일에 경외함으로 하나님께 순종하여 방주를 지었고, 그로 인해 가족이 구원을 받았다."고 전한다. 결국 이 이야기는 노아의 믿음과 순종, 그리고 하나님의 신실하심에 관한 것이다.

노아의 방주는 하나님의 공의와 사랑이 동시에 드러나는 장면이기도 하다. 하나님은 죄를 심판하시는 분이지만, 의인을 구원하시고 새로운 기회를 주시는 분이기도 하다. 노아와 그의 가족은 방주에 들어가 구원을 받았고, 그들을 통해 새로운 인류의 역사가 시작되었다. 오늘 우리도 마찬가지다. 하나님은 여전히 죄를 심각하게 보시지만, 예수 그리스도를 통해 우리에게 구원의 길을 열어주셨다.

노아의 이야기는 단순한 역사적 사실 그 이상이다. 그것은 하나님께서 세상을 어떻게 바라보시는지를 보여주는 거울이자, 우리에게 어떤 태도로 살아야 하는지를 일깨우는 교훈이다. 하나님은 오늘도 믿음으로 순종하는 사람을 찾으신다. 방주는 과거의 유물이 아니라, 오늘 우리가 세워야 할 신앙의 상징이다.

세상은 여전히 혼란스럽고 죄로 가득하지만, 노아처럼 말씀에 순종하며 믿음의 방주를 세우는 사람은 하나님의 구원 안에서 안전하게 살아갈 수 있다. 방주는 과거의 사건이 아니라, 오늘 우리 삶 속에서 믿음과 순종으로 세워야 할 신앙의 상징이다. 우리가 매일의 선택 속에서 하나님 말씀에 귀 기울이고, 작은 순종을 쌓아 나갈 때, 그 방주는 우리를 보호하고 새로운 시작으로 이끄는 살아 있는 도구가 된다. 노아의 이야기는 단순한 옛날이야기가 아니라, 오늘을 살아가는 우리에게 믿음과 순종, 그리고 하나님의 신실하심을 깊이 깨닫게 하는 살아 있는 등불이다.

41. 삶 속에서의 하나님의 기적

오병이어 이야기, 과연 사실일까? 많은 사람들이 이 질문을 품는다. 어린아이가 가진 다섯 개의 빵과 두 마리의 물고기로 수천 명을 배불리 먹였다는 이 사건은 너무도 놀랍고, 현실과는 거리가 먼 이야기처럼 들릴 수 있다. 하지만 성경은 이 이야기를 단순한 전설이나 신화로 전하지 않는다. 요한복음 6장에 기록된 오병이어의 기적은 예수님의 사랑, 능력, 그리고 하나님 나라의 풍성함을 깊이 담고 있다.

예수님은 제자들에게 "너희가 그들을 먹이라."고 말씀하신다. 제자들은 현실적인 계산을 하며 "우리가 가진 것으로는 부족하다."고 반응했지만, 예수님은 어린아이가 드린 작은 도시락을 받아들고 축사하신다. 그리고 그것을 나누어 주셨을 때, 모두가 배불리 먹고도 열두 광주리가 남는 기적이 일어난다.

이 이야기에서 우리가 집중해야 할 것은 단순한 '사실 여부'가 아니다. 성경은 이 사건을 통해 하나님께서 어떤 분이신지를, 그리고 우리가 어떻게 살아야 하는지를 보여준다. 예수님은 감사기도로 기적을 시작하셨다. 마가복음 6장 41절은 그 장면을 이렇게 전한다. "하늘을 우러러 축사하시고 떡을 떼어 제자들에게 주어 나누게 하시니..." 감사는 기적의 출발점이다. 가진 것이 아무리 작아도 하나님 앞에 감사하며 드릴 때, 그것은 놀라운 축복이 된다.

또한 오병이어는 믿음과 공동체의 가치를 보여준다. 제자들은 예수님의 말씀에 순종했고, 사람들은 함께 음식을 나누며 공동체를 이루었다. 우리도 마찬가지다. 가진 것이 작고 보잘것없어 보여도, 하나님 앞에 드리고 나눌 때 그 안에 담긴 은혜는 상상 이상으로 크다.

세상의 시선으로 보면 이 기적은 불가능해 보인다. 하지만 마태복음 19장 26절은 이렇게 말한다. "사람으로는 할 수 없으나 하나님으로는 다 하실 수 있느니라." 오병이어는 하나님이 우리의 일상 속에 어떻게 역사하시는지를 보여주는 살아 있는 증거다.

그러니 의심이 들 때마다 이 이야기를 기억하자. 작지만 정직하게 드린 믿음과 감사가 모여, 수많은 사람을 살리고도 남는 기적으로 바뀌었다는 것을. 우리도 삶 속에서 빵과 물고기처럼 소박한 것이라도 하나님께 드리고, 이웃과 나누는 삶을 살 때, 하나님의 놀라운 기적을 경험할 수 있다.

오병이어는 단지 오래전의 기적이 아니다. 지금 이 순간에도, 우리 삶 가운데 살아 역사하시는 하나님의 사랑과 은혜를 보여주는 이야기다. 작은 것이라도 감사하며 드리고, 나눌 줄 아는 삶 속에 하나님의 기적은 계속된다.

42. 해도 되는 일, 하면 안 좋은 일

삶을 살아가다 보면 '해도 되는 일'과 '하면 안 좋은 일'을 구분하는 일이 생각보다 쉽지 않다. 어떤 때는 "이 정도는 괜찮겠지."라는 생각에 넘어가고, 또 어떤 때는 "이건 나에게 안 좋을 것 같아." 하며 망설인다. 마음은 쉽게 흔들리고, 기준은 상황에 따라 자꾸 달라진다. 하지만 성경은 이런 혼란 속에서도 분명한 기준과 분별의 길을 제시한다.

고린도전서 10장 23절은 이렇게 말한다. "모든 것이 허락되었으나 모든 것이 유익한 것은 아니요, 모든 것이 허락되었으나 모든 것이 덕을 세우는 것은 아니니." 이 말씀은 단순히 어떤 일이 '가능하다'는 이유만으로 그 일을 선택하는 것은 옳지 않다고 알려준다. 우리에게는 자유가 있지만, 그 자유가 반드시 나에게 유익하거나, 다른 사람에게 덕이 되지는 않는다. 죄는 아니지만, 결국 나를 무너뜨리고 주변 사람을 힘들게 하는 일도 있다.

그래서 우리는 늘 지혜가 필요하다. 야고보서 1장 5절은 말한다. "지혜가 부족하거든 하나님께 구하라. 그리하면 주시리라." 지혜는 단순히 똑똑한 머리가 아니라, 무엇이 하나님 앞에 바른 일인지 분별할 수 있는 영적인 눈이다. 무엇이 나와 이웃을 살리는 길인지, 무엇이 하나님의 기쁨이 되는지 끊임없이 묻고 구하는 것이 지혜로운 삶이다.

예레미야 10장 23절에서 예언자는 이렇게 고백한다. "여호와여, 내가 나의 길을 스스로 주관하지 못하나이다." 세상은 너무 복잡하고, 사람의 판단은 늘 부족하다. 그래서 우리는 하나님의 인도하심을 구해야 한다. 내 생각을 기준 삼기보다, 하나님의 말씀에 나를 맞추고 그분의 뜻을 따라야 한다.

또한 로마서 14장 13절은 "형제를 넘어지게 하는 일을 하지 말라."고 권면한다. 어떤 일은 나에겐 문제가 없어 보여도, 다른 사람에게는 상처가 될 수 있다. 사랑은 내가 옳은 것을 주장하는 게 아니라, 다른 사람을 배려하고 세워주는 데 있다. 해도 되는 일이지만, 사랑이 없다면 좋은 선택이 아닐 수 있다.

결국 우리가 해야 할 일은 하나님의 영광을 위한 삶이다. 골로새서 3장 17절은 말한다. "무슨 일을 하든지 주 예수의 이름으로 하고, 하나님께 감사하라." 우리의 말, 행동, 선택이 모두 하나님께 영광이 되고, 감사의 제목이 되어야 한다. 그래야 진짜로 '해도 되는 일'이 복이 된다.

오늘도 하나님께 지혜를 구하자. 그분은 우리가 바른 길을 걷도록 인도하시고, 흔들리는 마음에 분별의 빛을 비춰주신다. 우리의 선택이 하나님의 사랑을 나타내고, 이웃에게 덕이 되는 길이 되길 바란다. 그 길 위에서 하나님이 주시는 평안과 기쁨을 누리며 살아가자.

43. 마르지 않는 샘물처럼 찬양

"항상 기뻐하라, 쉬지 말고 기도하라, 범사에 감사하라."(데살로니가전서 5:16-18)라는 말씀은 우리 삶에서 찬양과 감사가 얼마나 중요한지를 깊이 깨닫게 해준다. 이 말씀은 단순한 권면을 넘어, 우리 일상 속에서 하나님을 향한 기쁨과 기도가 끊이지 않을 때 비로소 경험하게 되는 은혜와 비밀이 있음을 말해 준다. 찬양이 넘치는 삶, 그 안에 숨겨진 힘과 의미를 함께 살펴보자.

인생을 살다 보면 누구나 슬픔과 고난, 걱정과 어려움을 만난다. 때로는 그 무게가 견디기 힘들 만큼 크게 다가올 때도 있다. 그러나 그런 어두운 순간조차도 하나님을 찬양하는 마음을 잃지 않는다면 놀라운 변화가 일어난다. 찬양은 단순한 노래가 아니다. 그것은 우리 영혼 깊은 곳에서 우러나오는 하나님에 대한 신뢰와 사랑의 표현이며, 동시에 어려움을 이겨 내는 강력한 힘이다.

성경에 등장하는 다윗 왕은 바로 그런 찬양의 본보기다. 다윗은 사울 왕에게 쫓겨 도망 다니며 동굴에 숨어 있던 그 절망의 순간에도 "내 영혼아, 여호와를 송축하라."(시편 103:1)고 노래했다. 그의 찬양은 고난 속에서 흔들리지 않는 평안과 용기를 주었고, 그로 인해 그는 절망을 넘어 소망의 길로 나아갈 수 있었다. 다윗의 삶은 찬양이 단순한 감정 표현을 넘어, 어려움을 이기는 신앙의 무기가 될 수 있음을 보여준다.

찬양이 마음 가득할 때, 그 마음은 기쁨으로 넘치고 어두운 세상 속에서도 빛을 발견하게 된다. 인생이 언제나 순탄하지 않아도 하나님을 높이며 감사하는 순간, 영혼은 자유를 경험한다. 찬양이 흘러나오는 삶은 단순히 노래하는 것이 아니라 믿음의 고백이며, 고난을 이기고 승리하는 증거이다. 이는 믿음의 여정에서 만나는 고난을 하나님께 맡기고, 그분의 임재 안에서 평안을 누리는 것이다.

찬양은 하나님과의 깊은 교제의 길이다. 찬양을 통해 우리는 하나님이 우리를 사랑하시고 언제나 우리와 함께하신다는 확신을 점점 더 깊이 느끼게 된다. 사도 바울은 감옥이라는 절망적인 상황 속에서도 "주 안에서 항상 기뻐하라."(빌립보서 4:4)고 했다. 여기서 말하는 '기쁨'은 단순히 환경이 좋아서 생기는 기분이 아니라, 하나님과의 관계에서 오는 진정한 기쁨이다. 이는 찬양과 감사로 지속해서 하나님과 교감할 때 마음에 생기는 변화다.

찬양을 계속할 때 마음은 새로워진다. 마르지 않는 샘물처럼 찬양은 우리 영혼을 적시고 생명력을 불어넣는다. 하나님께 드리는 찬양은 우리 삶을 풍요롭게 만들고, 그 기쁨과 감사는 주변 사람들에게도 흘러가 공동체를 따뜻하게 한다. 찬양은 개인의 신앙뿐 아니라 가족과 교회 공동체를 살리는 힘이다.

오늘도 우리의 마음에 찬양이 넘친다면, 어떤 어려움도 두렵지 않을 것이다.

하나님께서 함께 하신다는 확신이 우리를 굳건하게 지켜 주고, 모든 순간을 찬양과 감사로 채우는 삶 속에서 우리는 진정한 평안과 기쁨을 누릴 수 있다.

44. 우리가 쓰고 있는 신앙의 가면

"외식하는 자여, 먼저 네 눈 속에서 들보를 빼어라!"(마태복음 7:5)는 예수님의 말씀이 오늘날 우리 마음을 깊이 찌르는 칼 같다. 외식, 즉 겉으로는 화려하고 경건해 보이지만 속은 텅 비어 가식적인 삶은 단지 옛날 바리새인들만의 문제가 아니다. 그 그림자는 지금 이 시대를 사는 우리 안에도 여전히 자리하고 있다.

'외식'이라는 말은 원래 헬라어 휘포크리노마이(hypokrinomai)에서 왔다. 이 단어는 '…인 체하다'는 뜻인데, 고대 연극 배우들이 가면을 쓰고 연기하던 모습에서 유래했다. 예수님은 이 단어를 종교 지도자들의 이중적인 삶을 고발하는 데 사용했다. 그들은 겉으로는 하나님을 섬기는 척했지만, 속마음은 달랐다. 자신을 드러내고 사람들에게 보이려 했던 것이다.

바리새인들의 기도는 길고 화려했지만 진심은 없었고, 금식할 때도 얼굴을 찡그리며 얼마나 경건한지 과시했다. 예수님은 그들을 "회칠한 무덤" 같다고 했다.(마태복음 23:27) 겉은 깨끗하고 아름다워 보이지만 속은 썩은 뼈와 더러움으로 가득한 무덤처럼 말이다.

지금 우리 삶도 마찬가지다. 교회에서는 경건한 신자처럼 보이지만, 가정이나 일터에서는 전혀 다른 모습을 보일 때가 있다. SNS에 올리는 사진 속 삶은 밝고 빛나 보이지만, 마음은 공허하고 지쳐 있기도 하다. 우리가 쓰고 있는 '신앙의 가면'은 혹시 외식의 또 다른 모습은 아닐까?

하지만 예수님은 진심을 원한다. 가면을 벗고, 있는 그대로의 모습으로 하나님 앞에 나오는 것을 원하신다. 사람에게 보이려고 하는 신앙이 아니라, 하나님과 진짜 관계를 맺고 살아가는 믿음이다. 겉을 꾸미는 외식이 아니라 속사람을 새롭게 하는 은혜가 필요하다.

하나님은 상한 심령을 기뻐하시고, 진실한 회개와 겸손을 소중히 여기신다.(시편 51:17) 가면을 벗고 나아올 때 비로소 자유를 경험하며, 하나님과의 진정한 관계 속에서 회복을 누릴 수 있다.

오늘 우리는 스스로 어떤 얼굴을 쓰고 살아가고 있는지 돌아봐야 한다. 사람들에게 보이기 위한 신앙이 아니라, 하나님 앞에서 진심으로 나아가는 삶이 필요하다. 겉치레가 아닌 속사람의 변화를 추구하며, 형식이 아닌 사랑으로 하나님을 섬길 때, 비로소 참된 자유와 회복을 경험할 수 있다. 외식이 아닌 진실함으로 살아가는 그 순간, 우리의 신앙은 하나님께 기쁨이 되고, 마음 중심에서 예배가 시작된다. 이제 가면을 벗고, 하나님 앞에 있는 그대로 서자. 하나님은 우리의 진실한 마음을 아시고, 참된 예배자를 찾고 계시기 때문이다.

45. 성경이 전하는 마음의 진실

성경을 보면 '욕망'과 '욕심'이라는 단어가 나온다. 흥미롭게도 '욕망'은 약 3번 정도 등장하는 반면, '욕심'은 24번이나 나온다. 이 숫자는 단어가 얼마나 자주 쓰였는지를 넘어, 각각의 말이 가진 무게와 의미가 다르다는 걸 알려준다.

'욕망'은 말 그대로 '마음이 원하는 것'이다. 하나님이 우리에게 주신 건강한 갈망과 꿈도 욕망의 한 형태라 할 수 있다. 예수님도 "하나님 나라와 그의 의를 먼저 구하라."(마태복음 6:33)고 말씀하셨는데, 이것이 바로 좋은 뜻으로 하나님을 향한 욕망이다. 그런 욕망은 우리 삶을 움직이고, 힘을 주는 원동력이 된다.

하지만 '욕심'은 욕망이 지나쳐 자기중심적이고 탐욕스러운 상태를 가리킨다. 성경은 욕심을 '죄의 뿌리'(야고보서 1:15)라 부르며 조심하라고 경고한다. 욕심 많은 마음은 우리를 어둠 속으로 끌고 가고, 타인을 해치며 결국 자신도 파멸로 이끈다.

예를 들어, 아담과 하와가 선악과를 탐했던 순간이 바로 욕망이 욕심으로 변한 때다. 하나님이 주신 선을 넘어 '내가 원하는 대로' 하려던 마음이 죄를 낳았고, 그로 인해 인류의 고통이 시작됐다. 사도 바울도 "탐심은 우상 숭배니라."(골로새서 3:5)고 단호하게 말하며 욕심의 위험성을 경고한다.

그렇지만 우리에게는 회복과 변화의 길이 열려 있다. 성령께서 우리 마음을 새롭게 하시고, '육체의 욕심'을 십자가에 못 박도록 도와주신다.(갈라디아서 5:24) 욕심을 내려놓고 하나님과 이웃을 사랑하는 삶을 선택할 때, 비로소 진정한 자유와 평안을 누릴 수 있다.

삶 속에서 욕망은 우리를 이끌지만 욕심은 우리를 지배하려 든다. 욕망은 꿈을 꾸게 하지만 욕심은 그 꿈을 망가뜨린다. 그래서 매 순간 내 마음을 살피고 욕심에 넘어가지 않도록 경계해야 한다. "마음을 다하고 뜻을 다하여 주 너의 하나님을 사랑하라."(신명기 6:5)라는 말씀처럼, 온 마음을 하나님께 드릴 때 욕심을 이기고 진정한 소망을 찾게 된다.

오늘도 우리는 욕망과 욕심 사이에서 선택의 갈림길에 선다. 하나님이 주신 선한 욕망은 삶을 이끌고 꿈을 이루게 하지만, 욕심은 마음을 어둡게 하고 삶을 흔들 수 있다. 매 순간 내 마음을 살피고 욕심을 멀리하며 하나님께 온전히 의지할 때, 우리는 진정한 자유와 평안을 경험한다. 선한 욕망으로 하나님과 이웃을 섬기며, 욕심 없는 마음으로 하루를 살아가는 삶. 그 길 위에서 우리의 마음은 건강해지고, 삶은 더욱 풍성해지며, 하나님의 뜻 안에서 참된 기쁨을 누리게 된다.

46. 성경이 전하는 마음의 찬양

예배는 그리스도인 삶의 중심이다. 하지만 '진정한 예배가 무엇인가?'라는 질문 앞에서는 누구나 머뭇거리기 쉽다. 찬양과 기도, 예배당에서의 의식과 전통 모두 예배의 일부임은 분명하지만, 성경은 이보다 더 깊고 놀라운 진리를 알려준다.

예수님과 사마리아 여인의 대화를 떠올려 보자(요한복음 4장) 여인은 "우리 조상들은 이 산에서 예배했고, 너희는 예루살렘에 예배할 곳이 있다고 한다." 라고 말했다. 이에 예수님은 "참된 예배자는 영과 진리로 예배할 때가 온다." 고 하셨다.(요 4:23) 즉, 예배는 단지 장소나 형식에 국한되지 않고, 하나님께 드리는 '진실한 마음'과 '성령의 감동'에서 나온다는 뜻이다.

진짜 예배는 외적인 모습보다 내면의 변화에서 시작된다. 다윗 왕은 시편 51 편에서 "하나님, 주의 은혜와 인자하심으로 내 죄를 지워 주소서."라며 겸손히 회개했다. 마음이 상하고 겸손할 때 하나님이 기뻐 받으시는 예배가 된다.

야고보서 1장 27절은 "정결하고 더러운 것이 없는 경건은 고아와 과부를 그 환난 중에 돌보고 자기를 세상에 물들지 않게 하는 것"이라고 말한다. 예배는 단순히 예배당에서 하는 행위가 아니라, 삶 속에서 사랑과 섬김으로 실천될 때 완전해진다.

때때로 우리는 예배를 '의무'나 '습관'으로 생각한다. 하지만 하나님은 형식적인 예배보다 진심 어린 마음과 온전한 삶을 원하신다. 아브라함이 믿음으로 순종했을 때 하나님은 그를 기뻐하셨고(창세기 22장), 예수님은 마음이 찢어진 참회와 겸손을 강조하셨다.

진정한 예배는 '나'를 내려놓고 하나님과 깊이 만나는 순간이다. 우리의 찬양이 하나님께 닿고, 삶이 그분 뜻에 맞게 변화될 때 그 예배는 하늘에 닿는 향기로운 제사가 된다.

오늘 우리는 무엇으로 하나님께 예배를 드리고 있는가? 단순한 행동이나 형식에 머물지 말고, 진실한 마음과 성령의 인도하심을 따라 하나님께 나아가는 참된 예배자가 되자. 우리의 찬양과 기도, 삶 속 작은 순종 하나하나가 하나님께 기쁨이 되고, 내면이 변화될 때 그 예배는 하늘에 닿는 향기로운 제사가 된다. 참된 예배는 세상을 밝히는 빛이 되며, 하나님과의 깊은 만남 속에서 우리의 삶 전체를 거룩하게 변화시킨다. 당장 마음과 영혼을 다해 하나님께 나아가는 예배자가 되자.

그 예배는 하늘에 닿고, 세상을 밝히는 빛이 된다.

47. 교제는 교회와 신앙의 완성

성경은 사람이 혼자 살도록 창조되지 않았다고 말한다. 하나님이 아담을 보시고 "사람이 혼자 사는 것이 좋지 아니하니…"(창세기 2:18)라고 하신 말씀은 단순히 결혼에 관한 것이 아니다. 이것은 인간이 관계 속에서 살아가도록 만들어졌다는, 공동체의 본질을 알려주는 선언이다.

초대교회는 교제의 힘을 가장 강하게 보여준 공동체였다. "그들이 사도의 가르침을 받아 서로 교제하고, 떡을 떼며, 기도하기를 전혀 힘쓰니라."(사도행전 2:42)라는 말씀처럼, 믿는 사람들은 단순히 같은 공간에 모인 것이 아니라, 삶을 나누고 기쁨과 슬픔을 함께하며 영혼 깊은 곳까지 연결된 공동체를 이루었다.

교제는 단순한 친분이 아니다. 교제는 사랑을 실천하는 자리이고, 용서를 배우는 장이며, 진리 안에서 함께 성장하는 영적 여정이다. 요한일서 1장 7절에 "우리가 빛 가운데 행하면 우리가 서로 사귐이 있고…"라고 한 것처럼, 하나님과의 사귐은 곧 성도 간의 사귐으로 이어지며, 이 관계 속에서 신앙은 깊어지고 성숙해진다.

하나님은 공동체 안에서 자신을 드러내신다. 내가 기도하지 못할 때 누군가 대신 울며 기도해 주고, 내가 시험에 들었을 때 따뜻하게 감싸 안아주는 사람이 있다는 것, 그것이 교제의 힘이자 교회의 본질이다. 예수님도 제자들과 함께하는 시간을 소중히 여겼다. 마지막 만찬 자리에서 떡을 떼며 나눈 그 순간이 가장 깊은 교제의 시간이었다.

교회는 건물이 아니라 사람이다. 그리고 사람들 사이에 오가는 사랑, 이해, 용서, 기도가 교회를 완성한다. 교제가 없는 교회는 겉만 번지르르한 껍데기에 불과하다. 신앙이 혼자만의 수련으로 끝난다면, 그것은 반쪽짜리 신앙이다.

예수님은 "너희가 서로 사랑하면 이로써 모든 사람이 너희가 내 제자인 줄 알리라."(요한복음 13:35)고 하셨다. 사랑 안에서 나누는 교제가 교회를 교회 되게 하고, 신앙을 완성으로 이끄는 길이다.

오늘 너의 신앙은 누구와 함께하고 있는가? 속한 공동체가 단순한 모임이 아니라, 사랑과 이해, 기도와 용서가 흐르는 따뜻한 공간인지 돌아보자. 하나님은 우리를 혼자가 아닌, 서로 연결된 삶 속으로 부르신다. 그 안에서 교제는 신앙을 키우고, 교회를 살아 있게 하며, 하나님의 나라를 미리 경험하게 하는 살아 있는 예고편이 된다. 사랑 안에서 진심으로 나누고 함께 걸어갈 때, 우리의 신앙은 온전해지고, 교회는 참된 빛을 발한다.

하나님은 오늘도 우리를 교제로 부르신다. 그 안에서 교회는 자라고, 신앙은 꽃피운다. 교제는 곧 하나님 나라의 살아 있는 예고편이다.

48. 사랑으로 심고 눈물로 거두는 길

"너희는 온 천하에 다니며 만민에게 복음을 전파하라."(마가복음 16:15)

예수님의 이 마지막 명령은 단순한 의무가 아니다. 그것은 세상을 향한 하나님의 깊은 사랑의 표현이며, 모든 믿는 자들이 함께 나눠야 할 가장 소중한 소식이다. 하지만 오늘날 많은 이들이 전도를 어렵고 부담스러운 일로 여긴다. 전도를 누군가를 설득하거나 억지로 교회로 데려오는 일로 생각하기 때문이다.

그러나 성경이 말하는 진정한 전도는 전혀 다른 차원이다. 전도는 사랑에서 시작된다. 예수님이 세리와 죄인들과 함께 식사하시며 그들을 품으셨듯이(눅 5:30-32), 진짜 전도는 누군가를 향한 깊은 관심과 이해, 그리고 사랑의 표현이다. 복음을 전한다는 것은 단지 말을 전달하는 것이 아니라, "당신은 하나님의 사랑을 받을 만큼 소중한 존재"라는 사실을 삶으로 보여주는 일이다.

사도 바울도 "내가 복음을 전할지라도 자랑할 것이 없음은 내가 부득불 할 일임이라."(고전 9:16)고 고백했다. 그는 말로만 전한 것이 아니라, 매 맞고 굶주리며 배척당하면서도 사람들의 영혼을 위해 눈물로 씨를 뿌렸다. 말보다 앞서는 삶, 삶으로 전하는 복음이 바로 진정한 전도다.

그리고 전도는 결과보다 순종이 더 중요하다. 복음을 전했지만 거절당할 수 있고, 열매가 바로 보이지 않을 수도 있다. 하지만 "눈물을 흘리며 씨를 뿌리는 자는 기쁨으로 거두리로다.”(시 126:5)라는 말씀처럼, 열매는 하나님의 때에 맺히는 것이다. 전도는 인간의 성과가 아니라 하나님의 일에 동참하는 것이다.

무엇보다 전도는 내가 먼저 복음의 감격을 누릴 때 자연스럽게 흘러나온다. 복음의 은혜에 감사할 때, 말보다 눈빛에서, 행동보다 태도에서, 질문보다 경청에서 그리스도의 향기가 전해진다.

오늘 하루, 누군가의 마음에 복음의 작은 씨앗을 심는 삶이면 어떨까.

말 한마디, 작은 친절, 포기하지 않는 기도 한 줄이 모두 하나님 나라를 세우는 통로가 된다. 진정한 전도는 거창한 계획이나 성과가 아니라, 사랑이 담긴 일상의 실천 속에서 이루어진다. 우리의 삶 자체가 복음이 될 때, 세상은 그 안에서 예수님을 보고, 하나님의 사랑을 체험하게 된다. 오늘, 삶으로 복음을 전하는 참된 전도자가 되자.

오늘, 삶으로 복음을 전하는 전도자가 되자.

말보다 사랑이, 행동보다 진심이, 세상 속에서 예수님의 향기가 되게 하자.

49. 진리를 지키는 눈물의 싸움

“거짓 선지자들을 삼가라 양의 옷을 입고 너희에게 나아오나 속에는 노략질하는 이리라.”(마태복음 7:15)

예수님은 이미 경고하셨다. 겉으로는 온유하고 친절해 보여도, 속으로는 진리를 훼손하고 영혼을 해치는 이단과 사이비가 반드시 나타날 것이라고. 이단은 성경의 가르침에서 벗어난 길이며, 사이비는 진짜처럼 보이지만 결국 거짓된 가르침이다. 이들은 하나님의 이름을 앞세워 사람을 미혹시키고, 교회를 분열시키며, 결국 영혼을 파멸로 이끈다.

성경은 반복해서 말한다. "누가 너희를 미혹하지 못하게 하라."(골 2:8), "영을 다 믿지 말고 하나님께 속한 영인지 분별하라."(요일 4:1) 이단은 언제나 진리의 옷을 입고 다가온다. 성경 구절을 교묘히 인용하고, 사랑을 말하며, 기적이나 신비로운 체험을 들이민다. 하지만 그 핵심에는 예수 그리스도 대신 다른 무언가를 믿게 만들려는 의도가 숨어 있다. 이것이 이단의 본질이다.

사이비는 더 교묘하다. 겉으로는 사랑과 공동체를 말하지만, 결국 특정 인물을 신격화하고 사람을 조종한다. 처음에는 위로와 따뜻함으로 다가오지만, 어느 순간부터는 자유를 빼앗고 고립시킨다. 예수님은 "진리가 너희를 자유롭게 하리라."(요 8:32)고 하셨다. 진리는 억압하지 않는다. 진리는 사람을 조종하지 않는다. 진리는 사랑하고, 자유하게 한다.

초대교회도 이단의 도전에 끊임없이 직면했다. 바울은 갈라디아서에서 "다른 복음은 없다."고 단언하며, 그리스도의 복음을 왜곡하려는 자들을 분명히 경계했다. 지금 우리가 사는 시대도 그 연장선 위에 있다. 단순히 이단을 비판하는 것으로 그칠 수 없다. 더 중요한 것은 참된 복음을 바로 알고, 말씀에 깊이 뿌리를 내리는 것이다.

이단과 사이비는 어둠 속에서 힘을 얻는다. 하지만 우리가 말씀을 가까이하고 하나님과 바른 관계를 맺고 있다면, 어떤 미혹도 우리를 흔들 수 없다. 진리가 우리 안에 있으면 어둠은 저절로 물러간다.

진리를 지키는 일은 때로 외롭고 힘든 싸움이다. 하지만 그 싸움은 교회를 지키는 사랑이며, 잃어버린 영혼을 위한 간절한 호소다. 오늘도 우리는 진리위에 굳게 서야 한다. 흔들리지 않는 믿음, 성경에 뿌리 내린 분별력, 이것이 이단과 사이비의 유혹을 이기는 길이다.

진리는 우리를 자유롭게 한다. 그 진리를 붙들고 살아가는 삶은, 어떤 바람에도 무너지지 않는 반석 위의 집과 같다. 하나님이 지키시는 그 길 위에, 우리는 담대히 설 수 있다.

50. 셋이면서 하나, 하나이면서 셋

"성부와 성자와 성령은 하나이다. 하나인데 셋이고, 셋인데 하나다."

처음 이 말을 들었을 때는 십대였다. 머릿속이 복잡해졌고, 누가 뚜렷하게 설명해 주는 사람도 없었다. 세 분인데 한 분? 그게 어떻게 가능한 일일까?

하지만 성경은 이 신비를 일관되게 증언한다. 창세기 1장 26절에서 하나님은 "우리의 형상을 따라, 우리의 모양대로 우리가 사람을 만들자."고 말씀하신다. 창조의 첫 장면부터 '우리'라는 복수 표현이 등장한다. 이사야 9장 6절에서는 태어날 아기를 "영존하시는 아버지"라 부른다. 요한복음 1장 1절은 "태초에 말씀이 계셨고, 이 말씀은 하나님과 함께 계셨으며, 이 말씀은 곧 하나님이셨다."고 선언한다. 그리고 이 말씀이 육신이 되어 오신 분이 바로 예수님이다.

예수님은 "나를 본 자는 아버지를 보았느니라."(요 14:9)고 하셨고, 또 "내가 아버지 안에 있고 아버지가 내 안에 계신다."고 하신다. 요한복음 16장에서는 성령을 보내실 것을 약속하시며 "그가 내 영광을 나타낼 것."이라 하신다. 성부, 성자, 성령은 분명히 구별되지만, 본질은 완전히 하나이신 하나님이다.

이 신비를 설명하기 위해 흔히 드는 예가 바로 H_2O다. 물은 액체, 고체, 기체로 나타날 수 있지만 본질은 같다. 그러나 하나님은 단순한 물질이 아니다. 인격적인 세 위격이 완전한 사랑과 일치 속에 존재하신다.

어느 철학자는 "하나님이 사랑이라면 그 안에는 처음부터 관계가 있어야 한다."고 했다. 사랑은 혼자서 존재할 수 없기 때문이다. 아버지는 아들을 사랑하시고, 아들은 아버지를 사랑하며, 성령은 그 사랑을 우리 마음에 부으시는 분이시다.(롬 5:5) 삼위일체는 단순한 교리가 아니다. 하나님께서 우리를 사랑으로 초대하시는 방식이다.

삼위일체는 머리로만 이해하려 하면 끝이 없는 미로 같지만, 마음으로 받아들이면 아름다운 선율처럼 다가온다. 우리가 기도할 때 성부 하나님께 나아가고, 성자 예수님의 이름으로 기도하며, 성령께서 말할 수 없는 탄식으로 우리와 함께하신다.(롬 8:26)

삼위일체는 단순한 교리가 아니라, 하나님께서 우리를 사랑으로 초대하시는 방식이다. 셋이시면서 하나이신 하나님 안에서, 우리는 언제나 사랑과 은혜 속에 살아간다. 성부께 기도하고, 성자 안에서 삶을 바라보며, 성령의 도우심 속에서 마음이 채워질 때, 그 신비로운 일치 속에서 하나님의 사랑을 경험하게 된다. 삼위일체는 머리로 이해하는 수학문제가 아니라, 마음으로 느끼고 삶으로 누리는 살아 있는 사랑이다. 오늘, 그 사랑 안에서 우리는 참된 평안과 생명을 누린다.

51. 진실과 겸손 앞에 선 우리

사도행전 5장에는 아나니아와 삽비라라는 부부가 등장한다. 이들은 자기 소유의 땅을 팔고, 그 돈 중 일부만 가져왔으면서도 전부를 바친 것처럼 사도들에게 내놓는다. 문제는 헌금의 액수가 아니라, 그들이 거짓을 말하며 속였다는 데 있다. 결과적으로 이들은 하나님 앞에서 정직하지 못한 죄로 인해 즉시 죽음을 맞는다.

이 이야기는 단순한 두려움의 경고로만 끝나지 않는다. 오히려 하나님 앞에서 진실한 마음과 겸손이 얼마나 중요한지를 깊이 깨닫게 해준다. 아나니아와 삽비라는 교회 공동체 안에서 자기 행위를 자랑하고, 믿음을 과시하려 했을 수도 있다. 그러나 하나님은 사람의 겉모습이 아니라 중심을 보신다.(삼상 16:7) 그들의 거짓은 결국 자신들을 무너뜨렸고, 공동체 전체에도 충격을 주었다.

오늘날에도 비슷한 유혹이 있다. 신앙을 '보여주기' 위한 수단처럼 사용하는 것이다. SNS에 경건한 척 올리고, 교회에선 착한 얼굴을 하고 있지만, 실제 마음은 하나님과 멀어질 때가 있다. 그러나 하나님이 원하시는 것은 꾸며진 모습이 아니라 진심이다.

야고보서 4장 6절은 "하나님은 교만한 자를 대적하시나 겸손한 자에게 은혜를 주신다."고 말한다. 아나니아와 삽비라의 이야기는 우리에게 '겉모양이 아닌 마음의 정직함'을 촉구하는 강한 메시지다. 하나님 앞에서 진실하려는 태도, 그것이 참된 신앙의 시작이다.

우리가 삶의 모든 영역에서 진실하게 살 때, 하나님은 우리의 연약함을 용서하시고 은혜로 채워주신다. 진실함은 신앙의 뿌리이며, 공동체를 건강하게 만드는 힘이다.

그리고 기억해야 할 것이 있다. 아나니아와 삽비라 사건 이후에도 교회는 계속 성장했고, 성령의 역사는 멈추지 않았다.(행 5:12-16) 하나님은 인간의 실수에도 불구하고 회복의 길을 늘 열어두신다.

사실 아나니아와 삽비라의 이야기는 단순한 경고가 아니라, 하나님 앞에서 진실한 마음과 겸손이 얼마나 중요한지를 일깨운다. 우리의 신앙은 겉모습이 아니라 마음의 정직함에서 시작된다. 삶의 모든 영역에서 진실하게 살 때, 하나님은 우리의 연약함을 용서하시고 은혜로 채워주신다. 진실함은 신앙의 뿌리이며, 공동체를 건강하게 세우는 힘이다. 오늘도 내 마음을 들여다보며, 겸손과 진실로 하나님 앞에 서는 삶을 살아가자. 그 삶 속에서 믿음은 참됨을 얻고, 하나님의 은혜는 날마다 새롭게 흐른다.

52. 하나님의 공의와 사랑 이야기

출애굽기 20장 5~6절 말씀은 깊고 묵직한 진리를 담고 있다.

"너희는 그것들에게 절하거나 그것들을 섬기지 못한다. 나, 주 너희의 하나님은 질투하는 하나님이다. 나를 미워하는 사람에게는 그 죄값으로, 본인뿐 아니라 삼사 대 자손에게까지 벌을 내린다. 그러나 나를 사랑하고 나의 계명을 지키는 사람에게는 수천 대 자손에 이르기까지 한결같은 사랑을 베푼다."

이 말씀을 읽으면 대부분 먼저 '벌'이라는 단어에 마음이 무거워진다. '내 죄로 인해 내 자손들까지 벌을 받는다고?' 생각만 해도 두렵고 속이 답답해진다. 하지만 이 구절에서 하나님이 말씀하시려는 핵심은 단순한 공포나 징벌이 아니다.

먼저, "벌은 3~4대까지"라는 말은 하나님의 공의와 심판을 드러낸다. 하나님은 죄를 결코 가볍게 여기지 않으신다. 죄의 결과는 개인에만 그치지 않고 가정과 사회 전체에 영향을 끼친다. 이 말씀은 우리에게 '행동의 책임'을 분명히 각인시킨다. 내 선택 하나가 나만의 문제가 아니라는 사실, 그것이 바로 경각심이다.

하지만 그 다음에 이어지는 "축복은 천 대까지"라는 말씀은 하나님의 성품을 더 선명하게 보여준다. 하나님은 질투하시는 하나님이지만, 그 질투는 파괴가 아니라 회복과 사랑을 위한 것이다. 죄에는 분명한 대가가 있지만, 하나님을 사랑하고 그 계명을 지키는 이들에게는 그보다 훨씬 큰 사랑과 은혜를 베푸신다.

벌은 3~4대지만, 축복은 천 대까지다. 이 비교는 단순히 숫자의 차이가 아니다.

하나님의 본심은 심판보다 자비에 있다. 하나님의 본질은 사랑이다. 하나님은 사랑하는 자들과 그들의 후손에게 세대와 시간을 초월해 풍성한 복을 부어 주신다.

마치 가을 들판에 뿌려진 작은 씨앗 하나가 세대를 거쳐 자라고 열매 맺는 것처럼, 하나님을 경외하고 그 말씀대로 살아가는 삶은 이후 세대에게도 이어진다. 오늘 내가 내리는 결단과 행동이 자손들에게까지 영향을 끼친다.

이 말씀은 오늘을 사는 우리에게 위로와 도전 모두를 준다. 하나님은 우리에게 자유를 주시되, 그 자유에는 책임이 따른다. 동시에 하나님은 자비로우시고 오래 참으시는 분이다. 그분을 사랑하고 순종하는 삶은 나만을 위한 것이 아니라, 내 자손을 위한 축복의 문을 여는 길이다.

결국 "벌은 3~4대, 축복은 천 대"라는 이 말은 하나님 앞에서 살아가는 삶이 얼마나 책임감 있는 일인지, 그리고 그 삶이 얼마나 영광스럽고 복된 것인지를 보여준다. 오늘도 그 사랑을 붙들고, 하나님의 말씀 안에서 살아가는 복된 인생을 만들어 보자.

53. 신비를 품은 나선의 이야기

창세기 11장에 나오는 바벨탑 이야기는 고대 인류의 욕망과 하나님의 주권이 정면으로 마주치는 중요한 사건이다. 사람들은 "우리의 이름을 내고 하늘에 닿는 탑을 세워 흩어짐을 면하자."고 결심한다. 겉으로 보기에는 대홍수 같은 재난을 피하기 위한 피난처처럼 보일 수도 있고, 하늘을 향한 성전처럼 보일 수도 있다. 하지만 그 이면에는 분명한 동기가 있다. 바로 하나님 없이도 스스로를 높이고자 하는 인간의 교만이다.

바벨탑은 단순한 건축 프로젝트가 아니었다. 성경은 '하늘에 닿는 탑'이라는 표현을 통해 인간이 하나님과 같은 위치에 오르려 했다는 야망을 드러낸다. 그들은 하나님을 가까이하고 싶어서가 아니라, "우리 이름을 높이자."는 세속적 욕망에 사로잡혀 있었다. 바벨탑은 겉보기엔 거룩해 보일 수 있지만, 실제로는 하나님을 밀어내고 자기 힘으로 인생을 쌓으려는 시도였다.

이 탑은 흔히 나선형 원뿔 형태로 묘사된다. 실제로 고대 메소포타미아 지역에서는 '지구라트'라는 계단식 피라미드 형태의 신전이 있었다. 이는 인간이 신에게 가까이 다가가기 위해 만든 구조물이었다. 바벨탑도 이런 지구라트 형식이었을 가능성이 크다. 흥미로운 점은 동남아시아, 중국, 남미 등 여러 지역에서도 비슷한 계단식 구조물이 발견된다는 것이다. 인간은 시대와 장소를 막론하고, 신에게 다가가고 싶어 하는 본능이 있었던 셈이다.

하지만 바벨탑은 그 본능을 왜곡한 결과물이었다. 하나님의 뜻을 따르기보다는, 스스로 신이 되려는 교만이 탑을 쌓아 올리게 했다. 하나님께서는 그들의 시도를 보시고, "이제 그들이 무슨 일을 하든 막을 수 없겠다."고 말씀하시며, 언어를 혼잡하게 하시고 사람들을 온 땅에 흩으신다. 이 사건은 하나님의 심판이면서 동시에 새로운 시작이었다. 인류의 교만은 무너졌지만, 하나님의 구속사는 멈추지 않았다.

바벨탑은 단순한 옛 건축물이 아니다. 지금 우리의 마음속에도 여전히 '작은 바벨탑'이 존재할 수 있다. "내 힘으로 내 삶을 세우겠다."는 마음, "하나님 없이도 잘 살 수 있다."는 자만이 마음 깊은 곳에 자리 잡고 있다면, 그것은 결국 무너질 수밖에 없다. 인간의 교만은 높아 보이지만, 하나님의 손 안에서는 아무 힘도 없다.

반면, 하나님을 인정하고 그분의 뜻을 따라 겸손하게 살아가는 삶은, 진정한 하늘과 연결된 인생이다. 하나님께서 높이시는 사람은 자기를 낮추는 사람이며, 하나님께서 함께하시는 인생은 겉으로 높아 보이지 않아도 결코 무너지지 않는다.

결국 바벨탑은 흙과 벽돌의 이야기만이 아니다. 그것은 인간의 야망과 하나님의 뜻이 부딪힌 현장이고, 오늘날에도 여전히 유효한 하나님의 메시지다.

54. 하나님을 다시 붙잡는 그 한 걸음

아브라함이 사라를 누이라고 속였을 때, 야곱이 형 에서와 아버지 이삭을 속였을 때, 우리는 자연스럽게 의문을 품는다. "이런 사람들이 어떻게 믿음의 조상이 될 수 있지?" 도덕과 진실을 중시하는 기준으로 보면, 이들의 모습은 쉽게 납득되지 않는다. 하지만 성경은 그들의 허물을 숨기지 않고 오히려 솔직하게 드러낸다. 그 이유는 하나님께서 사람을 쓰실 때, 그의 완벽함이 아니라 그 안에 있는 믿음의 가능성을 보시기 때문이다.

아브라함은 자기 목숨이 두려워 아내를 누이라고 속였지만, 결국 아들을 바치라는 시험 앞에서 믿음으로 순종하며 '믿음의 조상'이라는 이름을 얻었다. 야곱은 형을 속이고 장자의 축복을 가로챘지만, 광야의 외로움과 얍복강에서 하나님과 씨름하는 과정을 통해 완전히 변화되었고, 하나님은 그에게 '이스라엘'이라는 새 이름을 주셨다. 하나님은 사람의 실수로 그를 버리시지 않는다. 오히려 넘어진 자를 다시 일으켜 세우셔서 당신의 뜻을 이루는 도구로 사용하신다.

우리도 마찬가지다. 살다 보면 넘어지고 실수하며, 때로는 스스로에게 실망해 "이래도 내가 하나님의 자녀일까?"라는 자책에 빠지기도 한다. 그러나 성경은 이렇게 말한다. "의인은 일곱 번 넘어질지라도 다시 일어난다."(잠언 24:16) 하나님이 찾으시는 사람은 흠 하나 없는 사람이 아니다. 다시 일어나 믿음의 길을 걷는 사람이다.

믿음이란 완전함이 아니다. 믿음은 넘어졌을 때, 다시 하나님의 손을 붙잡는 용기다. 우리도 아브라함처럼 두려움에 거짓을 말할 수 있고, 야곱처럼 욕심에 눈이 멀어 잘못된 선택을 할 수도 있다. 하지만 그런 우리를 하나님은 여전히 기다리신다. 포기하지 않으시고, 함께 걸어가길 원하신다.

그러므로 오늘, 우리의 믿음도 완벽할 필요는 없다. 중요한 것은 넘어졌을 때 멈추지 않고, 다시 하나님께 손을 내미는 것이다. 그 한 걸음이 곧 믿음의 진정한 시작이다. 하나님은 우리의 부족함 속에서도 역사하시며, 우리를 통해 위대한 일을 이루신다. 실패는 끝이 아니다. 오히려 하나님을 다시 붙잡는 그 순간이 새로운 출발점이 된다. 오늘 당신의 믿음이 흔들리고, 삶이 무너지는 듯해도, 하나님은 여전히 당신과 함께 계신다. 그 손을 잡는 순간, 당신의 믿음은 다시 살아나고, 하나님은 당신의 삶을 통해 놀라운 역사를 이루실 것이다.

결국 믿음의 핵심은 완전함이 아니라, 넘어졌을 때 다시 하나님께 손을 내미는 용기다. 우리 삶이 흔들리고 실수로 가득할지라도, 하나님은 여전히 우리를 기다리시며 함께 걸어가신다.

55. 생각과 감정과 말의 틈

요즘 세상은 하루에도 수없이 많은 정보와 유혹이 마음의 초인종을 누른다. 스마트폰 하나만 열어도 뉴스, 광고, 영상, 댓글… 끝없는 자극들이 몰려온다. 그런데 그중엔 분명히 사탄과 마귀가 보내는 초대장도 있다. 불안, 분노, 질투, 음란, 탐욕 같은 감정들이 문 앞에서 속삭인다. "문을 열어. 잠깐이면 돼. 다들 그렇게 살아."

하지만 성경은 분명히 경고한다.

"죄가 문에 엎드려 있느니라. 그 죄의 소원은 네게 있으나 너는 죄를 다스릴지니라."(창 4:7)

가인은 동생 아벨에 대한 분노를 이기지 못했다. 그리고 그 분노는 문 앞에 엎드려 있던 죄의 속삭임에서 시작됐다. 사탄은 초인종을 눌렀고, 가인은 그 문을 열어주었다. 그 결과는 비극이었다.

지금도 마귀는 끊임없이 초인종을 누른다. 말 한마디, 눈빛 하나, 상황 하나에 틈을 만든다. 베드로전서 5장 8절은 말한다. "마귀는 우는 사자 같이 삼킬 자를 찾는다." 마귀는 문을 억지로 부수지 않는다. 대신, 우리가 자발적으로 문을 열게 만든다. "이 정도는 괜찮겠지.", "한 번쯤은 어때.", "남들도 다 하잖아." 하는 생각들이 바로 열쇠가 된다.

하지만 하나님은 우리에게 대적할 힘도 주셨다.

"너희는 하나님께 복종하라. 마귀를 대적하라. 그리하면 너희를 피하리라." (약 4:7)

우리가 기도로 깨어 있고, 말씀으로 무장하면 마귀는 문턱조차 넘지 못한다. 예수님도 광야에서 사탄의 유혹을 말씀으로 물리치셨다. 우리 역시 하나님의 진리로 마음을 지키고, 초인종 앞에서 떠드는 거짓의 소리들을 쫓아낼 수 있다.

중요한 건 문이다. 마귀는 문을 부수지 않는다. 기다릴 뿐이다. 우리가 지치고, 방심하고, 타협할 때 스스로 문을 열게 만든다. 그래서 날마다 마음의 문지방을 굳게 닫아야 한다. 생각의 틈, 감정의 틈, 말의 틈을 말씀과 기도로 단단히 막아야 한다.

주님이 문을 지키시는 가정은 안전하다. 마음에 말씀이 중심을 잡고 있다면, 어떤 유혹도 쉽게 들어오지 못한다. 초인종이 울릴 때마다 '누가 보냈는가'를 분별하는 것이 지혜다. 그 소리가 주님의 음성이 아니라면, 그 문은 열지 않는 것이 옳다.

오늘도 내 마음의 문 앞에 누군가 서 있다. 그 초인종 소리에 무심코 반응하기 전에, 이 소리가 누구의 음성인지 분별해야 한다. 말씀과 기도로 문을 지키며 살아간다면, 그 어떤 유혹도 내 삶을 무너뜨릴 수 없다.

56. 괴로움에서 완전 이탈하기

우리 인생은 마치 멈추지 않는 물레방아 같다. 한바퀴 돌고 나면 끝일 것 같지만, 다시 같은 자리를 도는 듯하고, 어제의 고민은 오늘도 따라오며, 아직 오지 않은 내일의 불안이 벌써 오늘 마음을 짓누른다.

빌립보서 4장 6절은 이렇게 말한다.

"아무것도 염려하지 말고 다만 모든 일에 기도와 간구로 너희 구할 것을 감사함으로 하나님께 아뢰라."

이 말씀은 참 위로가 되지만, 한편으론 마음속에 이런 의문이 들기도 한다. "정말 이렇게 사는 사람이 있을까?"

사실 인간은 원래 연약하다. 에덴동산에서조차 두려움에 숨은 존재가 인간이었다. 걱정은 언제나 따라다니고, 한숨은 어느새 익숙한 숨소리가 되어버린다. 하나님도 그런 우리의 모습을 모르시는 게 아니다. 그래서 성경은 단순히 "염려하지 말라."로 끝나지 않고, "염려를 주께 맡기라."(벧전 5:7)고 하신다.

"너희 염려를 다 주께 맡기라 이는 그가 너희를 돌보심이라."

이 구절 속엔 아주 중요한 진리가 담겨 있다. 염려가 아예 생기지 않는 삶이 중요한 게 아니라, 그 염려를 맡길 수 있는 분이 계시다는 사실이 희망이다.

괴로움에서 벗어난다는 건, 고민이 흔적도 없이 사라진다는 의미는 아니다.

오히려 그 괴로움 한가운데서 하나님께 나아갈 수 있다는 것이 진짜 은혜다. 예수님도 겟세마네 동산에서 "내 마음이 심히 고민하여 죽을 지경"이라고 말씀하셨다.(마 26:38) 예수님조차 괴로움을 피하지 않으셨다. 다만 그 괴로움을 하나님께 기도로 맡기셨고, 결국 십자가의 고통을 지나 부활의 영광으로 나아가셨다.

우리도 그렇게 이탈할 수 있다. 괴로움에서 완전히 도망치는 게 아니라, 그 안에서 하나님의 손을 붙잡고 조금씩 벗어나는 연습이다. 하루하루 기도하며, 한숨 대신 말씀을 붙잡고, 괴로움이라는 방 안에서 조금씩 밖으로 걸어나오는 과정이다.

하나님은 오늘도 기다리신다. 우리가 그 방의 문을 열고 "아버지, 이 괴로움을 주님께 맡깁니다."라고 고백하길 바라신다. 그 순간 괴로움이 완전히 사라지지 않아도, 마음은 점점 자유로워지기 시작한다.

괴로움의 이탈은 대단한 결단에서 시작되지 않는다. 마음의 방향을 하나님께로 돌리는, 작고 조용한 순종에서 시작된다. 오늘도 그 한 걸음을 내디뎌 보자. 마음은 여전히 흔들릴 수 있지만, 하나님은 그 걸음을 통해 우리를 조금씩 자유하게 하신다.

57. 예배와 기도, 그 깊은 이름들

예배와 기도는 겉으로 보기엔 단순한 종교적 행위처럼 보일 수 있다. 하지만 그 안을 들여다보면, 훨씬 더 깊고 풍성한 의미가 흐르고 있다. 예배는 주일에 한 번 드리는 의무가 아니라, 경건함으로 하나님 앞에 나아가는 삶의 태도다.

기도는 입술로 중얼거리는 주문이 아니라, 회개의 눈물과 사랑의 고백이 담긴 영혼의 호흡이다.

예배는 하나님의 거룩하심을 인정하는 순간이고, 기도는 내 연약함을 고백하며 하나님의 자비를 구하는 시간이다. "너희 몸을 하나님이 기뻐하시는 거룩한 산 제물로 드리라, 이는 너희의 드릴 영적 예배니라."(로마서 12:1)는 말씀처럼, 예배는 단지 한 시간이 아니라 삶 전체를 하나님께 드리는 헌신이다. 예배 없는 삶은 껍데기 같고, 기도 없는 믿음은 숨 쉬지 않는 영혼과도 같다.

기도 안에는 회개의 진심이 있고, 사랑의 속삭임이 있다. "우리가 우리 죄를 자백하면 그는 미쁘시고 의로우사 우리 죄를 사하시며"(요한일서 1:9)라는 말씀처럼, 회개는 죄의 그림자에서 벗어나 하나님의 품으로 돌아가는 문이다. 그 문을 열고 들어가면, 하나님은 늘 기다리시는 사랑으로 우리를 맞이하신다.

예배는 헌신의 고백이고, 기도는 축복의 통로다. 하나님은 우리가 예배할 때 말씀하시고, 우리가 기도할 때 응답하신다. 그리고 그 모든 시간은 하나님의 사랑과 은혜, 용서와 회복, 기쁨과 능력으로 가득 채워진다.

예배와 기도, 이 두 단어를 곱씹을수록 우리는 한 가지 사실을 더 깊이 깨닫게 된다. 그것은 바로 이 모든 것이 하나님의 부르심에 대한 우리의 반응이라는 것. 하나님께 가까이 나아가는 여정의 중심에는 언제나 예배와 기도가 있다.

진짜 예배와 기도는 결국 우리를 헌신의 자리로 이끈다. 입술로만 고백하는 것이 아니라, 그 고백이 삶 속에서 드러날 때 하나님은 그 삶에 축복을 더하신다. 그 축복은 꼭 물질이 아닐 수 있다. 때로는 평안이고, 위로이며, 사명과 용기일 수 있다.

예배는 하늘문을 여는 열쇠이고, 기도는 하나님과 연결된 생명의 숨결이다. 경건과 회개, 사랑과 은혜, 헌신과 축복, 이 모든 것이 그 안에 담겨 있다.

오늘도 이 거룩한 길 위에서 우리는 하나님 앞에 더 가까이 다가간다. 그러니 멈추지 말고 예배하고 기도하자. 경건으로 주 앞에 서고, 회개로 마음을 깨끗이 하고, 사랑으로 그분을 만나고, 은혜로 채워지고, 헌신으로 삶을 드리고, 축복으로 다시 일어나는 그 순환 속에 살아가자.

그것이 살아있는 신앙이고, 하늘과 연결된 가장 깊고 진실한 교제다.

58. 영혼이 먼저 낫는 치유의 은혜

사람은 아프면 당연히 약을 찾고 병원을 찾는다. 몸이 아픈 것은 삶에서 너무나 중요한 문제라서 건강을 위해 기도하는 것도 자연스러운 일이다. 하지만 시간이 지나면서 점점 알게 되는 게 있다. 겉으로 드러난 육신의 고통보다 훨씬 깊은 곳에서 신음하는 영혼의 아픔이 있다는 사실이다. 상처받은 마음, 눌려 있는 감정, 죄책감과 두려움 속에서 울고 있는 내면 그곳이야말로 하나님 치유가 가장 먼저 필요한 자리다.

시편 147편 3절은 이렇게 말한다.

"상심한 자들을 고치시며 그들의 상처를 싸매시는도다."

하나님은 우리 몸의 병뿐 아니라, 세상 누구도 손댈 수 없는 마음 깊은 상처를 어루만지시는 분이다. 기도는 바로 그 치유의 손길을 기다리는 시간이다. 내가 말하지 못하는 아픔과 설명할 수 없는 고통까지, 하나님은 이미 다 알고 계신다.

예수님은 이 땅에 계실 때 많은 병자를 고치셨다. 맹인을 보게 하시고, 중풍 병자를 일으키셨다. 하지만 예수님이 주신 진짜 치유는 육신의 회복만이 아니었다. "네 죄 사함을 받았느니라."(마가복음 2:5)라는 말씀처럼, 먼저 영혼을 낫게 하셨다. 그것이 주님의 치유 방식이었다.

우리도 살아가면서 자주 지치고 무너진다. 실패와 실망, 죄책감, 외로움이 우리 안에 병처럼 쌓인다. 기도는 그 병을 하나님께 내어놓는 시간이다. "주님, 내 상처가 아픕니다. 이 고통을 견딜 수 없어요." 그렇게 솔직하게 고백할 때, 하나님의 은혜가 흐른다.

예레미야 17장 14절의 고백처럼 "여호와여, 주는 나의 찬송이시오니 나를 고치소서 그리하시면 내가 낫겠나이다."

치유는 하루아침에 이뤄지지 않을 수 있다. 하지만 기도를 통해 내 마음과 시선, 믿음이 조금씩 변하기 시작한다. 그 변화가 바로 영혼의 회복이다. 영혼이 먼저 회복되면 삶을 보는 눈도 달라지고, 육신의 병 가운데서도 감사와 평안을 누릴 수 있게 된다.

하나님의 치유는 눈에 보이는 몸의 병뿐 아니라, 눈물 속 깊은 마음까지 닿는 사랑이다. 오늘도 그 사랑 앞에 나아가 기도하자.

"주님, 제 영혼을 먼저 고쳐주세요."

그렇게 기도할 때, 우리 삶은 다시 일어설 힘을 얻는다. 진짜 치유는 언제나 기도로부터 시작된다.

59. 다시 일어서는 용기가 믿음

넬슨 만델라는 이렇게 말했다. "삶에서 가장 위대한 영예는 결코 쓰러지지 않는 데 있는 것이 아니라, 쓰러질 때마다 일어서는 데 있다." 그는 수많은 고난과 역경을 겪었지만, 매번 다시 일어섰고, 결국 남아프리카공화국 민주주의와 화해의 상징이 되었다. 그의 말은 단순히 정치적 좌절과 성공에 관한 이야기가 아니다. 인간 내면, 특히 신앙의 본질을 꿰뚫는 깊은 진리다. 삶의 길에서 누구도 완벽하게 성공하거나 실패하지 않는다. 중요한 것은 우리가 넘어지고 좌절할 때, 얼마나 다시 일어설 수 있는가이다.

성경에서도 이 진리는 여러 번 강조된다. 잠언 24장 16절은 말한다. "의인은 일곱 번 넘어질지라도 다시 일어나려니와 악인은 재앙으로 말미암아 엎드러지느니라." 하나님은 우리가 넘어지는 순간보다, 다시 일어나서 하나님께 손을 내미는 믿음과 태도를 더 소중히 여기신다. 실패는 단순한 좌절이 아니라, 우리가 하나님과 더 가까워지고, 믿음을 점검하며 성장하는 기회가 될 수 있다. 쓰러졌다고 해서 실패한 것이 아니다. 포기하지 않고 하나님을 바라보며 다시 일어나는 그 순간, 우리의 믿음은 새로운 힘과 의미를 얻는다.

베드로의 이야기를 떠올려 보자. 그는 예수님을 세 번 부인하고 깊은 좌절 속에 빠졌다. 자신이 얼마나 약한지, 얼마나 두려움에 쉽게 흔들리는지를 뼈저리게 느꼈을 것이다. 그러나 부활하신 예수님은 그를 찾아와 다시 일으켜 세우셨다. 베드로는 과거의 실패에도 불구하고 회개하고 다시 서서, 초대교회의 든든한 기둥이 되었다. 여기서 우리는 중요한 진리를 배운다. 하나님은 우리의 실패만 보시는 것이 아니라, 회개하는 마음과 다시 서려는 의지, 그리고 하나님을 향한 믿음의 한 걸음을 보신다는 사실이다.

우리 삶도 마찬가지다. 누구나 넘어지고 실수하며, 때로는 눈물 흘리는 순간이 있다. 사람 앞에서 실망하고 자책할 수도 있다. 하지만 하나님은 우리가 얼마나 완벽한가가 아니라, 얼마나 하나님을 의지하며 다시 일어나는가를 보신다. 넘어질 때마다 다시 주님의 손을 붙잡고 일어나는 사람이 진짜 용기 있는 사람이고, 참된 복을 누리는 사람이다. 실패를 통해 우리는 겸손을 배우고, 성숙을 경험하며, 하나님께 더 깊이 의지하게 된다. 넘어짐은 끝이 아니라, 하나님이 우리를 사용하실 수 있는 새로운 시작이다.

예수님도 말씀하셨다. "너희가 환난을 당하나 담대하라 내가 세상을 이기었노라."(요한복음 16:33) 이 말씀은 우리가 시련과 고난 가운데서도 다시 일어날 수 있는 힘의 근원이다. 주님이 이미 세상을 이기셨기에, 우리도 결국 승리하게 된다는 약속이다. 우리가 마주하는 고난과 어려움은 혼자가 아니라, 주님이 함께하시며 결국 새로운 길을 열어 주신다는 신뢰를 가져야 한다.

그러니 지금 힘들고 지쳐 주저앉아 있어도 괜찮다. 중요한 것은 넘어지는 것이 아니라, 쓰러진 자리에서 영원히 머무르지 않는 것이다.

60. 믿음으로 다시 시작하는 길

세상에는 수많은 기업과 사람이 '1등'이 되기 위해 달린다. 그리고 때로는 실제로 정상에 오르기도 한다. 하지만 이상한 점이 있다. 정상에 올라선 순간부터 추락이 시작되는 경우가 많다는 것이다. 왜 그럴까?

한 리더가 이렇게 말했다. "우리가 1등이라고 생각하는 순간 이미 10등이 되어버리는 것이 세상의 이치입니다. 그래서 나는 항상 10등인 것처럼 노력합니다." 이 말은 단순한 겸손의 표현이 아니라, 깊은 통찰에서 나온 진실이다.

성경도 이런 마음가짐을 반복해서 강조한다. 예수님은 "누구든지 자기를 높이는 자는 낮아지고 자기를 낮추는 자는 높아지리라."(누가복음 14:11)고 말씀하셨다. 진짜 위대한 사람은 높은 자리를 차지한 사람이 아니라, 낮아짐을 선택한 사람이다. 하나님은 그런 사람을 높이신다.

1등이 되면 흔히 세 가지 실수를 한다.

첫째, 도전할 목표를 잃는다. 더 나아갈 곳이 없다고 느끼는 순간 성장은 멈추고 정체가 시작된다. 그러나 바울은 "나는 아직 내가 잡은 줄로 여기지 아니하고 오직 한 일, 즉 뒤에 있는 것은 잊어버리고 앞에 있는 것을 잡으려고…"(빌립보서 3:13)라며 언제나 앞으로 나아가려 했다. 하나님의 사람은 늘 겸손히 자신을 10등으로 여기고 새로운 발걸음을 내딛는 사람이다.

둘째, 조직이 커지고 관료화되면 민첩함과 순수함을 잃는다. 이스라엘의 첫 왕 사울은 왕위에 오르기 전에는 겸손하고 하나님께 순종했지만, 왕이 된 후에는 자신의 권력만 고집하며 하나님의 뜻을 외면했다. 결국 몰락했다. 반면 다윗은 실수를 했어도 항상 하나님 앞에 무릎 꿇고 회개하는 리더십을 보였다.

셋째, 새로운 시도를 두려워하고 안주한다. 하지만 믿음은 늘 도전하는 용기다. 베드로가 물 위를 걸으라는 예수님의 부르심 앞에서 잠시 물에 빠졌지만, 걸음을 내딛었다는 사실이 중요하다. 실패보다 하나님의 부르심에 반응하는 것이 더 중요하다.

하나님은 1등보다 겸손한 마음으로 다시 시작하는 10등의 마음을 기뻐하신다. 시편 51편 17절에 "하나님이여 상한 심령을 주께서 멸시하지 아니하시리이다."라고 하셨다. 지금 어디에 있든 스스로를 낮추고 다시 발걸음을 내딛는 그 순간 하나님은 우리를 다시 들어 올리신다.

그러니 기억하라. 1등이 되려 애쓰지 말고, 늘 10등처럼 낮아져라. 그 겸손함 속에 하나님의 은혜와 능력이 임한다. 진짜 승리는 그 자리를 지키는 것이 아니라, 믿음으로 날마다 새롭게 시작하는 데 있다.

61. 승리는 포기하지 않는 자의 것

세상은 흔히 '무기'를 자랑한다. 스펙, 재산, 배경, 인맥 같은 것들이 성공을 결정짓는 요소처럼 여겨진다. 하지만 진짜 승리는 눈에 보이는 힘에서 나오는 게 아니다. 한 가지 목표를 향해 끝까지 나아가는 집중력과 포기하지 않는 끈기에서 나온다. 사냥도 마찬가지다. 날카로운 이빨보다 중요한 건 끈질기게 쫓는 힘, 그 끝없는 인내다.

성경에도 이런 이야기가 나온다. 야곱은 형 에서를 피해 광야로 도망쳤고, 험난한 삶을 시작했다. 하지만 그는 절대 포기하지 않았다. 자신을 이끄시는 하나님의 뜻을 따라 끊임없이 나아갔고, 결국 형과 화해하고 가정을 회복하며 하나님과 동행하는 축복을 누렸다.

특히 야곱이 얍복 강에서 하나님의 사자와 씨름하던 장면이 이 집중력과 끈기를 잘 보여준다. 그는 "당신이 내게 축복하지 아니하면 가게 하지 아니하겠나이다."(창세기 32:26)라고 말하며 밤새 씨름을 멈추지 않았다. 결국 '이스라엘'이라는 새 이름과 함께 축복을 받았다. 믿음 있는 사람은 포기하지 않는 사람이다. 하나님이 주시겠다고 약속한 것을 끝까지 붙잡고 싸우는 자에게 결국 승리는 찾아온다.

사도 바울도 이렇게 고백한다. "형제들아 나는 아직 내가 잡은 줄로 여기지 아니하고 오직 한 일, 즉 뒤에 있는 것은 잊어버리고 앞에 있는 것을 잡으려고…"(빌립보서 3:13) 그는 자신의 사명에 집중했다. 수많은 고난과 감옥 속에서도 흔들리지 않았다. 그의 눈에는 오직 예수 그리스도와 복음, 영원한 상급만 있었다.

하지만 사탄은 우리의 약함을 노린다. 낙심하게 만들고 포기하도록 유혹한다. 그러나 성경은 말한다. "너희가 선을 행하되 낙심하지 말지니 포기하지 아니하면 때가 이르매 거두리라."(갈라디아서 6:9) 이 말은 승부가 재능으로 끝나는 게 아니라, 먼저 포기하는 쪽이 지는 것이라는 인생의 법칙을 알려준다.

지금 지쳐 있거나 눈앞에 보이는 결과가 없어 낙심하고 있다면 다시 마음을 다잡아야 한다. 당신이 쫓는 그 길이 하나님이 주신 사명이라면 절대 헛되지 않는다. 세상은 외적인 힘만 보지만, 하나님은 끝까지 주님을 쫓는 그 중심을 보신다. 승리는 결국 처음이 아니라 끝에 있다.

끝까지 쫓는 믿음, 그것이 진짜 강함이고, 하나님의 손에 붙들린 자에게 주어지는 축복이다. 그러니 포기하지 말고, 끝까지 나아가라. 그 길 위에서 반드시 하나님의 은혜와 승리를 경험하게 될 것이다.

끝까지 신실하게 나아가는 믿음, 그것이 진짜 승리다. 하나님은 당신의 삶 속에서, 작은 순간에도 역사를 이루시며, 마침내 그 길 위에서 하나님의 은혜와 기쁨, 그리고 승리를 경험하게 하실 것이다. 그러니 포기하지 말고, 지금 이 자리에서 다시 일어나라. 당신이 붙잡는 믿음의 손길 하나하나가 하나님 앞에서 큰 열매로 돌아올 것이다. 하나님은 결코 당신을 포기하지 않으시며, 끝까지 함께하신다.

62. 껍질을 깨고 나오는 믿음

병아리는 스스로 껍질을 깨고 나와야 생명이 된다. 남이 대신 껍질을 깨주면, 그 병아리는 온전히 살 수 없다. 인생도 마찬가지다. 아무도 대신 살아줄 수 없고, 대신 결정해줄 수도 없다. 자기 인생의 껍질은 스스로 깨야 한다. 그 과정에서 두려움과 불안, 실패가 따르지만, 그것을 극복하고 스스로 걸어가는 순간에 진정한 성장과 자유가 찾아온다.

하나님은 우리를 주체적인 존재로 부르셨다. "내가 너를 지명하여 불렀나니 너는 내 것이라."(이사야 43:1)라는 말씀처럼, 우리는 누구의 뒤에 숨지 말고 믿음 안에서 당당히 걸어가야 한다. 좁은 길, 어려운 길, 남이 대신 걸어줄 수 없는 길일지라도, 하나님은 그 길을 당신이 걸어가기를 원하신다. 예수님도 말씀하셨다. "좁은 문으로 들어가라…, 생명으로 인도하는 문은 좁고 길이 협착하여 찾는 이가 적음이라."(마태복음 7:13-14) 신앙과 삶의 진정한 성취는 누구도 대신해줄 수 없으며, 자기 발로 걸어야만 얻을 수 있다.

하나님은 스스로 목표를 세우고, 꾸준히 노력하는 자에게 달란트를 더하신다. 다섯 달란트를 받은 종처럼, 자기 능력을 믿고 끊임없이 움직이는 자에게 하나님은 말씀하신다. "잘하였도다 착하고 충성된 종아."(마태복음 25:21) 하나님은 우리를 시험하거나 질책하려고 이 길을 주신 것이 아니다. 오히려 우리 안에 심어진 가능성을 발견하게 하고, 성장하게 하시기 위함이다. 우리가 자신의 몫을 다할 때, 하나님은 그 충성과 성실을 인정하시고 축복으로 보답하신다.

그러니 이제 환경 탓, 조건 탓, 핑계는 그만두자. 껍질은 스스로 깨야 한다. 실패하고 넘어지더라도, 다시 일어나 믿음으로 한 걸음 내디뎌야 한다. 그 한 걸음이야말로 하나님께서 우리에게 주신 기회이며, 우리가 선택할 수 있는 자유다. 우리가 스스로 나아갈 때 하나님은 우리 약함 속에서도 능력을 발휘하시고, 아직 드러나지 않은 가능성을 하나하나 밝혀 주신다.

오늘의 작은 결심, 한 걸음 한 걸음이 모여 삶 전체를 바꾸는 힘이 된다. 처음에는 보이지 않는 노력과 헌신이라도, 하나님은 그 모든 순간을 기억하시며, 반드시 열매를 맺게 하신다. 포기하지 않고 믿음을 붙들며 꾸준히 나아가는 사람에게 하나님은 새로운 문을 열어 주시고, 예상치 못한 방식으로 축복을 부어주신다. 우리가 세상 눈으로 실패했다고 여기는 순간조차도, 하나님 눈에는 그 모든 과정이 성실과 신뢰의 증거로 기록된다.

그러므로 두려움과 좌절, 실패에 눌리지 말라. 넘어질수록 더 강해지고, 더 깊은 믿음과 지혜를 배우게 된다. 세상이 우리를 판단하더라도, 하나님은 우리의 마음과 의지를 보고 계시며, 끝까지 포기하지 않는 자에게 그분의 능력과 은혜를 더해 주신다.

63. 노력은 하되 걱정은 하지 말기

우리는 종종 너무 바쁘게 하루를 살아간다. 뭔가 하지 않으면 불안해서 일단 뛰고 본다. 결과가 나오기도 전에 걱정부터 하고, 노력은 적으면서도 걱정은 넘치게 많다. 마치 걱정이 문제를 해결해주는 무기라도 되는 양 붙들고 산다. 하지만 성경은 분명히 말한다. "아무 것도 염려하지 말고 다만 모든 일에 기도와 간구로 너희 구할 것을 감사함으로 하나님께 아뢰라."(빌 4:6) 하나님은 우리가 열심히 일하되, 그 결과는 걱정 대신 그분께 맡기길 원하신다.

인생은 때때로 앞이 보이지 않는 어두운 길을 걷는 것 같다. 이럴 때 사람들은 더욱 조급해진다. 방향보다 속도를 우선하다 보니 잘못된 길로 달려가기도 한다. 하지만 진짜 믿음은 하나님 앞에서 멈추고 방향을 묻고, 기다릴 줄 아는 데서 시작된다.

시편 37편 3절은 이렇게 말한다. "여호와를 의뢰하고 선을 행하라. 땅에 머무는 동안 그의 성실을 먹을거리로 삼을지어다." 이 말씀은 우리가 해야 할 일과 하지 말아야 할 걱정을 분명히 구분해준다. 우리가 할 일은 선한 노력을 다 하는 것이고, 미래와 결과는 하나님의 성실함에 맡기는 것이다.

예수님도 말씀하셨다. "내일 일을 위하여 염려하지 말라. 내일 일은 내일 염려할 것이요, 한 날의 괴로움은 그 날로 족하니라."(마 6:34) 주님은 걱정 많은 제자들에게 평안을 주셨고, 오늘 하루에 집중하라고 말씀하셨다. 우리가 할 일은 오늘 주어진 몫을 묵묵히 감당하는 것, 그 이상은 하나님의 영역이다.

노력은 우리의 몫이지만, 결과는 하나님이 아름답게 완성하실 작품이다. 걱정보다 기도를, 조급함보다 기다림을 선택할 때, 인생은 가장 안전한 하나님의 길 위를 걷게 된다.

더 나아가, 우리가 하나님께 맡기는 삶은 단순히 '편안함'을 위한 것이 아니다. 그것은 마음의 중심을 하나님께 두고, 모든 상황 속에서 평안을 누리는 지혜로운 선택이다. 걱정으로 하루를 낭비하는 대신, 기도로 마음을 다스리고 감사로 하루를 채우는 사람은, 보이지 않는 하나님의 손길 안에서 안정감을 경험하게 된다. 이러한 삶은 단순히 결과가 좋게 이루어지기 때문이 아니라, 과정 자체가 하나님과 동행하는 신앙의 훈련이 되기 때문이다.

또한, 하나님께 맡기는 것은 우리가 현실과 책임에서 도피하는 것이 아니라, 오히려 자신의 자리에서 최선을 다하며, 동시에 하나님의 뜻과 섭리를 존중하는 적극적 신뢰의 표현이다. 우리가 할 수 있는 일을 성실히 감당하면서, 동시에 결과와 내일의 문제를 하나님께 맡길 때, 마음의 평안은 삶 속에서 자연스레 열매를 맺는다.

64. 여기까지가 아닌 지금부터

　살아간다는 건 늘 '여기까지'가 아니라 '지금부터'다. 이 말은 여호수아 1장 9절에서 하나님이 여호수아에게 주신 말씀과도 닮아 있다. "강하고 담대하라. 두려워하지 말며 놀라지 말라." 하나님은 우리가 멈춰 서 있는 게 아니라, 오늘이라는 선물을 붙잡고 앞으로 나아가길 바라신다.

　성경은 언제나 '한 걸음 한 걸음' 내딛는 믿음을 강조한다. 아브라함이 그랬다. 그는 고향을 떠나 하나님이 약속하신 땅으로 향했다. 정확한 목적지를 몰랐지만, 그저 하나님을 믿고 한 걸음을 내디뎠다. 하나님은 그 한 걸음을 보시고 그의 길을 인도하셨다. 우리도 마찬가지다. 완벽한 계획이 없더라도, 하나님을 신뢰하며 내딛는 작은 발걸음이 믿음의 시작이 된다.

　예수님은 제자들에게 "좁은 문으로 들어가라."고 말씀하셨다. 멸망으로 가는 길은 크고 넓지만, 생명으로 인도하는 문은 좁고 찾는 이가 적다고 하셨다. 좁은 문, 곧 믿음과 순종의 길은 때때로 지루하고 버겁게 느껴질 수 있다. 하지만 중요한 건 '지금부터' 그 길을 걷기 시작하는 것이다. 한 걸음 내딛고, 또 한 걸음 내딛는 것. 그게 바로 신앙의 길이며, 살아 있다는 것을 증명하는 길이다.

　믿음의 여정은 때로 두렵고 피곤하다. 하지만 히브리서 12장 1절은 우리에게 이렇게 말한다. "인내로써 우리 앞에 당한 경주를 달리자." 믿음은 단순히 걷는 게 아니라, 때로는 달려야 할 경주다. 주님을 향한 걸음이든, 달음질이든 멈추지 않는 것이 중요하다. 그럴 때 우리는 신앙 안에서 자라고, 하나님의 뜻 안에서 쓰임 받는다.

　혹시 지금 마음속이 불안하고 조급한가? 그렇다면 잠시 멈춰 이렇게 기도해 보자. "주님, 오늘 내가 할 수 있는 일을 성실히 감당하겠습니다. 나머지는 주님의 뜻에 맡깁니다." 이 고백 속에 하나님이 주시는 평안과 지혜가 임할 것이다. 노력은 우리의 몫이지만, 결과는 하나님이 아름답게 완성하실 작품이다. 걱정보다 기도를, 조급함보다 기다림을 선택할 때, 인생은 가장 안전한 하나님의 길 위를 걷게 된다.

더 나아가, '지금부터'라는 것은 단순히 시간을 가리키는 말이 아니다. 그것은 마음의 방향을 의미한다. 과거의 실패와 후회에 매이지 않고, 미래의 불안과 걱정에 잠식되지 않고, 오늘 내 손에 주어진 기회와 책임을 붙잡는 것이다. 하나님은 우리가 과거를 탓하며 머뭇거리는 것을 바라지 않으신다. 또한 미래를 염려하며 속도를 높이는 모습도 바라지 않으신다. 오히려 한 걸음씩, 하나님 앞에서 성실히 내딛는 그 걸음을 기뻐하신다.

믿음의 여정에서 중요한 것은 '속도'가 아니라 '방향'이다. 한 걸음이 느려 보여도, 하나님과 동행하며 걷는 길은 결국 올바른 길로 인도된다. 아브라함의 여정처럼, 우리 삶에도 때로는 목적지가 불분명하고 두려움이 찾아오지만, 하나님께서 그 한 걸음을 보시고 길을 열어 주신다.

65. 속에 숨겨진 하나님의 기회

나는 힘이 센 강자도 아니고, 천재라 불릴 만큼 특별히 똑똑하지도 않다. 그저 날마다 조금씩 새로워지려고 애썼을 뿐이다. 돌아보면, 그것이 내가 지금까지 살아온 힘이었고, 앞으로도 살아갈 이유다. 어쩌면 이 고백은 빌 게이츠의 이야기이기도 하고, 우리 모두의 이야기일지도 모른다. 그는 이렇게 말했다. "Change(변화)의 g를 c로 바꿔보십시오. Chance(기회)가 되지 않습니까?" 참 묘한 말이지만, 분명한 진실이 담겨 있다. 변화는 언제나 새로운 기회의 문이 된다.

성경도 이 사실을 분명히 말한다. "너희는 이 세대를 본받지 말고 오직 마음을 새롭게 함으로 변화를 받아…"(로마서 12:2) 변화는 단순히 겉모습을 바꾸는 게 아니라, 마음 깊은 곳에서 시작되는 새로움이다. 그리고 그 마음의 새로움은 하나님을 향한 열린 자세에서 비롯된다. 하나님은 우리가 어제의 상처나 실패에 머물지 않게 하시고, 오늘을 통해 다시 일어나게 하신다. 우리 안에서 새로운 시작을 가능하게 하시는 분이 바로 하나님이다.

이스라엘 백성의 광야 생활도 그랬다. 40년의 시간은 실패와 방황의 연속처럼 보였지만, 그건 결코 버려진 시간이 아니었다. 하나님은 그 시간을 통해 그들을 연단하셨고, 약속의 땅으로 들어갈 준비를 시키셨다. 변화의 여정 속에 하나님은 언제나 기회를 숨겨두신다. 사도 바울 역시 변화의 상징이다. 그는 과거에 교회를 박해하던 자였지만, 예수님을 만나 완전히 다른 인생을 살게 된다. 만약 그가 변화를 거부했다면, 복음을 전하는 사도로서의 삶은 시작되지도 못했을 것이다. 그의 인생에 담긴 수많은 기회는 변화에서 비롯된 것이었다.

우리도 마찬가지다. 변화는 때때로 두렵고 불편하다. 익숙한 것을 떠나야 하고, 보이지 않는 길을 걸어야 하니 당연하다. 하지만 하나님 안에서의 변화는 늘 기회를 동반한다. 우리의 약함 속에 하나님의 능력이 드러나고(고후 12:9), 우리의 낮아짐 속에서 그분의 영광이 빛난다.

더 나아가, 변화는 단순히 개인적 성장의 문제만이 아니다. 그것은 우리의 관계, 일, 사역, 삶의 모든 영역에 새로운 가능성을 불러온다. 작은 마음의 변화가 하루의 선택으로 이어지고, 하루의 선택이 한 달, 한 해, 더 나아가 평생의 방향을 바꾼다. 하나님은 우리가 두려움 때문에 발걸음을 멈추지 않기를 바라신다. 그분은 우리를 향해 "보라, 내가 새 일을 행하리니 이제 나타낼 것이라."(이사야 43:19)라고 말씀하시며, 변화 속에 기회를 숨겨두셨다.

그러니 두려워하지 말자. 변화는 끝이 아니라 시작이다. 익숙함과 안락함에서 벗어나 한 걸음을 내디딜 때, 우리는 하나님이 마련하신 새로운 길 위에 서게 된다. 그 길에서는 실패조차 배움이 되고, 좌절조차 새로운 기회의 발판이 된다. 변화의 순간마다 하나님은 우리와 함께하시며, 그분의 계획과 섭리를 조금씩 보여주신다.

변화를 외면하지 말고, 오히려 기대하자.

66. 천천히 삼켜가는 안일함

끓는 물에 개구리를 넣으면 깜짝 놀라 뛰쳐나오지만, 찬물에 넣고 서서히 데우면 그저 가만히 있다가 결국 죽게 된다는 이야기가 있다. 외부의 변화에 무감각해진 채 익숙함에 안주하다가 위기를 맞이하는 인간의 모습을 빗댄 비유다. 많은 이들이 이미 어느 정도의 성취를 이루면 그 자리에 머물고 자신을 돌아보지 않는다. 변화의 신호를 무시하고 안일함에 젖어 있다가 결국 돌이킬 수 없는 상황을 맞게 되는 것이다.

성경에서도 비슷한 경고가 나온다. 사사기 2장 10절은 이렇게 말한다. "그 후에 일어난 다른 세대는 여호와를 알지 못하며, 여호와께서 이스라엘을 위하여 행하신 일도 알지 못하였더라." 하나님과의 언약 가운데 살던 이스라엘 백성은 세월이 흐르며 하나님의 은혜를 잊었다. 영적인 온도가 서서히 식어가고 있었지만 그것을 깨닫지 못했고, 결국 반복적인 멸망과 회개의 고리를 벗어나지 못했다. 익숙함이 무뎌진 감각을 만들고, 무뎌진 감각은 결국 무너짐으로 이어진 것이다.

그래서 우리는 늘 깨어 있어야 한다. 베드로전서 5장 8절은 "근신하라 깨어

라. 너희 대적 마귀가 우는 사자 같이 두루 다니며 삼킬 자를 찾나니."라고 경고한다. 믿음의 사람이라 해도 영적으로 잠들면, 결국에는 서서히 데워지는 물속의 개구리처럼 멸망의 길로 끌려가게 된다. 마귀는 대놓고 공격하지 않는다. 조금씩, 천천히, 의심과 게으름, 자기만족을 심어 신앙을 무너뜨린다.

예수님도 마태복음 24장에서 종말의 징조를 말씀하시며, 늘 깨어 준비하라고 하셨다. 주님의 재림은 예고 없이 찾아오기 때문에, 지혜로운 종은 언제나 준비된 마음으로 주인을 기다리는 법이다. 신앙도 마찬가지다. 처음에는 열정적으로 말씀을 붙잡고 기도하지만, 시간이 지나면서 그 열정이 익숙함으로 바뀌고, 회개의 자리보다는 자기의에 안주하기 쉬워진다. 그 순간이 바로 위기의 시작이다.

그러므로 날마다 자신을 돌아봐야 한다. 말씀과 기도로 깨어 있고, 하나님께서 주시는 작은 신호에도 민감하게 반응해야 한다. 오늘 하루도 나를 천천히 삼켜가는 안일함과 자기만족에서 벗어나 다시 주님 앞에 바르게 서는 시간이 되어야 한다.

"주여, 내 영혼을 깨우소서. 내 안에 주신 첫사랑을 회복시켜 주소서."

더 나아가, 깨어 있음은 단순히 위기를 피하기 위한 방어가 아니다. 그것은 살아 있는 믿음을 유지하는 힘이며, 하나님과의 친밀함을 회복하는 길이다. 영적 감각이 깨어 있을 때, 작은 유혹에도 흔들리지 않고, 익숙함 속에서도 하나님을 찾는 눈을 잃지 않는다. 또 그 깨어 있음이 주변 사람들에게도 영향력을 미쳐, 우리의 삶과 공동체 속에 선한 변화를 일으킨다.

67. 미래의 눈, 믿음의 수평선

성공한 사람들의 공통점 중 하나는 '미래를 보는 눈'을 가졌다는 것이다. 그들은 10년, 20년 후를 내다보며 지금의 선택을 결정한다. 단기적인 이익에 급급하지 않고, 더 멀리 수평선 너머를 바라보며 삶의 방향타를 잡는다. 《1%만 바꿔도 인생이 달라진다》라는 책에서도 말하듯, 인생은 아주 작은 변화 하나로도 완전히 달라질 수 있다. 그리고 그 작은 변화를 이끌어내는 힘은 바로 미래를 내다보는 눈, 다시 말해 '믿음'이다.

히브리서 11장 1절은 믿음을 이렇게 말한다. "믿음은 바라는 것들의 실상이요 보이지 않는 것들의 증거니." 믿음의 사람들은 지금 눈앞에 보이는 현실에만 갇히지 않는다. 오히려 아직 오지 않은, 그러나 반드시 올 '바라는 것'을 미리 보며 오늘의 삶을 선택한다. 아브라함이 그랬다. 하나님이 보여주신 약속의 땅을 향해 떠났을 때, 그는 그 땅을 본 적도, 가본 적도 없었다. 그러나 그는 익숙한 고향과 가족을 떠났다. 바로 그 '미래의 시선'이 그를 믿음의 조상으로 세운 것이다.

요셉도 마찬가지다. 형들의 시기로 인해 노예가 되고, 감옥에까지 갇히는 고난을 겪었지만 그는 현실에 머물지 않았다. 오히려 그 속에서 하나님의 계획을 바라보며 살아갔다. 그의 믿음은 고난 중에도 무너지지 않았고, 결국 애굽의 총리가 되어 수많은 사람을 살리는 통로가 되었다. 그는 늘 이렇게 물으며 살았을 것이다. "하나님께서 이 상황 속에서 어떤 미래를 준비하고 계신가?"

그렇다면 오늘의 우리는 어떤가? 대부분의 사람들은 당장의 만족, 눈앞의 안정에 몰두하며 영원한 가치를 놓치고 살아간다. 하지만 하나님은 우리의 시선을 지금에만 두지 않으시고, 영원을 향해 이끌어 가신다. 전도서 3장 11절은 말한다. "하나님이 모든 것을 지으시되 때를 따라 아름답게 하셨고, 또 사람들에게는 영원을 사모하는 마음을 주셨느니라." 하나님은 우리 마음 깊은 곳에 영원을 향한 갈망을 심어두셨다.

그러니 인생의 수평선을 좀 더 길게 그려보자. 지금 내가 내리는 이 작은 선택이 10년 후, 아니 영원한 하나님의 나라에서는 어떤 의미를 가질지를 고민해보자. 작은 습관 하나, 진심 어린 말 한마디, 조용한 기도 하나가 인생 전체를 바꾸는 씨앗이 될 수 있다. 오늘 내가 읽는 말씀 한 줄, 드리는 기도 한 마디, 참고 견디는 인내 하나가 미래를 바꾸는 1%의 변화일지도 모른다.

믿음은 멀리 보는 눈이다. 그리고 하나님은 그 눈을 가진 사람을 들어 사용하신다. "주여, 오늘도 영원을 향한 눈을 주소서. 오늘의 작은 선택 안에서 믿음을 잃지 않게 하소서."

이 고백 하나가 우리의 10년 후, 아니 영원까지도 바꿀 수 있는 시작이 된다.

68. 겸손이 강력한 성공의 힘

사람들은 성공을 이야기할 때 흔히 출신 배경, 지능, 뛰어난 실력을 먼저 떠올린다. 하지만 진짜 승자는 그보다 훨씬 더 중요한 무기를 가지고 있다. 그것은 바로 '태도'다.

"승자는 다른 사람들이 그를 전문가라고 여길 때조차, 자신이 얼마나 더 배워야 하는지를 아는 사람이다."

이 말은 겸손과 배움의 자세가 얼마나 강력한 성공의 힘이 되는지를 잘 보여준다. 단지 아는 것으로 멈추는 것이 아니라, 계속해서 배우려는 태도, 그것이 사람을 성장하게 만든다.

성경은 이보다 더 깊은 통찰을 준다. 잠언 1장 7절은 말한다. "여호와를 경외하는 것이 지식의 근본이거늘 미련한 자는 지혜와 훈계를 멸시하느니라." 진짜 지혜는 많이 아는 데서 출발하지 않는다. 오히려 자기 부족함을 아는 데서 시작된다. 하나님을 경외하며 배우려는 마음, 그것이 진정한 지식의 출발점이고, 승자의 기본자세다.

다윗을 보자. 그는 이스라엘의 왕이었고, 뛰어난 전사였으며, 시편을 남긴 영적 지도자였다. 그러나 그는 언제나 "나는 가난하고 궁핍하오니 여호와여 나를 생각하소서."(시편 40:17)라고 고백했다. 그는 자신의 부족함을 알고 있었고, 하나님 앞에 배우는 자세를 멈추지 않았다. 다윗의 진짜 강점은 능력이 아니라, 끊임없이 배우는 태도에 있었다.

예수님께 칭찬받았던 로마의 백부장도 그렇다. 그는 권세 있는 장교였지만 예수님 앞에서는 "말씀만 하옵소서. 내 하인이 낫겠나이다."(마 8장)라고 고백했다. 그는 자기 한계를 정확히 알고 있었고, 그 자리에서 겸손한 믿음을 보였다. 예수님은 이 백부장을 보시며 "이스라엘 중 아무에게서도 이만한 믿음을 보지 못하였다."고 하셨다.

결국 사람을 진짜로 위대하게 만드는 건 타고난 조건이 아니라, 배우고자 하는 겸손한 태도다. 그리고 포기하지 않고 끝까지 가려는 끈기다. 갈라디아서 6장 9절은 말한다. "선을 행하되 낙심하지 말지니 포기하지 아니하면 때가 이르매 거두리라." 포기하지 않고, 성실하게 걸어가는 태도. 그게 바로 하나님의 사람에게 필요한 승자의 마음이다.

성공은 단번에 이루어지는 일이 아니다. 매일 배우고, 넘어지더라도 다시 일어서고, 하나님 앞에 겸손히 서는 태도가 조금씩 쌓여 만들어지는 것이다.

"하나님, 오늘도 내가 얼마나 부족한지 알게 하시고, 그 부족함을 채우기 위해 배우는 마음, 섬기는 태도를 주소서."

이 기도 속에 진짜 승자의 자격이 담겨 있다.

그리고 그런 태도를 가진 사람을 하나님은 반드시 높이신다.

69. 툭툭 털고 일어서는 믿음

누군가 말했다. "아마추어와 프로 작가의 유일한 차이는 인내심에 있다." 또 다른 이는 "인생은 S자 곡선이다. 툭툭 털고 일어나면 성공이 기다린다."고 했다. 두 말은 다른 듯하지만 결국 같은 진리를 전한다. 인생의 성공은 재능보다도 '견디는 힘'에 달려 있다는 것이다.

성경 속 믿음의 인물들도 이 진리를 삶으로 증명했다. 요셉은 형들에게 버림받고, 억울하게 감옥에 갇히는 고난을 겪었지만, 결국 애굽의 총리가 되었다. 하루아침에 그 자리에 오른 것이 아니라, 수년 동안의 인내와 눈물, 그리고 하나님을 향한 신뢰 속에서 자기 인생의 'S자 곡선'을 완주한 결과였다.

히브리서 10장 36절은 이렇게 말한다. "너희에게 인내가 필요함은 너희가 하나님의 뜻을 행한 후에 약속을 받기 위함이라." 성공은 목표를 향해 쭉 뻗은 직선 위에서 이루어지는 것이 아니다. 오르막과 내리막이 반복되고, 예상치 못한 굴곡이 가득한 것이 인생이다. 그 굴곡 속에서도 포기하지 않고, 툭툭 털고 다시 일어나는 자만이 결국 목적지에 도달하게 된다.

다윗 역시 마찬가지다. 그는 하나님께 기름부음을 받았지만, 왕이 되기까지 수많은 시간 동안 사울에게 쫓기며 도망다녀야 했다. 광야에서 낙심하고 두려움에 빠졌던 그는, 다시 무릎 꿇고 이렇게 고백했다. "내 영혼아 네가 어찌하여 낙심하며 어찌하여 불안해하는가 너는 하나님을 바라라."(시편 42:5) 그 고백은 절망 중에도 하나님을 바라보는, 인내의 언어였다.

우리의 삶도 그렇다. 계획대로 풀리지 않는 일, 예상하지 못한 실패, 도무지 해석되지 않는 후퇴들이 우리를 멈추게 할 수 있다. 그러나 바로 그 순간, 하나님은 말씀하신다. "의인은 일곱 번 넘어질지라도 다시 일어나려니와"(잠언 24:16) 넘어지는 것이 문제는 아니다. 진짜 중요한 것은 다시 일어서는 태도다. 성공은 실패하지 않는 사람에게 주어지는 것이 아니라, 실패할 때마다 믿음으로 다시 일어나는 사람에게 주어진다.

지금 당신의 인생이 S자 곡선의 어느 지점에 있든지, 낙심하지 마라. 인내의 시간이 왔다면, 그것은 하나님의 약속이 이루어질 준비 기간이다. 툭툭 털고 다시 일어나라. 하나님은 멈추지 않고 걸어가는 자를 통해 새로운 길을 여신다.

더 나아가, 인내는 단순히 어려움을 견디는 힘에 머무르지 않는다. 그것은 믿음을 깊게 하고, 마음을 단단하게 하며, 하나님과 더 친밀하게 만드는 과정이다. 매번 일어설 때마다 우리는 실패를 경험하면서도 동시에 성숙해지고, 세상 속에서 흔들리지 않는 신앙의 뿌리를 내린다. 작은 인내의 순간이 쌓여 삶 전체를 변화시키고, 결국 하나님의 계획 안에서 놀라운 열매를 맺는다.

"주님, 이 곡선의 끝에서 포기하지 않게 하시고, 주님의 손을 붙들고 다시 일어서게 하소서. 내 인생의 굴곡 끝에, 주님의 영광이 기다리게 하소서."

70. 작아 보여도 의미 있는 목표

윈스턴 처칠은 옥스퍼드 졸업식 연설에서 이렇게 말했다. "절대로 포기하지 마라! 절대로, 절대로, 절대로 포기하지 마라!" 단순하지만 강력한 이 외침은 삶의 본질을 꿰뚫는 메시지다. 사람들은 흔히 큰 성공이나 눈에 띄는 성과만을 목표로 삼고, 작은 노력이나 일상 속 꾸준함은 쉽게 무시한다. 그러나 진정한 성공과 성장은 바로 이 작은 끈기에서 비롯된다. 아무리 사소한 일이더라도 목표를 세우고 그 길을 포기하지 않고 걷는 사람만이 결국 열매를 맺는다. 이 진리는 성경 속에서도 뚜렷하게 나타난다.

마태복음 25장에 나오는 '달란트 비유'를 보자. 주인은 종들에게 각각 다섯, 두, 한 달란트를 맡긴다. 다섯과 두 달란트를 받은 종은 그것을 불려서 주인의 칭찬을 받지만, 한 달란트를 받은 종은 두려움에 아무것도 하지 않고 땅에 묻어둔다. 주인이 평가한 기준은 달란트의 양이 아니라, 그것을 어떻게 활용했느냐다. 다시 말해, 재능의 크기가 아니라 그 재능을 충실히 활용하려는 마음과 행동이 중요하다는 것이다. 작은 달란트라도 포기하지 않고 최선을 다해 사용한 사람에게 주인의 칭찬이 돌아간다.

주인은 충성된 종들에게 이렇게 말한다. "잘 하였도다, 착하고 충성된 종아!"(마 25:21) 이는 대단한 결과를 낸 사람에게만 주어지는 칭찬이 아니다. 오히려 하나님은 큰 성취보다, 맡겨진 작은 일에 성실하게 최선을 다한 태도를 더 귀하게 여기신다. 결국 하나님은 우리의 삶에서 보이는 작은 선과 충실함을 결코 놓치지 않으신다.

바울도 갈라디아서 6장 9절에서 이렇게 권면한다. "선을 행하되 낙심하지 말지니 포기하지 아니하면 때가 이르매 거두리라." 여기서 말하는 '선'은 반드시 거창하거나 눈에 띄는 일이 아니다. 작은 친절, 정직하게 맡은 일, 기도와 말씀 묵상 같은 일상 속 신앙적 실천도 포함된다. 중요한 것은 '포기하지 않고 지속하는 것'이다. 하나님은 우리 눈에는 미미해 보이는 작은 일에도 시간을 두고 열매를 맺게 하신다.

성경 속 인물 요셉을 보자. 그는 형들에게 팔리고, 억울한 누명을 쓰고 감옥에 갇히는 등 극심한 시련을 겪었다. 그러나 요셉은 절대로 포기하지 않았다. 그는 하나님을 신뢰하며 자신에게 주어진 자리에서 최선을 다했다. 결국 요셉은 애굽의 총리가 되어 수많은 사람을 살리는 통로가 된다. 요셉의 인생 자체가 "절대로 포기하지 마라."는 메시지를 생생하게 보여 준다. 그의 삶은 우리에게, 고난과 시련 속에서도 하나님과 동행하며 꾸준히 나아갈 때 반드시 길이 열리며, 하나님의 뜻이 이루어진다는 강력한 교훈을 전한다.

작은 씨앗이 땅속에서 오랜 시간을 견딘 후 자라 큰 나무가 되듯, 우리의 일상 속 충성도 하나님 안에서 반드시 열매를 맺게 된다.

Part

3

지혜에서
피어나는 삶

1. 지혜와 명철을 얻는 길

사람은 살아가며 수많은 선택 앞에 선다. 어디로 가야 할지, 무슨 말을 해야 할지, 어떻게 살아야 할지를 끊임없이 고민하게 된다. 그때 우리에게 가장 필요한 것은 단순한 지식이 아니라, 지혜와 명철이다. 지혜란 무엇이 옳은지 분별하고 그 길을 따를 수 있는 용기이고, 명철은 그 지혜를 깊이 이해하고 받아들이는 마음이다.

성경은 지혜의 출발점을 분명하게 말한다. "여호와를 경외하는 것이 지혜의 근본이요, 거룩하신 이를 아는 것이 명철이니라."(잠언 9:10) 진짜 지혜는 세상의 논리나 경험에서 시작되지 않는다. 오히려 하나님을 경외하고, 그분의 뜻을 존중하며 순종하려는 마음에서 시작된다. 이것이 지혜와 명철의 가장 튼튼한 기반이다.

솔로몬을 떠올려보자. 그는 왕이 되었을 때, 무엇이든 구할 수 있었다. 그러나 그는 부나 명예, 장수가 아니라, 백성을 바르게 다스릴 수 있는 지혜를 구했다. 그 기도는 하나님을 감동시켰고, 결국 그는 역사상 가장 지혜로운 사람으로 기억된다.(열왕기상 3장) 이 이야기는 중요한 사실을 가르쳐준다. 지혜는 스스로 만들어내는 것이 아니라, 하나님께 구할 때 주어지는 선물이라는 것이다. "너희 중에 누구든지 지혜가 부족하거든… 하나님께 구하라 그리하면 주시리라."(야고보서 1:5)

지혜와 명철은 하루아침에 얻어지지 않는다. 그것은 말씀을 가까이하고, 매일 묵상하는 삶 속에서 조금씩 자라난다. "주의 말씀은 내 발에 등이요 내 길에 빛이니이다."(시편 119:105) 말씀은 우리가 어디로 가야 할지, 무엇을 선택해야 할지를 보여주는 등불이다. 말씀을 읽고, 듣고, 마음에 새기는 삶이 지혜의 길이다.

그리고 지혜는 겸손한 자에게 임한다. "스스로 지혜롭게 여기지 말지어다 여호와를 경외하며 악을 떠날지어다."(잠언 3:7) 교만은 지혜의 문을 닫지만, 겸손은 지혜의 문을 연다. 자신이 모른다는 걸 인정하고 하나님께 물을 수 있는 사람이 진정한 지혜를 얻게 된다.

지금 우리가 살아가는 시대는 정보는 넘치지만, 참된 지혜는 부족한 시대다. 스마트폰으로 수많은 지식을 검색할 수는 있어도, 어떻게 살아야 하는지를 알려주는 지혜는 어디에서나 쉽게 얻을 수 있는 게 아니다. 그래서 더더욱 하나님을 경외하는 마음이 필요하다. 그분의 말씀에 귀를 기울이고, 기도로 하루를 걸어가는 것이 지혜의 길이다.

지혜와 명철은 멀리 있지 않다. 하나님 안에 있다. 그리고 하나님은 오늘도 아낌없이 그 지혜를 주고 싶어 하신다. 그러니 오늘도 그분 앞에 겸손히 나아가자. 그리고 지혜의 길로 한 걸음씩 걸어가자.

2. 배움의 지혜는 믿음의 열매

세상의 지혜가 담긴 속담들 중에서 배움의 중요성을 말하는 말들은 유난히 마음에 깊이 다가온다. "교육을 받지 못할 바엔 차라리 태어나지 않는 것이 낫다."는 다소 극단적인 말도 결국 배움이 인간 삶의 본질이라는 점을 강조한다. 배우지 않으면 알 수 없고, 알지 못하면 제대로 살 수 없다. "배우기 위해 살고, 살기 위해 배워라."는 말처럼, 삶과 배움은 따로 분리될 수 없는 하나의 흐름이다.

성경도 배움의 중요성을 매우 분명하고도 깊이 있게 전한다. "지혜가 제일이니 지혜를 얻으라. 네가 얻은 모든 것으로 명철을 얻을지니라."(잠언 4:7)는 말씀은 지혜가 단순한 정보나 지식이 아니라, 하나님을 아는 통찰과 삶의 방향임을 보여준다. 이런 지혜는 단번에 얻어지는 것이 아니라, 믿음의 여정을 걸으며 평생에 걸쳐 배워야 할 진리다.

예수님조차도 "내게 배우라."고 하셨다. 하나님의 아들이셨지만, 어린 시절 성전에서 말씀을 듣고 질문하며 배우셨고, 자신의 삶 전체를 통해 배우는 자의 모습을 보여주셨다. 배움은 유년기에만 필요한 것이 아니라 하나님의 뜻을 이루기 위한 전 생애의 태도임을 분명히 하신 것이다.

"요람에서 배운 것은 무덤까지 간다."는 속담처럼, 어린 시절에 몸에 밴 신앙과 지혜는 평생을 이끌어간다. 그래서 성경도 "마땅히 행할 길을 아이에게 가르치라."고 강조한다. 배움은 단기간의 일이 아니라, 처음부터 끝까지 계속되는 축복의 길이다.

또 "새벽에 도를 얻으면 저녁에 죽어도 좋다."는 말처럼, 진리를 향한 배움은 그 자체로 최고의 삶의 가치다. 바울 사도 역시 생의 마지막까지 "이룬 것이 아니라 달려간다."고 고백하며, 배움의 여정을 끝까지 놓지 않았다.

하나님 나라에서는 "서당개 삼년에 풍월 한다."는 말처럼, 누구나 겸손히 배우고자 하는 자세를 가지면 결국 배운다. 하물며 성령의 인도 안에서 말씀과 기도로 살아가는 사람이라면 날마다 새로운 깨달음과 성장을 경험하게 된다.

오늘도 우리는 배워야 한다. 때로는 아이처럼, 제자처럼, 눈물로 배우고, 찬양으로 배우며 살아가야 한다. 배움은 부끄러운 일이 아니다. 오히려 진정한 믿음의 사람은 늘 배우는 자리에 서 있다.

"지혜 있는 자는 듣고 학문이 더할 것이요, 명철한 자는 지략을 얻으리라."(잠언 1:5) 이 말씀처럼, 오늘도 배우는 삶을 선택해야 한다. 요람에서 무덤까지, 우리는 하나님의 학교에서 배우는 인생이다. 그리고 그 배움은 언젠가 믿음의 열매로 풍성하게 맺힐 것이다.

3. 공동체가 성장하는 방식

어릴 적 기억을 떠올려 보면, 가장 설레고 분주했던 날은 아마 운동회 날이었을 것이다. 염색한 청백 띠를 이마에 두르고, 친구들과 나란히 줄지어 운동장에 들어섰던 그 순간은 단지 장난기 많은 아이들의 행렬이 아니었다. 놀랍게도 그 수많은 아이들 가운데 줄에서 이탈하는 사람 하나 없이, 마치 하나의 몸처럼 질서 정연하게 움직였다. 그 풍경은 하나의 공동체가 조화롭게 움직이는 살아 있는 그림이었다.

하지만 그 질서는 그냥 만들어진 것이 아니었다. 수차례 반복된 연습과 훈련 속에서 아이들은 자신이 어디에 서야 하고, 언제 어떻게 움직여야 하는지를 익혔다. 단순한 몸의 움직임을 맞추는 차원이 아니라, 마음의 순종과 공동의 리듬을 배우는 과정이었다. 서로를 배려하며 같은 방향으로 걸어가는 그 시간 속에서, 아이들은 질서의 가치를 배웠다.

사도 바울은 고린도전서 9장 25절에서 이렇게 말한다. "이기기를 다투는 자마다 모든 일에 절제하나니, 우리는 썩지 아니할 것을 위하여 이긴다." 운동회 연습처럼, 삶에도 훈련이 필요하다. 우리의 신앙 역시 하루아침에 성숙해지지 않는다. 기도도, 인내도, 사랑도 끊임없이 훈련하고 반복해야 깊어지고 단단해진다. 한 번의 열정이 아니라, 매일의 연습이 우리를 변화시키는 힘이다.

운동회 연습은 처음엔 누가 정해준 순서를 따라가는 것이었다. 하지만 반복되는 그 과정 속에서, 아이들은 '무엇이 옳은가', '어떻게 해야 조화를 이룰 수 있는가'를 스스로 분별할 수 있게 되었다. 이것이 교육의 힘이고, 공동체가 건강하게 성장하는 방식이다.

히브리서 12장 11절은 말한다. "무릇 징계가 당시에는 즐거워 보이지 않고 슬퍼 보이나, 후에 그로 말미암아 연단 받은 자들은 의와 평강의 열매를 맺느니라." 연습은 때로 지루하고 힘들지만, 그 과정 속에서 우리는 규율 안에서 자유를 배우고, 서로를 이해하는 법을 익힌다. 운동회 줄 속에서 자신의 자리를 지켰던 경험은 단지 누군가 시켜서가 아니라, 모두가 하나의 질서를 이루어 가는 데 동참했다는 의미였다는 걸 나중에야 깨달았다.

이것은 오늘의 교회 공동체나 가정, 그리고 사회 속에서도 그대로 이어지는 진리다. 에베소서 4장 3절은 말한다. "평안의 매는 줄로 성령이 하나 되게 하신 것을 힘써 지키라." 운동회에서 청백 띠가 우리를 하나로 묶었다면, 지금 우리의 삶을 묶는 것은 하나님의 말씀이다. 그 말씀 안에서 우리는 질서를 배우고, 순종을 통해 진정한 자유와 기쁨을 누리게 된다.

4. 가난은 끝이 아닌 시작

가난한 집에 태어났다고 해서 부자가 될 수 없다는 말은 많은 이들의 입에서 쉽게 나온다. 현실의 벽 앞에서 좌절하고, 출발선이 불리하다는 생각에 무기력해지는 것이다. 하지만 성경은 가난을 단순히 불행이나 결핍으로 보지 않는다. 오히려 가난한 자에게 하나님은 특별한 은혜를 주시고, 그 안에 깊은 축복을 담아두셨다.

예수님은 마태복음 5장 3절에서 "심령이 가난한 자는 복이 있나니 천국이 그들의 것임이라."고 말씀하셨다. 여기서 말하는 '심령의 가난'은 단지 물질적인 부족함을 뜻하는 것이 아니라, 자신의 연약함과 한계를 인정하고 하나님 앞에 겸손히 엎드리는 마음을 말한다. 가난은 부끄러운 것이 아니다. 그것은 오히려 하나님 앞에서 새로운 시작의 기회가 되고, 진정한 성장을 이끄는 복의 통로가 된다.

루소는 가난한 집 아이가 오히려 인생의 진실을 먼저 배운다고 했다. 부족한 환경 속에서 삶의 고통과 현실의 무게를 일찍이 경험한 이들은, 그 안에서 꺾이지 않는 의지와 인내, 돈으로 살 수 없는 지혜를 얻게 된다. 성경 잠언 3장 5-6절은 이렇게 말한다. "너는 마음을 다하여 여호와를 신뢰하고 네 명철을 의지하지 말라. 네 모든 길에서 그를 인정하라. 그리하면 네 길을 지도하시리라." 가난이라는 역경 속에서도 하나님을 신뢰하는 사람은 반드시 길을 찾게 되어 있다.

앤드류 카네기가 부자가 되기 위한 조건 중 첫 번째로 '가난한 집에서 태어나는 것'을 꼽은 것도 같은 맥락이다. 가난은 단지 결핍이 아니라, 절제와 끈기, 근면과 감사 같은 삶의 중요한 자산들을 배우게 만든다. 히브리서 12장 11절에서도 말한다. "훈련은 당시에는 즐거워 보이지 않고 슬퍼 보이나, 후에 그로 말미암아 연단 받은 자들은 의와 평강의 열매를 맺느니라." 가난과 고난은 결국 삶을 단련시키고, 하나님이 주시는 참된 열매를 준비하는 시간이다.

가난은 또한 우리를 세상의 욕망에서 벗어나게 하고, 하늘의 소망을 바라보게 만든다. 누가복음 6장 20절에서 예수님은 "너희 가난한 자는 복이 있나니 하나님의 나라가 너희 것임이라."고 하셨다. 물질적으로는 부족할지 몰라도, 하나님이 주시는 평안과 기쁨은 이 세상의 어떤 부와도 비교할 수 없다. 진정한 부는 은행 잔고에 있지 않고, 하나님 안에서 누리는 만족과 감사에 있다.

혹시 지금 가난하거나 어려운 상황에 처해 있다면, 그것이 끝이 아님을 기억하자. 오히려 하나님께서 당신을 특별히 준비시키고 계신 시간일 수 있다. 그 속에서 삶의 의미를 다시 발견하고, 더 단단한 믿음을 세워가게 된다. 고린도후서 12장 9절에서 바울은 고백한다. "내 은혜가 네게 족하도다. 이는 내 능력이 약한 데서 온전하여짐이라." 하나님은 우리의 약함 속에서 역사하시고, 우리의 부족함을 통해 강한 그릇으로 빚어내신다.

5. 배움은 빼놓을 수 없는 축복

　배움은 인생에서 빼놓을 수 없는 축복이다. 하지만 배움은 단순히 머리로 아는 것에서 끝나지 않는다. "Most things are easy to learn, but hard to master."라는 말처럼, 지식은 쉽게 익힐 수 있어도 진짜 지혜는 삶 속에서 체화될 때 비로소 의미가 있다. 성경은 단순한 정보나 지식을 넘어서, 하나님의 뜻을 깨닫고 그것을 삶에 실천하라고 가르친다.

　연습 없는 배움은 껍데기에 불과하다. "Practice is the best master."라는 말처럼, 반복과 훈련을 통해야만 진짜 내 것이 된다. 이는 "행함이 없는 믿음은 죽은 것이라."는 야고보서의 말씀과도 닿아 있다. 배운 것을 삶에 적용하지 않으면, 아무리 좋은 내용을 알고 있어도 결국은 공허한 이론일 뿐이다.

　배우는 자세에는 늘 겸손이 필요하다. "Old dog will not learn new tricks."라는 속담처럼, 이미 다 안다고 생각하는 순간 배움은 멈춘다. 하지만 하나님 앞에 나아가는 사람은 끝까지 배우는 사람이다. 모세는 80세에 부름을 받았고, 바울은 복음을 전하면서도 계속해서 배우고 가르쳤다. 배움에는 늦은 때란 없다. 포기하는 마음이 진짜 끝일 뿐이다.

　지혜에 이르는 길엔 지름길이 없다. "There is no royal road to learning." 이 말은 "좁은 문으로 들어가라."는 예수님의 말씀과 닮았다. 화려하고 쉬운 길보다는, 좁고 힘든 길을 꾸준히 걸어야만 참된 배움의 열매를 거둘 수 있다. 하루아침에 얻어지는 지혜는 없다. 겸손히, 묵묵히, 반복하며 나아갈 때 그 배움은 비로소 자신의 것이 된다.

　그러나 억지로는 안 된다. "You can take a horse to the water, but you can't make him drink."라는 말처럼, 배움은 스스로 열려 있는 마음에서 출발해야 한다. 마음이 닫혀 있으면 아무리 좋은 가르침도 헛되다. 그래서 예수님도 귀 있는 자는 들으라고 하셨다. 들을 귀, 열려 있는 마음이 있어 야 말씀이 뿌리내릴 수 있다.

배움에는 사랑과 훈육이 함께해야 한다. "Spare the rod and spoil the child."라는 말처럼, 사랑은 때로 단호함으로 나타난다. 잠언 13:24도 이를 강조한다. 진짜 배움을 위해선 때때로 징계도 필요하고, 인내도 필요하다.

마지막으로, 배움이 언제나 긍정적인 결과만 낳는 것은 아니다. 사랑 없는 배 움은 교만을 낳지만, 사랑으로 채워진 배움은 사람을 변화시키고 세상을 바꾼다. 진정한 배움은 머리에만 남는 것이 아니라 마음을 움직이고 삶을 새롭게 만든다.

6. 총명을 이기는 꾸준함의 지혜

"꾸준한 사람들은 흔히 머리가 빠르고 총명한 사람을 부러워한다. 시험을 잘 보고, 책 한 번 보면 다 외우고, 말도 조리 있게 잘하는 사람을 보면 자연히 그런 재능을 가지고 태어나지 못한 자신을 비교하게 된다. 하지만 성경은 전 혀 다른 기준을 제시한다. "마음을 다하여 여호와를 신뢰하고 네 명철을 의지 하지 말라."(잠언 3:5) 총명은 분명 귀한 선물이지만, 진정한 지혜는 하나님을 경외하고 그분의 뜻을 따라 살아가는 삶에서 비롯된다.

지혜란 단번에 얻게 되는 것이 아니다. 어느 날 갑자기 번뜩이는 통찰로 모 든 걸 깨닫는 사람도 있겠지만, 대부분의 사람에게 지혜는 하루하루 꾸준히 말씀을 붙들고 성실히 살아가며 쌓여 가는 것이다. 기억력이 좋지 않다고, 집 중력이 떨어진다고 스스로를 포기할 이유는 없다. "선을 행하되 낙심하지 말 지니 포기하지 아니하면 때가 이르매 거두리라."(갈라디아서 6:9) 이 말씀처럼,

묵묵히 말씀을 읽고, 책을 펴고, 조용히 앉아 하루하루를 살아가는 이에게 결국 하나님은 지혜를 부어 주신다.

세상은 너무 시끄럽고 바쁘다. 스마트폰, 미디어, 끝없는 만남과 말들이 마음을 분산시킨다. 이런 시대일수록 더욱 절실한 것은 '반일정좌 반일독서'의 삶이다. 하루 반나절이라도 책상 앞에 조용히 앉아 말씀을 묵상하고 책을 읽는 시간이 필요하다. 예수님조차도 사람들 틈에 계시다가 조용한 곳으로 물러나 기도하셨다.(누가복음 5:16) 고요함은 마음을 정화시키고, 하나님께 귀를 기울이게 만든다. 삶의 방향을 점검하게 하고, 나아가야 할 길을 묵상하게 한다.

지혜는 머리에서 오는 게 아니라 태도에서 비롯된다. 자세가 곧 지혜를 만든다. 머리가 좋지 않아도, 실력이 부족해도, 꾸준히 앉아서 묵상하고 공부하고 듣는 사람은 결국 깊은 통찰과 분별력을 갖게 된다. 성경은 이렇게 말한다. "지혜는 그 얻은 자에게 생명 나무라 지혜를 가진 자는 복되도다."(잠언 3:18) 이 지혜는 어느 날 갑자기 내리는 번개가 아니라, 말씀과 함께 걷는 사람에게 서서히 주어지는 선물이다.

솔로몬조차도 처음부터 지혜로운 사람이 아니었다. 그는 왕이 되었을 때, 자신의 부족함을 하나님께 고백했다. "누가 주의 이 많은 백성을 재판할 수 있사오리이까 듣는 마음을 종에게 주사 선악을 분별하게 하옵소서."(열왕기상 3:9) 그 겸손한 기도는 하나님께 상달되었고, 하나님은 솔로몬에게 그 누구보다 큰 지혜를 주셨다. 결국 지혜는 듣는 마음에서 시작된다. 꾸준히 듣고 배우는 사람, 하나님 앞에서 자신의 부족함을 고백하는 사람이 지혜를 얻게 된다.

7. 꿈이라는 씨앗에서 출발

오늘 우리는 스스로에게 물어야 한다. 나는 어떤 꿈을 품고 살아가고 있는 가. 혹시 현실의 벽 앞에서, 실패의 기억 앞에서, "이쯤이면 됐다."며 꿈을 내려놓지는 않았는가. 나이가 들수록, 상황이 복잡해질수록, 사람은 꿈꾸는 일을 사치처럼 여기기 쉽다. 그러나 성경은 꿈을 포기하라고 말하지 않는다. 오히려 "너희 젊은이는 환상을 보고 너희 늙은이는 꿈을 꾸리라."(요엘 2:28)고 선포한다. 하나님의 나라는 나이와 환경을 초월하여 여전히 꿈꾸는 사람들을 통해 일하신다.

하나님이 주시는 꿈은 때로 즉시 이루어지지 않는다. 오히려 긴 기다림과 연단의 시간을 동반한다. 아브라함은 약속을 받은 후 수십 년을 기다려야 했고, 요셉의 꿈은 감옥이라는 가장 어두운 터널을 지나서야 현실이 되었다. 이 기다림의 시간은 꿈이 틀렸다는 증거가 아니라, 꿈을 감당할 사람으로 우리를 빚어 가시는 하나님의 과정이다. 꿈이 지연될수록 하나님은 우리의 인격을 다듬고, 믿음을 깊게 하신다.

또한 하나님이 주신 꿈은 언제나 개인의 성공에만 머물지 않는다. 요셉의 꿈은 한 사람의 출세로 끝나지 않고, 수많은 생명을 살리는 통로가 되었다. 아브라함의 꿈은 한 가문의 번영이 아니라, "땅의 모든 족속이 너로 말미암아 복을 얻을 것이라."는 하나님의 구속 역사로 확장되었다. 참된 꿈은 나를 높이는 데서 끝나지 않고, 이웃을 살리고 세상을 회복하는 방향으로 자라난다.

그래서 꿈을 품는다는 것은 동시에 책임을 짊어지는 일이다. 하나님이 주신 비전을 붙든 사람은 가볍게 살 수 없다. 말과 행동, 선택 하나하나가 그 꿈에 걸맞은지 스스로 묻게 된다. 작은 정직, 작은 순종, 작은 희생이 모여 꿈을 현실로 만든다. 오늘의 충실함 없이 내일의 꿈은 존재하지 않는다.

결국 신앙이란, 하나님이 주신 꿈을 잃지 않고 오늘을 살아내는 것이다. 아직 보이지 않아도, 손에 잡히지 않아도, 하나님이 말씀하셨다면 그것은 이미 시작된 현실이다. 우리가 할 일은 결과를 조급히 움켜쥐는 것이 아니라, 하루하루 믿음으로 걸어가는 것이다. 하나님은 꿈꾸는 자를 통해 일하시고, 순종하는 발걸음 위에 역사를 써 내려가신다.

그러니 낙심하지 말자. 아직 이루어지지 않았다고 해서 꿈이 사라진 것이 아니다. 오늘도 하나님은 우리의 마음에 새로운 꿈을 심고 계신다. 그 꿈을 소중히 품고, 작은 걸음으로 순종하며 나아갈 때, 하나님은 우리의 삶을 통해 당신의 뜻을 이루실 것이다. 그곳에서 우리는 알게 된다. 꿈은 허상이 아니라, 하나님 나라가 이 땅에 스며드는 첫 시작임을.

8. 열정의 지혜가 천재의 비밀

어른이 되어서도 어린 아이의 마음을 지니는 것, 즉 열정을 간직하는 것이 천재의 비밀이다. 세월이 흐르고 나이가 들수록 사람은 세상의 계산과 현실의 무게에 눌려 산다. 그러나 진짜 지혜로운 사람은 나이가 들어도 마음만은 어린 아이 처럼 맑고 뜨겁다. 순수한 열정, 거침없는 상상력, 그리고 두려움 없는 도전 정신이 그 마음에 살아 있기 때문이다.

그러므로 우리는 스스로에게 정직하게 물어야 한다. 내 마음은 아직도 살아 있는가, 아니면 계산과 체념 속에 굳어 버렸는가. 언제부터 우리는 "현실적으로 안 돼"라는 말을 믿음보다 먼저 꺼내 들게 되었는가. 어린 아이는 불가능이라는 단어를 쉽게 쓰지 않는다. 넘어져도 다시 일어나고, 실패해도 또 시도한다. 그 마음이 바로 열정이며, 하나님이 기뻐하시는 마음의 상태다.

하나님은 언제나 뜨거운 마음을 가진 사람을 통해 일하셨다. 완벽한 사람, 조건이 갖춰진 사람보다, 아직 가능성을 믿는 사람을 사용하셨다. 노아는 비한 방울 떨어지지 않던 시대에 방주를 지었고, 여호수아는 성이 무너지리라는 약속 하나만 붙들고 성 주위를 돌았다. 그들의 공통점은 계산이 아니라 열정이었다. 하나님의 말씀을 아이처럼 믿고 그대로 행동하는 용기였다.

열정은 감정이 아니라 태도다. 잠깐 타오르다 사라지는 흥분이 아니라, 하나님을 향한 마음의 방향이다. 그래서 열정은 나이가 들수록 더 귀해진다. 세월이 쌓일수록 사람은 조심스러워지고, 상처받은 기억이 많아지며, 실패의 경험이 발목을 잡는다. 그때 필요한 것이 바로 어린 아이의 마음이다. 다시 믿고, 다시 기대하고, 다시 시작할 수 있는 마음 말이다.

신앙의 길에서도 마찬가지다. 처음 믿었을 때의 설렘과 기쁨을 잃어버리면, 신앙은 의무가 되고 습관이 된다. 그러나 어린 아이 같은 마음을 지닌 사람은 예배 속에서도 감동하고, 말씀 앞에서도 설레며, 작은 순종에도 기쁨을 느낀다. 하나님은 그런 마음을 통해 역사하신다. 열정이 살아 있는 신앙은 언제나 현재진행형이다.

그래서 천재의 비밀은 특별한 머리가 아니라, 꺼지지 않는 마음의 불꽃이다. 하나님이 주신 사명 앞에서 여전히 가슴이 뛰는가, 여전히 설레는가 중요하다. 그 열정이 있는 한, 인생은 끝나지 않았다. 나이가 문제가 아니라 마음이 문제다. 몸은 늙을 수 있어도, 마음 까지 늙을 필요는 없다.

결국 하나님 나라의 사람은 어른의 책임감 위에 아이의 열정을 얹고 살아가는 사람이다. 현실을 모르지 않되, 현실에 갇히지 않는 사람. 계산은 하되, 믿음을 포기하지 않는 사람이다.

9. 책은 내면을 빚어내는 지혜

한 사람의 충실성과 가치는 독서를 하느냐 안 하느냐에 달려 있다. 그리고 그 이상으로 중요한 것은 무엇을 읽는가이다. 책은 사람의 내면을 빚어낸다. 말과 행동, 삶의 깊이와 방향성은 결국 어떤 내용을 마음에 담고 살아가느냐에 의해 결정된다. 읽지 않는 사람은 세상의 지혜를 배울 기회를 스스로 거부하는 것이고, 아무 책이나 마구 읽는 사람은 방향 없는 배처럼 흘러다닐 수밖에 없다.

그러므로 우리는 하루를 마칠 때 스스로에게 물어야 한다. 오늘 나는 무엇을 읽었는가, 무엇을 마음에 담았는가. 단 몇 분의 독서라도, 그 내용이 진리를 향하고 있었는지, 아니면 마음을 흩뜨리는 정보에 그쳤는지 점검해야 한다. 인생은 하루아침에 바뀌지 않지만, 읽는 내용은 매일 조금씩 사람을 다른 방향으로 이끈다. 보이지 않게 쌓인 문장들이 결국 한 사람의 인격과 선택을 만들어낸다.

독서는 선택의 문제다. 시간은 누구에게나 동일하게 주어지지만, 그 시간을 무엇으로 채우느냐에 따라 삶의 결은 완전히 달라진다. 말씀과 좋은 책을 가까이하는 사람은 당장은 눈에 띄지 않아도, 위기의 순간에 흔들리지 않는 중심을 드러낸다. 말 한마디, 판단 하나에 깊이가 묻어나는 이유는, 이미 마음속에 기준이 세워져 있기 때문이다. 그 기준은 우연히 생기지 않는다. 오랜 독서와 묵상을 통해 다져진 결과다.

특히 하나님의 말씀을 읽는 일은 다른 어떤 독서와도 비교할 수 없다. 성경은 우리를 편하게 해 주기보다, 때로는 불편하게 만든다. 그러나 그 불편함이 바로 성장을 낳는다. 말씀은 우리를 위로하는 동시에 바로잡고, 격려하는 동시에 도전하게 한다. 그 말씀 앞에 꾸준히 자신을 노출시키는 사람은 서서히, 그러나 분명하게 변화된다. 생각이 바뀌고, 말이 달라지며, 삶의 우선순위가 재정렬된다.

또한 읽는다는 것은 곧 책임을 진다는 뜻이다. 진리를 읽고도 그대로 살아내지 않는다면, 그것은 지식이 아니라 부담이 된다. 그래서 지혜로운 사람은 많이 읽는 데서 멈추지 않고, 읽은 것을 삶으로 옮기기 위해 애쓴다. 한 구절이라도 붙들고 씨름하며, 하루의 선택 속에 적용하려 한다. 그 작은 실천이 쌓여 신앙의 뿌리를 깊게 내린다.

결국 충실한 인생은 거창한 업적에서 시작되지 않는다. 오늘 읽은 한 문장, 마음에 새긴 한 말씀에서 출발한다. 세상은 빠른 결과를 요구하지만, 하나님은 꾸준한 성실함을 귀하게 보신다. 매일 말씀 앞에 자신을 세우는 사람, 자신을 가꾸는 독서를 멈추지 않는 사람을 통해 하나님은 조용히 그러나 확실하게 일하신다.

그러니 영혼을 단단하게 만드는 진리를 가까이하자. 그것이 바로 흔들리지 않는 충실함이며, 하나님 앞에서 가치 있는 인생으로 나아가는 가장 확실한 길이다.

10. 실패 속에서 단련되는 지혜

실패 앞에서 가장 중요한 것은 낙심이 아니라 태도다. 같은 실패를 경험해도 어떤 이는 주저앉고, 어떤 이는 그 자리에서 다시 방향을 잡는다. 차이는 상황이 아니라, 그 실패를 하나님 앞에 어떻게 가져가느냐에 있다. 실패를 숨기고 부정하면 상처는 곪아가지만, 실패를 하나님께 드리면 그것은 새로운 시작의 재료가 된다. 하나님은 깨진 조각을 버리지 않으시고, 오히려 그 조각으로 더 단단한 그릇을 빚으신다.

실패는 우리를 정직하게 만든다. 성공할 때는 자신을 과대평가하기 쉽지만, 넘어질 때는 자신의 한계와 연약함을 직면하게 된다. 그 자리에서 비로소 우리는 하나님을 찾게 되고, 은혜를 구하게 된다. 그래서 실패는 신앙을 망가뜨리는 사건이 아니라, 신앙을 진짜로 만드는 통로가 된다. 자아가 깨어질 때 믿음은 자란다.

또한 실패는 공감의 깊이를 만들어 준다. 한 번도 넘어져 보지 않은 사람은 눈물의 무게를 알지 못하지만, 실패를 통과한 사람은 다른 이의 아픔을 가볍게 여기지 않는다. 하나님은 이런 사람을 통해 위로의 통로를 만드신다. 바울이 말한 것처럼, 우리가 받은 위로로 다른 이들을 위로하게 하시기 때문이다. 실패는 사명을 준비하는 훈련장이 된다.

신앙의 여정에서 실패는 예외가 아니라 필연이다. 문제는 실패하느냐 하지 않느냐가 아니라, 실패 후에 어디로 가느냐다. 다시 세상으로 도망갈 것인가, 아니면 하나님 앞으로 나아갈 것인가. 하나님은 실패한 사람을 부르실 때, 그 과거를 문제 삼지 않으신다. 오히려 그 실패를 통과한 지금의 마음을 보신다. 겸손해졌는지, 다시 배우려는 자세가 있는지를 보신다.

그러므로 오늘의 패배를 인생의 낙인으로 삼지 말자. 그 실패는 아직 끝나지 않은 이야기의 한 장면일 뿐이다. 하나님은 여전히 우리 삶의 저자이시며, 패배의 장 뒤에 회복과 사명의 장을 이어 쓰고 계신다. 우리가 할 일은 포기하는 것이 아니라, 다시 일어나는 것이다. 속도를 회복하지 못해도 방향만은 잃지 않는 것이다.

결국 가장 강한 사람은 실패하지 않는 사람이 아니라, 실패 속에서도 하나님을 놓지 않는 사람이다. 가장 지혜로운 사람은 넘어지지 않는 사람이 아니라, 넘어질 때마다 배움을 얻는 사람이다. 오늘의 눈물이 내일의 사명이 되고, 오늘의 패배가 내일의 간증이 된다. 그러니 다시 시작하라. 이 실패는 당신을 무너뜨리기 위해 온 것이 아니라, 더 깊고 단단한 승리로 이끌기 위해 허락된 하나님의 교실이기 때문이다. 인생의 승자는 가장 많이 이긴 사람이 아니다. 가장 많이 배운 사람이다.

11. 사고는 미래를 향한 날개

사고는 언제나 발전한다. 그것은 너무나도 먼 곳까지, 현재 속에 머물러 있는 육체보다 더 먼 곳까지 내다본다. 몸은 지금 이곳에 묶여 있지만, 생각은 시간을 넘어 미래를 그릴 수 있다. 인간에게 주어진 가장 놀라운 능력 중 하나는 바로 '사고'다. 이 사고가 사람을 변화시키고, 역사를 움직이며, 보이지 않는 가능성을 현실로 이끈다.

성경은 이 사고의 힘을 신앙과 연결해 보여준다. 히브리서 11장 1절은 믿음을 이렇게 정의한다. "믿음은 바라는 것들의 실상이요, 보이지 않는 것들의 증거니." 이 말씀은 곧, 사고의 힘이 믿음과 맞닿아 있다는 뜻이다. 보이지 않는 것을 마음으로 보고, 현재에 갇히지 않고 미래를 내다보는 그 능력이 바로 믿음이며, 그것은 깊은 사고에서 비롯된다.

아브라함은 하나님께서 하늘의 별처럼 자손을 주겠다는 약속을 하셨을 때, 눈에 보이는 증거는 없었다. 나이는 많고 아내 사라는 이미 생리조차 멈췄다. 하지만 그는 자신의 몸이 아니라 하나님의 말씀을 따라 사고했다. 그 믿음의 사고는 그의 발걸음을 가나안으로 이끌었고, 결국 믿음의 조상이라는 이름을 남기게 했다. 그의 사고는 단순한 생각이 아니라 하나님의 약속을 품은 비전이었다.

하나님은 사람에게 사고의 자유를 주셨다. 그래서 육체는 감옥에 갇혀 있어도, 마음은 하늘을 날 수 있다. 바울이 감옥에 있을 때조차 편지를 쓰며 교회를 세우고, 복음을 전할 수 있었던 것도 그 때문이다. 그의 사고는 쇠창살보다 강했고, 땅끝까지 내달리는 복음의 비전을 품고 있었다.

잠언 23장 7절은 말한다. "대저 그 마음의 생각이 어떠하면 그 위인도 그러한즉." 사고는 곧 사람의 본질이다. 어떤 생각을 품고 사느냐에 따라 그 사람의 삶의 방향이 결정된다. 부정적인 사고는 가능성을 가로막지만, 긍정적이고 창조적인 사고는 길을 열고, 새로운 지평을 펼친다. 사고가 자라지 않으면 믿음도 성장하지 못한다.

육체는 늘 한계에 부딪히지만, 사고는 하나님 안에서 무한히 확장될 수 있다. 꿈꾸는 자는 현실보다 넓은 세상을 살아간다. 오늘 하루, 내가 어떤 생각을 품고 살아가는지가 내일의 나를 만든다. 하나님은 단지 행위를 보시는 분이 아니라, 마음과 생각을 감찰하시는 분이다. 그러므로 깊이 생각하고, 믿음으로 사고하며, 하나님의 시선으로 미래를 내다보는 삶이 진정한 지혜자의 길이다.

사고는 현재에 머물지 않는다. 그것은 하나님이 주신 미래를 향해 날아가는 날개다.

12. 기도는 선택 아닌 생존 호흡

백년을 살 것같이 일하고, 내일 죽을 것같이 기도하라. 이 말은 참으로 인생을 균형 있게 살아가는 지혜를 담고 있다.

하루하루를 마치 영원히 살 것처럼 부지런히 땀 흘려 일하되, 동시에 내일 이 세상을 떠나더라도 후회 없을 만큼 간절히 하나님 앞에 기도하라는 말이다.

이 두 가지 태도는 상반되는 것 같지만, 사실은 함께 갈 때 인생을 가장 충실하게 만든다. 성경은 우리에게 게으름을 경계하고, 부지런함을 칭찬한다.

"게으른 자여 개미에게 가서 그가 하는 것을 보고 지혜를 얻으라."(잠언 6:6)

개미는 미래를 준비하며 오늘을 최선을 다해 살아간다.

일하는 것 자체가 목적이 아니라, 하나님이 맡기신 삶을 성실히 감당하는 자세이기 때문이다. 하나님은 사람을 일하게 하셨고, 그 일 속에서 의미를 발견하게 하셨다. 그러나 성실한 삶만으로는 충분하지 않다.

인간은 유한한 존재다. 아무리 열심히 살아도 내일이 보장되지 않는다. 그래서 기도는 더욱 간절해야 한다. 예수께서 겟세마네 동산에서 땀방울이 피가 되도록 기도하신 모습은, 내일 죽을 것 같은 절박한 기도의 본이다.

하나님 앞에서 하루하루를 진지하게 살아가려면, 기도는 선택이 아니라 생존의 호흡이 되어야 한다.

야고보서 4장 14절은 말한다. "너희는 내일 일을 알지 못하는도다. 너희 생명이 무엇이냐? 너희는 잠깐 보이다가 없어지는 안개니라." 인간의 생명은 연기와 같고, 안개와 같다. 그렇기에 기도는 오늘을 사는 이에게 주어진 가장 중요한 일이다. 일은 세상 속에서 살아가기 위한 몸의 표현이라면, 기도는 하나님 앞에서 살아가기 위한 영혼의 고백이다.

예수는 "일할 수 있는 낮 동안에 일하라."고 하셨다.(요한복음 9:4)

그와 동시에 "항상 깨어 기도하라."고 하셨다.(누가복음 21:36)

이 두 말씀은 함께 묶여야 한다. 하나님 나라를 바라보며 땅을 밟고 일하고, 하늘을 우러러 기도하는 것이야말로 신앙인의 참된 자세다. 백년을 살 것처럼 일하는 사람은 오늘의 가치를 안다. 내일 죽을 것처럼 기도하는 사람은 영원의 무게를 안다. 그 둘을 함께 살아내는 사람이야말로, 하나님이 기뻐하시는 지혜자다.

오늘도 그렇게 살아가자. 시간을 헛되이 보내지 말고, 영혼을 소홀히 여기지 말고.

일하면서 기도하고, 기도하며 일하는 삶. 그것이 바로 이 땅에서 하늘을 사는 사람의 길이다. 결국 지혜로운 인생이란, 시간을 많이 가진 사람이 아니라, 주어진 시간을 하나님 앞에서 온전히 살아낸 사람이다.

13. 깊은 생각이 곧 삶의 지혜

깊이 생각하라는 말은, 단순히 많이 생각하라는 뜻이 아니다. 이는 피상적인 판단과 즉각적인 반응에서 벗어나, 삶의 근원을 붙드는 사고를 하라는 초대다. 세상은 빠른 결론을 요구하지만, 지혜는 느린 사유 속에서 자란다. 깊이 생각하는 사람은 말이 적어지고, 판단이 신중해지며, 행동에 무게가 실린다. 그 생각의 깊이가 곧 인격의 깊이가 된다.

사상을 풍부히 하라는 말은 지식을 쌓으라는 의미를 넘는다. 많은 정보를 아는 사람보다, 올바른 생각을 오래 품은 사람이 더 큰 영향력을 가진다. 사상은 삶의 지도와 같다. 지도 없이 길을 나서면 방황할 수밖에 없듯, 사상이 빈약하면 삶은 상황에 끌려다닌다. 반대로 하나님의 말씀과 진리로 다져진 사상은 어떤 상황에서도 흔들리지 않는 기준이 된다.

생각은 습관이 되고, 습관은 성품이 되며, 성품은 결국 인생을 만든다. 하루아침에 인생이 달라지지 않듯, 생각도 하루아침에 깊어지지 않는다. 그러나 매일 무엇을 묵상하고, 무엇을 마음에 되뇌느냐에 따라 생각의 토양은 서서히 바뀐다. 하나님 말씀을 가까이하는 사람의 생각은 점점 밝아지고, 기도로 자신을 살피는 사람의 내면은 점점 정돈된다.

특히 오늘날처럼 소음이 많은 시대에는 깊은 생각이 더욱 귀해진다. 끊임없는 비교, 자극적인 말, 즉각적인 감정 소비는 우리의 생각을 얕게 만든다. 깊이 생각하지 않으면, 우리는 쉽게 분노하고 쉽게 낙심한다. 그러나 하나님의 관점으로 생각을 정렬하는 사람은 상황에 휘둘리지 않고, 본질을 바라볼 수 있다. 생각의 중심이 하나님께 고정될 때, 삶의 중심도 흔들리지 않는다.

하나님은 우리의 생각을 통해 일하신다. 기도는 말로만 드리는 것이 아니라, 생각을 하나님께 맞추는 행위다. 말씀을 묵상한다는 것은, 하나님의 생각을 내 생각 안에 들이는 작업이다. 그렇게 하나님의 생각이 우리 안에 자리 잡을 때, 우리는 점점 그리스도의 마음을 품은 사람으로 변화된다. 바울이 말한 "그리스도의 마음을 품으라."는 권면은, 곧 생각의 방향을 바꾸라는 부르심이다.

그러므로 오늘의 삶을 바꾸고 싶다면, 먼저 생각의 내용을 점검해야 한다. 무엇을 반복해서 떠올리는지, 무엇에 가장 오래 머무는지, 무엇이 내 판단의 기준이 되고 있는지 살펴보자. 하나님이 기뻐하시는 생각으로 마음을 채울 때, 우리의 말이 바뀌고, 선택이 달라지며, 삶의 열매도 새로워진다.

결국 인생을 바꾸는 힘은 환경에 있지 않고, 생각에 있다. 깊이 생각하는 사람, 사상을 풍부히 가꾸는 사람은 세상을 따라 사는 사람이 아니라, 세상을 이끄는 사람이 된다.

14. 내 약함이 강함의 지혜

나는 빛을 내는 인간을 사랑한다. 그가 지닌 양초가 얼마나 두꺼운지는 상관하지 않는다. 다만 그에게서 나오는 불빛을 보면서 그의 가치를 평가한다. 이 말은 외적인 조건이나 환경, 가진 것의 크기로 사람을 판단하지 말고, 그 사람이 세상에 비추는 빛과 영향력으로 사람을 평가하라는 깊은 지혜를 담고 있다.

빛은 스스로를 드러내기 위해 존재하지 않는다. 빛의 목적은 어둠을 밝히는 데 있다. 그래서 진짜 빛은 조용하다. 소리 없이 주변을 비추고, 자신을 주장하기보다 다른 이들이 보이게 한다.

성경에서도 빛을 내는 존재를 높이 평가한다. 예수님은 "너희는 세상의 빛이라 산 위에 있는 동네가 숨겨지지 못할 것이요."(마태복음 5:14)라고 말씀하셨다. 여기서 중요한 것은 '세상의 빛'이라는 정체성이다. 빛은 크기나 모양이 아니라, 어둠을 밝히는 역할로 그 가치를 평가받는다. 우리 각자는 세상이라는 어둠 속에서 자신만의 작은 빛을 내도록 부름받았다.

한편, 누가복음 11장 33절은 "등불을 가져다가 등잔대 위에 두나니, 집 안에 있는 모든 사람에게 빛이 되게 하려 함이라."고 말한다. 등불 자체가 작을지라도 그 빛이 온 집을 밝히면 그 가치가 대단해진다. 이것은 곧, 가진 재능이나 능력이 크지 않아도, 하나님이 주신 빛, 즉 사랑과 진리와 선한 영향력을 나타내는 삶을 충실히 비추는 사람이야말로 진정한 가치를 지닌 사람임을 의미한다.

성경 인물 중 바울 사도를 생각해 보자. 그는 육체적으로 약하고 여러 고난과 질병을 겪었지만, 그의 복음의 빛은 온 세상에 퍼졌다. 그는 "내 약함이 강함이 된다."(고린도후서 12:10)고 고백했다. 이것은 양초의 두께가 아니라 빛의 강함과 지속성에 그의 가치가 달렸음을 말한다. 겉모습이나 환경이 아닌, 내면의 빛으로 평가받는 진정한 사람이다.

우리는 종종 누군가의 겉모습이나 조건, 재력이나 권세에 마음을 빼앗긴다. 하지만 하나님은 그런 외형적 기준보다 그 사람의 '빛', 즉 사랑과 선함, 진리와 믿음의 빛을 더 중요하게 보신다. "너희 빛을 사람 앞에 비추어 그들로 너희 착한 행실을 보고 하늘에 계신 너희 아버지께 영광을 돌리게 하라."(마태복음 5:16)는 말씀은 우리에게 빛으로서 살아가라는 사명을 분명히 보여준다.

오늘도 내가 지닌 작은 양초를 바라보자. 그것이 두껍든 얇든, 상관없다. 중요한 것은 그 빛이 꺼지지 않고 꾸준히 빛나서 주변을 밝히는가이다. 그 빛으로 인해 누군가가 어둠 속에서 길을 찾고, 희망을 느낀다면 그것이야말로 내 인생의 참된 가치다. 결국, 빛을 내는 인간이 곧 하나님 나라를 세상에 드러내는 하나님의 도구임을 기억하자.

15. 흔들리지 않는 희망을 품는 삶

행복의 원칙은 크게 세 가지다. 첫째, 어떤 일을 할 것인가, 둘째, 어떤 사람을 사랑할 것인가, 셋째, 어떤 일에 희망을 가질 것인가. 이 세 가지는 삶의 방향과 깊이를 결정하며, 결국 우리 마음을 채우는 행복의 근원이 된다. 성경은 이 원칙들을 다양한 방식으로 가르쳐주고 있다.

먼저, 어떤 일을 하느냐는 인생의 중요한 출발점이다. 전도서 9장 10절은 "네가 할 수 있는 일을 힘써 행하라 네가 장차 들어갈 음부에는 일도 없고 계획도 없고 지식도 없고 지혜도 없느니라."고 말한다. 하나님이 주신 삶의 시간 안에서 최선을 다해 일하는 태도는 행복의 토대가 된다. 그저 시간을 보내는 것이 아니라, 의미 있는 일을 찾아 헌신할 때 마음이 풍성해지고 참된 기쁨이 찾아온다.

둘째, 어떤 사람을 사랑하느냐는 삶의 질을 결정짓는다. 예수님은 "네 이웃을 네 자신 같이 사랑하라."(마가복음 12:31)고 명령하셨다. 사랑은 단순한 감정이 아니라 선택이다. 누구를 사랑하느냐에 따라 나의 마음은 치유되기도 하고 상처받기도 한다. 올바른 사람을 진심으로 사랑하는 삶은 나 자신뿐 아니라 그 사람에게도 행복을 전한다. 그리고 하나님을 사랑하며 이웃을 사랑할 때, 그 사랑은 우리 삶의 가장 큰 기쁨과 평화가 된다.

셋째, 어떤 일에 희망을 가지느냐가 인생의 방향을 밝힌다. 로마서 15장 13절은 "소망의 하나님이 모든 기쁨과 평강을 믿음 안에서 너희에게 충만하게 하사 성령의 능력으로 소망이 넘치게 하시기를 원하노라."고 말씀한다. 희망은 단순한 바람이 아니다. 하나님 안에서 굳건히 서는 믿음의 소망이다. 이 희망이 있을 때 우리는 어려움 속에서도 흔들리지 않고 나아갈 수 있다. 절망 대신 희망을 선택하는 순간, 삶은 다시 빛난다.

이 세 가지 원칙은 서로 연결되어 있다. 좋은 일을 하며, 사랑하는 사람과 함께하고, 하나님이 주신 희망을 붙잡을 때 인생은 풍성해진다. 행복은 먼 곳에 있는 게 아니라, 지금 내가 하는 일과 사랑하는 사람, 그리고 품은 희망 속에 이미 있다.

결국 행복한 사람은 가장 많이 가진 사람이 아니라, 가장 분명한 기준을 가진 사람이다. 무엇을 위해 살 것인지, 누구를 사랑할 것인지, 무엇을 끝까지 붙들 것인지를 알고 사는 사람이다. 그런 사람은 삶의 속도가 느려져도 방향을 잃지 않고, 때로 넘어져도 다시 일어설 이유를 안다.

그러니 오늘 다시 선택하자. 의미 있는 일에 마음과 시간을 쓰고, 하나님이 맡기신 사람을 진심으로 사랑하며, 흔들리지 않는 소망을 하나님께 두자.

16. 하나님이 주신 선한 일과 사랑

가장 지혜로운 자는 허송 세월을 가장 슬퍼한다.

이 말은 시간이라는 귀한 자원을 헛되이 보내는 것을 가장 안타까워하는 이가 진정한 지혜자라는 뜻이다. 누구에게나 주어진 시간이 똑같지만, 어떻게 쓰느냐에 따라 인생은 천차만별로 달라진다. 성경은 인생의 덧없음과 시간을 소중히 여기라는 교훈을 끊임없이 전한다.

전도서 3장 1절은 "범사에 기한이 있고 천하 만사가 다 때가 있나니."라고 말한다. 모든 일에는 정해진 시간이 있지만, 그 시간을 허비하지 않는 자가 지혜로운 사람이다. 허송세월, 즉 아무 의미 없이 시간을 보내는 것은 결국 내 인생의 귀중한 페이지를 낭비하는 것과 같다. 그래서 지혜로운 자는 하루하루를 소중히 여기며 살아간다.

또한 전도서 12장 1절은 "네 젊은 날의 하나님을 기억하라."라고 권면한다. 젊음과 시간은 한 번 지나가면 다시 돌아오지 않는다. 시간을 허비하고 나서 후회하는 것은 너무 늦은 깨달음이다. 하나님 앞에서 시간을 바르게 사용하며 살아가는 것은 신앙인의 중요한 자세다.

예수님도 "사람이 그 온 천하를 얻고도 제 목숨을 잃으면 무엇이 유익하리요."(마가복음 8:36)라며 삶의 가치가 단순한 물질적 풍요나 허황된 목표에 있지 않음을 강조했다. 허송세월이란 결국 중요한 것을 잃고 시간을 낭비하는 것을 의미한다. 지혜로운 자는 이런 낭비를 피하고, 하나님께서 주신 시간을 선한 일과 사랑, 믿음에 투자한다.

바울 사도 역시 "내가 달려갈 길과 주 예수께 받은 사명을 마치고 나서야 상을 얻으리라."(사도행전 20:24)고 고백했다. 그는 허비할 시간이 없었다. 매 순간을 주님을 위해 쓰며, 자신의 생명을 내어주는 마음으로 살았다. 그렇게 살아가는 사람이야말로 진정한 지혜를 가진 자다.

허송세월을 슬퍼하는 것은 단순한 아쉬움이 아니다. 그것은 내 삶을 향한 깊은 사랑과 책임감에서 나온 마음이다. 오늘을 소중히 여기고, 하나님과 이웃을 위해 시간을 쓰는 사람만이 진정한 평안과 기쁨을 누린다.

그러니 우리도 하루를 마칠 때마다 스스로에게 묻자. 오늘 내가 시간을 허비하지 않았는가? 내일도 헛되이 보내지 않기 위해 어떤 지혜로운 선택을 할 것인가? 가장 지혜로운 자는 바로 이 질문 앞에서 자신을 돌아보고, 허송세월을 가장 슬퍼하는 자임을 기억하자. 그렇게 살아가는 이에게 하나님은 풍성한 축복과 은혜를 더하신다.

17. 성스러운 섬김과 희생의 힘

남의 빵이 얼마나 쓰고, 남의 사다리 오르내림이 얼마나 힘든 것인지를 너 스스로 시험하라. 만물은 성스러운 사랑에 의해 움직여진다. 이 말은 우리에 게 타인의 삶과 고통을 직접 경험해 보라는 깊은 권면과, 세상의 모든 것이 사 랑이라는 신성한 힘으로 움직인다는 진리를 함께 담고 있다.

성경에서도 이와 같은 마음가짐을 여러 곳에서 강조한다. 빌립보서 2장 4절 은 "각각 자기 일을 돌아볼 뿐더러 또한 각각 다른 사람들의 일을 돌아보아 나 의 기쁨을 충만하게 하라."고 말한다. 다른 사람의 어려움을 나 자신의 문제처 럼 느끼고, 그 고통을 함께 짊어질 때 진정한 사랑이 시작된다. '남의 빵이 쓰 다'는 표현은 누군가의 도움을 받는 것조차 때로는 마음에 쓰임과 부담을 가 져온다는 의미다. 직접 겪어보지 않으면 그 무게를 알기 어렵다.

예수님도 "네 이웃을 네 자신 같이 사랑하라."(마가복음 12:31)고 하셨다. 이 명령은 단순한 도덕률이 아니다. 진심으로 타인을 사랑하려면 그들의 삶을 이 해하고, 그들의 고난과 기쁨을 체험하려는 마음이 필요하다. 그렇지 않으면 사랑은 겉도는 말뿐인 감정에 그칠 뿐이다.

또한 요한복음 13장에서 예수님이 제자들의 발을 씻기신 사건은 사랑의 본 질을 보여준다. 주님은 자신보다 낮은 자리에서 섬기시며 사랑을 몸소 실천하 셨다. '남의 사다리 오르내림'처럼 낮은 자리와 힘든 일을 감내하는 것이 얼마 나 큰 사랑인지 보여준 것이다. 이 사랑은 단순한 감정이 아니라, 성스러운 섬 김과 희생의 힘이다.

성경은 만물이 하나님의 사랑 안에서 움직인다고 가르친다. "하나님은 사랑이시 라."(요한일서 4:8) 이 사랑은 우리를 움직이는 원동력이고, 세상의 모든 관계와 삶 의 근본이다. 이 사랑이 없으면 인간 관계도, 자연도, 세상도 제 기능을 잃는다.

그러므로 진정한 지혜는 남의 고통을 시험하고 체험하며, 그로부터 깊은 사랑을 배우는 데 있다. 그리고 그 사랑이 세상 만물을 움직이는 힘임을 깨닫는 것이다. 오늘도 우리 삶 속에서 누군가의 '쓴 빵'을 함께 나누고, '사다리 오르내림'을 함께 겪으면서, 성스러운 사랑의 참된 의미를 경험하자. 그것이 하나님이 우리에게 주신 가장 큰 선물이자, 세상을 밝히는 빛임을 잊지 말자. 사랑은 더 이상 추상적인 미덕이 아니라, 세상을 움직이는 하나님의 능력이 된다. 그리고 그 사랑 안에서, 우리 역시 조금씩 변화되어 간다. 이것이 하나님이 우리에게 맡기신 가장 거룩한 사명이다.

결국 가장 위대한 진리는 이것이다. 사랑은 세상을 설명하는 이론이 아니라, 세상을 움직이는 실제적인 힘이라는 것. 오늘도 그 성스러운 사랑 안에서, 타인의 삶을 존중하고 함께 짐을 지는 선택을 하자.

18. 양심이 갑옷이 되어 주는 삶

양심은 단지 개인의 도덕적 기준이 아니라, 하나님과의 관계 속에서 자라나고 다듬어지는 영적 감각이다. 그래서 양심은 훈련되지 않으면 무뎌질 수 있고, 반복되는 타협 앞에서는 침묵할 수도 있다. 성경이 끊임없이 "마음을 지키라."(잠언 4:23)고 권면하는 이유도 여기에 있다. 마음을 지키는 일은 곧 양심을 돌보는 일이며, 이는 하루아침에 이루어지는 것이 아니라 매일의 선택과 회개의 자리에서 조금씩 단단해진다.

특히 세상이 점점 빠른 결과와 편리함을 요구할수록, 양심의 목소리는 더 작고 불편하게 들릴 수 있다. 모두가 괜찮다고 말하는 일, 관행이라는 이름으로 합리화되는 행동 앞에서 양심은 우리에게 묻는다. "정말 괜찮은가?", "하나님 앞에서도 떳떳한가?" 이 질문에 귀를 기울이는 사람은 때로 손해를 보기도 하고, 오해를 받기도 한다. 그러나 그 대가로 그는 두려움 대신 평안을 얻고, 불안 대신 자유를 얻게 된다.

깨끗한 양심은 사람을 담대하게 만든다. 사람의 눈치를 보지 않게 하고, 상황에 끌려다니지 않게 하며, 위기 앞에서도 중심을 잃지 않게 한다. 다윗이 광야에서 쫓기던 시절에도 하나님 앞에서 마음을 지킬 수 있었던 이유는, 완벽해서가 아니라 회개할 줄 아는 양심을 지녔기 때문이다. 그는 넘어질 때마다 양심의 경고를 외면하지 않았고, 그 자리에서 다시 하나님께로 돌아왔다. 그 양심이 그의 왕관을 지켜 주었다.

오늘 우리의 삶도 다르지 않다. 큰 죄보다 더 위험한 것은 작은 무감각이다. 거짓을 조금 허용하고, 불의를 애써 외면하고, 마음에 찔림이 와도 "이 정도는 괜찮아."라며 지나치는 순간, 양심의 갑옷에는 서서히 균열이 생긴다. 반대로 사소해 보이는 일에서도 정직을 선택하고, 불편하더라도 옳은 길을 택할 때, 우리의 양심은 더욱 단단해지고 빛을 발한다.

그러므로 신앙인의 삶은 끊임없는 자기 점검의 여정이다. 하루를 마무리하며 "오늘 나는 누구 앞에서 살았는가?", "사람의 평가를 더 의식했는가, 하나님의 시선을 더 의식했는가?"를 스스로에게 묻는 시간이 필요하다. 이 질문 앞에서 정직해질 때, 양심은 우리를 정죄하는 적이 아니라 다시 일어서게 하는 친구가 된다.

양심이 갑옷이 된 사람은 세상이 흔들어도 무너지지 않는다. 칭찬에 취하지 않고, 비난에 주저앉지 않으며, 성공 속에서도 교만하지 않고, 실패 속에서도 자신을 잃지 않는다. 그는 이미 마음 깊은 곳에서 확신을 얻었기 때문이다. "나는 하나님 앞에서 숨길 것이 없다."는 이 고백이야말로 가장 강력한 방패요, 가장 든든한 자유다.

19. 혼자가 아님을 알려주는 근거

얻어먹는 빵이 얼마나 딱딱하고, 남의 집살이가 얼마나 고된 것인지를 스스로 경험해 보라. 추위에서 떨어본 사람이 태양의 소중함을 알 듯이, 인생의 힘겨움을 통과한 사람만이 삶의 존귀함을 안다. 이 말은 고난과 경험을 통해서만 진정한 가치와 감사함이 자라난다는 깊은 진리를 담고 있다.

그러니 오늘 내가 겪는 어려움도 하나님이 내게 주신 성장의 기회로 받아들이자. 그 순간에는 이해되지 않고, 억울하며, 왜 나만 이런 길을 가야 하는지 묻고 싶을 때도 있다. 그러나 시간이 지나 뒤돌아보면, 그 고난이 나를 무너뜨리기보다 오히려 나를 세우는 재료였음을 깨닫게 된다. 하나님은 우리를 해치기 위해 고난을 허락하시는 분이 아니라, 더 깊고 넓은 사람으로 빚기 위해 연단의 시간을 통과하게 하신다.

고난은 우리의 교만을 벗기고, 겸손을 입힌다. 스스로 잘났다고 여길 때는 타인의 아픔을 보지 못하지만, 눈물의 골짜기를 지나온 사람은 다른 이의 눈물을 외면하지 않는다. 남의 빵이 딱딱함을 경험한 사람은 배고픈 자의 마음을 알고, 남의 집살이의 고됨을 겪어본 사람은 약자의 처지를 가볍게 여기지 않는다. 그렇게 고난은 우리를 공감의 사람, 연민의 사람, 사랑의 사람으로 자라게 한다.

또한 고난은 감사의 깊이를 바꾼다. 모든 것이 당연하다고 여겨질 때 감사는 얕아지지만, 결핍을 통과한 후에는 작은 은혜 하나에도 마음이 흔들린다. 따뜻한 방, 마른 옷, 평범한 하루, 한 끼의 식사조차도 기적처럼 느껴진다. 이는 삶의 조건이 바뀌어서가 아니라, 삶을 바라보는 눈이 달라졌기 때문이다. 고난은 우리로 하여금 세상을 새롭게 보게 하고, 은혜를 발견하는 눈을 열어 준다.

무엇보다 고난은 하나님을 더 깊이 만나게 하는 자리다. 평탄한 길에서는 하나님을 '아는 분'으로 머물기 쉽지만, 막다른 길에서는 하나님을 '붙드는 분'으로 만나게 된다. 야곱이 얍복 강가에서 씨름하듯, 우리의 밤이 깊을수록 하나님의 이름은 더 선명해진다. 그 자리에서 우리는 비로소 깨닫는다. 하나님이 주시는 복은 고난이 없는 삶이 아니라, 고난 속에서도 우리를 놓지 않으시는 동행이라는 사실을 말이다.

그러므로 고난 앞에서 조급히 벗어나려 애쓰기보다, 그 안에서 무엇을 배우고 있는지를 물어보자. 이 시간이 나를 어떤 사람으로 빚고 있는지, 하나님은 내 삶의 어떤 부분을 다듬고 계신지 조용히 귀 기울여 보자. 고난은 지나가지만, 그 안에서 빚어진 성품과 믿음은 남는다. 그리고 그것이야말로 세상이 줄 수 없는 참된 부요다. 결국 인생의 존귀함은 고난을 피했느냐에 있지 않고, 고난을 어떻게 통과했느냐에 달려 있다.

20. 흔들리지 않는 믿음과 지혜

인간은 모두 경험을 통해 조금씩 성장해 간다. 역경에 처했을 때 행복한 나날을 그리워하는 것만큼 고통스러운 일은 없다. 하지만 그 고통조차도 우리를 더 단단하게 만드는 과정이다. 성경은 이 사실을 여러 곳에서 깊이 있게 가르친다. 하나님은 인간을 한 번의 깨달음으로 완성시키지 않으시고, 시간과 경험이라는 긴 여정을 통해 빚어 가신다. 그래서 우리의 삶에는 설명되지 않는 기다림과 이해할 수 없는 우회로가 존재한다.

전도서 7장 14절은 "네가 재난 중에도 평안한 날이 있음을 알지니라."고 말한다. 역경은 결코 끝이 아니다. 하나님은 고난의 한가운데에서도 평안을 숨겨 두시고, 절망 속에서도 희망의 씨앗을 심어 두신다. 우리가 보지 못할 뿐,

하나님은 이미 다음 장면을 준비하고 계신다. 바울 사도 역시 수많은 핍박과 고통 속에서 "내가 약할 그 때에 강함이라."(고린도후서 12:10)고 고백했다. 고난은 우리의 한계를 드러내지만, 동시에 하나님의 능력이 머무는 자리를 마련한다. 약함을 인정하는 순간, 우리는 비로소 참된 강함의 근원을 발견하게 된다.

자연은 하나님의 예술품이며, 동시에 신앙의 교과서다. 시편 19편 1절은 "하늘이 하나님의 영광을 선포하고 궁창이 그의 손으로 하신 일을 나타내는도다."라고 노래한다. 계절이 바뀌고, 밤이 지나 아침이 오며, 겨울 뒤에 봄이 찾아오는 질서는 우리에게 말없이 진리를 가르친다. 어떤 어둠도 영원하지 않고, 어떤 메마름도 끝내 생명을 이기지 못한다는 사실이다. 하나님은 자연을 통해 우리에게 기다리는 법을 가르치시고, 다시 일어나는 법을 보여 주신다.

오늘은 절대로 다시 오지 않는다. 시편 90편 12절의 기도처럼 "우리 날을 계수함"은 인생을 조급하게 만들기 위한 것이 아니라, 오늘을 헛되이 흘려보내지 않게 하기 위함이다. 어제의 실패에 붙잡히거나, 내일의 불안에 사로잡힐 때 우리는 정작 하나님이 주신 '오늘'을 놓치기 쉽다. 그러나 하나님은 언제나 오늘이라는 시간 속에서 우리를 만나시고, 오늘의 순종을 통해 내일의 열매를 준비하신다. 그러므로 지혜로운 사람은 하루하루를 의미 없이 보내지 않고, 작은 일에도 하나님을 의식하며 살아간다.

역경 속에서도 우리는 분명히 성장한다. 고통스러운 순간에 과거의 평안했던 날들을 그리워하는 마음은 인간으로서 자연스러운 감정이다. 그러나 그 그리움이 현재를 마비시키고, 오늘을 부정하게 해서는 안 된다. 하나님은 과거에만 계셨던 분이 아니라, 지금 이 순간에도 살아 역사하시는 분이다. 우리가 마음을 열 때, 하나님은 가장 힘든 자리에서도 새 길을 보게 하시고, 이전에는 알지 못했던 은혜를 경험하게 하신다.

21. 한 걸음을 소중히 여기는 지혜

한 걸음 한 걸음 천천히 걸어가도 목적지에 도달할 수 있다고 생각해서는 안 된다. 한 걸음 한 걸음 그 자체에 가치가 있어야 한다. 이 말은 단순히 결과만 바라보고 달려가는 삶이 아니라, 매 순간을 온전히 살고 그 안에서 의미를 발견하는 삶의 진리를 담고 있다. 목적지는 언젠가 도달하게 되지만, 지금의 걸음은 다시 돌아오지 않는다. 그래서 하나님은 우리에게 "어디에 도착했는가" 보다 "어떻게 걸어가고 있는가"를 더 중요하게 물으신다.

성경도 우리에게 매일의 삶에 충실할 것을 끊임없이 가르친다. 전도서 3장 1절은 "범사에 기한이 있고 천하 만사가 다 때가 있나니."라고 말한다. 이 말씀은 인생의 어떤 순간도 우연이거나 쓸모없는 시간이 없다는 선언이다. 기다림의 때, 멈춤의 때, 나아감의 때가 각각 존재하며, 그 모든 시간 속에 하나님의 섭리가 흐르고 있다. 그러므로 우리는 미래만 바라보며 현재를 희생시키는 사람이 아니라, 지금 주어진 시간을 존중하며 살아가는 사람이 되어야 한다.

예수님께서 제자들에게 하신 "나를 따르라."(마태복음 4:19)는 부르심도 마찬가지다. 그 부르심은 빠른 성공이나 눈에 띄는 성과를 약속하는 초대가 아니었다. 오히려 매일의 삶 속에서 예수님의 말과 행동, 태도를 가까이에서 보고, 듣고, 배우며 천천히 닮아 가는 여정으로의 초대였다. 제자들은 하루아침에 완성된 사람들이 아니었고, 수없이 넘어지고 질문하며, 때로는 실수 속에서 배워 갔다. 그러나 그 한 걸음 한 걸음의 동행이 결국 그들을 사도로 세웠다.

골로새서 3장 23절의 말씀처럼 "무슨 일을 하든지 주께 하듯 마음을 다하여" 살아가는 태도는, 우리의 일상을 완전히 새롭게 만든다. 반복되는 노동, 눈에 띄지 않는 수고, 아무도 알아주지 않는 작은 책임들조차도 하나님 앞에서는 귀한 예배가 된다. 사람의 평가에 따라 의미가 달라지는 일이 아니라, 하나님께 드려지는 마음에 따라 그 가치가 결정된다. 그렇게 볼 때, 우리의 하루는 결코 평범하지 않다. 한 걸음 한 걸음이 하나님께 드려지는 신앙의 고백이다.

바울 사도 역시 인생을 단번에 도약하는 여정으로 보지 않았다. 그는 "내가 이미 얻었다 함도 아니요. 온전히 이루었다 함도 아니라, 오직 내가 그리스도 예수께 잡힌 바 된 그것을 잡으려고 달려가노라."(빌립보서 3:12)고 고백한다. 바울의 삶은 완성된 사람의 여유가 아니라, 매일 주어진 자리에서 충성하려는 사람의 걸음이었다. 그의 위대한 사역도 하루하루의 기도, 눈물, 순종이 쌓여 이루어진 결과였다.

한 걸음 한 걸음에 가치를 두는 삶은 조급함을 내려놓는 삶이다. 다른 사람과 비교하며 앞서가려는 마음을 내려놓고, 하나님이 나에게 맡기신 속도와 방향을 신뢰하는 삶이다. 그렇게 살아갈 때 우리는 불안 대신 평안을, 초조함 대신 감사함을 배우게 된다.

22. 두려움을 이기는 큰 지혜

두려움을 이기는 가장 큰 지혜는 그 두려움을 즐거움으로 바꾸는 법을 배우는 것이다. 이 말은 우리 삶에서 피할 수 없는 두려움과 걱정을 단순히 견디는 것이 아니라, 그것을 능동적으로 극복하고 더 나아가 기쁨으로 변화시키는 놀라운 지혜를 말한다. 성경 역시 두려움을 넘어 승리하고, 기쁨으로 삶을 채우는 법을 우리에게 가르친다.

그러니 오늘 내 마음속에 자리한 두려움을 외면하지 말자. 그것을 부끄러워하거나 믿음이 부족하다는 증거로 여기지 말고, 하나님 앞에 솔직히 내어놓

자. 두려움은 우리가 연약하다는 증거이지만, 동시에 하나님을 붙들 수 있는 가장 정직한 출발점이 된다. 하나님은 두려움이 없는 사람을 찾으시는 분이 아니라, 두려움을 안고서도 하나님께 나아오는 사람을 기뻐하신다.

두려움을 즐거움으로 바꾸는 일은 하루아침에 이루어지지 않는다. 그것은 반복되는 선택이며, 훈련이며, 믿음의 결단이다. 두려움이 올라올 때마다 상황을 바라보는 눈에서 하나님을 바라보는 눈으로 시선을 옮기는 연습이 필요하다. 그때 우리는 깨닫게 된다. 두려움이 사라져서 기쁨이 오는 것이 아니라, 기쁨을 선택할 때 두려움의 힘이 약해진다는 사실을 말이다.

하나님 안에서의 기쁨은 감정의 고조가 아니라, 삶의 중심이 흔들리지 않는 상태다. 환경은 여전히 불안하고, 앞길은 보이지 않을 수 있다. 그러나 하나님이 나와 함께 계신다는 확신이 마음 깊은 곳에 자리할 때, 두려움은 더 이상 나를 지배하지 못한다. 오히려 그 두려움은 나를 하나님께 더 가까이 데려가는 통로가 되고, 믿음을 단단하게 만드는 재료가 된다.

두려움이 찾아올 때마다 이렇게 고백해 보자. "주님, 나는 두렵지만 주님은 신실하십니다. 나는 흔들리지만 주님의 약속은 흔들리지 않습니다." 이 고백이 반복될수록 두려움은 점점 설 자리를 잃고, 그 자리에 감사와 평안, 그리고 담대한 기쁨이 채워진다. 이것이 신앙의 역설이며, 하나님 나라의 방식이다.

결국 두려움을 이긴 사람은 두려움을 경험하지 않은 사람이 아니라, 두려움 속에서도 기쁨을 선택한 사람이다. 믿음의 사람은 두려움을 부정하지 않되, 두려움에 머물지 않는다. 하나님과 동행하는 자에게 두려움은 끝이 아니라 시작이며, 무너뜨리는 힘이 아니라 세우는 도구가 된다.

그러므로 오늘도 두려움 앞에서 물러서지 말자. 두려움을 즐거움으로 바꾸는 지혜를 선택하자. 하나님께서 그 과정을 통해 우리를 더 깊은 믿음으로, 더 넓은 평안으로, 더 풍성한 기쁨으로 인도하실 것을 믿자.

23. 흔들리지 않는 믿음의 기초

　인내심과 참을성은 지혜의 꽃이며, 어려움을 극복하는 힘을 준다. 이 말은 고난과 시련 앞에서 쉽게 포기하지 않고 끝까지 견뎌내는 태도야말로, 단순한 성격의 문제가 아니라 하나님께서 우리 안에 심어 가시는 지혜의 열매임을 뜻한다. 인내는 타고나는 능력이 아니라, 믿음의 과정 속에서 길러지는 영적 성품이다. 그래서 하나님은 때때로 우리를 서두르게 하지 않으시고, 기다리게 하시며, 참고 견디는 길로 인도하신다.

　성경은 인내와 참을성을 신앙의 중심에 두고 반복해서 가르친다. 야고보서 1장 3절의 말씀처럼 "너희 믿음의 시련이 인내를 만들어 낸다."는 선언은, 시련이 결코 헛된 것이 아님을 분명히 보여준다. 믿음은 고난을 피함으로 자라는 것이 아니라, 고난을 통과하며 단단해진다. 인내는 그 과정에서 하나님을 신뢰하는 선택이 쌓여 만들어지는 믿음의 근육과도 같다.

　로마서 5장 3~4절은 인내의 흐름을 더욱 분명하게 설명한다. 환난은 인내를 낳고, 인내는 연단을 이루며, 연단은 결국 소망에 이르게 한다. 이는 인내가 단순히 참는 데서 끝나지 않고, 우리를 새로운 사람으로 빚어 가는 변화의 과정임을 뜻한다. 인내하는 동안 우리의 생각은 정결해지고, 욕심은 다듬어지며, 하나님을 향한 기대는 더욱 순수해진다. 그렇게 인내는 우리 안에 흔들리지 않는 소망의 뿌리를 내린다.

　요셉의 삶은 인내가 어떻게 하나님의 계획을 이루는 도구가 되는지를 잘 보여준다. 형제들의 배신, 억울한 누명, 오랜 감옥 생활 속에서도 요셉은 하나님을 원망하기보다 신뢰했다. 그는 상황이 바뀌지 않아도 자신의 태도를 지켰고, 그 인내의 시간이 결국 하나님의 때를 맞이하게 했다. 요셉의 인생은 우리에게 말한다. 인내는 시간을 낭비하는 것이 아니라, 하나님의 역사를 준비하는 시간이라는 사실을 말이다.

예수님의 인내는 그 어떤 본보기보다 깊고 무겁다. 십자가의 길은 단순한 고통의 연속이 아니라, 사랑으로 선택된 인내의 길이었다. 히브리서 12장 2절이 말하듯, 예수님은 앞에 있는 기쁨을 바라보며 고난을 참으셨다. 그 인내를 통해 구원이 이루어졌고, 우리에게 영원한 생명의 길이 열렸다. 예수님의 인내는 우리에게 고난의 의미를 다시 묻게 한다. 인내는 패배가 아니라, 하나님의 뜻을 이루는 가장 강력한 방식이다.

인내심과 참을성은 마치 지혜의 꽃과 같다. 이 꽃은 급하게 피어나지 않는다. 오랜 기다림과 견딤, 눈물과 기도가 땅이 되어야 비로소 피어난다. 그러나 한번 피어난 지혜의 꽃은 쉽게 시들지 않는다. 그것은 우리의 삶을 단단하게 하고, 어떤 폭풍 속에서도 흔들리지 않는 내면의 힘이 된다.

24. 인간의 한계를 뛰어넘는 일

우리는 우리가 믿는 것보다 훨씬 더 많은 것을 할 수 있다.

이 말은 우리 안에 숨겨진 능력과 가능성이 생각보다 훨씬 크다는 것을 깨닫고, 스스로 한계를 정하지 말라는 강력한 도전이다. 성경은 이 진리를 여러 곳에서 증명하며, 하나님께서 우리와 함께 하실 때 우리가 할 수 있는 일들이 무한히 확장된다고 가르친다.

그러므로 오늘 우리의 시선을 다시 점검해 보자. 우리는 너무 자주 자신의 능력만을 기준으로 가능성과 불가능을 나눈다. 경험, 나이, 환경, 실패의 기억이 스스로에게 선을 긋게 만들고, "여기까지가 내 한계"라고 말하게 한다. 그러나 하나님은 한 번도 우리에게 인간적인 계산으로 살라고 말씀하신 적이 없다. 하나님은 늘 믿음의 눈으로 자신을 바라보고, 하나님의 능력 안에서 자신을 재정의하라고 부르신다.

우리가 할 수 있는 일의 크기는 재능이나 조건이 아니라, 하나님을 얼마나 신뢰하느냐에 달려 있다. 믿음은 현실을 부정하는 것이 아니라, 현실 너머에 계신 하나님을 바라보는 눈이다. 그 눈이 열릴 때, 우리는 이전에는 두려워서 시도조차 하지 못했던 일에 한 걸음 내딛게 된다. 그리고 그 한 걸음 위에 하나님의 능력이 더해질 때, 우리는 분명히 깨닫게 된다. 내가 해낸 것이 아니라, 하나님이 이루셨다는 사실을 말이다.

하나님은 우리의 약함을 제거한 뒤 사용하시는 분이 아니다. 오히려 그 약함을 그대로 품고 사용하신다. 모세의 말 더듬음, 다윗의 어린 나이, 바울의 육체의 가시(고후 12:7-10) 등은 '우리의 부족함은 실패의 이유가 아니라, 하나님의 은혜가 드러날 자리다.' 라는 의미다. 그러므로 자신의 약함 때문에 멈추지 말고, 그 약함을 안고 하나님께 나아가야 한다.

우리가 믿는 것보다 훨씬 더 많은 것을 할 수 있다는 말은, 무엇이든지 내 마음대로 할 수 있다는 선언이 아니다. 그것은 하나님과 동행할 때 우리의 삶이 이전과는 전혀 다른 차원으로 열릴 수 있다는 믿음의 고백이다. 하나님께서 부르신 자리, 맡기신 사명, 순종의 길 위에서 우리는 생각보다 훨씬 담대해질 수 있고, 생각보다 훨씬 오래 견딜 수 있으며, 생각보다 훨씬 큰 열매를 맺을 수 있다.

그러니 오늘도 자신을 과소평가하지 말자. 하나님이 이미 우리 안에 심어 두신 가능성과 은혜를 믿자. 두려움이 올라올 때마다 이렇게 고백하자. "나는 부족하지만, 하나님은 충분하십니다. 나는 연약하지만, 하나님은 능력이 많으십니다." 이 고백이 반복될수록 우리의 믿음은 자라고, 삶의 지평은 넓어질 것이다.

25. 희망과 빛을 발견하는 지혜

빛이 없는 곳에서 별을 찾아라.

이 말은 어둠 속에서도 희망과 빛을 발견하는 지혜를 의미한다. 인생의 고난과 절망의 순간에도 포기하지 않고, 그 가운데서 작은 빛을 찾아내어 삶을 새롭게 비추라는 깊은 뜻이 담겨 있다. 성경은 바로 그런 희망과 빛의 메시지로 가득 차 있다.

시편 119편 105절은 "주의 말씀은 내 발에 등이요. 내 길에 빛이니이다."라고 노래한다. 어둠이 짙게 깔린 인생 길 위에서 하나님 말씀은 등불처럼 우리를 인도하는 빛이다. 그 빛이 없으면 우리는 어디로 가야 할지 알 수 없지만, 말씀이라는 빛이 있을 때 별처럼 희망의 빛을 발견할 수 있다.

욥은 큰 고난과 절망 속에서도 하나님을 향한 믿음을 놓지 않았다. 그는 "내가 알기 전에는 주를 알지 못하였으나 지금은 눈으로 뵈었노라."(욥기 42:5)고 고백한다. 깊은 어둠 속에서조차 하나님을 찾고 의지한 욥의 믿음은 우리에게 별을 찾아내는 용기를 준다.

예수님께서도 "나는 세상의 빛이니 나를 따르는 자는 어둠에 다니지 아니하고 생명의 빛을 얻으리라."(요한복음 8:12)고 말씀하셨다. 세상이 아무리 어둡고 절망적이어도, 예수님을 따르면 우리는 반드시 빛을 발견할 수 있다. 별처럼 반짝이는 소망이 어둠 속에서 길을 밝혀준다.

고난과 어려움은 마치 캄캄한 밤과 같다. 그럴 때 포기하지 않고 별을 찾는 마음, 즉 희망과 믿음을 갖는 것이 중요하다. 고린도후서 4장 8절은 "우리가 사방으로 우겨쌈을 당하였으나 싸이지 아니하며 답답한 일을 당하였으나 절망하지 아니하며"라고 말한다. 고통 속에서도 절망하지 않고 빛을 찾는 태도가 진정한 지혜다.

우리 삶에 빛이 없다고 느껴질 때, 별을 찾아보자. 그것은 작은 기도 한 줄, 한 사람의 위로, 그리고 하나님의 약속일 수 있다. 빛이 없는 곳에서 별을 찾는 자만이 어둠을 이기고 새로운 아침을 맞이한다.

오늘도 삶의 어둠 속에서 별을 찾는 지혜를 갖자. 그 별은 하나님이 우리에게 주신 희망의 빛이며, 우리를 끝까지 인도하는 신실한 동반자다. 어둠이 아무리 깊어도 별을 찾는 자에게는 반드시 빛이 비춘다. 어둠을 부정하려 애쓰지 말고, 그 어둠 속에서 하나님이 남겨 두신 빛을 바라보자. 절망에 머무르지 말고, 소망을 선택하자. 빛이 없는 곳에서 별을 찾는 사람은 결국 어둠을 통과해 빛의 자리로 나아간다. 어둠은 길이 아니고, 별은 방향이다. 그 방향을 따라 걷는 자에게 하나님은 반드시 새로운 아침을 허락하신다.

26. 어둠이 깊을수록 빛은 가까워

어둠이 깊을수록 빛은 가깝다. 비록 길이 험하고 어렵더라도, 우리가 걷는 한 그 길은 길이다.

이 말은 절망과 고난이 클수록 희망과 구원의 빛이 더욱 가까이 있음을, 그리고 아무리 힘든 길이라도 멈추지 않고 나아가면 반드시 길이 된다는 깊은 진리를 담고 있다. 성경은 우리에게 이런 믿음과 용기를 끊임없이 심어준다.

시편 23편 4절은 "내가 사망의 음침한 골짜기로 다닐지라도 해를 두려워하지 않을 것은 주께서 나와 함께 하심이라."라고 고백한다. 가장 어두운 순간에도 하나님께서 우리와 함께 하시기에 두려움 없이 나아갈 수 있다. 어둠이 짙을수록 하나님의 임재와 빛이 가까이 있다는 확신이 우리를 붙든다.

이사야 9장 2절은 "흑암에 행하던 백성이 큰 빛을 보았고 사망의 그늘진 땅에 거주하던 자에게 빛이 비쳤도다."라고 예언한다. 깊은 어둠 속에서 시작된 이 빛은 예수 그리스도의 탄생을 통해 현실이 되었고, 우리 삶의 희망이 되었다. 그래서 어둠이 깊을수록 빛이 더 가까운 것이다.

예수님께서도 "나는 세상의 빛이라 나를 따르는 자는 어둠에 다니지 아니하고 생명의 빛을 얻으리라."(요한복음 8:12)고 말씀하셨다. 어떤 어려움과 고난 속에서도 예수님을 따라 걷는다면 그 길은 결코 헛되지 않으며, 결국 빛의 길이 된다.

히브리서 12장 1절은 "우리에게 구름 같은 허다한 증인이 있으니… 인내로서 우리 앞에 당한 경주를 하며"라고 권면한다. 비록 길이 험하고 힘들어도, 멈추지 않고 걸어가는 것이 진정한 신앙의 길임을 알려준다. 걷는 한 그 길은 길이며, 포기하지 않는 자에게 반드시 목적지가 있음을 믿게 한다.

우리 삶에도 힘든 순간이 많다. 하지만 그 어둠 속에서 빛을 찾고, 한 걸음 한 걸음 내딛는다면 그 길은 의미 있고 값진 여정이 된다. 하나님이 우리와 함께 하시기에, 그 길은 결국 빛과 평안으로 인도될 것이다.

오늘도 어둠이 짙은 곳에서 빛을 바라보며 걷자. 힘들고 험한 길이라도 멈추지 않는 한, 그 길은 분명히 하나님의 인도하심과 축복으로 이어진다. 어둠이 깊을수록 빛은 가깝다는 진리 안에서 희망을 품자.

속도가 느려도, 방향이 분명하지 않아 보여도, 멈추지 않고 나아간다면 그 발걸음 하나하나가 길을 만든다. 신앙의 길은 처음부터 환하게 밝혀진 고속도로가 아니라, 한 걸음 내딛을 때마다 비로소 드러나는 좁은 길이다. 하나님은 우리가 모든 답을 알고 가기를 요구하지 않으시고, 다만 오늘의 한 걸음을 믿음으로 내딛기를 원하신다.

27. 때를 아는 믿음의 망치질

쇠는 뜨거울 때 두드려야 한다. 식어버린 쇠를 아무리 두드려도 원하는 모양은커녕 금이 가거나 부러질 수 있다. 타이밍이 생명이다. 마찬가지로 단단한 바위 같은 현실에도 때때로 틈이 생긴다. 그때를 놓치지 않고 파고들어야 진짜 변화가 시작된다. 이 세상은 타이밍과 결단, 그리고 믿음의 망치질이 요구되는 무대다.

성경에도 때를 놓치지 않은 사람들의 이야기가 가득하다. 노아는 사람들의 조롱을 무릅쓰고, 비가 오기 전 방주를 지었다. 그는 하나님의 말씀을 들었을 때 망설이지 않고 행동으로 옮겼다. 그 결과, 세상이 멸망할 때 그는 가족과 함께 구원을 받았다. "믿음으로 노아는 아직 보이지 않는 일에 경고하심을 받아 경외함으로 방주를 준비하여 그 집을 구원하였으니."(히브리서 11:7)

또한 느헤미야는 성벽이 무너지고 백성의 마음이 흩어진 때에, 무너진 틈을 비집고 들어가 성벽을 재건했다. 그는 "지금이 바로 때다."라는 하나님의 감동에 순종하여 움직였다. 그는 눈물과 기도로 준비했고, 그 믿음의 망치질로 예루살렘의 재건이라는 위대한 역사를 일궈냈다.

우리 인생에도 쇠가 달궈지는 때가 있다. 마음이 열리고, 변화의 필요성이 느껴지는 순간이다. 하지만 그때 주저하면, 쇠는 식어버리고 기회는 다시 오지 않을 수도 있다. 혹은 견고했던 문제에 작은 틈이 생겼을 때, 우리는 망설이지 말고 복음과 사랑의 못을 박아야 한다. 그것이 바로 믿음의 사람의 자세다.

전도서 3장은 말한다. "범사에 기한이 있고 천하 만사가 다 때가 있나니."(전도서 3:1) 때를 아는 지혜, 때에 맞는 결단, 그리고 그 안에서 하나님의 뜻을 이루려는 믿음. 그것이 우리 인생을 아름답게 빚어내는 하나님의 손길이자, 우리의 선택이어야 한다.

쇠는 뜨거울 때, 마음은 열릴 때, 상황은 흔들릴 때, 그 순간이 바로 믿음의 망치를 들어야 할 때다. 하나님은 그 망치질을 통해 우리 인생을 단련하시고, 세상을 변화시키신다. 그러니 두려워 말고 두드리자. 지금이 바로, 움직여야 할 그 순간이다.

삶에 틈이 생기고 마음에 상처가 날 때, 우리는 두려워한다. 하지만 그 틈으로 하나님의 말씀이 스며들고, 그 상처를 통해 사랑이 들어온다. 하나님은 우리를 결코 포기하지 않으신다. 오히려 연약한 틈을 통해 더 깊은 진리를 심으시고, 뜨거운 시련을 통해 우리를 더 단단한 그리스도의 사람으로 만들어가신다.

오늘도 혹시 뜨겁고 고된 시간을 지나고 있다면, 기억하라. 지금이 바로 하나님의 망치가 내려치는 순간일 수 있다. 주저하지 말고 은혜의 보좌 앞으로 나아가라. 하나님은 때를 따라, 가장 완벽한 타이밍에, 당신의 인생을 빚으신다.

28. 태도를 선택하는 순간

인생은 10%는 우리에게 무슨 일이 일어나는지, 90%는 그에 대한 우리의 반응이다. 비록 우리가 제어할 수 없는 일들이 있지만, 우리는 그에 대한 태도를 선택할 수 있다.

이 말은 인생의 진짜 주인은 바로 우리 자신임을 깨닫게 해준다. 외부에서 벌어지는 상황을 완전히 통제할 수는 없지만, 그 상황에 어떻게 반응하고 대처할지는 전적으로 우리의 선택이라는 깊은 진리를 담고 있다. 성경은 이런 지혜로운 태도를 여러 곳에서 가르친다.

빌립보서 4장 11~13절에서 바울은 "내가 궁핍하므로 말하는 것이 아니니 나는 비천한 가운데서도 살아가는 법을 배웠고, 풍부한 가운데서도 살아가는 법을 배웠노라. 내가 모든 일에 능력을 얻는 비결은 나를 강하게 하시는 그리스도를 의지함이라."고 고백한다. 바울은 자신에게 닥친 어려움과 상황을 통제하지 못했지만, 그 속에서도 어떻게 반응할지를 선택했고, 그 결과로 어떤 환경에서도 평안과 능력을 누렸다.

시편 34편 18절은 "여호와는 마음이 상한 자에게 가까이 하시고 충심으로 통회하는 자를 구원하시는도다."라고 말한다. 힘들고 상처받은 상황 속에서도 하나님께 마음을 열고 의지하는 태도를 선택하는 이들에게 하나님은 가까이 하시며 도우신다. 우리 삶에서 닥치는 여러 상황에 대한 우리의 태도가 얼마나 중요한지 보여주는 말씀이다.

야고보서 1장 2~3절은 "내 형제들아 너희가 여러 가지 시험을 만나거든 온전히 기쁘게 여기라. 이는 너희 믿음의 시련이 인내를 만들어 내는 줄 앎이라."고 권면한다. 고난과 시험은 피할 수 없지만, 거기에 대한 우리의 태도, 기쁨과 인내를 선택할 수 있음을 가르친다.

예수님도 마태복음 5장에서 산상수훈을 통해 "애통하는 자는 복이 있나니 그들이 위로를 받을 것임이요."라고 말씀하셨다. 슬픔이나 어려움에 직면했을 때, 그것을 어떻게 받아들이고 반응하는지가 우리의 복과 평안에 큰 영향을 미친다.

결국, 인생에서 우리가 제어할 수 없는 일들이 찾아와도, 그 일들에 어떻게 반응할지에 대한 선택권은 우리 손에 있다. 그 선택이 우리 삶의 질과 방향을 결정한다. 하나님과 함께 하는 삶은 그 선택에서 진정한 평안과 지혜를 얻는 길이다.

오늘도 삶의 여러 상황 속에서 태도를 선택하는 순간이 찾아올 것이다. 두려움이나 낙심 대신 감사와 믿음을 선택하자. 하나님께서 우리 마음을 지키시고 인도하심을 믿으며, 매 순간을 지혜롭게 살아가자. 그것이 인생의 진짜 힘이다.

29. 참된 사랑은 깊고 강한 존재

폭풍은 지나갈 테니, 그 동안은 비 내려도 괜찮아.

사랑은 눈에 보이지 않지만, 그 힘은 절대적이며 영원하다.

이 말은 인생의 시련 속에서 견디는 법과, 보이지 않아도 끝까지 붙들어야 할 사랑의 가치를 동시에 말해 준다. 비가 내리는 순간에는 하늘이 무너진 듯하지만, 그 비는 결국 그치고 무지개를 남긴다. 사랑도 마찬가지다. 보이지 않는다고 해서 없어진 것이 아니고, 느껴지지 않는다고 해서 사라진 것이 아니다. 참된 사랑은 언제나 조용히, 그러나 깊고 강하게 존재한다.

성경은 이런 사랑의 본질과 고난에 대한 지혜를 우리에게 분명히 전해 준다. 전도서 3장 1절은 "범사에 기한이 있고 천하 만사가 다 때가 있나니."라고 말한다. 폭풍이 영원히 머무는 법은 없다. 고난의 시간에도 때가 있고, 그 끝에는 반드시 평안이 있다. 그러므로 지금 내리는 비가 인생의 끝처럼 느껴질지라도 괜찮다. 하나님 안에서는 그 모든 시간이 의미 있고, 반드시 지나간다.

또한 로마서 8장 28절은 "하나님을 사랑하는 자, 곧 그의 뜻대로 부르심을 입은 자들에게는 모든 것이 합력하여 선을 이루느니라."고 말한다. 지금의 눈물도, 폭풍 같은 시련도 결국은 하나님의 손 안에서 선한 뜻으로 바뀐다. 이 믿음이 있을 때 우리는 비를 맞으면서도 무너지지 않는다.

그리고 사랑. 그것은 눈에 보이지 않아도 인생을 붙드는 가장 강력한 힘이다. 고린도전서 13장은 사랑에 대해 이렇게 말한다. "사랑은 오래 참고, 온유하며, 시기하지 아니하며…, 모든 것을 참으며, 모든 것을 믿으며, 모든 것을 바라며, 모든 것을 견디느니라." 참된 사랑은 보기 어렵고 만질 수 없지만, 모든 것을 견디는 놀라운 힘을 품고 있다.

예수님이 보여주신 사랑이 바로 그렇다. 십자가 위에서 모든 것을 잃는 듯한 그 순간, 오히려 그 사랑은 가장 완전하고 절대적인 형태로 드러났다. 사랑은 소리 내어 외치지 않았지만, 그 힘은 인류의 역사를 바꾸었고, 지금도 영원히 우리 삶을 붙들고 있다.

폭풍은 지나간다. 사랑은 남는다.

그러니 비가 내리는 지금, 조바심 내지 말고 마음을 고요히 하자. 이 또한 지나간다. 대신 그 시간 속에서 하나님이 주신 사랑을 더 깊이 붙들자. 눈에 보이지 않아도 그 사랑은 우리를 살리고, 끝까지 인도한다.

30. 사랑은 표현할 수 없는 음악

진정으로 사랑하는 사람은 눈에 보이지 않는 아름다움을 보는 법을 알고 있다. 사랑은 우리가 말로 표현할 수 없는 음악과 같다.

이 말은 사랑이 단순히 겉으로 드러나는 모습이나 말로 다 전할 수 있는 감정을 넘어서, 마음 깊은 곳에서 느끼는 영혼의 언어라는 의미를 담고 있다. 성경도 눈에 보이지 않는 것들의 참된 가치를 깊이 가르치며, 사랑이야말로 가장 아름답고 신비로운 선물임을 전한다.

요한복음 4장 24절은 "하나님은 영이시니 예배하는 자가 영과 진리로 예배할지니라."고 말한다. 하나님께 드리는 참된 예배는 눈에 보이지 않는 영적인 것에 대한 깨달음과 사랑이다. 우리 역시 사람을 사랑할 때, 외적인 모습보다 그 영혼의 아름다움을 보고 느끼는 것이 진정한 사랑의 시작이다.

고린도전서 13장은 '사랑 장'으로 불릴 만큼 사랑의 본질을 찬양한다. "사랑은 오래 참고, 사랑은 온유하며, 시기하지 아니하며, 자랑하지 아니하며, 교만하지 아니하며…" 사랑은 말로 다 표현할 수 없는 신비로운 아름다움을 지닌다. 그 사랑은 마치 말로 형용할 수 없는 음악처럼 우리 마음 깊이 울려 퍼진다.

전도서 3장 11절은 "하나님이 모든 것을 아름답게 하셨으며 또한 때를 따라 각기 그 아름다움을 알게 하셨다."고 한다. 하나님께서 창조하신 모든 것은 보이지 않는 뜻과 조화가 숨어 있다. 진정한 사랑은 그 보이지 않는 아름다움을 발견하는 눈이며, 그 눈으로 사람과 세상을 바라볼 때 우리는 삶의 깊은 감동과 평화를 맛본다.

예수님께서도 "나는 포도나무요 너희는 가지라."(요한복음 15장)고 하셨다. 그 말씀은 보이지 않는 관계 속에서 생명이 흘러가고 사랑이 자란다는 뜻이다. 우리의 관계와 사랑은 눈에 보이지 않는 영적인 선물이며, 그 속에서 가장 아름다운 멜로디가 울려 퍼진다.

사랑은 겉모습이나 말로 다 표현할 수 없는 영혼의 음악이다. 우리 마음속 깊은 곳에서 흐르는 그 음악은 삶을 풍성하게 하고, 고통과 시련 속에서도 희망을 잃지 않게 한다. 그것이 바로 성경이 가르치는 참사랑의 힘이며, 하나님께서 우리에게 주신 가장 귀한 선물이다.

오늘도 눈에 보이지 않는 아름다움을 찾는 사랑의 눈으로 세상을 바라보자. 그리고 말로 다 할 수 없는 사랑의 음악을 마음에 담고, 그 멜로디를 온 세상에 전하자. 그렇게 할 때, 우리 삶은 진정으로 빛나고, 하나님께서 원하시는 사랑의 증인이 될 것이다.

31. 두 개의 영혼이 하나가 된 것

진정한 사랑은 두 개의 영혼이 하나가 된 것이다. 사랑은 달콤한 꿈과 같아서 깨어나고 싶지 않을 정도로 아름답다.

이 말은 사랑이 단순한 감정이나 일시적인 기쁨이 아니라, 서로 다른 두 사람이 깊은 연합을 이루어 하나의 영혼처럼 서로를 이해하고 감싸는 신비로운 관계임을 표현한다. 성경은 이 깊고 아름다운 사랑의 본질을 가장 선명하게 보여준다.

창세기 2장 24절은 "이러므로 남자가 부모를 떠나 그의 아내와 연합하여 둘이 한 몸을 이룰지로다."라고 말한다. 하나님께서 처음 사람을 창조하실 때부터 두 사람이 연합하여 한 몸이 되는 사랑의 본질을 주셨다. 이 연합은 단지 육체적인 결합만이 아니라 영혼과 마음이 하나 되는 깊은 관계를 의미한다.

고린도전서 13장은 사랑을 "오래 참고, 온유하며, 시기하지 아니하며, 자랑하지 아니하며, 교만하지 아니하며"라고 정의하면서, 사랑이 얼마나 아름답고 순수한 것인지 보여준다. 사랑은 달콤한 꿈처럼 우리를 감싸 안아 현실의 무거움을 잠시 잊게 하며, 깨어나고 싶지 않을 만큼 행복한 순간을 선사한다.

예수님께서는 제자들에게 "내가 너희를 사랑한 것 같이 너희도 서로 사랑하라."(요한복음 15:12)고 명령하셨다. 그 사랑은 세상의 어떤 사랑과도 비교할 수 없는 완전한 사랑이며, 서로의 영혼을 하나로 묶는 힘이다. 이 사랑 안에서 우리는 진정한 평안과 기쁨을 누린다.

시편 16편 11절은 "주께서 생명의 길을 내게 보이시리니 주의 얼굴에는 기쁨이 충만하고 주의 오른손에는 영원한 즐거움이 있나이다."라고 말한다. 사랑은 단순히 꿈이 아니라, 하나님이 우리에게 보여주시는 생명의 길이며, 그 길 위에서 우리는 영원한 기쁨과 즐거움을 경험한다.

진정한 사랑은 서로 다른 두 영혼이 하나가 되어 서로의 부족함을 채우고,

기쁨과 슬픔을 함께 나누는 깊은 연합이다. 그 사랑은 달콤한 꿈처럼 우리 삶에 온전한 행복을 주고, 깨어나고 싶지 않을 만큼 아름답다.

오늘도 그 사랑을 소중히 여기자. 두 사람의 영혼이 하나 되어 하나님 안에서 더욱 깊고 단단해지는 사랑의 연합을 추구하자. 그 속에서 우리는 세상의 어떤 어려움도 견딜 수 있는 힘과, 진정한 행복을 발견할 것이다. 사랑은 꿈이 아니라, 하나님이 주신 축복이며, 우리 삶의 가장 큰 선물이다.

진정한 사랑은 하나님으로부터 시작되어 하나님 안에서 완성된다. 그 사랑은 우리 삶의 가장 깊은 기쁨이며, 가장 큰 축복이다. 오늘도 그 사랑을 품고 살아가자.

32. 손이 아닌 마음을 잡는 것

사랑은 손을 잡는 것으로 시작되지만, 마음을 잡는 것으로 이어진다. 사랑은 작은 것들에 더 큰 뜻을 부여한다.

이 말은 사랑이 단순한 행위나 감정의 표현을 넘어서, 일상의 소소한 순간들 속에 깊은 의미를 심는 힘임을 말한다. 성경은 사랑이 어떻게 우리의 삶과 관계를 변화시키는지, 그리고 그 사랑이 작은 것들에 얼마나 큰 가치를 불어넣는지를 여러 곳에서 알려준다.

요한일서 4장 7절은 "사랑하는 자들아 우리가 서로 사랑하자 사랑은 하나님께 속한 것이니 사랑하는 자마다 하나님께로 나서 하나님을 알고"라고 말한다. 사랑은 하나님께 뿌리를 둔 영적인 힘이며, 그 사랑으로 우리는 서로의 손뿐 아니라 마음까지 잡게 된다. 단순한 만남을 넘어서 깊은 교제와 연합으로 이어진다.

마태복음 25장 40절에서 예수님은 "내가 진실로 너희에게 이르노니 너희가 여기 내 형제 중에 지극히 작은 자 하나에게 한 것이 곧 내게 한 것이니라."고 말씀하셨다. 작은 일, 사소한 손길 속에 담긴 사랑이야말로 하나님의 마음을 움직이는 큰 의미를 가진다. 사랑은 작은 것들에 큰 뜻을 부여하는 힘이다.

고린도전서 13장은 사랑의 본질을 가장 잘 드러낸다. 사랑은 "자랑하지 아니하며, 교만하지 아니하며, 모든 것을 참으며, 모든 것을 믿으며, 모든 것을 바라며, 모든 것을 견디느니라."고 말한다. 일상의 작은 순간들, 작고 소박한 행동 속에도 사랑은 위대한 의미와 힘을 불어넣는다.

예수님께서 제자들의 발을 씻기신 일도 작은 행동 속에 담긴 사랑의 위대함을 보여준다.(요한복음 13장) 그 겸손한 사랑의 행위는 마음의 문을 열고 서로를 진정으로 연결하는 시작이었다. 손을 잡는 순간이 마음을 잡는 길로 이어진 것이다.

사랑은 작고 보잘것없어 보이는 순간들을 특별하게 만든다. 누군가의 손을 잡는 그 짧은 시간, 작은 관심과 배려가 모여 마음의 깊은 연합으로 자라난다. 그 연합은 우리가 함께 걸어갈 힘이 되고, 삶에 의미를 더한다.

오늘도 사랑의 손길을 내밀자. 단지 손을 잡는 것에 그치지 않고, 마음까지 깊이 연결되는 사랑을 추구하자. 작은 것들이 모여 큰 사랑을 이루고, 그 사랑이 우리 삶과 주변을 아름답게 변화시키는 기적을 만든다. 사랑은 그렇게 우리에게 매일 주어지는 신비로운 선물이다.

사랑은 손을 잡는 것으로 시작되지만, 마음을 붙들 때 완성된다. 그리고 그 사랑은 작은 것들을 통해 가장 크게 드러난다.

33. 마음이 세상을 밝히는 횃불

가장 중요한 순간은 우리가 결정한 순간이다. 내 마음에 불이 났다면, 세상을 불태워라.

이 말은 인생의 진짜 전환점은 바로 선택의 순간이며, 마음속 열정과 신념이 불타오를 때 우리는 세상을 향해 큰 변화를 일으킬 수 있다는 뜻이다. 성경은 우리에게 결단과 열정의 힘을 수없이 보여주며, 그 힘으로 하나님이 주신 사명을 이루도록 이끈다.

신명기 30장 19절에서 하나님은 "생명과 사망, 복과 저주를 내가 오늘 네 앞에 두었나니, 그러므로 너는 생명을 택하라."고 명확한 결단을 요구하신다. 우리가 마주하는 순간 중 가장 중요한 것은 바로 '무엇을 선택할 것인가'이다. 결단이 우리 삶의 방향을 바꾸고, 하나님이 예비하신 축복으로 이끈다.

예수님도 갈릴리 바닷가에서 제자들에게 "나를 따라오라."고 부르셨다.(마태복음 4장) 제자들은 그 부르심 앞에서 마음에 불이 붙었다. 그 열정과 결단은 그들의 삶을 완전히 바꾸었고, 세상을 변화시키는 사역의 시작이 되었다. 마음에 불이 났을 때, 세상을 향한 담대한 발걸음이 시작된다.

사도 바울 역시 고린도후서 12장 9절에서 "내 능력이 약한 데서 온전하여진다."고 고백하며, 자신의 약함을 넘어선 하나님의 능력으로 큰 일을 이뤘다. 바울의 마음속 불은 복음 전파에 대한 뜨거운 열정이었고, 그 열정이 세상을 변화시켰다.

전도서 9장 10절은 "네 손이 하는 모든 일을 힘을 다하여 하라."고 말한다. 마음속에 불이 붙었을 때, 그 열정과 힘을 다해 행동하라는 권면이다. 결심과 행동이 함께할 때 우리는 세상을 불태우는 놀라운 힘을 발휘한다.

내 마음에 불이 붙었다면, 그 불을 꺼뜨리지 말아야 한다. 두려움과 계산, 주변의 시선이 그 불꽃을 억누르려 할지라도, 하나님께서 주신 열정이라면 그것은 헛되지 않다. 오히려 그 불은 나 하나를 태우기 위한 것이 아니라, 어둠 속에 있는 세상을 밝히기 위한 불이다. 믿음으로 내딛는 한 걸음, 순종으로 내리는 하나의 결정이 누군가에게는 희망의 불씨가 되고, 세상을 변화시키는 시작점이 된다.

그 결정에 따라 인생의 길이 달라지고, 하나님께서 예비하신 축복과 기회가 열린다. 만약 내 마음에 불이 붙었다면, 주저하지 말고 그 열정을 따라 세상을 변화시켜라. 하나님이 함께 하심을 믿고 담대하게 나아갈 때, 불타는 마음이 세상을 밝히는 횃불이 된다.

오늘도 내 마음에 불을 지피자. 그 불꽃으로 세상을 비추고, 하나님의 뜻을 이루는 삶을 살아가자.

34. 큰 힘을 발휘하는 에너지

사랑은 무엇보다도 강력한 힘이다. 인생은 불확실성에 의해 아름답다.

이 두 문장은 우리 삶의 본질을 정확히 꿰뚫고 있다. 사랑은 눈에 보이지 않지만 가장 큰 힘을 발휘하는 에너지이고, 인생은 그 끝을 알 수 없기에 더 소중하고 아름답다. 성경은 바로 이 사랑과 불확실성의 삶 속에서 어떻게 살아가야 할지를 깊이 있게 가르쳐 준다.

고린도전서 13장 13절은 말한다. "그런즉 믿음, 소망, 사랑 이 세 가지는 항상 있을 것인데 그 중의 제일은 사랑이라." 사랑은 시간과 공간을 초월한다. 육체의 힘보다, 지식보다, 말보다 더 깊고 강한 것이 바로 사랑이다. 사랑은 다른 사람을 변화시키고, 공동체를 세우고, 때로는 절망을 희망으로 바꾸는 가장 위대한 능력이다.

예수님이 우리를 위해 십자가를 지신 것도 바로 이 사랑 때문이다. 요한복음 3장 16절은 그 사랑의 절정이다. "하나님이 세상을 이처럼 사랑하사 독생자를 주셨으니…" 하나님은 사랑하셨기에 가장 귀한 것을 내어주셨고, 그 사랑이 지금까지도 사람들의 마음을 움직이고 있다.

그런 사랑이 바로 우리가 살아가는 불확실한 인생 속에서 가장 확실한 힘이 된다. 인생은 알 수 없기에 때로는 두렵고 불안하지만, 동시에 그 알 수 없음이 삶을 신비롭게 만든다. 전도서 11장 5절은 말한다. "바람의 길이 어떠함과 아이 밴 여자의 태에서 뼈가 어떻게 자라는지 알지 못함같이 만사를 성취하시는 하나님의 일을 네가 알지 못하느니라." 모든 것을 알 수 없다 해도, 하나님께서 인도하신다는 믿음이 있기에 우리는 그 불확실성을 품을 수 있다.

야고보서 4장 14절은 "내일 일을 너희가 알지 못하는도다. 너희 생명이 무엇이냐? 너희는 잠깐 보이다가 사라지는 안개니라."라고 말한다. 이처럼 인생은 안개 같고, 내일은 미지수다. 그러나 그 불확실성 속에서 매일을 사랑으로 살아갈 때, 그 하루는 영원보다 깊은 의미를 갖는다.

사랑은 우리가 통제할 수 없는 내일 앞에서 오늘을 살아내는 힘을 준다. 내가 가진 것을 아낌없이 주게 하고, 끝까지 기다리게 하고, 포기하지 않게 만드는 그 힘이 사랑이다. 그 사랑이 있기에 불확실한 인생도 아름답다.

오늘도 사랑하자. 불확실한 길을 걷더라도, 사랑을 품고 나아가자. 내일을 다 알 수는 없지만, 오늘 내 안에 있는 사랑은 확실하다. 그것이야말로 인생을 아름답게 만드는 가장 강력한 힘이다.

35. 지혜란 하나님을 붙드는 삶

지혜는 자신을 아는 데에서 시작된다. 그 말은 곧, 자신을 모르면 지혜의 문턱에도 서지 못한다는 뜻이다. 소크라테스는 "너 자신을 알라."고 했지만, 성경은 더 깊다. 잠언 1장 7절은 말한다. "여호와를 경외하는 것이 지식의 근본이거늘, 미련한 자는 지혜와 훈계를 멸시하느니라." 참된 자기 인식은 하나님 앞에서 이루어지는 것이며, 그분을 경외하는 마음에서 시작된다. 내가 누구인지를 아는 순간, 인간의 연약함과 어리석음, 그리고 그럼에도 불구하고 하나님이 주시는 은혜의 크기를 깨닫게 된다.

그러나 지혜는 거기서 멈추지 않는다. 자신을 알게 된 사람은 다른 사람도 이해할 수 있게 된다. 요한복음 8장에서 간음하다 붙잡힌 여인을 정죄하던 자들이, 예수님의 "너희 중에 죄 없는 자가 먼저 돌로 치라."는 말씀 앞에서 차례차례 자리를 뜬다. 그들은 순간적으로나마 자기 안을 들여다보았다. 자신을 바라본 자만이 타인을 판단하는 데 조심스러워진다. 지혜는 그렇게 타인의 연약함과 고통에 공감하며 완성된다.

지혜는 단숨에 얻어지지 않는다. 시편의 다윗도, 전도서의 솔로몬도 수많은 시행착오를 겪었다. 잘못된 선택, 후회, 눈물, 회개…, 이 모든 과정이 지혜의 씨앗이 되었다. 잠언 24장 16절은 말한다. "대저 의인은 일곱 번 넘어질지라도 다시 일어나려니와…" 지혜란, 넘어지지 않는 삶이 아니라, 넘어질 때마다 하나님을 붙드는 삶이다. 그리고 그 과정 속에서 사람은 조금씩, 그러나 분명히 지혜로워진다.

그러므로 지혜는 단순한 지식의 축적이나 경험의 총합이 아니다. 지혜는 하나님 앞에 서는 태도이며, 삶을 대하는 자세다. 자신을 안다는 것은 곧 자신의 한계를 인정하는 것이고, 그 인정 위에서 하나님의 도우심을 구하는 겸손이 시작된다. 지혜로운 사람은 "나는 안다."고 말하지 않는다. 오히려 "나는 아직 배운다."고 고백한다. 그 고백 속에 하나님을 경외하는 마음이 있고, 그 경외함 속에서 참된 분별력이 자라난다.

지혜는 고통의 시간을 통과하며 성숙해진다. 실패와 넘어짐, 좌절과 회개의 반복 속에서 사람은 점점 더 깊어진다. 그 과정은 결코 낭비가 아니다. 하나님은 우리의 실수조차도 버리지 않으시고, 그것을 지혜의 재료로 삼으신다. 눈물 흘린 자리에서 배운 교훈은 책으로 얻은 지식보다 오래 남고, 넘어졌던 기억은 다른 이를 붙드는 손이 된다.

결국 지혜로운 삶이란 완벽한 삶이 아니라, 하나님을 향해 계속 방향을 맞추는 삶이다. 길을 잃을 때마다 다시 하나님께 돌아가고, 넘어질 때마다 은혜를 붙들며 일어나는 삶이다.

36. 의지와 무기력 사이의 경계

누워있지 말고 끊임없이 움직여라. 움직이면 살고, 누우면 죽는다. 단순한 말 같지만 이 안에는 삶과 죽음, 의지와 무기력 사이의 경계가 담겨 있다. 성경은 단호하다. 게으름은 생명을 갉아먹는 병이며, 움직임은 믿음의 증거다. 잠언 6장은 개미를 보라고 말한다. "게으른 자여, 개미에게 가서 그가 하는 것을 보고 지혜를 얻으라." 개미는 인도받는 이도, 감독하는 자도 없지만, 부지런히 일하고 먹을 것을 준비한다. 생존은 움직임에서 온다는 사실을 본능적으로 아는 것이다.

예수님도 마찬가지였다. 가만히 앉아 계신 일이 거의 없었다. 광야에서 사십

일을 금식하셨고, 갈릴리와 유대로 끊임없이 걸어 다니셨다. 병든 자를 찾아가고, 세리의 집에 들어가고, 밤이면 산에 올라 기도하셨다. 그분의 사역은 '움직임' 그 자체였다. 믿음은 추상적 개념이 아니라, 발걸음에 실리는 행동이었다.

요한복음 5장에서 38년 된 병자가 등장한다. 그는 베데스다 연못가에 누워 있었다. 무기력하게, 기회만을 기다리며. 예수께서 다가가셔서 물으신다. "네가 낫고자 하느냐?" 그리고는 말씀하신다. "일어나 네 자리를 들고 걸어가라." 누워 있던 자가 일어나 걷는 순간, 생명이 다시 흐르기 시작했다. 예수는 고작 몇 마디 말로 그를 치유한 것이 아니다. 그 병자의 의지를 깨웠고, 움직이게 하셨다. 구원은 그 움직임 속에 있었다.

사람은 종종 "조금 더 나아지면 움직이겠다."고 말한다. 그러나 성경의 순서는 다르다. 움직일 때 나아진다. 믿음이 생겨서 걷는 것이 아니라, 걷는 과정 속에서 믿음이 생긴다. 베데스다의 병자도 완전히 나은 뒤에 걸은 것이 아니다. 예수님의 말씀에 순종하여 일어나는 순간, 치유가 시작되었다. 하나님의 역사는 늘 순종의 첫 걸음 위에서 열렸다.

움직이지 않는 믿음은 곧 식어버린 믿음이다. 물이 흐르지 않으면 썩듯이, 믿음도 멈추면 무기력과 자기연민 속에 갇힌다. 그러나 다시 움직이기 시작하면, 숨이 트이고 시야가 열리며 하나님의 뜻이 보이기 시작한다. 움직이는 사람은 넘어질 수 있다. 하지만 누워 있는 사람은 아무 곳에도 가지 못한다. 넘어짐은 다시 일어날 수 있지만, 포기는 생명을 가로막는다.

그러므로 오늘 우리에게 필요한 것은 더 많은 생각이 아니라, 한 걸음의 순종이다. 계산을 멈추고, 변명을 내려놓고, 지금 할 수 있는 만큼 움직이는 것이다. 믿음의 사람은 늘 길 위에 있다. 불확실함 속에서도 하나님을 신뢰하며 발을 내딛는다. 그 길이 때로는 험하고 외로워 보여도, 그 길 위에 주님은 반드시 함께하신다.

결국 생명을 살리는 믿음은 멈추지 않는 믿음이다. 쉬어도 괜찮다. 그러나 눕지는 말자.

37. 하나님이 주신 기쁨의 선물

하루에 하나씩 즐거운 일을 만들어라. 하루가 즐거우면 평생이 즐겁다. 이 말은 단순한 기분 전환의 요령이 아니라, 삶을 바라보는 태도이자 신앙의 깊은 원리를 담고 있다. 우리는 흔히 큰 성공이나 특별한 사건이 있어야 행복할 수 있다고 생각한다. 그러나 성경은 정반대의 길을 가르친다. 하나님은 우리의 인생을 "언젠가 한 번 웃는 삶"이 아니라, 매일 은혜를 발견하며 살아가는 여정으로 부르신다. 기쁨은 먼 미래의 보상이 아니라, 오늘을 살아가게 하는 힘이다.

전도서 3장 12절은 말한다. "사람이 자기의 수고하는 것을 즐거워하는 것이 하나님이 그 마음에 주신 선물이니라." 이 말씀은 노동의 결과가 아니라, 노동하는 그 과정 속에서 누릴 수 있는 기쁨이 하나님의 선물임을 알려준다. 하나님은 우리에게 견디기만 하는 삶을 맡기지 않으셨다. 숨 쉬고, 일하고, 사랑하며 살아가는 일상 속에 기쁨을 심어 두셨다. 우리가 하루에 하나씩 즐거운 일을 찾는다는 것은, 그 숨겨진 선물을 발견하는 영적 눈을 기르는 일이다.

이 즐거움은 크지 않아도 된다. 따뜻한 햇살 아래 잠시 멈춰 서는 것, 좋아하는 찬양 한 곡을 듣는 것, 감사한 일을 마음속으로 헤아려 보는 것, 누군가에게 진심 어린 안부를 건네는 것—이 작은 순간들이 하루를 지탱하는 기둥이 된다. 하나님은 크고 화려한 기쁨보다, 지속적으로 우리를 살리는 잔잔한 기쁨을 더 자주 사용하신다. 소소한 즐거움은 삶을 가볍게 하고, 마음을 다시 살아 움직이게 한다.

성경 속 인물들도 이러한 기쁨의 비밀을 알고 있었다. 다윗은 시편 곳곳에서 찬양과 감사를 멈추지 않았다. 그의 인생에는 도망과 배신, 눈물의 밤이 많았지만, 그 속에서도 그는 하루의 기쁨을 하나님께로부터 길어 올렸다. "여호와는 나의 힘이시며 나의 노래시니."(시편 118편 14절)라는 고백은, 상황이 좋아서가 아니라 하나님이 함께 계시기에 가능한 기쁨의 선언이었다. 기쁨은 형편이 아니라 관계에서 나온다는 사실을 그는 잘 알고 있었다.

예수님 역시 기쁨 없는 금욕의 삶을 사신 분이 아니었다. 누가복음 10장 21절은 예수님께서 성령 안에서 기뻐하셨다고 기록한다. 제자들이 사역을 마치고 돌아왔을 때, 예수님은 그들의 수고와 순종을 기뻐하셨고, 하나님께 감사하셨다. 이는 하나님 나라의 삶이 결코 무거운 의무만으로 이루어지지 않음을 보여준다. 기쁨은 하나님과 동행하는 삶에서 자연스럽게 흘러나오는 열매다.

그래서 즐거움은 단순한 감정이 아니라 선택이며, 반복을 통해 형성되는 습관이다. 빌립보서 4장 4절의 "주 안에서 항상 기뻐하라."는 권면은, 기쁠 만한 일이 있을 때만 웃으라는 말이 아니다. 오히려 기쁨을 신앙의 자리로 끌어올리라는 부르심이다.

38. 마음의 평화를 드러내는 빛

마음에 들지 않아도 웃으며 받아들여라. 세상이 내 뜻대로만 움직이지 않는다는 사실을 인정하는 것은 생각보다 훨씬 어렵다. 우리는 겉으로는 "그럴 수도 있지"라고 말하지만, 마음속 깊은 곳에서는 여전히 상황을 통제하고 싶어

한다. 일이 계획대로 흘러가야 안심하고, 사람이 기대에 맞게 행동해야 마음이 놓인다. 그러나 현실은 언제나 우리의 계산을 비껴간다. 그래서 삶은 종종 불만과 분노, 실망으로 가득 차게 된다.

성경은 그런 인간의 마음을 정확히 꿰뚫는다. 전도서 3장 1절은 말한다. "천하 만사가 때가 있고, 모든 일이 다 때가 있나니." 이 말씀은 단순히 '기다리라'는 위로가 아니다. 인간이 모든 것을 조정할 수 없으며, 삶의 시간표는 하나님께 속해 있다는 선언이다. 우리가 조급해질수록, 하나님은 "아직"이라고 말씀하실 수 있고, 우리가 포기하고 싶을 때 하나님은 "지금"을 준비하고 계실 수도 있다. 이 차이를 인정하지 못하면 마음은 늘 조급해지고, 웃음은 사라진다.

사도 바울이 고난 가운데서도 "항상 기뻐하라."(데살로니가전서 5:16)고 말할 수 있었던 이유도 여기에 있다. 바울의 삶은 결코 평탄하지 않았다. 매 맞고, 감옥에 갇히고, 배신당하고, 오해받는 일이 반복되었다. 그럼에도 그는 상황이 좋아서 기뻐한 것이 아니라, 상황 너머에서 역사하시는 하나님을 믿었기에 기뻐할 수 있었다. 바울에게 기쁨은 감정이 아니라 신앙의 선택이었고, 웃음은 현실 부정이 아니라 하나님 신뢰의 표현이었다.

예수님 역시 겟세마네 동산에서 인간으로서의 두려움과 고통을 숨기지 않으셨다. "이 잔을 내게서 옮기시옵소서."라는 기도는 인간의 솔직한 마음이었다. 그러나 그 기도의 끝은 분명했다. "내 뜻대로 마시옵고 아버지의 뜻대로 하옵소서."(누가복음 22:42) 예수님의 순종은 체념이 아니라 신뢰였고, 포기가 아니라 맡김이었다. 그분은 하나님의 뜻이 때로는 고통을 통과하게 할지라도, 결국 생명과 구원으로 이어진다는 것을 아셨다. 그래서 흔들리는 마음 가운데서도 평안을 잃지 않으셨다.

우리의 삶도 다르지 않다. 마음에 들지 않는 일이 찾아올 때, 우리는 본능적으로 얼굴을 찌푸리고 마음을 닫는다. 그러나 그 순간 웃으며 받아들이는 연습을 할 때, 우리의 시선은 상황에서 하나님께로 옮겨진다. 웃음은 문제를 가볍게 여기는 태도가 아니라, 문제보다 크신 하나님을 바라보는 믿음의 고백이다. 잠언 15장 13절의 말씀처럼 "마음이 즐거우면 얼굴에도 빛이 난다." 그 빛은 환경에서 오는 것이 아니라, 하나님과의 관계에서 흘러나온다.

세상이 내 뜻대로 움직이지 않는다는 사실을 받아들이는 것은 패배가 아니다. 오히려 그것은 자유로 가는 길이다.

39. 말의 무게와 지혜의 깊이

한번 한 소리는 두 번 이상 하지 말라. 말이 많으면 결국 사람에게서 멀어진다. 이 말은 단순히 "조용히 하라."는 예절의 문제가 아니다. 이것은 말의 무게, 곧 인격과 신앙의 깊이에 대한 가르침이다. 사람의 수준은 그가 얼마나 말을 잘하느냐보다, 얼마나 말을 아낄 줄 아느냐에서 드러난다. 말은 쉽게 흩어지지만, 침묵은 오래 남는다.

성경은 말의 위험성과 힘을 반복해서 경고한다. 잠언 10장 19절은 "말이 많으면 허물을 면하기 어려우나, 그 입술을 제어하는 자는 지혜가 있느니라."고 말한다. 이는 말이 많으면 반드시 죄를 짓게 된다는 뜻이 아니라, 말이 많을수록 실수할 가능성이 커진다는 뜻이다. 반대로 입술을 다스릴 줄 아는 사람은 상황을 지배하고, 관계를 지킨다. 지혜는 말솜씨가 아니라 절제에서 나온다.

사람이 말을 반복하는 이유는 대부분 불안 때문이다. 내 말이 제대로 전달되지 않았을까 염려하고, 내 생각이 충분히 이해되지 않았다고 느끼면 같은 말을 다시 꺼낸다. 그러나 말은 반복될수록 힘을 잃는다. 처음에는 설명이었지만, 두 번째부터는 설득이 되고, 세 번째부터는 강요가 된다. 그리고 결국 상대에게는 잔소리나 압박으로 들린다. 진심이 담긴 말일수록 한 번이면 충분하다.

예수님은 이 점에서 분명한 기준을 제시하셨다. "너희 말은 '옳다, 옳다', '아니라, 아니라' 하라."(마태복음 5:37) 이 말씀은 말을 꾸미지 말라는 뜻이 아니라, 말과 삶이 일치하게 하라는 요구다. 분명하게 말하고, 그 말에 책임지는 삶을 살라는 것이다. 그렇게 살면 굳이 말을 반복할 필요가 없다. 삶이 말의 증거가 되기 때문이다.

말이 많아지면 자연스럽게 불필요한 말이 따라온다. 농담처럼 던진 말이 누군가에게는 상처가 되고, 사소한 뒷이야기가 관계를 무너뜨린다. 욥기의 친구들이 그 좋은 예다. 처음에는 침묵으로 함께 울어주었지만, 말이 길어지면서 그들은 위로자가 아니라 재판관이 되었다. 전도서 5장 2절은 그래서 말한다. "너는 하나님 앞에서 말을 적게 하라." 하나님 앞에서 말이 많아지는 사람은, 결국 자기 의를 세우게 되기 때문이다. 오늘날 세상은 지나치게 시끄럽다. 모두가 자기 말을 증명하려 애쓰고, 듣기보다 말하기에 급하다. 그러나 지혜로운 사람은 흐름을 거슬러 산다.

하지만, 사람들은 말 잘하는 사람보다, 말이 적지만 정확한 사람을 더 신뢰한다. 예수님은 억울한 상황에서도 자신을 변호하기 위해 장황한 설명을 하지 않으셨다. 특히 빌라도 앞에서 침묵하신 예수님의 모습은, 침묵이 얼마나 강력한 증언이 될 수 있는지를 보여준다.

40. 인생의 본질을 꿰뚫는 지혜

돈이 재산이 아니라 사람이 재산이다. 돈 때문에 사람을 잃지 마라. 이 말은 단순한 도덕적 권면이 아니다. 이는 인생이 무엇으로 유지되고, 무엇으로 무너지는지를 정확히 꿰뚫는 지혜. 사람은 돈으로 살아가는 것 같지만, 사실은 관계로 살아간다. 아무리 많은 돈을 가져도 곁에 함께할 사람이 없다면, 그 부는 공허한 숫자에 불과하다.

많은 이들이 돈을 벌기 위해 애쓰고, 모으고, 지키느라 인생의 가장 중요한 시간을 흘려보낸다. 돈을 벌기 위한 수단이 목적이 되고, 목적이 우상이 되는 순간, 우리는 어느새 사람보다 돈을 더 소중히 여기게 된다. 그때부터 관계는 거래가 되고, 사람은 수단이 된다. 이 변화는 아주 조용히, 그러나 깊숙이 삶을 잠식한다.

성경은 이 위험을 분명히 경고한다. 디모데전서 6장 10절은 "돈을 사랑함이 일만 악의 뿌리가 되나니."라고 말한다. 돈 자체는 중립적이지만, 돈을 사랑하는 마음은 인간의 시선을 왜곡한다. 돈이 중심에 서면, 가족의 얼굴이 흐릿해지고, 친구의 신뢰가 가벼워지며, 이웃의 눈물이 보이지 않게 된다. 돈은 도구여야 하지만, 주인이 되는 순간 사람을 밀어낸다.

예수님께서 말씀하신 누가복음 12장의 어리석은 부자는 이 진리를 극명하게 보여준다. 그는 미래를 철저히 준비한 것처럼 보였지만, 준비한 것은 곡식뿐이었다. 그 인생에는 하나님과의 관계도, 이웃과의 연결도 없었다. 결국 하나님은 "오늘 밤 네 영혼을 도로 찾으리니."라고 말씀하신다. 죽음 앞에서 돈은 아무 대답도 하지 못한다. 마지막 순간에 우리 곁에 남는 것은 계좌가 아니라 사람이다.

진짜 부자는 많은 것을 소유한 사람이 아니라, 많은 사람을 품을 수 있는 사람이다. 실패했을 때 손을 내밀어 주는 사람, 울고 있을 때 이유를 묻지 않고 곁에 앉아주는 사람, 성공했을 때 시기하지 않고 기뻐해 주는 사람, 이런 사람들이 곁에 있다면, 그 인생은 이미 풍요롭다. 잠언 17장 17절이 말하듯 "친구는 사랑이 끊이지 아니하고, 형제는 위급한 때를 위하여 났다." 위기의 순간에 남는 관계야말로 진짜 자산이다.

세상은 돈 있는 사람에게 문을 열어 주지만, 하나님은 마음이 있는 사람을 통해 역사를 이루신다. 예수님은 이 땅에서 큰 재산을 남기지 않으셨다. 집도, 땅도, 금은보화도 남기지 않으셨다. 그러나 그분은 사람을 남기셨다. 상처 입은 제자들, 변화된 인생들, 그리고 오늘도 복음을 따라 살아가는 수많은 사람들. 예수님의 유산은 관계였고, 그 관계는 지금도 살아 움직인다.

41. 하나님이 동행하시는 길

"인생은 자신을 찾는 여정이 아니라, 자신을 창조하는 과정이다." 이 말은 삶의 방향을 근본에서부터 다시 묻게 한다. 많은 사람들은 평생 '진짜 나'를 찾기 위해 방황한다. 성격 검사, 직업 탐색, 성공의 기준을 바꾸어 보며 스스로를 규정하려 애쓴다. 그러나 그렇게 찾아낸 '나'는 언제든 상황에 따라 바뀌고, 실패 앞에서 쉽게 무너진다. 성경은 우리에게 다른 길을 제시한다. 우리는 이미 정해진 정체성을 발견하는 존재가 아니라, 하나님 손 안에서 날마다 새롭게 빚어지는 존재라는 것이다.

에베소서 4장 24절은 분명히 선언한다. "하나님을 따라 의와 진리의 거룩함으로 지으심을 받은 새 사람을 입으라." 여기서 '입으라'는 표현은 단회적인 사건이 아니라 지속적인 과정이다. 믿음의 삶은 한 번의 결단으로 완성되지 않는다. 우리는 매일 옛 사람을 벗고, 새 사람을 입으며, 하나님의 형상을 닮아가는 창조의 여정 속에 있다. 하나님 안에서 정체성은 고정된 답이 아니라, 관계 속에서 자라난다.

예수님께서 제자들을 대하신 방식이 바로 그 예다. 예수님은 완성된 사람들을 부르지 않으셨다. 부족하고 성급하며, 두려움 많은 사람들을 택하셨다. 거친 어부들을 부르셔서 인내와 사랑을 가르치셨고, 세리와 죄인들을 품어 복음의 증인으로 세우셨다. 그들은 처음부터 위대한 인물이 아니었다. 그러나 주님과 함께 걷는 시간 속에서, 실패하고 넘어지면서도 다시 일어나는 과정 속에서, 점점 새 사람으로 창조되어 갔다. 예수님은 제자들을 '찾아낸' 것이 아니라 '만들어가셨다.'

"최고에 도달하려면 최저에서 시작해야 한다."는 말은 신앙의 핵심을 찌른다. 예수님 자신이 그 길을 걸으셨다. 하늘의 영광을 내려놓고 말구유라는 가장 낮은 자리에서 시작하셨고, 종의 모습으로 섬기셨으며, 십자가라는 가장 낮고 고통스러운 자리까지 내려가셨다. 그러나 바로 그 낮아짐을 통해 구원이 이루어졌고, 하나님께서는 그를 다시 가장 높은 자리로 올리셨다.(빌립보서 2장 8~9절) 하나님의 방식은 언제나 낮아짐을 통한 높아짐이다.

우리 인생도 다르지 않다. 밑바닥 같은 시간은 실패가 아니라 준비의 자리다. 아무것도 의지할 것이 없을 때, 우리는 비로소 하나님을 붙든다. 다윗은 양치기 소년으로 시작해 왕이 되었지만, 그를 진짜 다윗으로 만든 것은 왕관이 아니라 동굴이었다. 사울에게 쫓기며 도망치던 시간, 배신과 외로움 속에서 그는 자신의 능력이 아니라 하나님의 마음을 배우게 되었다. 그 시간들이 있었기에 그는 '하나님의 마음에 합한 사람'으로 빚어질 수 있었다.

인생은 정답을 찾는 시험지가 아니다. 하나님과 동행하며 오늘의 나를 조금씩 새롭게 만들어가는 창조의 현장이다.

42. 강한 마음과 믿음의 만남

"용기 있는 자만이 용서할 수 있다. 약자는 용서할 수 없다." 이 말은 거칠게 들릴 수 있지만, 그 안에는 인간의 마음을 꿰뚫는 깊은 진리가 담겨 있다. 용서는 상처가 없어서 하는 것이 아니다. 오히려 가장 깊이 상처받은 자리에서, 다시 일어설 힘이 있을 때 가능한 선택이다. 그래서 용서는 언제나 강한 자의 몫이다. 약한 자는 붙잡고, 기억하고, 되갚으려 한다. 그러나 강한 자는 내려놓고, 맡기고, 앞으로 나아간다.

성경은 용서를 감정의 문제로 다루지 않는다. 성경에서 용서는 결단이며 믿음의 행위다. 마음이 풀릴 때까지 기다리는 것이 아니라, 하나님을 신뢰하기에 먼저 선택하는 것이다. 그래서 용서는 인간의 능력을 넘어서는 일이며, 하나님을 향한 신뢰 없이는 불가능하다. 스스로를 지키지 못한다고 느끼는 사람에게 용서는 너무나 위험한 선택처럼 보인다. 그러나 하나님을 의지하는 사람에게 용서는 패배가 아니라 승리다.

요셉의 이야기는 이 진리를 가장 분명하게 보여준다. 그는 형들의 배신으로 모든 것을 잃었다. 가족도, 자유도, 미래도 한순간에 사라졌다. 그러나 요셉은 고난의 시간 속에서 마음이 무너지지 않았다. 그는 억울함을 품고 살기보다, 하나님 앞에서 자신의 삶을 해석하는 법을 배웠다. 결국 형들 앞에 섰을 때, 요셉은 이렇게 고백한다. "너희는 나를 해하려 하였으나 하나님은 그것을 선으로 바꾸사…"(창세기 50:20) 이 말은 상처를 미화하는 말이 아니라, 상처 위에 선 믿음의 선언이다. 요셉의 용서는 약함이 아니라, 하나님을 끝까지 신뢰한 용기의 결과였다.

예수님의 용서는 그 어떤 용서보다도 깊고 강하다. 십자가 위에서 예수님은 고통 속에서도 저주하지 않으셨다. 오히려 "아버지여, 저들을 사하여 주옵소서."(누가복음 23:34)라고 기도하셨다. 이는 상황을 모르는 순진한 말이 아니었다. 철저히 고통을 알고 계셨고, 그 불의함을 몸으로 감당하고 계신 순간이었다. 그럼에도 예수님은 미움으로 자신을 지키지 않으셨다. 사랑으로 죽음을 통과하셨다. 이것이 진짜 용기다.

용서는 과거를 지우는 일이 아니다. 있었던 일을 없었던 것처럼 만드는 것도 아니다. 용서는 과거의 사건을 하나님 손에 맡기고, 그 사건이 오늘의 나를 지배하지 못하게 하는 선택이다. 그래서 예수님은 "내일 일을 위하여 염려하지 말라."(마태복음 6:34)고 말씀하신다. 과거의 상처와 미래의 불안에 붙들려 현재를 잃지 말라는 뜻이다. 용서하지 못하면 사람은 늘 과거에 묶여 산다. 그러나 용서를 선택하는 순간, 사람은 지금을 되찾는다.

43. 마음과 삶이 풍요로운 지혜

"마음이 풍요로워야 삶도 풍요롭다." 이 말은 성경이 말하는 복의 본질과도 닿아 있다. 사람들은 종종 소유를 복이라 생각하지만, 예수님은 마음이 가난한 자가 복이 있다고 하셨다.(마태복음 5:3) 아이러니하게도 마음이 가난한 자가 진정한 부요를 누린다. 왜냐하면 그 마음은 하나님의 은혜로 가득 채워질 자리가 있기 때문이다. 결국 삶의 풍요는 물질의 양에서 오는 게 아니라, 내 안에 감사와 평안이 있는가에서 시작된다.

바울은 감옥 안에서도 찬양했고, 매 맞고 쫓겨다니면서도 기뻐했다. 그의 마음은 환경에 따라 흔들리지 않았다. 그는 "나는 어떤 형편이든지 자족하기를 배웠노라."(빌립보서 4:11)고 고백했다. 마음이 넉넉하니 고난 속에서도 그는 부요했다. 마음이 병들면 궁궐에서도 불행하고, 마음이 밝으면 감옥에서도 자유롭다. 마음이 삶의 그릇이기 때문이다.

"최고로 잘하는 것보다 최선을 다하는 것이 중요하다." 이 말은 예수님이 보신 과부의 두 렙돈 이야기 속에 담겨 있다.(누가복음 21:1-4) 많은 부자들이 많은 돈을 헌금함에도 예수님은 과부의 헌금을 가장 귀히 여기셨다. 액수는 적었지만 그녀의 마음은 온전했다. 하나님은 결과보다 과정을 보시고, 성공보다 정성을 보신다. 우리가 최고의 성과를 내지 못하더라도, 진심을 다해 살고 있다면 그것이 하나님 앞에서는 최고다.

요즘 세상은 '더 많이, 더 빨리, 더 잘'이라는 경쟁의 소리로 가득하다. 그러나 하나님의 시선은 그 반대편에 있다. "착하고 충성된 종아, 네가 적은 일에 충성하였으니…"(마태복음 25:21) 작고 평범한 삶이어도, 최선을 다한 삶이라면 그 삶은 하나님의 나라에 속한 삶이다.

"세상은 아름다움으로 가득 차 있고, 그것을 바라보기만 하면 된다." 이 말은 하나님의 창조세계를 바라보는 마음에서 출발한다. 시편 기자는 말한다. "하늘이 하나님의 영광을 선포하고 궁창이 그의 손으로 하신 일을 나타내는도다."(시편 19:1) 꽃이 피는 것도, 새가 지저귀는 것도, 아이의 웃음도, 노인의 주름진 손도 하나님의 아름다움이다. 우리는 그저 눈을 들고 바라보기만 하면 된다.

하나님은 우리 삶 속에 수많은 기적과 아름다움을 흩어 놓으셨다. 문제는 그것을 볼 수 있는 눈, 느낄 수 있는 마음이다. 바쁘고 초조한 마음에는 작은 꽃 한 송이조차 들어설 자리가 없다. 그러나 마음이 풍요롭고 열린 자는, 늘 감사하며 찬란한 하루를 살아간다.

44. 예상치 못한 기적의 시작

"행복은 습관이다, 그것을 몸에 지니라." 이 말은 단순히 기분 좋게 살라는 말이 아니다. 행복은 순간적인 감정이 아니라, 매일 선택하는 태도이고, 반복되는 습관이라는 깊은 진리를 담고 있다. 성경도 비슷한 말을 전한다. "항상 기뻐하라. 쉬지 말고 기도하라. 범사에 감사하라."(데살로니가전서 5:16-18)

여기서 '항상'과 '범사'는 감정이 아닌 훈련된 삶의 태도를 말한다.

행복은 결코 외부의 조건으로만 결정되지 않는다. 더 많은 것을 가져야 행복한 것이 아니라, 지금 있는 것에 감사하는 습관이 행복을 만든다. 날마다 작은 것에 감탄하고, 사소한 친절에 웃음을 지을 줄 아는 마음. 그게 바로 행복을 몸에 지닌 사람의 삶이다.

바울은 감옥에서도 기뻐하라고 외쳤고, 고난 속에서도 찬양했다. 그의 삶은 평탄하지 않았지만, 그는 기쁨과 감사의 습관을 몸에 지녔다. 그래서 외적으로는 억눌린 삶이었지만, 내면은 누구보다도 자유로웠다. 그런 바울의 인생은 고난이 아니라 '은혜'로 채워진 삶이었다.

"작은 기회로부터 종종 위대한 업적이 시작된다."는 말은 하나님의 역사와 너무도 닮아 있다. 모세가 부름받은 시작은 떨기나무에서 불타는 작은 불꽃이었다.(출애굽기 3장) 다윗은 형들에게 도시락을 가져다주러 간 그 '작은 심부름'이 골리앗을 무너뜨리는 전환점이 되었다.(사무엘상 17장) 하나님은 크고 대단한 것보다, 작고 평범한 순간을 통해 역사하신다.

예수님도 겨자씨 한 알, 누룩 한 줌 같은 비유를 통해 하나님의 나라를 설명하셨다. 하나님은 작은 것 안에 큰 가능성을 숨기시는 분이다. 문제는 우리가 그 작은 기회를 보느냐, 무시하느냐에 달려 있다. 작은 봉사, 짧은 기도, 가볍게 건넨 말 한마디가 누군가에겐 인생을 바꾸는 씨앗이 된다.

우리는 종종 '더 좋은 날'을 기다리며 오늘을 미루고, '더 큰 일'을 바라보느라 작은 일을 소홀히 한다. 하지만 하나님은 지금, 여기, 내가 할 수 있는 작은 순종을 통해 큰 일을 이루신다.

행복도, 위대한 업적도, 작은 일의 반복에서 자라난다. 매일 감사하는 습관, 사소한 기회에 충성하는 마음, 그 속에 인생의 놀라운 열매가 숨겨져 있다. 그러니 오늘도 행복을 선택하자. 그리고 눈앞의 작은 기회를 귀하게 여기자. 하나님은 바로 그런 일상 속에서, 누구도 예상치 못한 기적을 시작하신다.

행복을 습관으로 지닌 사람은 흔들리지 않는다. 기쁠 때만 웃는 사람이 아니라, 흔들리는 날에도 감사의 중심을 지킨다. 그런 사람은 세상 기준으로는 평범해 보여도, 하나님 나라에서는 가장 강한 사람이다.

45. 순종은 인생의 위대한 시작

"인생은 과감히 행동하지 않으면 시작되지 않는다." 이 말은 우리에게 주저함과 망설임의 늪에서 벗어나 한 걸음을 내딛으라는 도전이다. 성경 속에도 이런 과감한 행동의 이야기가 가득하다. 아브라함은 하나님께서 낯선 땅으로 가라고 하셨을 때, 아무런 보장도 없이 과감히 떠났다. "아브라함이 여호와의 말씀을 따라 갔으니…"(창세기 12:4) 그의 순종은 인생의 위대한 시작이었다.

생각만 하고 머뭇거리는 동안, 기회는 지나가고 시간은 흘러간다. 다윗이 골리앗과 맞서 싸우겠다고 나섰을 때도 마찬가지였다. 그는 키도 작고 무기도 없었지만, 과감히 행동했다. "여호와께서 나를 너 손에 붙이셨으니…"(삼상 17:46) 그의 용기 있는 행동이 이스라엘 역사를 바꿨다. 인생의 진짜 변화는 머뭇거림을 넘어서 한 걸음을 뗄 때 시작된다.

"꿈을 꾸는 것은 마음의 언어다." 이 말은 꿈이 단순한 환상이 아니라, 내면 깊은 곳에서 하나님께서 주시는 메시지라는 뜻이다. 요셉은 꿈을 꾸었고, 그 것을 믿었다. 형들에게 미움을 받고 노예가 되었지만, 그 꿈을 잃지 않았다. 결국 그 꿈은 현실이 되었고, 그는 이집트의 총리가 되었다. "내가 너희를 구 원하려고 너희를 이끌어냈나니…"(창세기 45:7) 꿈은 하나님이 우리 마음에 심어주신 미래의 약속이다.

하나님은 우리에게 늘 꿈을 꾸라고 말씀하신다. "보라 내가 새 일을 행하리 니…"(이사야 43:19) 꿈은 마음의 언어로서, 하나님과 소통하는 통로다. 꿈꾸는 자는 희망이 있고, 희망은 삶을 움직이는 원동력이다. 그러나 꿈만 꾸고 머무 르지 말고, 꿈을 붙들고 과감히 행동할 때 그 꿈은 현실이 된다.

그래서 인생은 두 가지가 필요하다. 하나는 마음의 꿈, 또 하나는 행동하는 용기다. 꿈을 꾸면서도 두려움에 머뭇거린다면 아무것도 시작되지 않는다. 꿈 을 품고 한 걸음 한 걸음 과감히 나아갈 때, 비로소 인생이 시작된다.

오늘 너에게 주어진 시간과 기회를 놓치지 말자. 내 마음 깊은 곳에서 울리 는 꿈의 목소리를 듣고, 두려움에 맞서 과감히 행동하자. 하나님이 함께 하시 니, 그 길은 분명히 열릴 것이다. 인생의 시작은 바로 지금, 네 안에 있다.

그러니 오늘, 바로 지금 시작하자. 완벽하지 않아도 괜찮다. 떨리는 마음으 로라도 한 발을 내딛자. 꿈은 행동을 만날 때 비로소 생명을 얻는다. 하나님은 꿈꾸는 자에게 용기를 주시고, 용기 있는 자의 길을 책임지신다. 인생은 과감 히 행동할 때 비로소 움직이기 시작한다.

46. 이 순간이 믿음과 행동의 시간

"변화는 우리가 추구하는 것이 아니라 우리를 변화시키는 것이다."

이 말은 변화가 단순히 목표가 아니라, 우리 존재를 다듬고 새롭게 만드는 여정이라는 것을 알려준다. 성경에서 변화의 대표적 인물은 바로 사울, 곧 바울이다. 그는 처음부터 하나님을 향해 살았던 사람이 아니었다. 오히려 하나님의 사람들을 박해하던 자였다. 그러나 다메섹 도상에서 하나님의 빛이 그를 덮었을 때, 그는 무릎 꿇고 변화를 경험했다. "주여, 당신은 누구시니이까?"(사도행전 9:5) 그 순간 바울은 변화를 추구한 것이 아니라, 변화가 그를 덮친 것이다.

하나님은 종종 우리의 삶에 변화의 바람을 불어넣으신다. 그것은 우리가 계획한 방향이 아닐 수도 있다. 고통과 혼란 속에 오는 변화는 불편하지만, 결국 그 과정을 통해 우리는 더 단단해지고, 하나님의 사람으로 다듬어진다. 그래서 진정한 변화는 상황이 바뀌는 게 아니라, 그 상황을 바라보는 내가 바뀌는 것이다.

"용기는 두려움을 잃어버린 것이 아니라 그것을 극복하는 것이다."

성경 속 다윗은 골리앗을 보며 두려워하지 않았던 것이 아니다. 그는 분명히 어린 소년이었고, 눈앞의 현실은 압도적이었다. 그러나 그는 믿음으로 한 걸음을 내딛었다. "여호와께서 나와 함께하신다."는 확신은 두려움을 이기는 용기의 근원이었다. 진짜 용기는 두려움이 없는 것이 아니라, 두려움을 안고도 앞으로 나아가는 것이다.

예수님도 겟세마네 동산에서 "이 잔을 내게서 지나가게 하옵소서."라고 기도하셨다. 두려움이 있었다. 그러나 곧이어 "내 뜻대로 마옵시고 아버지의 뜻대로 하옵소서."라고 순종하셨다. 그것이 곧 가장 거룩한 용기였다. 우리는 두려움을 느낄 수 있다. 그러나 믿음은 두려움보다 크며, 용기는 그 믿음을 실천하는 발걸음이다.

"오늘 할 수 있는 일을 내일로 미루지 마라."

이 말은 마치 야고보서 4장 14절을 떠올리게 한다. "너희는 내일 일을 알지 못하는도다. 너희 생명이 무엇이냐? 너희는 잠깐 보이다가 없어지는 안개니라." 오늘이 우리에게 주어진 유일한 시간이다. 내일은 약속된 시간이 아니다. 미루는 삶은 결국 아무것도 남기지 못한다. 하나님은 오늘이라는 선물 안에 사명과 기회를 담아주셨다. 지금 할 수 있는 사랑, 지금 전할 수 있는 용서, 지금 드릴 수 있는 감사가 중요하다.

결국 삶은 지금 여기서 시작된다. 변화는 우리를 빚기 위해 찾아오고, 두려움을 넘어서는 용기와 오늘을 사는 결단이 인생을 새롭게 만든다.

47. 꿈이 현실이 되는 그날까지

"삶이 그대를 속일지라도, 슬퍼하거나 노여워하지 말라!" 이 말은 시련과 좌절 속에서도 마음의 평안을 잃지 말라는 초대다. 성경에도 이런 위로가 가득하다. 시편 34편 18절은 "여호와는 마음이 상한 자에게 가까이 하시고 중심에 통해하는 자를 구원하신다."고 말한다. 우리 인생은 때때로 우리를 속이고, 계획한 대로 흘러가지 않을 때가 있다. 그러나 하나님은 그때 더욱 가까이 계시며 우리의 상한 마음을 어루만지신다.

바울도 수많은 고난과 박해 속에서 "내가 환난 중에도 즐거워하노니."(고린도후서 6:10)라고 고백했다. 삶의 어려움이 우리를 무너뜨리는 것이 아니라, 오히려 하나님을 더욱 붙들게 만드는 기회임을 알았다. 그래서 슬픔과 노여움 대신 감사와 평안으로 반응할 수 있었다.

"성공의 비결은 목표의 지속성에 있다." 이 말은 다윗과 같은 인물에게서도 확인할 수 있다. 어린 양치기였던 다윗은 왕이 되기까지 수많은 시련과 도전을 견뎌야 했다. 골리앗과 싸운 그날만이 아니라, 광야에서 쫓기고 시험받는 긴 시간을 거쳤다. 그러나 그는 목표를 잃지 않았다. "내가 여호와를 항상 내 앞에 모심이여."(시편 16:8)라고 고백하며 꾸준히 나아갔다. 성공은 단번에 오는 것이 아니라, 포기하지 않고 한 걸음 한 걸음 걷는 사람의 몫이다.

"꿈을 계속 간직하고 있으면 반드시 실현할 때가 온다." 요셉의 이야기는 이 진리를 극명하게 보여준다. 그의 꿈은 형들의 시기와 배신으로 한때 좌절되었지만, 그는 꿈을 버리지 않았다. 결국 그 꿈은 현실이 되었고, 하나님은 그를 통해 이집트를 구원하셨다. "하나님이 내게 복을 주셨으니."(창세기 39:5)라는 요셉의 고백에는 꿈을 지키며 견딘 믿음이 담겨 있다.

우리도 때로는 인생에 속고, 좌절하고, 지칠 때가 있다. 하지만 중요한 것은 마음속에 품은 꿈을 놓지 않는 것이다. 하나님께서 우리의 고난을 아시고, 우리의 꿈을 이루시기 위해 일하신다. 오늘이 어렵고 길이 멀게 느껴져도, 꿈을 품고 목표를 향해 꾸준히 나아가면 그 순간이 반드시 온다.

그래서 나는 오늘도 내 안의 꿈을 바라본다. 실패와 슬픔 앞에서도 마음을 새롭게 하고, 포기하지 않고 한 걸음 내딛는다. 하나님이 내 인생을 지켜주시고 인도하실 것을 믿으며, 꿈이 현실이 되는 그날까지 달려간다. 삶이 속여도, 나는 절대 멈추지 않는다.

만일 넘어졌다면 털고, 울었다면 눈물을 닦고, 다시 한 걸음 내딛는다.

48. 용서를 택한 사람이 강한 사람

"용기 있는 자만이 용서할 수 있다. 약자는 용서할 수 없다." 이 말은 용서가 결코 감상적이거나 가벼운 선택이 아님을 분명히 보여준다. 용서는 상처가 없어서 하는 행동이 아니라, 상처를 품고도 그것에 지배당하지 않겠다는 결단이다. 그래서 용서는 언제나 내면의 힘을 요구한다. 약한 사람은 상처를 붙들고 자신을 보호하려 하지만, 강한 사람은 상처를 내려놓고 하나님께 맡긴다.

요셉의 이야기는 그 용기가 어디에서 오는지를 잘 보여준다. 그는 형들의 배신으로 인생이 완전히 무너진 것처럼 보였다. 가족에게서 버림받고, 노예가 되었으며, 억울하게 감옥에 갇히기까지 했다. 그러나 요셉은 고난의 시간 속에서 마음이 삐뚤어지지 않았다. 그는 상황을 원망하기보다 하나님을 신뢰하는 법을 배웠다. 그래서 마침내 형들을 마주했을 때, 복수가 아니라 용서를 선택할 수 있었다. "하나님은 그것을 선으로 바꾸사…"라는 그의 고백은 상처를 부정하는 말이 아니라, 상처 위에 세운 믿음의 선언이다. 요셉의 용서는 약함이 아니라, 하나님을 끝까지 신뢰한 강함의 증거였다.

용서는 마음의 싸움이다. 기억은 남아 있고, 감정은 쉽게 사라지지 않는다. 그럼에도 불구하고 미움에 머무르지 않기로 선택하는 것, 그것이 용기다. 예수님께서 십자가 위에서 드린 기도는 그 용기의 절정을 보여준다. "아버지, 저들을 사하여 주옵소서." 그 기도는 고통을 모르고 한 말이 아니었다. 가장 극심한 고난 속에서도 미움 대신 사랑을 선택하신 예수님의 모습은, 용서가 얼마나 큰 힘을 요구하는지 분명히 드러낸다. 십자가 위의 용서는 패배가 아니라, 죄와 죽음을 이긴 가장 강한 승리였다.

그리고 용서는 언제나 '지금'에서 시작된다. 그래서 "지금 이 순간을 살아라. 이 순간이 너의 인생이다."라는 말은 용서와 깊이 연결되어 있다. 과거에 묶여 있으면 용서할 수 없고, 미래의 두려움에 사로잡히면 오늘을 살 수 없다. 예수님께서 "내일 일을 위하여 염려하지 말라."고 하신 이유도 여기에 있다. 오늘은 하나님이 우리에게 맡기신 유일한 시간이다. 오늘의 선택이 쌓여 인생이 되고, 오늘의 태도가 내일의 방향을 결정한다.

삶을 사랑하라는 권면 역시 이 맥락 안에 있다. 삶을 사랑한다는 것은 현실을 부정 없이 받아들이고, 그 안에서 하나님의 은혜를 발견하는 태도다. 전도서가 말하듯, 삶을 즐기고 선한 일을 행하는 것은 하나님의 선물이다. 삶을 사랑하지 못하면 감사도 사라지고, 감사가 사라지면 믿음도 메말라 간다. 그러나 삶을 사랑하는 사람은 고단한 현실 속에서도 작은 은혜를 발견하고, 그 은혜가 다시 삶을 견디게 하는 힘이 된다.

49. 내 눈에 비친 세상을 새롭게

"모든 것은 습관에서 시작된다." 이 말은 단순한 자기계발의 조언이 아니라, 성경 전체를 관통하는 삶의 원리다. 다니엘은 바빌론이라는 낯설고 적대적인 환경 속에서도 하루 세 번 하나님께 기도하는 습관을 멈추지 않았다.(단 6:10) 그 기도는 특별한 상황에서만 드려진 비상용 신앙이 아니라, 평범한 날들을 채우던 일상의 반복이었다. 그리고 바로 그 반복이 사자굴 앞에서도 다니엘을 무너지지 않게 했다. 믿음은 위기의 순간에 갑자기 생겨나지 않는다. 평소에 쌓아온 습관이 위기의 순간에 우리의 진짜 모습을 드러낸다.

우리의 삶도 그렇다. 큰 결단, 큰 성공, 큰 신앙은 하루아침에 만들어지지 않는다. 매일 말씀을 한 구절 읽는 습관, 짧은 기도로 하루를 여는 습관, 분노보다 절제를 선택하는 작은 반복들이 쌓여 결국 한 사람의 인격과 인생을 만든다. 좋은 습관은 우리를 하나님께 더 가까이 이끌고, 흔들리는 세상 속에서도 중심을 잃지 않게 한다. 반대로 나쁜 습관은 서서히 마음을 무디게 하고, 어느새 하나님과의 거리를 멀게 만든다. 그래서 습관은 중립적이지 않다. 습관은 언제나 우리를 하나님 쪽으로, 혹은 그 반대 방향으로 이끈다.

"행동의 가치는 그 행동을 끝까지 이끈 동기에 있다." 예수님께서 성전에서 헌금하는 사람들을 보시며 가난한 과부를 칭찬하신 장면은 이 진리를 분명히 보여준다.(막 12:43-44) 두 렙돈은 숫자로 보면 거의 의미 없는 액수였지만, 그 안에는 과부의 전부가 담겨 있었다. 그녀는 남에게 보이기 위해서가 아니라, 하나님 앞에서 정직한 마음으로 드렸다. 예수님은 그 동기를 보셨고, 그 마음을 귀히 여기셨다.

우리의 신앙 행위도 마찬가지다. 봉사의 크기, 헌신의 양, 말의 화려함보다 중요한 것은 '왜' 하느냐는 질문이다. 같은 행동이라도 동기에 따라 전혀 다른 의미를 가진다. 인정받기 위한 봉사는 쉽게 지치고, 비교에서 자유롭지 못하다. 그러나 하나님을 향한 사랑에서 비롯된 행동은 조용하지만 오래 간다. 진정한 헌신은 박수 없이도 계속되고, 보상이 없어도 흔들리지 않는다. 하나님은 우리의 결과보다 마음을, 성과보다 방향을 보신다.

"세상을 바꿀 수 없다면, 네가 볼 수 있는 세상을 바꿔라." 이 말은 감옥에서 쓴 바울의 편지를 자연스럽게 떠올리게 한다. 그는 자유를 잃었지만, 기쁨을 잃지 않았다. 상황은 결코 좋지 않았지만, 그의 시선은 하나님께 고정되어 있었다. "내가 어떤 처지에 있든지 자족하기를 배웠노라."(빌립보서 4:11) 바울의 변화는 환경의 변화가 아니라, 해석의 변화였다.

우리 역시 인생에서 바꿀 수 없는 현실을 만날 때가 있다. 관계, 건강, 경제, 과거의 선택처럼 이미 지나간 것들 앞에서 우리는 무력감을 느낀다. 그러나 성경은 말한다. 상황이 아닌 시선이 인생을 결정한다고. 하나님 안에서 세상을 바라볼 때, 고난은 저주가 아니라 훈련이 되고, 실패는 끝이 아니라 방향 수정이 된다.

50. 결과보다 마음과 태도를

"최고로 잘하는 것보다 최선을 다하는 것이 중요하다." 이 말은 경쟁과 비교로 가득한 세상 속에서 우리가 붙들어야 할 가장 본질적인 기준을 다시 세워준다. 우리는 늘 '더 잘하는 사람', '더 앞선 사람'과 자신을 비교하며 살아간다. 그러나 성경은 끊임없이 묻는다. 네가 얼마나 뛰어났느냐가 아니라, 네가 얼마나 진실했느냐를. 하나님은 언제나 결과보다 사람의 마음과 태도를 보신다.

예수님께서 누가복음 21장에서 가난한 과부의 헌금을 주목하신 이유도 바로 여기에 있다. 많은 부자들이 풍족한 가운데서 큰돈을 드렸지만, 예수님은 두 렙돈을 바친 과부를 향해 "이 과부가 다른 모든 사람보다 많이 넣었도다." 라고 말씀하셨다. 그 헌금은 금액의 문제가 아니었다. 그 안에는 삶의 전부를 맡기는 믿음과, 계산하지 않는 사랑, 그리고 끝까지 다한 헌신이 담겨 있었다. 하나님 앞에서의 '많음'은 언제나 숫자가 아니라 마음의 깊이로 측정된다.

우리의 삶도 그렇다. 세상은 최고를 요구하지만, 하나님은 최선을 기뻐하신다. 능력이 부족해 보일지라도, 환경이 넉넉하지 않을지라도, 지금 내 자리에서 내가 할 수 있는 만큼 진심을 다하는 한 걸음은 하나님 나라에서는 결코 작지 않다. 오히려 그 한 걸음이 우리의 인생을 바꾸는 출발점이 된다. 신앙은 단번에 도약하는 것이 아니라, 매일 최선을 선택하는 작은 순종의 연속이다.

"세상은 아름다움으로 가득 차 있고, 그것을 바라보기만 하면 된다." 이 말은 시편 19편 1절의 고백과 깊이 맞닿아 있다. "하늘이 하나님의 영광을 선포하고 궁창이 그의 손으로 하신 일을 나타내는도다." 하나님은 말씀뿐 아니라, 창조 세계를 통해서도 끊임없이 자신을 드러내신다. 우리가 눈을 열기만 한다면, 세상은 이미 하나님의 사랑과 섭리로 가득 차 있다.

아침 햇살이 창문을 비추는 순간, 조용히 내리는 비, 계절이 바뀌며 색을 달리하는 나무들, 지친 하루 끝에 찾아오는 짧은 쉼의 시간까지도 모두 하나님의 손길이 스며 있는 장면들이다. 심지어 우리가 겪는 작은 아픔과 고난조차도 하나님께서 우리를 빚어 가시는 도구가 된다. 고난 없는 인생이 아니라, 의미 없는 고난이 없다는 사실을 깨닫는 순간, 삶은 전혀 다른 얼굴로 다가온다.

하지만 우리는 너무 쉽게 이 아름다움을 놓친다. 바쁨에 쫓기고, 상처에 갇히고, 불안과 염려에 시선을 빼앗긴 채 살아간다. 그래서 바울은 빌립보서 4장 8절에서 의도적으로 우리의 생각을 훈련하라고 말한다. "무엇이든지 참되며, 경건하며, 옳으며, 정결하며, 사랑받을 만하며, 칭찬할 만한 것"을 생각하라는 이 권면은, 세상을 긍정적으로 미화하라는 말이 아니라 하나님이 이미 심어 놓으신 아름다움을 발견하라는 초대다.

51. 마음의 문을 여는 열쇠

소통의 시대라지만, 정작 진짜 마음을 나누는 일은 점점 더 어려워지고 있다. 스마트폰 하나로 전 세계 사람과 연결되는 세상이지만, 가까운 가족, 친구, 교회 안에서조차 서로의 마음을 제대로 들여다보는 대화는 드물다. 말은 넘쳐나고 메시지는 즉각 오가지만, 정작 "괜찮아?", "힘들지 않니?"라는 한마디에는 망설임이 생긴다. 우리는 연결되어 있지만, 고립되어 있고, 소통하고 있지만, 외롭다. 그래서일까. 마음은 풀리지 않고, 생각은 복잡해지고, 결국 머리가 지끈거리는 '두통의 시대'를 살고 있는 건 아닐까.

성경에서도 소통의 부재는 언제나 고통을 낳았다. 창세기 11장의 바벨탑 이야기가 그렇다. 사람들은 하나 되어 탑을 쌓았지만, 그 중심에는 하나님이 아니라 자신을 높이려는 욕망이 있었다. 겉으로는 협력처럼 보였지만, 속은 교만과 자기중심성이었다. 결국 하나님은 그들의 언어를 혼잡하게 하셨고, 소통은 끊어지며 공동체는 흩어졌다. 말이 통하지 않자 마음도 닫혔고, 마음이 닫히자 혼란과 분열, 두려움이 뒤따랐다. 이것이 바로 소통이 막힌 자리에 찾아오는 영적 두통이다.

반대로 하나님은 언제나 소통을 회복하시는 분이다. 오순절 성령 강림 사건은 그 회복의 절정이다. 각 나라에서 온 사람들이 자기 언어로 하나님의 큰일을 들었다. 언어는 달랐지만 메시지는 하나였고, 말은 달랐지만 마음은 통했다. 성령께서 사람과 사람 사이에 다리를 놓으신 것이다. 참된 소통은 말의 일치가 아니라, 마음의 연결에서 시작된다는 사실을 하나님은 분명히 보여주셨다.

예수님도 제자들과 깊이 소통하셨다. 예수님의 대화는 언제나 상대의 마음을 향해 있었다. 때로는 질문으로 생각을 열어주셨고, 때로는 침묵으로 마음을 품어주셨다. 바쁜 사역 중에도 식탁에 앉아 떡과 포도주를 나누시며 삶을 함께하셨다. "들을 귀 있는 자는 들을지어다."라는 말씀은 단순히 소리를 듣는 기능을 말하는 것이 아니다. 그것은 마음을 열고, 판단을 내려놓고, 진심을 받아들이라는 초대였다.

사랑 없는 소통은 말이 많아도 결국 누군가의 머리를 아프게 하고 마음을 지치게 만든다. 자기 주장만 오가는 대화, 이기려는 토론, 정답만 강요하는 말들은 관계를 살리는 듯 보이지만, 오히려 상처를 남긴다. 반면에 진심, 공감, 경청, 이해가 깃든 대화는 사람을 살린다. 야고보서 1장 19절의 말씀, "듣기는 속히 하고 말하기는 더디 하며 성내기도 더디 하라."는 권면은 단순한 대화 기술이 아니라, 성숙한 영성의 태도다. 먼저 듣고, 충분히 이해하고, 사랑으로 말하는 것. 그것이 참된 소통이다. 소통은 기술이 아니라 태도다. 말 잘하는 능력이 아니라, 마음을 내어주는 용기다.

52. 무거운 짐이 남긴 발자국

무거운 짐을 진 소는 얕은 땅을 걷지 않는다. 그 발걸음은 느리고 무겁지만, 걸을 때마다 땅이 깊이 파인다. 급하게 내딛지 못하고, 한 걸음 한 걸음 신중하게 옮겨지는 그 걸음에는 힘이 들어 있다. 그 깊은 자국은 짐의 무게를 말해주고, 지나온 시간을 증언한다. 겉으로는 아무 말 없어 보이고, 대단한 일을 하는 것처럼 보이지 않아도, 그 길을 따라가 보면 얼마나 무거운 것을 감당했는지 알 수 있다. 무거운 짐을 진 걸음은 가볍지 않지만 헛되지 않다. 오히려 그 발자국이 누군가에겐 길이 되고, 말 없는 위로가 된다.

우리 인생도 그렇다. 누구나 크고 작은 짐을 지고 살아간다. 눈에 보이는 짐도 있고, 아무에게도 말하지 못한 채 가슴에만 얹고 가는 짐도 있다. 가정의 책임, 생계의 무게, 풀리지 않는 관계의 아픔, 실패와 상실의 기억, 그리고 밤이 깊어질수록 더 또렷해지는 내면의 고통까지. 짐 없는 인생은 없다. 다만 어떤 사람은 그 짐을 드러내지 않을 뿐이다. 그리고 그 짐을 어떻게 지느냐에 따라, 인생에 남는 자국은 전혀 달라진다.

예수님은 그런 인생들을 향해 조용하지만 분명하게 말씀하셨다.

"수고하고 무거운 짐 진 자들아 다 내게로 오라, 내가 너희를 쉬게 하리라…
내 멍에는 쉽고 내 짐은 가벼움이라."

주님은 짐이 없다고 말씀하지 않으셨다. 오히려 짐을 지고 있는 현실을 정확히 아셨다. 세상은 계속해서 더 많은 책임과 성과, 비교와 경쟁이라는 무거운 짐을 얹지만, 예수님은 그 짐을 내려놓으라고만 하지 않으신다. "함께 지자."고 하신다. 혼자서는 주저앉을 수밖에 없는 짐도, 주님과 함께라면 다시 일어나 걸을 수 있다. 짐의 무게가 사라지지는 않지만, 그 짐이 향하는 방향이 바뀌고, 목적이 생긴다. 그때부터 짐은 짐이 아니라, 은혜의 도구가 된다.

요셉의 인생을 떠올려본다. 그는 선택하지 않은 고난을 연이어 겪었다. 형들에게 버림받고, 종으로 팔려가고, 성실함 때문에 오히려 억울한 누명을 쓰고 감옥에 갇혔다. 그의 인생에는 왜 이렇게 많은 무게가 얹혔을까. 그러나 요셉은 그 무게 앞에서 원망으로 무너지지 않았다. 묵묵히 하루를 살았고, 맡겨진 자리를 지켰다. 아무도 알아주지 않는 시간 속에서도 그는 하나님 앞에서 신실했다. 결국 하나님은 그 깊은 발자국을 통해 요셉을 애굽의 총리로 세우셨다. 그리고 그는 형들 앞에서 이렇게 고백한다. "당신들은 나를 해하려 했으나, 하나님은 그것을 선으로 바꾸사 많은 생명을 구원하게 하셨습니다."

요셉의 무거운 걸음은 실패의 흔적이 아니라, 하나님의 섭리를 드러내는 발자국이 되었고, 고난 가운데 있는 수많은 사람들에게 지금까지도 위로가 되고 있다.

53. 시간 앞에서 모두가 평등

시간은 누구에게나 하루 24시간을 공평하게 나눠준다. 부자라고 더 받는 것도 아니고, 가난하다고 덜 받는 것도 아니다. 권력을 가진 사람도 시간을 멈출 수 없고, 힘없는 사람이라 해서 시간을 늦출 수는 없다. 누구에게나 똑같이 흐르는 시간 앞에서 인간은 그 어떤 조건도 무력해지고, 평등해진다.

성경은 시간의 공평함과 그 안에 담긴 하나님의 섭리를 분명히 보여준다. "범사에 기한이 있고 천하 만사가 다 때가 있다."(전도서 3:1)고 말한다. 울 때가 있고 웃을 때가 있으며, 심을 때가 있고 거둘 때가 있다. 누구도 이 시간의 흐름에서 벗어날 수 없다. 젊음도, 지위도, 재산도 결국 시간 앞에선 힘을 잃는다.

그래서 사람은 시간 앞에서 겸손해져야 한다. 종종 사람들은 '내 시간', '내 계획'이라 말하지만, 성경은 그렇게 말하지 않는다. "내일 일을 너희가 알지 못한다… 너희 생명이 무엇이냐? 너희는 잠깐 보이다가 사라지는 안개다."(야고보서 4:14) 아무리 바쁘게, 열심히 살아도 결국 인간은 시간이라는 강물 위를 잠시 떠가는 존재일 뿐이다.

하지만 하나님을 믿는 자에게 시간은 단순한 흐름이 아니다. "주의 목전에는 천 년이 지난간 어제 같고, 밤의 한 순간 같다."(시편 90:4) 하나님은 시간 위에 계신 분이다. 그분은 우리의 모든 순간을 기억하시고, 의미 있게 만드신다. 그러니 시간은 우리를 소비하는 존재가 아니라, 우리를 빚어가는 하나님의 도구다.

예수님의 삶을 보면 더 분명하다. 33년, 짧은 생애였지만 그분의 시간은 영원을 나누었다. 단 몇 년의 공생애가 인류의 구원을 이루었고, 지금도 그 영향력은 살아 있다. "때가 찼고 하나님의 나라가 가까이 왔으니 회개하고 복음을 믿으라."(마가복음 1:15) 예수님은 하나님의 시간, 즉 카이로스를 따라 사셨고 우리도 그 시간 안에서 살아가야 한다.

시간은 모두에게 똑같이 주어진다. 그러나 그 시간을 어떻게 사용하느냐에 따라 인생은 완전히 달라진다. 누군가는 시간을 흘려보내고, 누군가는 그 시간을 붙잡아 영원을 준비한다. 겉으로는 똑같은 하루지만, 어떤 이는 그것을 낭비하고, 또 다른 이는 그것을 심는다.

오늘도 시간은 흘러간다. 누구에게나 주어진 이 하루가, 하나님의 뜻을 따라 살아가는 자에게는 영원의 씨앗이 된다. 그러니 시간 앞에서 겸손하자. 그리고 믿음으로 그 시간을 심자. 하나님은 그 모든 시간을 기억하시고, 그 안에서 우리의 삶을 가장 아름답게 빚어가실 것이다.

54. 숲이 우거질수록 독버섯도

숲이 울창해질수록 그늘도 깊어진다. 그 속엔 보기 좋게 자라는 풀과 나무만 있는 게 아니다. 그늘 아래에선 독버섯도 자란다. 겉으론 푸르고 풍성한 숲 같지만, 안을 들여다보면 해로운 것들도 함께 자라고 있다는 뜻이다. 숲이 클수록 그 속을 들여다보긴 더 어려워지고, 독이 자라고 있어도 잘 눈에 띄지 않는다.

교회도, 공동체도, 우리의 마음도 이와 다르지 않다. 겉으로 보기엔 신앙이 잘 자라고 있고, 믿음이 무성해 보일 수 있다. 하지만 그 속을 제대로 살피지 않으면, 조용히 자라나는 시기, 질투, 교만, 미움 같은 감정들이 독버섯처럼 퍼질 수 있다. 처음엔 작고 사소해 보였던 감정이지만, 돌보지 않고 내버려두면 어느새 영혼을 병들게 하고, 공동체를 흔드는 독이 된다.

예수님은 하나님 나라에 대해 말씀하시며 이렇게 비유하셨다. "가라지를 뿌린 원수는 마귀요, 추수 때는 세상 끝이요, 추수꾼은 천사들이다."(마태복음

13:39) 하나님 나라의 밭에도 알곡과 가라지가 함께 자란다. 겉으로 보면 비슷하지만, 본질은 전혀 다르다. 하나님은 추수 때가 되기까지 가라지를 뽑지 말고 그냥 두라고 하신다. 잘못하다간 알곡까지 상처 입기 때문이다. 결국 하나님의 때까지는 우리도 숲 속의 독버섯 같은 현실을 감당하며 살아가야 한다.

예수님은 제자 중 하나였던 가룟 유다의 마음에 자라고 있던 독도 아셨다. 그러나 그를 곧장 내치지 않으셨다. 끝까지 함께하시며, 마지막 만찬 때 떡까지 건네주셨다. 겉으로 보기엔 열두 명의 제자가 함께하는 하나의 숲이었지만, 그 안에는 이미 어둠이 자라고 있었다. 그럼에도 주님은 인내하셨고, 끝까지 품으셨다. 이것이 믿음의 숲을 돌보는 자의 자세다.

그래서 우리는 늘 깨어 있어야 한다. 성경은 말한다. "너희 안에 있는 믿음을 시험하라. 예수 그리스도께서 너희 안에 계신 줄을 스스로 알지 못하느냐?"(고린도후서 13:5) 아무리 겉이 풍성해 보여도, 내면을 점검하지 않으면 독이 자랄 수 있다. 진짜 신앙은 겉모습이 아니라, 자기 안을 돌아보고 주님의 빛 앞에 자신을 드러내는 데 있다.

숲이 우거지는 건 분명 하나님의 은혜다. 하지만 그 숲을 건강하게 가꾸는 일은 우리에게 맡겨진 몫이다. 기도 없이, 말씀 없이, 자기 확신에 빠진 신앙은 금세 병들 수 있다. 방치된 숲에는 독이 자라고, 자만한 마음에는 교만이 뿌리내린다.

하지만 깊은 숲 속이라도 빛이 비치면 독버섯은 자라지 못한다. 오늘도 성령의 빛으로 마음의 숲을 비추자. 그 빛이 어둠을 물리치고, 우리 삶을 진리로 이끄실 것이다. 거기서 거룩한 열매가 자라날 것이다.

55. 믿음 안에서 잔잔한 평안

"바다의 평화를 위해 파도를 없애달라."

언뜻 들으면 그럴듯하다. 파도가 없으면 고요하고 평화로우니까. 하지만 파도 없는 바다가 정말 살아 있는 바다일까? 파도가 사라진 바다는 숨 쉬지 못하는 바다다. 물고기도 움직이지 못하고, 배도 나아가지 못한다. 겉으로는 평온해 보일지 몰라도, 그 안에는 생명이 멈춰 있다. 우리의 삶도 마찬가지다. 고난 없이, 시련 없이 조용히 살아가고 싶지만, 사실은 그 파도 속에서 자라고, 하나님을 더 깊이 만나게 된다. 예수님의 제자들도 그런 순간을 경험했다. 갈릴리 바다에서 풍랑이 일었을 때, 제자들은 공포에 휩싸여 외쳤다.

"주여, 우리가 죽게 된 것을 돌보지 않으시나이까?" (마가복음 4:38)

하지만 예수님은 그 풍랑 한가운데서 일어나 바람을 꾸짖고, 바다를 향해 말씀하셨다. "잠잠하라, 고요하라." (마가복음 4:39) 그 순간 바다는 잔잔해졌고, 제자들의 마음에도 평강이 찾아왔다.

예수님은 단순히 파도를 없애기보다, 그 파도 속에서 믿음을 가르치신다. 평탄한 길이 아니라, 흔들리는 배 위에서 우리가 누구를 믿고 있는지를 깨닫게 하신다. 믿음은 고요함 속에서보다, 폭풍 속에서 더 단단해진다. 삶이 출렁일 때, 마음이 요동칠 때, 우리는 하나님께 더 가까이 나아가고, 그분의 음성을 더 간절히 구하게 된다. 성경은 이렇게 말한다. "하나님의 평강이 그리스도 예수 안에서 너희 마음과 생각을 지키시리라." (빌립보서 4:7) 진짜 평화는 파도가 없을 때 오는 게 아니다. 파도가 여전히 치는 가운데서도 하나님을 신뢰할 때, 그 마음 깊은 곳에서부터 솟아나는 것이다. 그래서 어쩌면 이제 기도의 방향을 바꿔야 할지도 모른다.

"주님, 파도를 없애주세요."가 아니라, "주님, 파도 속에서도 주님을 보게 해

주세요. 흔들리는 물결 위에서도 주님의 평안을 경험하게 해주세요."

물론 바다를 잔잔하게 하시는 것도 하나님의 능력이다. 하지만 그보다 더 큰 은혜는, 바다 한가운데서도 평안을 누리는 것이다. 그건 단지 상황이 조용해진 게 아니라, 우리 안에 주님이 계시다는 확신 때문이다.

삶의 파도가 거세게 밀려와도, 그 배 안에 예수님이 계신다면 이미 우리는 안전한 항해를 하고 있는 것이다. 그러니 오늘도 주님을 믿고 다시 노를 저어 가자. 바다는 여전히 흔들리겠지만, 그 믿음 안에서 우리의 마음은 잔잔한 평안으로 가득할 것이다.

56. 하나님이 준비하시는 비

하늘을 보면 수많은 구름이 떠 있다. 짙고 무거운 먹구름도 있고, 가볍고 흩어진 솜사탕 같은 구름도 있다. 하지만 우리는 어느 구름에서 비가 쏟아질지 알지 못한다. 어떤 구름은 금방이라도 비를 쏟을 것 같지만 아무 일도 없고, 전혀 예상하지 못했던 맑은 구름에서 갑작스레 비가 내리기도 한다. 자연이 그렇듯, 인생도 그렇다.

전도서 11장 2절은 말한다. "너는 어느 날에 재앙이 임할지, 어느 날에 화가 닥칠지 알지 못하나니…" 우리 인생은 예측할 수 없는 일들의 연속이다. 내일 무슨 일이 일어날지 아무도 알 수 없다. 그래서 사람은 때로는 조심스럽게, 때로는 막막한 마음으로 오늘을 살아간다. 눈앞에는 수많은 가능성이 열려 있지만, 어떤 일이 현실이 될지는 오직 하나님의 뜻 안에 감춰져 있다.

요셉의 이야기를 떠올려본다. 형들의 시기로 인해 구덩이에 던져지고, 이방 땅에서 종살이를 하고, 억울한 죄로 감옥에까지 갇혔다. 겉으로 보기엔 연속된 불행처럼 보이는 인생이었다. 하지만 바로 그 흐린 구름들 속에 하나님은 생명의 비를 준비하고 계셨다. 요셉은 결국 이렇게 고백한다.

"당신들은 나를 해하려 하였으나, 하나님은 그것을 선으로 바꾸사…"(창세기 50:20) 요셉은 몰랐다. 어떤 구름에서 비가 내릴지, 어떤 사건이 하나님의 계획과 연결될지. 하지만 하나님은 알고 계셨고, 정확한 순간에 가장 필요한 비를 내려주셨다.

우리도 살면서 자주 묻는다. "왜 이런 일이 나에게 생겼을까?" "이 일에 무슨 의미가 있나?" 하지만 어느 구름에서 비가 내릴지 모르는 것처럼, 지금 겪는 고통이나 혼란이 오히려 하나님의 복을 준비하는 과정일 수 있다. 눈물의 시간이 지난 뒤에야 피어나는 열매들도 있기 때문이다.

전도서 11장 6절도 말한다. "아침에 씨를 뿌리고 저녁에도 손을 놓지 말라. 이것이 잘 될지, 혹 저것이 잘 될지, 혹 둘이 다 잘 될지 알지 못함이라."

우리는 알 수 없다. 하지만 하나님은 아신다. 그러니 포기하지 않고, 묵묵히 믿음으로 씨를 뿌려야 한다. 때가 되면, 하나님이 가장 알맞은 구름에서 반드시 비를 내리신다. 그러니 지금 눈앞에 어떤 구름이 떠 있든지, 너무 단정하지 말자. 먹구름처럼 보여도 은혜를 품고 있을 수 있고, 전혀 기대하지 않았던 순간에 하나님의 계획이 시작될 수도 있다. 중요한 건, 그 모든 하늘을 다스리시는 분이 하나님이라는 사실이다.

"어느 구름에 비가 올지 우리는 모른다. 하지만 모든 하늘을 주관하시는 하나님을 믿는다면, 우리는 모든 가능성 앞에서 감사하며 기다릴 수 있다."

57. 깊은 곳에 숨겨진 연약함

사람은 종종 태산 같은 어려움 앞에선 정신을 바짝 차린다. 인생의 큰 위기나 예상된 고난이 닥치면 마음을 다잡고, 기도하며 준비한다. 그런데 정작 우리를 넘어뜨리는 건 그런 태산이 아니라, 발밑에 있는 작고 보잘것없는 돌부리일 때가 많다. 눈에 띄지도 않는 작은 것 하나가 걸음을 멈추게 만들고, 그 작은 방심이 넘어짐의 시작이 된다.

성경 속 베드로가 그런 예다. 그는 "주님과 함께 죽을지언정 결코 주님을 부인하지 않겠다."고 장담했다.(마태복음 26:35) 큰 결심 앞에선 준비된 듯 보였다. 하지만 현실은 달랐다. 무서운 핍박자나 군인 앞에서가 아니라, 한낱 하녀의 질문 앞에서 그는 세 번이나 예수님을 부인했다. 거대한 태산 앞에선 당당했지만, 작은 돌부리 같은 두려움 앞에선 무너졌다. 그리고 밖에 나가 통곡했다. 결국 그를 넘어진 건 큰 시련이 아니라, 마음 깊은 곳에 있던 숨겨진 연약함이었다.

예수님은 "지극히 작은 것에 충성된 자는 큰 것에도 충성된다."고 하셨다.(누가복음 16:10) 작아 보이는 것이라도 결코 가볍게 볼 수 없다. 우리의 믿음과 성품, 인생의 방향은 거대한 사건보다 오히려 일상에서 드러나는 작은 선택과 태도에서 결정된다. 믿음이 좋아 보인다 해도, 마음속에서 자라고 있는 작은 욕심, 원망, 교만이 결국 큰 죄로 이어질 수 있다.

우리가 자주 실패하는 이유는 큰 시험 때문이 아니라, 작은 경고를 무시했기 때문이다. 기도를 미루고, 말씀을 대충 넘기고, "이 정도는 괜찮겠지." 하는 마음으로 유혹에 문을 열다 보면 어느새 그 틈으로 무너진다. 솔로몬도 그랬다. 그는 지혜롭고 강력한 왕이었지만, 무너뜨린 건 대적의 군대가 아니라, 그의 마음을 하나님께로부터 돌려놓은 수많은 이방 아내들과의 관계였다.(열왕기상 11장)

하지만 돌부리에 넘어진다고 끝은 아니다. 하나님은 넘어진 자를 다시 일으키시는 분이다. "의인은 일곱 번 넘어질지라도 다시 일어난다."(잠언 24:16) 넘어진 자리에서 배우고, 깨닫고, 다시 일어서면, 그 돌부리는 더 이상 걸림돌이 아니라 디딤돌이 된다.

오늘 우리 삶에도 수많은 돌부리가 놓여 있다. 작은 자존심, 미움, 불평, 게으름, 무관심 등, 태산처럼 위대한 결심을 하는 것도 중요하지만, 그보다 더 중요한 건, 이런 작은 돌부리를 피할 수 있는 깨어 있는 마음이다. 하나님의 말씀은 우리 발에 등불이요, 길에 빛이다.(시편 119:105) 그 말씀을 마음에 품고 따라간다면, 비록 넘어지더라도 다시 일어설 수 있다.

58. 믿음과 소망의 깊이와 차이

세상 사람들은 해가 지면 어둠이 왔다고 말한다. 하루가 끝나고 빛이 사라지면, 많은 이들은 '해가 졌다.'며 무거운 마음을 품는다. 하지만 어떤 사람은 그 순간에도 '별이 떴다'고 말할 줄 안다. 같은 하늘을 보면서도 다르게 해석하는 것이다. 이건 단순한 시각의 차이가 아니라, 믿음과 소망의 깊이에서 오는 차이다.

성경은 이렇게 말한다. "이는 밤이 깊어도 아침이 반드시 오리라."(잠언 4:18) 어둠이 찾아온 것처럼 보여도, 그 어둠은 영원하지 않다. 빛은 점점 더 밝아지고, 결국 아침은 온다. 별을 볼 줄 아는 사람은 어둠 속에서도 그 아침을 기다리는 사람이다. 절망 속에서도 빛을 향해 걷는 사람, 끝이 아닌 시작을 보는 사람이다.

예수님은 "나는 세상의 빛이다."(요한복음 8:12)라고 말씀하셨다. 세상은 언제나 어둠과 빛 사이를 오가지만, 예수님의 빛은 그 어둠을 이긴다. 별은 바로 그 증거다. 별은 하나님이 살아 계시다는 표시이며, 우리 혼자가 아니라는 사실을 보여준다. 밤하늘의 별빛을 바라보며 기도하는 마음은 곧 하나님을 향한 희망의 손길이다. 시편 기자처럼 "하늘을 우러러 내 손을 펴고 주께 간구하리니."(시편 143:6) 우리는 그 어둠 속에서도 하나님을 향해 손을 뻗는다.

어둠이 깊어질수록 별은 더 빛난다. 우리 인생도 그렇다. 문제가 닥치고, 시련이 몰려오면, 우리는 흔히 "해가 졌다."고 말한다. 끝났다고 생각하고, 마음이 무거워진다. 하지만 그 어둠 속에서도 '별이 떴다.'고 말할 수 있다면, 그 사람은 이미 믿음 안에서 빛을 본 사람이다.

바울은 "우리가 환난 중에도 즐거워하나니."(로마서 5:3)라고 말했다. 고난이 기쁨이 될 수 있다는 건, 그 안에서 하나님의 뜻과 희망을 보기 때문이다. 어둠이 짙을수록 별은 더 선명하고, 그 빛은 우리를 이끌어 준다. 별빛은 단지 빛이 아니라, 하나님의 약속이고 위로이며 미래의 희망이다.

지금 삶이 어둡게 느껴지는가? 해가 졌다고 생각되는가? 그렇다면 고개를 들어 하늘을 보자. 별이 떠 있다. 하나님은 그 별빛을 통해 말씀하신다. "내가 여기 있다. 너는 혼자가 아니다." 그 빛을 바라보는 믿음이 있다면, 이미 어둠을 이긴 것이다.

"주의 말씀은 내 발에 등이요 내 길에 빛이니이다."(시편 119:105)

비록 해는 졌지만, 그 말씀이 길을 비추고, 별빛이 그 길을 안내한다. 모두가 어둠을 말할 때, 별을 말할 줄 아는 사람이 되자. 어둠 속에서도 하나님을 바라보고, 믿음의 눈으로 소망을 붙드는 사람. 그런 사람의 삶에는 하나님의 빛이 늘 함께할 것이다.

59. 삶의 겸손함과 진정한 가치

삶의 공간을 떠올릴 때 우리는 흔히 '큰방'과 '작은방'을 비교한다. 더 크고 넓은 곳을 가진 큰방을 부러워하고, 그것이 삶의 가치나 성공처럼 느껴질 때도 있다. 하지만, "큰방은 작은방이 있기 때문에 존재한다. 그렇지 않으면 그저 단칸방일 뿐이다."라는 말은 단순히 방의 크기를 말하는 게 아니다. 이 말은 우리 삶의 겸손함과, 진정한 가치가 어디에서 오는지를 돌아보게 만든다.

잠언 13장 10절은 "비교하는 자마다 다투는 것이니라."고 말한다. 큰방과 작은방, 이 둘은 서로를 통해 존재 가치를 드러낸다. 작은방이 있기 때문에 큰방은 '크다'는 의미를 갖게 되고, 큰방이 있기에 작은방도 소중한 자리를 지닌다. 하지만 우리는 자꾸 비교하게 된다. 더 큰 것, 더 넓은 것을 원하면서 현재의 자리와 소중함을 잊는다. 그렇게 삶의 균형이 무너진다.

예수님은 "마음이 온유한 자는 복이 있다. 그들이 땅을 기업으로 받을 것이다."(마태복음 5:5)고 하셨다. 온유함은 겸손에서 나오고, 겸손은 작은 자리를 기쁘게 받아들이는 마음에서 시작된다. 단칸방 같은 현실이라 해도, 그것을 감사함으로 받아들이는 사람이야말로 온유한 자다. 반대로 큰방을 가졌다고 해도 작은 것에 감사하지 못하면, 결국 그 큰방도 마음만은 좁고 빈 공간이 되고 만다.

예수님은 또 말씀하셨다. "마음이 가난한 자는 복이 있다. 천국이 그들의 것이다."(마태복음 5:3) 결국 마음의 상태가 복을 결정짓는다. 큰방을 가져도 마음이 가난하지 않으면 텅 빈 단칸방과 다를 바 없다. 반대로 작은방에 살아도 마음속에 감사와 기쁨이 있다면, 그곳은 천국처럼 느껴진다.

바울도 고백했다. "나는 비천한 가운데서도 기뻐하고, 풍부한 가운데서도 기뻐한다."(빌립보서 4:12) 그가 중요하게 본 건 외적인 조건이 아니라, 그 안에서의 마음가짐이었다. 결국 삶의 크기를 결정짓는 건 외형이 아니라, 그 안에 담긴 태도다. 큰방과 작은방은 단순한 공간이 아니라, 서로를 통해 자신의 위치와 존재를 비추는 거울이다. 누군가의 성공이 있기에 나의 현재가 있고, 서로 다른 모습 안에서 하나님의 사랑은 각기 다른 방식으로 역사한다. 베드로전서 5장 5절처럼 "서로 겸손히 낮추라."는 말씀은, 큰방일수록 낮아지고, 작은방일수록 감사할 때 조화로운 공동체가 된다는 뜻이기도 하다.

큰방만 바라보며 작은방을 무시한다면, 결국 그 큰방은 의미를 잃고 단칸방에 불과해진다. 마음도 마찬가지다. 더 넓고 화려한 것을 추구하면서, 작고 소박한 것을 소홀히 여긴다면, 그 마음은 금세 허무해지고 만다. 하지만 작은방을 있는 그대로 인정하고 사랑할 수 있다면, 큰방 역시 진정한 의미를 얻게 되고, 삶은 훨씬 더 깊어진다.

60. 마음을 적시는 행운의 열매

행운은 종종 비나 구름처럼 하늘에서 내리는 어떤 신비로운 힘으로 생각되곤 한다. 마치 하늘이 열려 축복이 쏟아지듯, 정해진 때가 오면 운명처럼 찾아오는 것이라 믿는다. 그래서 사람들은 "운이 좋았다.", "타이밍이 맞았다."는 말로 인생의 중요한 순간들을 설명한다. 그러나 가만히 삶을 돌아보면, 그 행운의 순간들 뒤에는 거의 예외 없이 '사람'이 있었다. 혼자가 아니라 누군가와 함께였고, 누군가의 손길과 말, 기다림과 희생이 있었다.

진짜 행운은 자연현상처럼 우연히 떨어지는 것이 아니라, 사람을 통해, 사람과의 관계 안에서 온다. 삶에서 행운이라 부를 수 있는 순간들 대부분은 누군가의 격려, 도움, 친절, 기도, 사랑을 통해 만들어졌다. 넘어질 때 손을 잡아준 사람, 길을 잃었을 때 방향을 알려준 한마디, 포기하고 싶을 때 끝까지 믿어준 눈빛 하나가 인생의 흐름을 바꾸었다. 그것이야말로 가장 현실적이고 구체적인 행운이다.

전도서 4장 9절부터 12절까지의 말씀은 이 진리를 분명히 보여준다. "두 사람이 함께 있으면 더 나은 열매를 얻고, 함께 누우면 따뜻하며, 세 겹 줄은 쉽게 끊어지지 않는다." 이 말씀은 인생의 행운이 결코 혼자만의 힘으로 만들어지지 않는다는 사실을 말해준다. 함께할 때 우리는 넘어져도 다시 일어날 수 있고, 추울 때도 버틸 수 있으며, 약할 때도 쉽게 무너지지 않는다. 비가 대지를 적셔 곡식을 자라게 하듯, 사람과 사람 사이의 관계는 메마른 마음을 적시고, 행운이라는 열매를 맺게 한다.

예수님께서 "네 이웃을 네 몸과 같이 사랑하라."고 하신 말씀도 같은 맥락이다. 이웃 사랑은 단지 따뜻한 감정이나 예의 바른 태도에 그치지 않는다. 그것은 서로에게 행운이 되어주는 삶의 방식이다. 작은 배려 하나, 진심 어린 위로 한마디, 판단 대신 이해를 선택하는 태도가 누군가의 하루를, 때로는 인생 전체를 바꾸기도 한다. 우리가 누군가에게 건네는 사랑은 그 사람에게 우연처럼 보일지 모르지만, 하나님 안에서는 분명한 섭리이자 축복이다.

요한복음 14장 18절에서 예수님은 "내가 너희를 고아처럼 버려두지 아니하고 너희에게로 오리라."고 약속하신다. 이 말씀은 우리가 결코 혼자가 아니라는 깊은 위로를 준다. 하나님은 언제나 우리 곁에 계시지만, 그 임재는 종종 사람의 모습으로 다가온다. 누군가의 방문, 전화 한 통, 뜻밖의 만남을 통해 하나님은 우리를 붙드신다. 성령님은 우리 안에서 역사하시며, 사람과 사람 사이를 잇는 보이지 않는 다리가 되어 주신다. 그래서 관계 안에는 언제나 하나님의 흔적이 남아 있다.

세상은 종종 "비가 올 때까지 기다려라.", "때가 되면 알아서 풀린다."고 말한다. 그러나 하늘만 바라보고 있다면, 이미 우리 곁에 와 있는 기회를 놓칠지도 모른다. 진정한 행운은 먼 곳에 있지 않다. 사람 속에 있고, 만남 속에 있고, 사랑을 실천하는 자리 속에 있다.

61. 고난 속에서 피어나는 성숙

오솔길은 울퉁불퉁하고 좁지만, 걸을수록 묘한 재미가 있다. 발걸음을 옮길 때마다 속도를 줄이게 되고, 그만큼 주변을 더 자세히 보게 된다. 길모퉁이를 돌 때마다 전혀 예상하지 못한 풍경이 펼쳐지고, 발밑에서 느껴지는 흙의 감촉과 숲의 냄새, 바람의 온기가 그 길을 특별하게 만든다. 걷는 이는 자연스럽게 숨을 고르고, 자기 안을 들여다보게 된다. 반면 아스팔트길은 편하고 곧다. 빠르게 갈 수 있고, 길을 잃을 염려도 적다. 하지만 얼마 지나지 않아 풍경은 단조로워지고, 발걸음에는 감흥이 사라진다. 목적지는 향해 가지만, 여정은 기억에 남지 않는다.

인생도 그렇다. 평탄하고 넓은 길이 주는 안락함은 처음엔 달콤하지만 오래가지는 않는다. 편리함은 긴장을 풀어주지만, 동시에 감각을 무디게 한다. 반대로 좁고 험한 길은 불편하고 두렵다. 때로는 왜 이 길을 선택했는지 스스로에게 묻게 된다. 그러나 바로 그 길에서 우리는 더 많이 느끼고, 더 깊이 배우며, 더 진실한 자신을 만나게 된다.

성경은 이 두 길을 분명하게 대비한다. 예수님은 넓은 길과 좁은 길을 이야기하시며 이렇게 말씀하셨다.

"멸망으로 인도하는 문은 크고 그 길이 넓어 그리로 들어가는 자가 많고, 생명으로 인도하는 문은 좁고 길이 협착하여 찾는 이가 적다."

많은 사람이 선택하는 길이라고 해서 반드시 옳은 길은 아니다. 넓은 길은 경쟁이 덜한 것처럼 보이지만, 사실은 방향을 묻지 않아도 된다는 점에서 가장 위험한 길일 수 있다. 모두가 가니 나도 간다는 이유로 걷다 보면, 어느새 자신의 마음과 믿음은 뒤처진다.

반대로 좁고 울퉁불퉁한 길은 선택하는 데 용기가 필요하다. 남들과 다르고, 속도가 느리고, 성과가 더디게 보인다. 때로는 외롭고, 스스로를 의심하게 만드는 순간도 있다. 그러나 그 길의 끝에는 '성공'이 아니라 '생명'이 있다. 사람의 박수가 아니라, 하나님의 눈길이 머무는 자리다.

이 좁은 길은 종종 고되고 외롭다. 넘어지기도 하고, 잠시 길을 잃기도 한다. 기도해도 응답이 없는 것처럼 느껴질 때도 있고, 신앙이 오히려 짐처럼 느껴질 때도 있다. 하지만 예수님은 이 길을 걷는 이들에게 분명히 약속하셨다.

"너희는 마음에 근심하지 말라. 하나님을 믿으니 또 나를 믿으라."

주님은 우리를 좁은 길로 부르시되, 혼자 보내지 않으신다. 우리가 미처 느끼지 못할 때에도, 그분은 앞서 가시고 옆에서 붙드신다. 그래서 이 길은 힘들지만, 결코 버려진 길은 아니다.

오늘 네 인생의 길은 어떤 모습인가? 평탄한 아스팔트인가, 아니면 걷기 불편한 오솔길인가? 혹시 지금의 길이 너무 힘들어, 잘못 온 건 아닐지 고민하고 있지는 않은가. 기억하자. 하나님은 언제나 좁고 힘든 길 위에서 우리와 함께하신다.

62. 고난은 피할 수 없는 여정

종소리를 더 멀리 보내려면 더 크게 울려야 하고, 그 울림 뒤엔 늘 아픔이 따른다. 종이 단단히 울리려면 망치질의 충격을 견뎌야 하듯이, 우리의 삶도 고난과 시련을 통해 진정한 울림을 얻는다.

"친구를 위해 목숨을 버리는 것보다 더 큰 사랑은 없다."(요 15:13) 예수님은 사랑의 절정을 위해 고난의 길을 걸었고, 그 사랑은 가장 큰 울림을 남겼다. 우리가 다른 사람을 섬기기 위해 희생할 때, 그 마음은 멀리까지 퍼져 많은 이의 가슴을 울린다.

"많은 고난을 받아야 하나님의 나라에 들어간다."(행 14:22) 바울이 말했듯, 고난은 피할 수 없는 여정의 일부다. 시련이 닿을 때마다 우리의 믿음은 깊어지고, 그 깊이는 주변 사람들에게 위로와 용기를 전하는 통로가 된다.

"주의 채찍이 내게 쾌할 때 내 영혼이 그것으로 말미암아 배운다."(시 119:71) 고통은 단순한 괴로움이 아니라, 영혼을 깨우는 스승이다. 상처 위에 맺히는 진리가 결국 더 단단한 울림을 만들어 낸다.

"고난 중에도 즐거워하라, 고난은 인내를, 인내는 연단을, 연단은 소망을 이룬다."(롬 5:3-4) 아픔을 마주하는 순간이 새로운 시작이다. 고통을 견딜 때 우리는 희망을 움켜쥐고, 그 희망은 다시금 세상에 전해지는 울림이 된다.

지금 겪고 있는 아픔이 크다면, 그 뒤에 펼쳐질 울림 또한 크다는 사실을 기억하자. 아픔은 멈춤이 아니라 더 넓은 세상으로 가는 발판이다. 고통 속에서 담대한 믿음으로 하루하루를 살아갈 때, 우리의 종소리는 더 멀리, 더 선명하게 퍼져 나간다. 지금 겪고 있는 고통이 무겁고 괴롭더라도, 그 아픔은 멈춤이 아니라 새로운 울림의 시작이다. 아픔을 통해 신앙과 사랑은 더욱 깊어지고 넓어지며, 주변에 평안과 힘을 전하는 통로가 된다. 고난을 피하지 않고 담대히 견디는 사람에게 하나님은 특별한 은혜와 축복을 허락하신다.

결국 "종소리를 더 멀리 보내려면 더 아파야 한다."는 말은, 우리 삶과 신앙이 겪는 고난의 가치를 일깨운다. 성장도, 영향력도, 참된 사랑도 고통을 비켜서 완성되지 않는다. 아픔을 외면하지 않고 하나님 앞에 가지고 나아갈 때, 그 아픔은 상처로 끝나지 않고 메시지가 된다. 그리고 그 메시지는 우리가 알지 못하는 곳까지 퍼져 나간다.

그러니 오늘도 낙심하지 말자. 지금의 흔들림이 곧 무너짐은 아니다. 오히려 더 깊은 울림을 준비하는 과정이다. 믿음으로 하루하루를 살아내며, 아픔 속에서도 사랑을 선택할 때, 우리의 삶은 종처럼 울려 하나님을 증언하게 된다.

63. 사랑과 용서로 문을 열기

오늘 혹시 화가 나서 문을 닫아버리고 싶은 순간이 있었다면, 잠깐 멈춰 생각해 보자. 그 닫힌 문이 사실은 상대를 향한 문이 아니라, 내 마음의 평안과 기쁨을 스스로 가로막는 문이 아니었는지 돌아보아야 한다. 문을 닫는 순간에는 시원한 것 같지만, 시간이 지날수록 그 안에 남는 것은 후회와 고립, 그리고 더 깊은 상처뿐이다. 분노는 밖으로 터뜨릴수록 가벼워지는 것이 아니라, 안에서 곪아 더 무거워진다.

문을 다시 여는 일은 쉽지 않다. 자존심이 걸리고, 상처가 아직 아물지 않았기 때문이다. 그러나 신앙은 바로 그 어려운 선택 앞에서 빛난다. 감정이 가라앉을 때까지 기다리는 것이 아니라, 하나님 앞에 먼저 마음을 열고 도움을 구하는 것이다. "주님, 지금 제 마음이 너무 거칩니다. 이 문을 제가 혼자 열 수 없으니, 주님이 함께 열어 주십시오." 그렇게 기도하는 순간, 분노는 더 이상 나를 지배하지 못한다.

문을 연다는 것은 반드시 즉각적인 화해나 모든 문제의 해결을 의미하지는 않는다. 때로는 조용히 숨을 고르고, 말을 아끼며, 상대를 하나님께 맡기는 것도 열린 마음의 한 모습이다. 문을 열어 둔 마음은 성급하지 않고, 공격적이지 않으며, 회복의 가능성을 남겨 둔다. 반대로 닫힌 마음은 옳고 그름을 따지기 전에 관계를 단절시켜 버린다.

예수님은 십자가 위에서도 문을 닫지 않으셨다. 모욕과 폭력 속에서도 "아버지여, 저들을 사하여 주옵소서."라고 기도하셨다. 그 열린 마음이 인류를 살렸다. 우리가 분노 앞에서 문을 닫지 않으려 애쓰는 작은 선택은, 그리스도의 마음을 닮아가는 거룩한 훈련이다. 완벽해서가 아니라, 주님을 의지하기에 가능한 길이다.

오늘 하루를 마무리하며 스스로에게 물어보자.

내가 닫아버린 문은 없는가?

혹시 말 한마디, 표정 하나, 침묵이라는 이름으로 누군가를 밖에 세워 두지는 않았는가?

만약 그렇다면, 아주 조금만 문을 열어 보자. 완전히 열지 못해도 괜찮다. 틈만 있어도 평화는 스며든다. 하나님은 닫힌 문을 부수고 들어오시는 분이 아니라, 인내로 두드리시며 기다리시는 분이시다. 우리가 문을 여는 순간, 그 안으로 들어오는 것은 변명이나 정죄가 아니라 위로와 평안, 그리고 다시 사랑할 수 있는 힘이다.

분노에 문을 닫지 말고, 은혜에 문을 열자.

그 선택이 오늘 우리의 몸을 지키고, 마음을 살리고, 관계를 회복하게 할 것이다.

64. 하나님의 힘을 체험하는 기회

아기들은 넘어지면서도 끊임없이 다시 일어선다. 처음으로 혼자 서는 순간, 비틀거리며 걷는 그 장면은 삶에서 가장 경이로운 순간 중 하나다. 그러나 이상하게도 어른이 되고 나면, 넘어졌을 때 다시 일어서는 법보다 주저앉는 법을 더 쉽게 배운다. 아기 때처럼 다시 도전하기보다는 좌절과 두려움 앞에 머물러버리기 일쑤다.

시편 62편 6절은 "주께서 나의 반석이시고 나의 요새시니 내가 흔들리지 않겠다."고 고백한다. 아기였을 때는 넘어진 후에도 다시 일어나는 용기와 기쁨이 있었다. 하지만 어른이 되면 실패와 두려움이 그 용기를 앗아간다. 그럴 때 하나님이 반석이 되어 흔들리지 않게 붙들어 주신다. 다시 일어설 수 있는 힘은 결국 하나님께 있다.

히브리서 12장 2절은 우리의 소망이 변하지 않는 산 위에 있다고 말한다. 인생의 고난 속에서 어른은 쉽게 무너지고 포기하려 한다. 하지만 예수님을 바라보면 그분의 인내와 승리를 통해 다시 일어설 수 있다. 고난은 우리를 넘어뜨리기 위한 것이 아니라 더 강하게 세우기 위한 하나님의 과정임을 믿는다면, 우리는 다시 일어설 수 있다.

잠언 24장 16절은 "넘어지지 않는 자가 어디 있으랴, 그러나 다시 일어나는 자는 복이 있다."고 말한다. 누구나 넘어지지만, 다시 일어나는 사람이 진짜 복 있는 사람이다. 아기는 아무리 넘어져도 멈추지 않고 다시 일어난다. 그 본능은 어른이 되어도 잃어서는 안 된다. 하나님은 실패 가운데 있는 자를 포기하지 않으신다.

고린도후서 12장 10절에서 바울은 "약할 때 강함이 된다."고 고백한다. 어른이 되면서 힘들면 주저앉는 법부터 익히는 경우가 많지만, 약함 속에서 하나님의 능력을 경험하는 법을 배워야 한다. 우리의 넘어짐은 끝이 아니라, 하나님의 힘을 체험하는 기회다.

혹시 지금 넘어져 있는가? 어른이 되면서 주저앉는 법만 익혀버린 건 아닌지 돌아봐야 한다. 아기의 마음으로 다시 용기를 내어 일어설 수 있다. 시편 23편 1절처럼 "여호와는 나의 목자시니 내게 부족함이 없다." 하나님이 손을 내밀고 계시기에 우리는 다시 일어설 수 있다.

아기는 넘어져도 다시 일어난다. 우리도 신앙 안에서 그렇게 다시 일어나야 한다. 주저앉지 않고 포기하지 않으며, 고난 속에서도 하나님을 의지해 다시 걷는 믿음의 사람으로 살아가야 한다. 이처럼 '아기들은 일어서는 법을 배우지만, 어른이 되면 이상하게도 주저앉는 법을 배운다'는 말은 넘어짐을 통한 회복, 그리고 하나님의 도우심 속에서 진짜 용기를 배워야 한다는 진리를 전해준다.

65. 내가 지녀야 할 신앙의 향기

꽃이 화려하면 벌들이 금세 몰려들 수 있다. 눈에 띄는 색과 모양은 당장 주목을 끌기에 충분하다. 하지만 그 꽃 속에 진한 향기가 없다면, 벌들은 오래 머물지 않는다. 결국 떠나는 건 시간문제다. 이 단순한 자연의 원리는 삶과 신앙에도 깊은 교훈을 준다. 겉모습은 사람의 눈을 끌 수 있지만, 마음에서 우러나오는 향기가 없으면 관계도, 신앙도 오래가지 못한다.

사무엘상 16장 7절에서 하나님은 "사람은 외모를 보거니와 나 여호와는 중심을 보느니라."고 말씀하신다. 겉모습이 아무리 화려해도 마음이 진실하지 않으면 진짜 아름다움은 아니다. 외적인 매력은 순간적인 관심을 끌 수 있지만, 진정한 관계를 오래 지속시키는 것은 내면의 향기다. 그 향기는 사랑, 성실함, 겸손 같은 마음에서 나온다.

아가서 1장 3절은 "내 이름이 향기름 부은 향유 같으므로 처녀들이 너를 사랑하는구나."라고 말한다. 향기는 눈에 보이지 않지만, 주변을 감싸며 사람들의 마음을 끌어당긴다. 신앙도 마찬가지다. 말이나 형식만으로는 사람을 움직일 수 없다. 하나님이 주시는 은혜의 향기, 사랑의 향기가 삶 속에서 흘러나와야 한다.

마태복음 5장 14절에서는 "너희는 세상의 빛이라."고 말씀한다. 빛은 외적인 역할을 말해주지만, 그 빛이 의미 있으려면 향기와 함께 가야 한다. 빛나는 존재가 되려면 말보다 삶의 태도와 행동이 뒷받침되어야 한다. 내면에서 풍기는 진심과 따뜻함이 없다면, 빛도 결국은 공허해진다.

고린도전서 13장 4절은 "사랑은 오래 참고, 사랑은 온유하며"라고 한다. 이 사랑이 바로 향기다. 화려한 꽃처럼 보이려 하기보다, 향기 나는 꽃이 되려고 노력해야 한다. 겉으로 드러나는 성공보다, 조용히 피워내는 선행과 따뜻함이 사람들의 마음을 움직인다. 사랑은 눈에 보이지 않아도 향기로 다가와 관계를 살리고 마음을 어루만진다.

지금 내 삶은 어떤가. 겉모습은 괜찮아 보일지 모르지만, 진짜 향기는 나는가. 내가 풍기는 말과 행동이 다른 사람에게 따뜻함을 전하고 있는가. 하나님 안에서 진정한 사랑과 은혜의 향기를 품고 살아갈 때, 주변 사람들에게 위로가 되고, 그 향기는 하나님의 영광이 된다.

화려한 꽃에 벌들이 몰리는 건 순식간이지만, 향기가 없다면 그들은 금세 등을 돌린다. 신앙도 그렇다. 겉만 번지르르한 삶은 오래가지 못한다. 마음속에서부터 진심으로 흘러나오는 사랑과 향기로, 사람들의 마음을 움직이고 하나님께 영광을 돌리는 삶을 살아가야 한다. 이것이 성경이 말하는 진짜 아름다움이자, 우리가 지녀야 할 신앙의 향기다.

66. 감사는 시선의 방향을 바꿀 때

우리는 종종 자신이 가진 부족함에만 집중하며 슬퍼하곤 한다. 신발이 없어 불편하고 초라하다고 느끼지만, 발이 없는 사람을 보기 전까지는 그 사실이 얼마나 사소한 것인지 깨닫지 못한다. '발이 없는 사람을 보기 전까지는 내가 신발이 없다는 사실을 슬퍼했다'는 말은 시선을 어디에 두느냐에 따라 감사와 겸손이 자리 잡을 수 있다는 사실을 일깨워 준다.

데살로니가전서 5장 18절은 "범사에 감사하라 이것이 그리스도 예수 안에서 너희에게 향하신 하나님의 뜻"이라고 말한다. 감사는 좋은 일이 있을 때만 드리는 게 아니다. 오히려 부족하고 아플 때, 그 속에서도 하나님을 향한 감사의 시선을 잃지 않는 것이 믿음이다. 신발이 없다고 불평하기보다는, 걸을 수 있는 발이 있음에 감사할 줄 아는 마음이 필요하다.

바울은 빌립보서 4장 12~13절에서 "내가 궁핍에 처할 줄도 알고, 풍부에 처할 줄도 안다."고 고백했다. 그는 가난하고 힘든 상황 속에서도 하나님의 은혜로 넉넉함을 누렸다. 가진 것이 없다고 해서 반드시 결핍은 아니다. 하나님을 의지할 때, 부족함은 오히려 채움의 기회가 된다. 발이 없어도 감사하며 살아가는 사람들을 볼 때, 우리는 자신이 가진 것의 소중함을 다시 돌아보게 된다.

시편 121편 1절은 "내가 산을 향하여 눈을 들리라 나의 도움이 어디서 올까."라고 노래한다. 자신의 부족함에만 머무르지 않고, 하나님의 도우심을 바라보는 것이 신앙인의 자세다. 신발이 없어 불편한 현실보다, 그 걸음 하나하나를 지키시고 인도하시는 하나님의 손길을 보는 눈이 중요하다. 감사는 시선의 방향을 바꿀 때 생긴다.

빌립보서 4장 13절은 "내게 능력 주시는 자 안에서 내가 모든 것을 할 수 있느니라."고 말한다. 스스로의 결핍만 바라보면 삶이 무거워지지만, 하나님 안에서 힘을 얻는 사람은 어떤 상황 속에서도 희망을 붙잡는다. 발이 없는 사람을 보며 감사하게 되는 마음은, 결국 자신의 시선을 넓히고 믿음을 깊게 만드는 출발점이 된다.

지금 무언가 없어서 슬퍼하고 있는가? 그 부족함이 오히려 감사의 기회가 될 수 있다. 조금만 시선을 옮겨 보면, 나보다 더 힘든 상황에서도 감사하며 살아가는 이들이 보일 것이다. 그 모습을 통해 우리는 자신이 받은 은혜와 축복을 다시금 깨닫는다.

'발이 없는 사람을 보기 전까지 내가 신발이 없음을 슬퍼했다'는 말은, 겉으로 보이는 결핍이 아닌 마음의 자세를 돌아보게 만든다. 감사는 환경이 주는 것이 아니라, 하나님을 향한 시선에서 비롯된다.

67. 바른 말보다 중요한 것은 공감

함께 비를 피하는 우산보다 더 좋은 건, 아무 말 없이 그 빗속에 같이 서 있는 사람이다. 말로 문제를 해결해 주지 않아도, 해답을 제시하지 않아도 괜찮다. 누군가 내 곁에 서서 "네가 왜 그렇게 힘들었는지 이해한다."고 느끼게 해 주는 것만으로도 마음의 짐은 한결 가벼워진다. 공감은 상황을 바꾸지 못할지 몰라도, 그 상황을 견디는 힘을 준다.

우리는 종종 '도움이 되는 말'을 해야 한다는 부담 때문에 너무 서둘러 입을 연다. 그러나 그 말이 상대의 아픔 위에 서 있다면, 아무리 옳아도 상처가 된다. 진짜 공감은 말하기보다 듣는 데서 시작된다. 고개를 끄덕이며 끝까지 들어주는 것, 판단하지 않고 침묵을 허락하는 것, 그것이 말보다 더 큰 사랑의 표현이 된다. 예수님도 상처 입은 사람들 앞에서 먼저 다가오셔서 그들의 이야기를 들으셨다. 고치시기 전에 공감하셨고, 가르치시기 전에 함께 아파하셨다.

공감은 특별한 기술이 아니라 삶의 태도다. 그것은 상대를 '이해의 대상'이 아니라 '함께 걷는 존재'로 바라보는 시선에서 시작된다. 그래서 공감하는 사람은 쉽게 조언하지 않고, 먼저 마음을 낮춘다. "네가 틀렸다."가 아니라 "네가 얼마나 힘들었을지 짐작이 간다."는 말이 먼저 나온다. 그 한마디가 사람의 마음을 열고, 스스로 다시 일어설 힘을 준다.

우리는 모두 누군가의 공감을 필요로 하며, 동시에 누군가에게 공감이 되어야 할 존재다. 겉으로는 괜찮아 보이지만 속으로는 비를 맞고 있는 사람들이 우리 주변에 너무 많다. 그들에게 필요한 것은 완벽한 해답이 아니라, 잠시라도 함께 서 있어 줄 사람이다. 공감은 문제를 대신 짊어질 수는 없지만, 혼자가 아니라는 사실을 분명히 알려 준다. 그 사실 하나만으로도 사람은 다시 숨을 고를 수 있다.

신앙의 언어 역시 공감에서 멀어질 때 힘을 잃는다. 말씀이 생명을 살리려면, 먼저 사람의 아픔 위에 내려앉아야 한다. 예수님께서 죄인을 부르실 때에도 정죄가 아니라 이해와 사랑으로 다가가셨듯이, 우리도 공감이라는 통로를 통해서만 진리를 전할 수 있다. 공감 없는 진리는 차갑고, 공감 있는 진리는 사람을 살린다.

오늘 우리가 내미는 말 한마디, 태도 하나가 누군가의 마음에 비가 될 수도 있고, 바람을 막아 주는 담요가 될 수도 있다. 그래서 더 조심스럽게, 더 따뜻하게 다가가야 한다. 충고하기 전에 한 번 더 듣고, 판단하기 전에 한 번 더 헤아리는 것이 믿음의 성숙이다.

결국 진심 어린 공감은 관계를 지키는 최소한의 예의이자, 사랑의 가장 실제적인 모습이다. 우리가 서로에게 그렇게 다가갈 때, 공동체는 덜 상처받고, 세상은 조금 더 견딜 만한 곳이 된다. 오늘 하루, 누군가에게 옳은 사람이기보다 함께 아파할 수 있는 사람이 되기를 선택해 보자.

68. 인생을 깊이 비추는 거울

마음이 온유한 자는 지식을 얻는다.” 자연은 참으로 신비롭다. 같은 이슬을 마시면서도 독사는 독을 만들고, 나비는 꿀을 만든다. 이 단순한 사실은 우리 인생을 깊이 비추는 거울과도 같다. 사람마다 같은 환경과 조건 속에서도 전혀 다른 결과를 만들어 낸다. 그것은 결국 마음의 상태와 선택의 차이에서 비롯된다.

성경은 이런 내면의 태도와 반응이 얼마나 중요한지를 강조한다. 잠언 15장 2절은 “지혜로운 자의 입술은 지식을 흘려 보내고, 마음이 온유한 자는 지식을 얻는다.”고 말한다. 독사처럼 부정적인 말과 태도로 주변을 해롭게 만들 수도 있고, 나비처럼 따뜻하고 유익한 말로 주변을 밝힐 수도 있다.

골로새서 4장 6절은 “너희 말은 항상 은혜로우며 소금으로 맛을 내라.”고 권면한다. 같은 자극과 상황 속에서 어떤 말을 선택하느냐가 곧 그 사람의 됨됨이를 드러낸다. 말은 단지 소통의 도구가 아니라, 마음의 상태를 보여주는 창이자 다른 이들에게 영향을 주는 강력한 힘이다.

잠언 23장 7절은 “마음의 생각이 어떠하면 그 사람도 그러하다.”고 말한다. 마음이 독을 품으면 결국 말과 행동이 독이 된다. 반면, 마음에 사랑과 선함을 품으면 꿀처럼 달콤한 말과 행동으로 나타난다. 결국 삶의 방향은 마음먹기에 달려 있다.

마태복음 5장 14절에서 예수님은 “너희는 세상의 빛이라.”고 하셨다. 우리는 어둠을 밝히는 빛이며, 세상에 선한 영향력을 끼치는 존재다. 그래서 더욱 마음을 지키고, 바른 말을 선택해야 한다. 세상이 아무리 혼란스럽고 거칠지라도, 그 속에서 나비처럼 꿀을 만들어 내는 사람이 되어야 한다.

결국 변화는 환경을 바꾸는 데서 시작되지 않는다. 마음을 지키는 데서 시작된다. 어떤 자극을 받았을 때 즉각 반응하기보다, 그 자극을 어떻게 해석하고 어떤 마음으로 받아들이느냐가 인생의 방향을 결정한다.

온유한 마음은 약함이 아니다. 성경이 말하는 온유함은 휘둘리지 않는 힘이며, 쉽게 독으로 변하지 않는 내면의 단단함이다. 온유한 사람은 감정을 억누르는 사람이 아니라, 감정을 다스릴 줄 아는 사람이다. 그래서 온유한 마음은 배우려는 자세로 이어지고, 그 자세는 결국 지식과 지혜를 얻게 한다. 잠언이 말하는 "마음이 온유한 자는 지식을 얻는다."는 말씀은, 지식이 머리로만 들어오는 것이 아니라 태도를 통해 스며든다는 사실을 보여준다.

우리의 말과 반응은 하루에도 수없이 이슬을 마신다. 누군가의 말 한마디, 예상치 못한 사건, 반복되는 실패와 실망이 이슬처럼 우리에게 내려앉는다. 그때마다 우리는 선택의 갈림길에 선다. 불평과 비난으로 독을 만들 것인가, 이해와 감사로 꿀을 만들 것인가. 이 선택은 작아 보이지만, 쌓이고 쌓여 결국 그 사람의 인격과 삶의 향기를 결정한다.

69. 아름다운 빛과 향기를 내는 삶

은행나무는 가을이 되면 노란 잎으로 화려하게 물든다. 그 모습은 정말 아름다워서 많은 사람들이 눈길을 멈추고 감탄하게 만든다. 마치 하나님이 만드신 자연의 예술 작품 같기도 하다. 하지만 이 화려함이 끝나고 잎이 떨어지면, 그

밑에는 뜻밖의 냄새가 퍼져 나오는 걸 알게 된다. 이 현상은 우리 삶과 신앙에도 중요한 의미를 던져 준다.

겉으로 보이는 아름다움만 쫓다 보면, 그 안에 숨겨진 진짜 모습이나 본질을 놓치기 쉽다. 은행나무 잎처럼 화려해도, 떨어지고 나면 좋은 향기가 아니라 이상한 냄새가 나는 것처럼 말이다. 성경에서도 하나님은 외모가 아니라 사람의 마음과 행실을 보신다고 가르친다. 야고보서 2장 1절은 "외모를 보지 아니하고 사람을 판단하신 이는 오직 하나님뿐"이라고 말한다. 겉모습에만 집중하면 사람의 진짜 가치를 보지 못한다는 뜻이다.

또 마태복음 5장 8절에 보면 "마음이 청결한 자는 복이 있나니 그들이 하나님을 볼 것임이요."라고 한다. 마음이 깨끗하고 순수한 사람이야말로 진정한 아름다움을 가진 사람이다. 화려한 잎이 떨어지고 냄새가 나듯, 겉으로는 좋아 보여도 신앙이 겉치레에 불과하다면 결국 그 속내가 드러난다. 반대로 마음이 깨끗한 사람은 하나님 앞에서 축복받고, 세상 사람들에게도 좋은 영향력과 향기를 끼치는 존재가 된다.

마태복음 7장 18절은 "악한 나무가 좋은 열매를 맺을 수 없고, 좋은 나무가 악한 열매를 맺을 수 없느니라."라고 분명히 말한다. 내면이 어떤지에 따라 결국 드러나는 행동과 결과가 달라진다는 뜻이다. 아름다운 잎 뒤에 뜻밖의 냄새가 있듯, 마음에 악이 숨어 있으면 좋은 열매를 기대하기 어렵다. 성경은 그래서 우리가 내면을 돌아보고 선한 열매를 맺도록 끊임없이 권한다.

마지막으로 마태복음 5장 13~14절은 "너희는 세상의 소금과 빛이라."라고 하면서, 진짜 아름다움은 세상 속에서 빛과 향기를 내는 삶이라고 가르친다. 겉모습에만 머무르지 않고 사랑과 진실, 선한 행동으로 사람들에게 좋은 영향을 주는 삶이 하나님이 기뻐하시는 참된 아름다움이다.

그래서 지금 자신의 삶을 돌아봐야 한다. 혹시 은행나무 잎처럼 화려해 보이지만, 떨어진 뒤 뜻밖의 냄새를 남기고 있지는 않은지? 마음을 돌아보고 내면의 향기와 청결함을 가꾸는 데 힘써야 할 때다. 하나님 앞에서 진실한 마음으로 살아가고, 겉모습이 아닌 내면의 참된 아름다움을 지켜 나가는 삶이 진짜 신앙이다.

'은행나무에 달려 있을 때는 아름답지만, 떨어지는 순간 뜻밖의 냄새가 난다'는 말은 바로 이런 성경적 진리를 담고 있다. 외면에 치우치지 말고, 하나님 앞에서 진실한 마음과 선함으로 살아가야 한다.

70. 불안의 한복판에서의 삶

중요한 일은 대개 귀찮다. 귀찮다는 건 즐거움의 반대가 아니라, 오히려 그 일부다. 진짜 설렘은 늘 불안과 함께 찾아온다. 만약 앞이 전부 보이고, 아무런 두려움 없이 안전한 길만 존재한다면 거기엔 긴장도, 기대도 없고, 결국 지루함만 남는다. 그래서 이상을 가슴에 품고 불안의 한복판으로 나아가는 것이 진짜 삶이다.

인생의 중요한 순간은 대체로 불편하고 번거로운 모습으로 다가온다. 마치 병아리가 알을 깨고 나오기 위해 고군분투하듯, 진짜 변화는 늘 불안과 두려움을 동반한다. 하지만 그 귀찮음 속엔 설렘이 숨어 있다. 성경은 그런 불안을 피하지 말고, 오히려 담대하게 마주하라고 말한다.

"내가 네게 명령한 것이 아니냐 강하고 담대하라 두려워하지 말며 놀라지 말라 네가 어디로 가든지 네 하나님 여호와가 너와 함께 하느니라."(여호수아 1:9)

앞이 보이지 않을 때, 하나님은 오히려 강하고 담대하라고 하신다. 안정된 삶은 편하긴 하지만, 그만큼 기대와 새로움은 줄어든다. 반면 하나님이 함께 하신다는 믿음으로 이상을 따라 나아가는 길은 때로 힘들지만, 거기엔 기쁨과 성장이 있다.

불안이나 귀찮음은 사실 새로운 길을 걸을 때 따라오는 자연스러운 동반자다. 그러나 성경은 말한다.

"너희 염려를 다 주께 맡기라 이는 그가 너희를 돌보심이라."(베드로전서 5:7)

하나님께 우리의 걱정을 맡기면, 그분이 직접 돌보신다. 귀찮고 불편한 순간들 속에서도 하나님은 함께하시며, 그 과정을 통해 우리를 더욱 단단하게 빚으신다.

신앙의 길은 결코 편한 산책이 아니다.

"모든 무거운 것과 얽매이기 쉬운 죄를 벗어버리고 인내로서 우리 앞에 당한 경주를 하라."(히브리서 12:1)

이상과 꿈이라는 중요한 '알'을 품고 인내하며 나아가는 경주는 결코 쉽지 않다. 그러나 도전 없는 삶은 결국 지루할 뿐이다. 불안이 있어야 설렘도 생기고, 그 설렘이 우리를 움직이게 만든다.

그리고 결국, 하나님은 길을 보여주신다.

"내가 행할 길을 주께서 내게 보이시리니 주의 얼굴을 구할 때 내 영혼이 만족하리이다."(시편 143:8)

불안과 번거로움을 뚫고 나아갈 때, 하나님은 새로운 길을 보여주시고, 영혼 깊은 곳에서부터 만족과 평안을 주신다.

지금 느끼는 귀찮음과 불안은 결국 더 큰 기쁨과 설렘을 위한 전주곡일지도 모른다. 하나님과 함께 이상을 가슴에 품고, 불안 속으로 담대히 한 걸음 내딛어보자. 그 끝엔 분명 영광과 평안이 기다리고 있다.

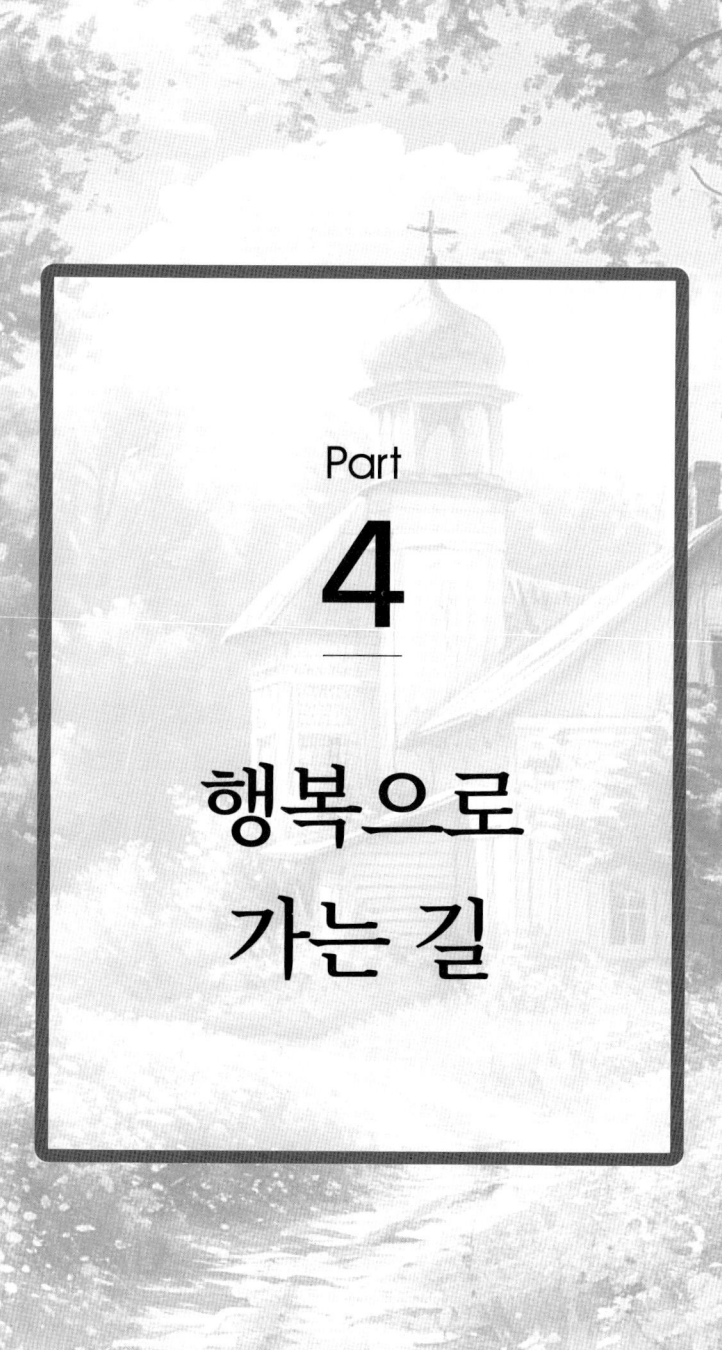

Part

4

행복으로
가는 길

1. 사랑을 나누는 행복과 그 본질

눈이 펑펑 내리는 겨울날, 친구들과 함께 밖에서 눈싸움을 하며 웃음꽃을 피우는 순간은 순수한 기쁨이다. 동시에 사랑하는 사람 앞에서는 그 흰 눈 위에 '사랑해'라는 마음을 적고 싶어진다. 이처럼 같은 '눈'이라는 소재 속에서도 우리는 관계에 따라 다르게 표현하고, 다르게 마음을 전한다. 성경은 우리에게 이처럼 다양한 관계 속에서 사랑을 나누는 지혜와 그 본질을 가르쳐 준다.

전도서 3장 1절은 "천하 만사가 기한이 있고 모든 목적이 이룰 때가 있다."고 말씀한다. 눈 내리는 겨울에도, 친구와의 즐거운 놀이 시간과 연인 앞에서 조심스럽게 사랑을 고백하는 시간이 각각 따로 있는 것처럼, 우리의 삶도 다양한 시간과 관계 속에서 각기 다른 모습으로 사랑을 실천한다.

친구와의 눈싸움은 단순한 놀이 같지만, 그것은 신뢰와 우정의 표현이다. 전도서 4장 9절에서 "두 사람이 함께 하면 더 나은 것을 얻느니라."고 말하듯, 친구와 함께 웃고 뛰노는 순간은 서로에게 힘이 되고, 어려움 속에도 의지가 되는 소중한 관계임을 일깨워 준다. 친구와의 웃음 속에는 '함께함'의 사랑이 숨겨져 있다.

반면, 사랑하는 사람 앞에서 '사랑해'라고 눈 위에 쓰고 싶다는 마음은 더욱 깊고 섬세한 감정의 표현이다. 요한일서 4장 7절은 "사랑하는 자들아 우리가 서로 사랑하자 사랑은 하나님께 속한 것이니."라고 하여, 진실한 사랑이 하나님으로부터 온 선물임을 전한다. 애인 앞에서 사랑을 고백하는 것은 그 선물을 서로 나누고, 하나님 사랑의 모범을 따라가는 행위이다.

예수님께서도 사랑의 본질을 가르치시면서 "네 이웃을 네 자신과 같이 사랑하라."(마태복음 22:39)고 명하셨다. 여기서 '이웃'은 친구도, 사랑하는 사람도 모두 포함된다. 하지만 각 관계에 따라 사랑의 표현은 달라질 수 있다. 친구와는 장난스러운 눈싸움으로, 사랑하는 사람과는 따뜻한 말 한마디로 그 마음을 전한다.

우리 삶에 주어진 다양한 관계는 각기 다른 사랑의 언어를 필요로 한다. 같은 눈이라도 친구와 나눌 때는 웃음과 즐거움이 되고, 사랑하는 사람에게는 감동과 진심이 된다. 이 모든 사랑의 모습은 하나님이 우리에게 허락하신 축복이다.

그러니 오늘도 눈 내리는 날, 친구와는 마음껏 눈싸움을 하며 기쁨을 누리고, 사랑하는 사람에게는 마음 깊은 '사랑해'를 전해 보자. 그 속에서 우리에게 주신 사랑의 크고 작은 언어를 통해, 하나님의 사랑이 우리의 삶을 풍성하게 채워줄 것이다.

오늘 하루도 각자의 삶에 내리는 '사랑의 눈'을 놓치지 말자. 그 눈 위에 무엇을 쓰며 살아갈지는 우리의 선택에 달려 있다. 하나님께 받은 사랑을 따라, 관계마다 어울리는 사랑의 언어로 살아갈 때, 우리의 삶 자체가 하나님 사랑을 증거하는 아름다운 이야기가 될 것이다.

2. 하나님의 창조와 우리의 개성

우리가 숲속을 거닐다 보면 수많은 나무 잎들이 바람에 흔들리는 모습을 볼 수 있다. 얼핏 보면 비슷비슷해 보이지만 자세히 들여다보면 하나하나가 조금씩 다르다. 색도, 크기도, 모양도 조금씩 달라서 세상에 똑같은 잎파리는 단 하나도 없다. 다만 서로 닮은꼴일 뿐이다. 이 모습은 하나님이 만드신 세상의 신비함과 우리 각자의 독특함을 떠올리게 한다.

성경은 하나님이 천지를 창조하시고 각각의 만물을 그 모양과 성질대로 지으셨다고 말한다.(창세기 1장) 특히 시편 139편 14절에서는 "내가 주께 감사하옴은 나를 지으심이 심히 기묘하심이라 주의 행사가 기이함을 내 영혼이 잘 아나이다."라고 고백한다. 하나님은 우리 한 사람 한 사람을 특별하게 만드시고, 세상에 둘도 없는 존재로 만드셨다.

나무의 잎사귀처럼 우리 각자도 '닮은꼴'일 수는 있지만 '같은' 존재는 아니다. 겉으로 비슷해 보여도 마음과 생각, 경험과 꿈은 다 다르다. 로마서 12장 4-5절은 "몸이 한 지체여도 여러 지체가 있고... 이와 같이 우리도 한 몸이여 여러 지체라."고 말한다. 우리는 모두 하나님 앞에서 한 공동체이지만 각기 다른 역할과 개성을 지닌 지체이다.

이렇듯 하나님은 우리에게 '닮은꼴'이 아니라 '독특한 개성'을 허락하셨다. 우리가 서로를 존중하고 사랑할 때, 그 다름은 아름다운 하모니를 이루며 세상을 풍성하게 만든다. 만약 나무 잎들이 모두 똑같았다면, 숲은 결코 그렇게 아름답고 생동감 넘치지 못했을 것이다.

또한, 우리의 차이와 다양성은 하나님이 주신 선물이다. 고린도전서 12장 18절은 "하나님이 각 지체를 그 뜻대로 몸에 배치하셨느니라."고 하며, 다름은 하나님의 섭리와 계획임을 알려 준다. 우리의 독특함은 비교와 경쟁의 대상이 아니라, 서로 보완하며 함께 성장하는 원동력이 되어야 한다.

때로는 나무 잎처럼 나도 모르게 남과 같아지려는 유혹에 흔들릴 때가 있다. 그러나 하나님은 우리 각자가 '닮은꼴'이 아니라 '오직 하나뿐인 존재'임을 기억하라고 말씀하신다.

오늘도 숲을 걸으며 수많은 잎파리를 바라볼 때, 하나님이 창조하신 이 다채로운 세상을 생각하자. 그리고 나 또한 그 세상에 유일무이한 존재임을 깨닫고, 그 사랑 안에서 나다운 삶을 살아가길 소망한다. "나는 주께서 지으신 기묘한 작품이라."(시편 139:14)는 고백이 우리의 마음 속 깊이 울려 퍼지기를 바란다.

숲을 이루는 수많은 잎사귀 가운데 하나인 나, 그러나 동시에 하나님 앞에서는 오직 하나뿐인 존재인 나. 그 사실을 기억하며, 오늘도 주님이 지으신 모습 그대로, 나다운 삶을 감사함으로 걸어가기를 소망한다.

3. 진리의 말씀이 주는 깊은 깨달음

우리는 살면서 종종 '쓴소리'를 듣게 된다. 듣기 불편하고 가슴에 와 닿아 아플 때도 많다. 하지만 그 '쓴소리'가 왜 필요한지, 그리고 그것이 어떤 의미를 품고 있는지 생각해본 적이 있는가? '쓴소리가 쓴 이유는 진실을 담고 있기 때문이다'라는 말처럼, 진정한 사랑과 진실은 때로 달콤하지 않은 말로 전해진다. 성경은 이런 진리와 사랑의 말씀이 우리를 성장시키고 바르게 세우는 힘임을 분명히 가르친다.

잠언 27장 6절은 "친구의 상한 충고는 애정에서 나느니라."라고 말한다. 친구가 하는 쓴소리는 겉으로 보기엔 불편할지라도, 그 속에 진심과 사랑이 담겨 있음을 알려준다. 하나님께서도 우리에게 직설적이고 때로는 엄한 말씀으로 진리를 전하시며, 우리가 바른 길을 가도록 이끄신다.

예레미야 선지자는 "내 입에 쓴 말이 있으나 내 마음에 달리 있다."(예레미야 15:16)고 고백했다. 그는 하나님의 말씀을 전하면서 많은 고난과 비난을 당했지만, 그 말씀 속에는 영혼을 살리는 달콤한 진리가 담겨 있었다. 마찬가지로 쓴소리는 듣는 이를 깎아내리기 위함이 아니라, 그 마음을 깨우고 진실된 길로 나아가게 하기 위한 사랑의 표현이다.

히브리서 12장 11절은 "훈련은 당시에는 즐거워 보이지 않고 슬퍼 보이나 후에는 연단 받은 자들에게 의와 평강의 열매를 맺느니라."고 가르친다. 우리 삶에 주어지는 쓴소리와 훈계는 마치 단련의 과정과 같다. 그 순간은 쓰고 괴롭지만, 결국 우리를 바르고 강한 사람으로 만들어 준다.

예수님도 제자들에게 "진리가 너희를 자유케 하리라."(요한복음 8:32)고 말씀하셨다. 진리는 때로 받아들이기 어렵고, 우리를 불편하게 하지만, 그 진리가 있기에 우리는 진정한 자유와 회복을 경험한다. 쓴소리는 진리의 한 형태이며, 그 진리를 통해 우리는 더 나은 사람이 된다.

오늘 내가 듣는 쓴소리가 있다면, 그것이 내 약점이나 부족함을 지적하는 것이라면, 먼저 마음을 열고 귀를 기울여 보자. 겉은 쓰지만, 그 안에 담긴 진실과 사랑을 발견할 수 있을 것이다. 그리고 그것을 통해 내 삶이 더 단단해지고, 하나님께서 원하시는 길로 나아가는 힘을 얻자.

쓴소리가 주는 아픔 뒤에는 반드시 사랑과 회복이 있다. 하나님께서 우리에게 주시는 '쓴 진리'는 우리의 영혼을 깨우고 성장시키는 가장 소중한 선물임을 기억하며, 오늘도 담대히 그 말씀을 품고 살아가자.

삶의 여정에서 우리는 수없이 쓴소리를 만나게 될 것이다. 어떤 말은 분명 사람의 불완전함에서 나온 상처일 수도 있다. 그러나 그 모든 상황 속에서도 하나님은 우리를 다듬고 빚으시는 일을 멈추지 않으신다. 불편한 말 속에서도 선을 이루시는 하나님을 신뢰할 때, 우리는 상처에 머무르지 않고 성숙으로 나아갈 수 있다.

4. 하나님의 손길과 어머니의 역할

누군가 이렇게 말했다. "신이 도처에 있을 수 없기 때문에 엄마를 만들었다."

짧은 문장이지만, 이 말에는 세상을 향한 하나님의 깊은 배려와 따뜻한 숨결이 담겨 있다. 눈에 보이지 않는 하나님, 손으로 붙잡을 수 없는 그 사랑을 우리는 너무도 가까운 자리에서 경험하며 자라왔다. 바로 어머니의 품에서이다.

영화 『로마의 휴일』 속 오드리 햅번이 보여준 순수하고 따뜻한 미소가 오래도록 사람들의 마음에 남는 것처럼, 어머니의 사랑도 그렇다. 화려하지 않아도, 말이 많지 않아도, 늘 그 자리에 있어 주는 존재. 세상이 차갑게 등을 돌릴 때에도, 어머니의 품은 언제나 우리를 향해 열려 있었다. 어쩌면 하나님은 당신의 사랑을 가장 잘 전하기 위해, 우리 각자의 삶에 어머니라는 이름의 손길을 남겨 두신 것은 아닐까.

성경은 말한다. "네 부모를 공경하라."(출애굽기 20:12) 이 말씀은 단순한 도덕적 명령이 아니라, 하나님 사랑의 질서를 존중하라는 초대이다. 어머니는 생명을 품고, 기다리고, 견디며, 기도하는 사람이다. 보이지 않는 하나님이 보이게 살아내신 사랑의 모습이 바로 어머니의 일상 속에 담겨 있다.

예수님 또한 어머니의 품에서 자라셨다. 가장 거룩한 아기도 한 여인의 품에 안겨 울었고, 그 손에 이끌려 걸음을 배웠다. 십자가 위에서조차 예수님은 어머니를 홀로 두지 않으셨다.

"보라 네 어머니라."(요한복음 19:26) 고통의 절정에서도 어머니를 향한 책임과 사랑을 잊지 않으신 예수님의 모습은, 어머니가 단지 개인의 관계를 넘어 사랑의 공동체를 잇는 존재임을 보여준다. "주께서 내 내장을 지으시며 나의 모태에서 나를 만드셨나이다."(시편 139:13) 하나님은 그 거룩한 창조의 자리에 어머니를 동역자로 세우셨다. 밤잠을 설쳐가며 생명을 품고, 말 못 할 두려움과 기도를 안고 아이를 낳아 키우는 그 모든 시간 속에 하나님의 손길이 겹쳐 있다. 어머니의 품은 그래서 작은 천국이다. 가장 먼저 하나님의 사랑을 배우는 자리이며, 가장 오래 기억에 남는 안식처이다.

하나님은 늘 우리 곁에 계시지만, 때로 우리는 그 임재를 느끼지 못한다. 그럴 때 하나님은 어머니의 손으로 등을 토닥이게 하시고, 어머니의 목소리로 "괜찮다."고 말하게 하신다. 어머니의 사랑은 결코 완전하지 않을지 모르지만, 그 안에는 하나님 사랑의 그림자가 고스란히 드리워져 있다.

오늘, 어머니를 떠올려 보자. 말없이 차려주던 밥상, 늦은 밤까지 켜져 있던 불빛, 아픈 마음을 숨긴 채 건네던 기도. 그 모든 순간이 하나님께서 우리를 사랑하신 흔적임을 고백해 보자. "신이 도처에 있을 수 없기 때문에 엄마를 만들었다." 이 말은 어머니를 신격화하려는 표현이 아니라, 하나님 사랑의 깊이를 노래하는 고백이다. 하나님은 어머니를 통해 우리를 안으셨고, 키우셨으며, 오늘까지 이끌어 오셨다. 그 사랑 안에서 우리는 여전히 자라고 있다.

5. 인생은 행복과 불행의 숨바꼭질

인생은 행복과 불행이 숨바꼭질하는 것이다. 어디를 찾느냐에 달려 있다

어릴 적, 아이들은 숨바꼭질을 하며 즐거운 시간을 보냈다. 누군가는 숨고, 누군가는 찾는다. 어떤 친구는 너무 잘 숨어서 쉽게 찾을 수 없지만, 결국 찾아냈을 때의 기쁨은 크다. 인생도 이와 비슷하다. 행복과 불행이 마치 숨바꼭질을 하듯, 삶 속에 숨어 있다. 때로는 불행이 눈앞에 있는 것 같고, 때로는 예상치 못한 순간에 행복이 찾아온다. 중요한 것은 그것들이 어디에 있느냐가 아니라, 내가 어디를 보고 무엇을 찾고 있는가이다.

전도서 3장 1절은 "천하 만사가 기한이 있고, 모든 목적이 이룰 때가 있다."고 말한다. 행복도 불행도 각각 때가 있으며, 인생 속에 모두 의미를 가진다. 고통은 사람을 성숙하게 만들고, 기쁨은 그 고통을 이겨낸 이에게 주어지는 선물이다.

빌립보서 4장 8절은 참되고, 경건하며, 옳고, 순결하고, 사랑받을 만하고, 칭찬받을 만한 것들을 생각하라고 권면한다. 인생이 어두워 보일 때, 이 말씀은 마음을 비추는 빛이 된다. 무엇에 집중하느냐에 따라 같은 현실도 전혀 다르

게 느껴진다. 불행 속에서도 감사할 이유를 찾는다면, 그 안에서 더 깊은 행복을 경험할 수 있다.

예수는 마태복음 6장 21절에서 이렇게 말했다. "네 보물이 있는 그 곳에 네 마음도 있느니라." 결국 사람의 마음이 머무는 곳에 인생의 방향이 정해진다. 원망과 불평에 머물면 불행이 커지고, 감사와 믿음에 머무르면 기쁨이 자란다.

물론 인생에는 눈물과 상처도 있다. 그러나 시편 34편 18절은 이렇게 말한다. "여호와는 마음이 상한 자에게 가까이 하시고, 중심에 통해하는 자를 구원하신다." 부서진 마음으로 하나님께 나아갈 때, 그분은 결코 멀리 계시지 않는다. 오히려 가장 가까운 곳에서 함께하신다.

결국 이 숨바꼭질에서 중요한 건 '무엇을 찾고 있는가'다. 불행만 바라보면 절망에 갇히고, 믿음의 눈으로 바라보면 행복이 가까워진다. 잠언 3장 5절은 이렇게 말한다. "너는 마음을 다하여 여호와를 신뢰하고 네 명철을 의지하지 말라." 자기 생각과 계산에만 의지하지 않고, 하나님의 인도하심을 따를 때 비로소 진짜 행복을 발견할 수 있다.

행복은 어쩌면 이미 곁에 있다. 다만, 그 존재를 알아보려면 시선을 돌려야 한다. 하나님을 바라보고, 마음을 열 때 숨겨져 있던 기쁨이 모습을 드러낸다. 인생의 숨바꼭질은 결국 방향의 문제다. 어디를 바라보고, 무엇을 선택하느냐에 따라 전혀 다른 인생이 펼쳐진다.

6. 외로움 속에 피어나는 믿음의 빛

우리 삶은 때로 한 가지에 집중하는 '외골수' 같은 모습으로 나타난다. 걱정에 마음을 쏟기도 하고, 사랑에 모든 힘을 다하기도 한다. 그리고 외로움은 때로 더 깊어져야 그 속에서 빛을 발하기도 한다. 이 말은 얼핏 단순한 감정의 고백처럼 보이지만, 성경은 우리에게 이 집중과 외로움이 어떻게 믿음의 성장과 깊은 깨달음으로 이어지는지를 아름답게 가르쳐 준다.

먼저, 걱정에 집중하는 삶에 대해 예수님은 마태복음 6장 25절에서 "너희는 목숨을 위하여 무엇을 먹을까 무엇을 마실까 염려하지 말라."고 말씀하신다. 우리가 한 곳에 집중하는 걱정은 때로 우리 마음을 무겁게 하지만, 하나님께 모든 것을 맡기고 그분의 평안을 바라면 염려는 줄어들고 믿음은 더욱 단단해진다. 집중된 걱정이 하나님께로 향할 때, 그 무거움은 평강으로 변한다.

사랑에 집중하는 외골수는 하나님께서 우리에게 부여하신 축복이다. 요한일서 4장 7절은 "사랑하는 자들아, 우리가 서로 사랑하자 사랑은 하나님께 속한 것이니."라고 말한다. 사랑은 단순한 감정이 아니라, 집중해서 키워야 하는 신앙의 열매이다. 우리가 한 곳에 사랑을 집중할 때, 그 사랑은 온전해지고 세상에 빛과 소금이 된다.

외로움에 대해서도 성경은 깊은 위로를 준다. 시편 34편 18절 "여호와는 마음이 상한 자에게 가까이 하시고" 말씀처럼, 외로운 마음이 깊을수록 하나님은 더 가까이 다가오신다. 고난과 외로움 속에서 우리는 하나님과의 친밀한 만남을 경험하며, 그분의 빛이 우리 내면을 밝히신다. "내 영혼아 여호와를 송축하라."라는 시편의 고백처럼, 깊은 외로움은 하나님을 더욱 의지하게 하고, 결국 밝은 소망으로 이어진다.

그래서 우리의 '외골수' 같은 집중은 결코 헛되지 않다. 걱정이 하나님께 집중될 때, 사랑이 진실해질 때, 외로움이 하나님과의 만남으로 깊어질 때, 우리는 더욱 빛나는 믿음의 사람으로 거듭난다. 인생의 무게가 느껴질 때, 그 무게를 혼자 짊어지지 말고 하나님께 맡기자. 하나님은 우리의 모든 집중과 외로움을 받아 안으시고, 새 힘과 희망을 주신다.

오늘도 내 마음 한 곳에 집중된 걱정이나 사랑, 그리고 외로움이 있다면, 그 것을 하나님께 내어드리라. "너희 마음에 근심하지 말라."(요한복음 14:1)는 예수님의 말씀을 붙잡고, 그분 안에서 진정한 평안과 빛을 발견하는 하루가 되길 소망한다. 우리의 '외골수' 집중이 하나님 안에서 가장 아름답고 풍성한 열매를 맺는 축복의 길이 되리라 믿는다.

7. 하나님이 주신 천국행 여행권

"돈은 천국 빼고 어디든 갈 수 있는 여행권이다."

이 짧은 문장은 돈이 가진 막강한 힘을 적나라하게 드러낸다. 실제로 돈은 사람을 움직이고, 길을 열고, 꿈을 실현시키는 데 큰 역할을 한다. 비행기 표도, 좋은 집도, 고급 교육도 대부분 돈이라는 매개 없이는 쉽지 않다. 그러나 한 가지, 분명히 갈 수 없는 곳이 있다. 바로 천국이다.

예수는 마태복음 6장에서 이렇게 말씀했다. "너희를 위하여 보물을 땅에 쌓아 두지 말라… 오직 너희를 위하여 보물을 하늘에 쌓아 두라." 땅에 쌓인 재물은 썩고, 도둑맞고, 사라진다. 하지만 하늘에 쌓은 보물은 결코 사라지지 않는다. 돈은 일시적인 문을 열 수 있지만, 영원한 생명으로 들어가는 문은 열지 못한다.

누가복음 16장에서도 경고는 분명하다. "한 사람이 두 주인을 섬길 수 없다.” 돈을 사랑하게 되면 결국 하나님보다 그것을 더 따르게 된다. 돈이 주인이 되면 마음은 천국에서 멀어지기 시작한다. 바울도 디모데전서에서 “돈을 사랑함이 일만 악의 뿌리”라고 말했다. 돈 자체는 악하지 않다. 문제는 사랑이다. 집착이 문제다. 돈은 수단이지, 목적이 아니다.

현실적으로 돈은 필요하다. 돈 없이 살 수 없는 시대이기도 하다. 그러나 성경은 돈을 어떻게 써야 하는지를 더 중요하게 여긴다. 잠언 3장 9절은 “네 재물과 첫 열매로 여호와를 공경하라.”고 말한다. 가진 것으로 하나님을 높이는 것이 곧 올바른 부자 되는 길이다. 하나님께 드리고, 이웃과 나누고, 사랑을 베풀 때, 돈은 더 이상 위험한 유혹이 아닌 거룩한 도구가 된다.

결국 돈은 천국 빼고 어디든 갈 수 있는 여행권이 맞다. 그러나 진짜 문제는 목적지다. 어디를 가고 싶은가? 세상의 끝인가, 아니면 하나님 나라인가? 하나님 나라로 가기 위해선 돈이 아닌 믿음이 필요하다. 사람은 결국 자신이 사랑하는 것을 따라간다. 돈을 사랑하면 세상을 향해 가게 되고, 하나님을 사랑하면 천국을 향해 걷게 된다.

빌립보서 4장 13절은 이렇게 말한다. “내게 능력 주시는 자 안에서 내가 모든 것을 할 수 있느니라.” 돈이 아닌 하나님 안에서, 진짜 풍요와 만족이 가능하다. 오늘 손에 들린 돈을 바라보며 묻는다. 이 돈은 어디로 데려갈 것인가? 이 돈은 누구를 위해 쓰일 것인가? 결국 천국행 여행권은 돈이 아니라 하나님이 주신다.

8. 더 단단하고 아름다운 열매

나무는 그저 조용히 자라고 싶을 뿐이다. 햇살을 받으며, 비를 머금으며, 제자리에서 묵묵히 뿌리를 내리고 싶다. 그런데 바람이 가만히 두지 않는다. 한순간 거센 바람이 불어와 가지를 휘게 하고, 때론 폭풍이 뿌리까지 흔든다. 나무는 원하지 않았지만, 그 바람을 피할 수도 없다.

인생도 이와 닮아 있다. 누구나 조용하고 평화롭게 살고 싶어 한다. 다투지 않고, 다치지 않고, 걱정 없이 하루를 보내고 싶다. 하지만 현실은 언제나 바람을 동반한다. 뜻하지 않은 병, 사람과의 갈등, 실패와 상실. 고요한 삶을 꿈꾸지만, 바람은 늘 갑자기 찾아온다.

성경은 그 바람 속에서도 무너지지 않는 삶을 말한다. 야고보서 1장 2절은 이렇게 말한다. "여러 가지 시험을 만나거든 온전히 기쁘게 여기라." 시련을 기쁘게 여기라니, 이해하기 어려운 말이다. 그러나 그 시련이 결국 믿음을 단련하고, 우리를 더 강하게 만들기 때문이다. 바람이 거세게 불수록 나무는 더 깊이 뿌리를 내린다.

예수는 요한복음 15장에서 이렇게 말씀한다. "내 안에 거하라. 나도 너희 안에 거하리라." 가지가 포도나무에 붙어 있어야 열매를 맺듯, 사람도 하나님 안에 머물러야 진짜 생명을 누릴 수 있다. 바람이 아무리 거세도, 하나님 안에 붙어 있는 가지는 쓰러지지 않는다.

히브리서 12장 11절은 말한다. "훈련을 받는 것은 즐겁지 않지만, 그 끝에는 의와 평강의 열매가 맺힌다." 바람은 고통스럽지만, 그 바람을 통해 나무는 더 튼튼해진다. 마찬가지로, 시련은 우리를 무너뜨리기 위한 것이 아니라, 다듬고 성장시키기 위한 하나님의 도구다.

나무는 바람에 흔들리지만 뿌리를 통해 다시 중심을 잡는다. 우리도 그렇다.

삶의 바람이 몰아칠수록, 하나님의 말씀에 더 깊이 뿌리내려야 한다. 외면이 아닌 내면에서 중심을 잡고, 흔들리되 쓰러지지 않는 믿음을 붙들어야 한다.

결국, 바람이 문제가 아니다. 뿌리의 깊이가 문제다. 조용히 살고 싶은데 바람이 가만 안 두는 현실 속에서도, 하나님 안에 깊이 뿌리내리는 사람은 결국 쓰러지지 않는다. 그리고 그 바람 끝에, 더 단단하고 아름다운 열매를 맺는다.

오늘도 바람이 분다. 하지만 두렵지 않다. 그 바람 속에 하나님의 손길이 있고, 그분의 의도가 있기 때문이다. 나무처럼 조용히, 그러나 단단히 서서, 믿음으로 그 바람을 견딘다. 바람은 나를 무너지게 하지 않는다. 오히려 더 깊은 뿌리를 내리게 한다.

9. 사랑과 인내를 담은 행복한 말

"딸은 엄마의 피를 말리고, 아들은 엄마의 혈관을 터뜨린다." 웃픈 농담 같지만, 수능을 앞둔 수험생 자녀를 둔 부모들에게는 현실 그 자체다. 엄마는 아침마다 딸의 까다로운 입맛을 맞추느라 피를 말리고, 아들은 아무렇지 않게 "몰라.", "그냥"만 반복하며 엄마의 인내심을 시험한다. 하루에도 열두 번씩 감정의 온도가 오르락내리락. 이 고단한 시간 속에서, 그래도 버티는 힘은 결국 사랑이다.

시험은 자녀만 치는 게 아니다. 엄마, 아빠도 함께 치른다. 아이가 눈을 붙이면, 부모는 눈을 뜬다. 오늘은 기분이 어떤지, 밥은 제대로 먹었는지, 이틀 전 친구와의 대화가 상처가 되진 않았는지. 마음은 늘 아이 곁에 가 있다. 그런데 정작 그 아이는 반쯤 문을 닫은 채, 제 방에 틀어박혀 "건드리지 마"라는 눈빛을 보낸다.

그럴 때마다 떠오르는 말씀이 있다.

"하나님은 우리의 피난처시요 힘이시니, 환난 중에 만날 큰 도움이시라."
(시편 46:1)

내가 아이를 안아줘야 할 줄만 알았는데, 어느 순간엔 내가 더 안기고 싶어진다. 내 마음 하나 지키는 것도 벅차서, 기도한다. "하나님, 저도 힘듭니다. 이 아이의 마음도, 제 마음도 지켜주세요."

에베소서 6장 4절은 말한다.

"자녀를 노엽게 하지 말고 주의 교훈과 훈계로 양육하라."

말 한마디가 불씨가 되어 감정의 불길이 번질 때, 멈추고 다시 마음을 다잡는다. 잔소리와 조언 사이의 경계에서, 사랑과 인내를 담아 말을 고른다. 아이가 무심하게 던진 말에 마음이 쿡쿡 찔릴 때도, 그래도 엄마니까 참는다.

예수는 마태복음 11장 28절에서 이렇게 말한다.

"수고하고 무거운 짐 진 자들아 다 내게로 오라, 내가 너희를 쉬게 하리라."

이 말은 단순한 위로가 아니다. '혼자 짊어지지 말라'는 초대다. 자녀를 향한 간절함, 그리고 그로 인한 고단함을 하나님 앞에 솔직히 내려놓을 수 있는 용기. 그럴 때, 마음 한편이 말랑해진다.

수능은 점수만으로는 설명할 수 없는 시간이다. 이 여정은 믿음과 인내의 연습이고, 사랑을 다시 배우는 학교다. 고린도전서 13장이 말하는 사랑, "모든 것을 참으며 모든 것을 믿으며 모든 것을 견디는" 그 사랑이 없다면, 이 시간을 어떻게 버티겠는가.

그래서 오늘도 엄마는 피를 말리며, 아빠는 속을 태우며 하루를 산다. 때론 한숨이 길어지고, 눈물이 앞을 가리지만, 믿는다. 이 모든 시간이 결국 열매가 될 것임을. 그리고 그 열매 위에 하나님의 축복이 있을 것임을.

10. 내일은 새로운 해가 떠올라

살다 보면 참 많은 사람을 만난다. 실수하는 사람, 넘어지는 사람, 아픈 선택을 하는 사람들. 그리고 그중에는 나도 있다. 그 모든 실패와 실수 속에서 인생은 뜻밖의 교훈을 던져준다.

'반면교사'라는 말이 있다. 남의 잘못을 거울삼아 나를 바로 세우는 일. 사실, 내 실수로는 잘 안 배운다. 자존심이 걸려서일까, 그냥 부끄러워서일까. 그런데 이상하게도 남의 실패는 오래 기억에 남고, 그 안에서 배우는 게 많다. 잠언 24장 16절이 생각난다.

"의인은 일곱 번 넘어져도 다시 일어나나, 악인은 재앙에 빠지느니라."

넘어지는 걸 실패라고만 생각했다면, 그건 아직 교훈을 발견하지 못했기 때문이다. 일곱 번을 넘어져도 다시 일어나는 사람, 바로 그 사람이 진짜 강한 사람이다.

또 '타산지석'이라는 말도 있다. 다른 산의 돌이라도 나를 연마하는 데 도움이 된다는 뜻. 남의 이야기라고 흘려듣지 말자. 누군가의 아픔도, 실패도, 때로는 성공도 내 삶의 연료가 될 수 있다. 예레미야 10장 6절엔 이렇게 쓰여 있다.

"여호와여, 주와 같은 이가 없나이다. 주는 크시니, 주의 이름이 그 권능으로 인하여 크시니이다." 하나님은 우리의 길을 인도하시는 지혜의 주인이시다. 우리가 남의 실수에서 배우는 것도, 하나님께서 우리를 성장시키기 위한 방법일지 모른다. 타인의 경험을 내 인생의 디딤돌로 삼을 수 있는 사람, 그 사람은 결코 쉽게 흔들리지 않는다.

그리고 무엇보다 중요한 한 가지. "내일은 해가 뜬다."

오늘이 아무리 어두워도, 해는 다시 떠오른다. 새벽이 오기 전이 가장 어두운 법이라고들 하니까. 이사야 40장 31절은 이렇게 약속한다.

"오직 여호와를 앙망하는 자는 새 힘을 얻으리니, 독수리가 날개 치며 올라감 같을 것이요…" 힘들고, 주저앉고 싶고, 어쩔 땐 모든 걸 놓고 싶을 때. 그 순간에도 하나님은 여전히 내일을 준비하고 계신다. 다시 일어설 힘을, 다시 걸을 용기를 주시는 분. 아무리 캄캄한 밤이라도, 믿음의 눈을 들어 보면 저 멀리 해가 떠오르고 있다.

교훈은 이렇게 자란다.

어제의 실패에서 배우고, 오늘의 실수에서 깨어나며, 내일의 소망을 향해 걷는다. 반면교사로 다시 서고, 타산지석으로 나를 갈고닦고, 다시 떠오를 내일의 해를 바라보며.

오늘도 인생은 계속된다. 때론 무겁고, 복잡하고, 지치는 길이지만, 하나님께서 함께 걸어주시는 길. 그 안에서 우리는 쓰러질 수 있어도, 주저앉지는 않는다. 하나님께서 지혜로 이끌어 주시고, 사랑으로 붙들어 주시기 때문이다.

11. 성공은 감사로 실패는 성찰로

"잘되면 창밖을 보고, 잘 안 되면 거울을 보라."

짧은 한 문장이지만, 이 안에는 삶을 대하는 태도에 대한 깊은 통찰이 담겨 있다. 잘될 때는 넓은 세상을 바라보며 감사하고, 안 될 때는 나를 들여다보며 성찰하라는 뜻. 이 말은 신앙 안에서 더욱 빛을 발한다.

성공의 순간은 종종 우리를 들뜨게 한다. 일이 잘 풀리고, 기도했던 것이 응답받고, 사람들 앞에서 칭찬을 들을 때면 우리는 무의식 중에 고개를 들고 창밖을 바라본다. 더 높은 곳을 꿈꾸고, 더 많은 것을 향해 손을 뻗는다. 이때 꼭 기억해야 할 말씀이 있다.

"이 날은 여호와께서 정하신 것이라, 이 날에 우리가 즐거워하고 기뻐하리라." (시편 118편 24절)

이 기쁨이 내가 잘나서가 아니라 하나님께서 주신 선물이라는 사실을 기억할 때, 우리는 더 겸손해진다. 창밖을 보며 세상을 넓게 바라보고, 감사와 나눔으로 그 기쁨을 더 많은 이들과 함께할 수 있다.

하지만 인생이 항상 맑은 날만 있는 건 아니다. 때론 일이 틀어지고, 노력한 만큼 결과가 따라주지 않을 때가 있다. 그럴 땐 창밖이 아니라 거울을 봐야 한다. 거울은 있는 그대로의 나를 보여준다. 부족한 모습, 자주 넘어지는 연약함까지도.

고린도후서 13장 5절은 이렇게 말한다.

"너희가 믿음 안에 있는가 스스로 시험하고 자신을 살피라."

실패 앞에서 남 탓이나 환경 탓을 하기 전에, 하나님 앞에 나 자신을 정직하게 세워보는 시간. 그게 진짜 거울을 보는 자세다.

예수님께서도 누가복음 6장 41절에서 말씀하셨다. "어찌하여 형제의 눈 속에 있는 티는 보고, 네 눈 속에 있는 들보는 깨닫지 못하느냐."

이 말씀은 남의 허물은 잘 보면서, 내 안의 문제는 보지 못하는 우리 모두의 민낯을 드러낸다. 거울 앞에 서는 건 불편하지만, 그 자리가 결국 회복과 성숙의 출발점이 된다.

그리고 중요한 건, 실패가 끝이 아니라는 사실이다. 잠언 3장 5~6절은 이렇게 말한다. "너는 마음을 다하여 여호와를 신뢰하고, 네 명철을 의지하지 말라. 그를 인정하라. 그리하면 네 길을 지도하시리라."

거울 앞에서 나를 돌아보고, 동시에 하나님을 신뢰할 때, 다시 창밖을 향해 걸어갈 수 있는 힘을 얻는다. 실패 속에서도 새로운 길을 여시는 분이 바로 하나님이시기 때문이다.

그래서 이 말, "잘되면 창밖을 보고, 잘 안 되면 거울을 보라."

이건 단순한 삶의 조언이 아니라, 믿음의 사람으로서 살아가는 태도다. 창밖에는 하나님의 은혜가 흐르고, 거울 속엔 하나님이 사랑하시는 나 자신이 있다. 그 둘을 균형 있게 바라볼 수 있다면, 삶은 흔들려도 무너지지 않는다.

12. 우리는 세상을 살리는 사람들

고대 로마 시대, 병사들은 급여 중 일부로 소금을 받았다. 당시 소금은 음식의 맛을 내고, 부패를 막고, 생존에 필수적인 귀한 자산이었다. 이 '소금(salt)'에서 파생된 단어가 바로 '샐러리(salary)'다. 그리고 이 말은 오늘날, 하루하루를 땀으로 살아내는 '샐러리맨'이라는 이름으로 남아 있다.

놀랍게도 이 단어의 뿌리는 성경 속 예수님의 말씀과도 닿아 있다.

"너희는 세상의 소금이라." (마태복음 5장 13절)

소금은 조용히, 그러나 확실하게 존재감을 드러낸다. 음식의 깊은 맛을 책임지고, 썩는 것을 막으며, 생명을 보존한다. 예수님은 우리 삶이 그러하길 원하셨다. 겉으로 드러나진 않아도, 반드시 필요한 존재. 가정과 일터에서 묵묵히 책임을 다하는 모든 이들, 그들이 바로 오늘날의 '소금', 곧 샐러리맨이다.

샐러리맨의 하루는 간단치 않다. 반복되는 업무, 끝없는 회의, 보이지 않는 경쟁 속에서 기계처럼 움직일 때도 있다. 하지만 성경은 말한다.

"무슨 일을 하든지 마음을 다하여 주께 하듯 하고 사람에게 하듯 하지 말라." (골로새서 3장 23절)

눈앞의 상사나 고객이 아니라, 하나님께 드리는 일이라 생각할 때, 일상의 단순한 루틴조차 의미를 가진다.

소금은 자신을 녹이며 존재의 목적을 이룬다. 샐러리맨도 그렇다. 시간을 쏟고, 체력을 깎아가며 가족을 먹이고, 사회를 지탱한다. 때로는 탈진하고, "나는 도대체 왜 이렇게까지 살아야 하지?" 하는 허무감이 밀려올 수도 있다. 그럴 때 다시 떠올려야 할 말씀이 있다.

"너희는 세상의 소금이라." 당신은 소중한 존재다. 존재 자체로 세상을 더 낫게 만드는 사람이다. 출근길 지하철에서 커피를 든 채 멍하니 서 있는 어느 아버지, 점심시간에도 일거리 챙기며 부서원 생각하는 어느 팀장, 아이들과 씨름하다 잠시 창밖을 보는 엄마. 그들은 다 소금이다. 녹아 없어지는 것 같지만, 세상은 그들 덕분에 썩지 않고, 오늘도 '맛'이 난다.

마태복음 11장 28절에서 예수님은 이렇게 말씀하신다.

"수고하고 무거운 짐 진 자들아 다 내게로 오라 내가 너희를 쉬게 하리라."

하나님은 이 세상의 모든 샐러리맨들을 기억하신다. 이 땅의 모든 묵묵한 노동을 기억하신다.

그러니 오늘 하루가 조금 지치더라도, 소금의 정체성을 잊지 말자. 샐러리맨이라는 이름 속에는 하나님께 쓰임받는 고귀한 사명이 담겨 있다. 그 사명을 살아내는 우리 모두는 세상을 살리는 사람들이다. 녹아 사라지더라도, 끝까지 세상을 살리는 존재이기를, 하나님은 그렇게 우리를 소금이라 부르셨다.

13. 영혼의 갈증을 채우는 생수

인생은 끊임없는 갈증의 여정이다. 예전엔 육체가 굶주렸고, 지금은 마음이 허기지다. 과거엔 밥 한 끼가 간절했다면, 오늘날엔 마음의 평안과 위로가 절실하다. 풍족해진 시대 속에서도 사람들은 웃고 있지만, 그 속은 점점 메말라 간다. 눈에 보이는 배고픔은 채워졌지만, 영혼 깊은 곳의 갈증은 여전히 해소되지 않은 채 남아 있다.

요한복음 4장에는 그런 갈증 속에서 살아가던 한 여인이 등장한다. 사마리아 수가성 여인. 사람들의 시선을 피해 한낮에 홀로 우물을 찾는다. 그녀의 삶은 실패와 상처의 연속이었다. 다섯 번의 결혼과 지금 함께 사는 남자까지, 그녀는 삶의 무게에 짓눌려 있었다. 마음은 타는 갈증처럼 말라 있었고, 누구에게도 기대지 못한 채 그렇게 우물가로 향했다. 그곳에서 그녀는 예수님을 만난다.

예수님은 단도직입적으로 말씀하신다. "이 물을 마시는 자마다 다시 목마르려니와 내가 주는 물은 영원히 목마르지 않는다." (요 4:13~14) 여인의 눈에는 평범한 우물의 물이었지만, 예수님은 전혀 다른 차원의 '생수'를 말씀하고 계셨다. 그 물은 곧 하나님의 사랑이며, 용서이고, 영생의 능력이었다. 세상은 갈증을 해결할 것처럼 끊임없이 무엇인가를 제안하지만, 결국 다시 목마르게 한다.

현대인도 이 여인과 다르지 않다. SNS를 통해 관계를 넓히고, 맛집을 찾아다니며, 취미와 소비로 공허함을 달래려 하지만, 마음속 어딘가는 여전히 비어 있다. 그 이유는 분명하다. 우리 안에 있는 갈증은 단순한 감정이나 욕망이 아니라, 영혼의 깊은 목마름이기 때문이다.

솔로몬도 이를 뼈저리게 느꼈다. 그는 세상의 모든 것을 가졌지만, 결국 "헛되고 헛되며 모든 것이 헛되다."고 고백했다. 세상의 우물은 깊지 않고, 그 물은 오래가지 않는다.

예수님은 지금도 말씀하신다. "내가 주는 물은 그 속에서 영생하도록 솟아나는 샘물이 된다." 그 생수는 더 이상 퍼올리지 않아도 된다. 마음속에서 끊임없이 솟아나는 은혜의 샘이다. 그것은 매일 새롭고, 생명을 주며, 마른 땅에도 꽃을 피우게 한다.

우리 인생은 더 좋은 것을 누리게 되었지만, 마음은 여전히 굶주려 있다. 세상의 우물이 아닌, 생명의 샘이신 예수께로 나아가야 할 때다. 그분만이 진짜 갈증을 해결하신다. 오늘도 그 생수를 마시며, 이렇게 고백해본다.

"주여, 이 물을 내게 주소서. 다시는 목마르지 않게 하소서." (요 4:15)

진짜 생수는 오직 예수에게서 온다.

14. 그 창조의 첫 출발이 '말씀'

말은 자주 엉킨다. 전하려던 뜻이 오해되기도 하고, 대화는 생각지 못한 방향으로 흘러가기도 한다. 그래서일까, 어떤 사람은 말보다 글이 낫다고 말한다. 글은 생각을 다듬어 담을 수 있고, 말보다 오래 남는다. 그러나 글은 단지 말을 옮겨 적는 도구가 아니다. 글쓰기는 창조적 모방이며, 하나님과의 조용한 대화이다.

요한복음 1장 1절은 이렇게 시작한다. "태초에 말씀이 계시니라. 이 말씀은 하나님과 함께 계셨으니, 이 말씀은 곧 하나님이시니라." 이 구절은 단지 신학적인 선언이 아니다. 그것은 하나님이 '말씀'으로 존재하신다는 경이로운 진실이다. 하나님은 말씀으로 세상을 창조하셨고, 그 말씀 안에 생명이 있었으며, 그 생명은 사람들의 빛이 되었다.

그렇다면 글을 쓴다는 건, 아주 작게나마 창조의 행위에 동참하는 것이다. 세상을 바꾸는 것은 거창한 기술이나 힘이 아니라, 진실된 말 한 마디, 누군가의 마음을 두드리는 한 줄의 문장일지도 모른다. 시편 45편 1절은 말한다. "내 혀는 능숙한 작가의 붓과 같도다." 이 얼마나 멋진 고백인가. 내면에서 울려 나오는 감동이 글로 흘러나올 때, 우리는 마음을 기록하고, 시간을 붙잡고, 하나님께 응답하게 된다.

우리는 새로운 것을 창조한다고 착각하지만, 사실은 늘 무언가를 본받고 있다. 우리가 쓰는 이야기, 감동, 깨달음은 모두 어디선가 받은 것이다. 그래서 글쓰기는 모방이다. 하지만 단순한 흉내가 아니라, 내 삶과 시선으로 새롭게 엮는 창조적 모방이다. 하나님께 받은 은혜, 말씀에서 배운 진리, 삶에서 겪은 눈물과 웃음을 나만의 언어로 다시 풀어낸다.

바울도 말했다. "내가 그리스도를 본받는 자 된 것 같이, 너희는 나를 본받는 자 되라." (고전 11:1) 복음조차도 모방이다. 하지만 그것이 생명을 살리는 이유는, 단순히 되풀이하는 것이 아니라, 각 사람의 삶 속에서 다시 살아나기 때문이다. 설교자가 말씀을 전할 때, 작가가 글을 쓸 때, 그 안에는 하나님의 진리가 있고, 그 사람의 체험이 있다. 그 둘이 만날 때, 새로운 창조가 일어난다.

글쓰기는 방향 없는 말과 달리, 침묵 속에서 방향을 세우는 일이다. 하지만 그 글이 생명을 가지려면, 하나님의 말씀을 닮아야 한다. 진리를 모방하되, 삶으로 다시 빚어내야 한다. 그럴 때 한 편의 글은 단순한 기록이 아니라 누군가의 어두운 마음을 밝혀주는 등불이 된다.

오늘도 누군가는 말보다 글을 선택한다. 말은 지나가지만, 글은 남는다. 그리고 그 글이 하나님의 마음을 담고 있다면, 그것은 기도가 되고, 위로가 되고, 길이 된다. 한 줄의 고백, 한 문장의 진실함이 누군가의 삶을 살린다.

15. 쓴맛 뒤에 찾아오는 은혜

고생은 아무도 반기지 않는다. 힘들고, 아프고, 지치게 만들기 때문이다. 그러나 이상하게도, 시간이 지나고 나면 그 고생이 나를 바꿔놓았다는 걸 알게 된다. 마치 쓴 한약 같아서, 먹을 땐 괴롭지만 결국 몸을 살린다. 그래서 누군가는 말했다. "고생은 영양제다. 쓴맛이지만 다 삼키고 나면 약이 된다."

성경은 고생을 피하라고 가르치지 않는다. 오히려 그것을 새로운 눈으로 보라고 말한다. 로마서 5장 3~4절은 이렇게 말한다. "우리가 환난 중에도 즐거워하나니 이는 환난은 인내를, 인내는 연단을, 연단은 소망을 이루는 줄 앎이로다." 고생은 단지 견디는 시간이 아니라, 인내를 낳고, 그 인내는 우리를 단단하게 만들며, 마침내 소망을 빚어낸다.

요셉의 이야기를 떠올려본다. 어린 시절, 형들에게 미움받아 노예로 팔리고, 억울한 누명을 쓰고 감옥에까지 갇힌다. 인간적으로는 납득할 수 없는 고생의 연속이었다. 하지만 그 모든 고난이 그를 준비시켰다. 결국 그는 애굽의 총리가 되어 수많은 사람들의 생명을 살린다. 그리고 그는 고백한다. "당신들은 나를 해하려 하였으나 하나님은 그것을 선으로 바꾸사…" (창 50:20)

하나님은 고난을 그냥 허락하지 않으신다. 고생은 언제나 목적이 있다. 그 쓴 시간들을 통해 요셉은 성장했고, 결국 하나님의 큰 계획 속에서 쓰임받았다. 그의 고생은 쓴맛이었지만, 그것이 바로 생명을 살리는 영양제가 되었다.

우리도 마찬가지다. 때로는 도무지 이해되지 않는 고생 앞에 선다. 왜 이런 일이 생기는지, 왜 하필 나인지 묻고 싶어진다. 하지만 히브리서 12장 11절은 이렇게 말한다. "무릇 징계가 당시에는 즐거워 보이지 않고 슬퍼 보이나, 후에 그로 말미암아 연단 받은 자들은 의와 평강의 열매를 맺느니라." 지금은 슬프고 괴롭지만, 믿음으로 그 시간을 통과하면 결국 열매가 있다. 의와 평강이라는, 세상 어떤 보상보다 귀한 열매다.

고생은 쓰다. 그런데 그 쓴맛이 우리를 살린다. 하나님은 고생이라는 낯선 방식으로 우리를 돌보시고, 성장시키시고, 새롭게 하신다. 우리는 그 과정을 통해 더 겸손해지고, 더 감사하게 되고, 더 깊이 하나님을 붙잡게 된다.

혹시 지금, 인생의 쓴맛을 삼키고 있는가? 버거운 현실에 주저앉고 싶은가? 기억하라. 그 쓴맛은 영혼의 건강을 위한 하나님의 영양제다. 끝까지 삼켜내면, 그 고생은 반드시 은혜로 바뀐다.

고생은 단순히 견디는 시간이 아니다. 그것은 하나님이 우리에게 주시는 가장 깊은 사랑의 방식 중 하나다.

16. 공동체를 살리는 사랑의 물

작은 어항 속 두 마리의 물고기가 있었다. 어느 날, 둘 사이에 싸움이 벌어졌다. 한 마리는 이겼고, 다른 한 마리는 지쳤다. 그런데 이상하게도 시간이 지나자, 싸움에서 이긴 물고기마저 죽어버렸다. 이유는 간단했다. 싸움은 끝났지만, 어항의 물이 썩어 있었기 때문이다. 물고기만 바꾸고, 물은 갈지 않았던 것이다.

이 짧은 이야기는 우리 인간관계와 공동체를 적나라하게 비유한다. 우리는 갈등이 일어나면 종종 상대방을 탓한다. "쟤만 없으면 괜찮을 텐데", "저 사람이 문제야."라며 사람을 바꾸고 싶어 한다. 그러나 진짜 문제는 어쩌면 그 안의 물, 즉, 공동체의 분위기, 마음의 상태, 관계의 본질일 수 있다.

성경은 분명히 경고한다. "만일 서로 물고 먹으면 피차 멸망할까 조심하라." (갈 5:15) 아무리 논리로 이기고, 말싸움에서 승리해도 결국 공동체 전체가 무너진다면, 그 승리는 아무 의미 없다.

야고보서도 말한다. "시기와 다툼이 있는 곳에는 혼란과 모든 악한 일이 있음이라." (약 3:16) 분열과 경쟁이 당장은 정의처럼 보일 수 있지만, 시간이 지나면 모두를 병들게 만든다. 썩은 물 속에서는 어떤 물고기도 오래 살 수 없다.

그렇다면 해답은 뭘까? 물을 갈아야 한다. 사람만 바꾸려 하지 말고, 공동체의 분위기와 내면의 태도를 바꿔야 한다. 탁한 물을 걷어내고, 그 자리에 사랑과 용서, 이해와 화평을 채워 넣어야 한다.

예수님은 말씀하셨다. "화평하게 하는 자는 복이 있나니 그들이 하나님의 아들이라 일컬음을 받을 것이요."(마 5:9) 화평은 회피가 아니다. 갈등을 마주하되, 사랑으로 해결하는 사람, 정결한 물을 흘려보낼 줄 아는 사람이 진짜 복 있는 자다.

어항의 물은 매일 갈아야 깨끗하다. 마찬가지로, 우리 마음의 물도 자주 점검해야 한다. 혹시 내 말이 누군가에겐 상처였는지, 내 태도에 판단과 오해가 담겨 있었는지. 예수님의 생수로 내 안을 먼저 씻지 않으면, 결국 나도 썩은 물의 피해자가 된다.

예수님은 이렇게 약속하셨다. "나를 믿는 자는 그 배에서 생수의 강이 흘러나리라." (요 7:38) 주님의 사랑으로 채워진 사람은 그 마음에서 생명의 물이 흐른다. 그 물은 가정을 살리고, 교회를 살리며, 메마른 관계를 정결하게 만든다. 싸움에서 이겨도, 물이 썩어 있으면 모두가 죽는다. 하지만 사랑으로 물을 갈아줄 수 있다면, 모두가 함께 살아갈 수 있다.

오늘도 자신과 공동체의 물을 돌아보자. 그 물이 맑고 깨끗한지, 아니면 상처와 다툼으로 탁해져 있는지. 그리고 예수님의 생수로 다시 채워가자. 썩은 물 속엔 승자가 없다. 그러나 사랑의 물 속엔 모두가 살아간다.

17. 하나님 나라를 세우는 재료

일이 힘든가? 아무 일도 없을 때가 더 힘들다.

"일이 너무 많아서 미치겠다." 누구나 한 번쯤은 이런 말을 해본 적 있을 것이다. 쏟아지는 업무, 피로, 인간관계의 갈등, 마감의 압박 등 일상 속 스트레스는 일이라는 이름으로 우리를 계속 짓누른다. 그런데 신기하게도, 막상 일이 없으면 더 큰 스트레스가 몰려올 때가 있다. '쉬니까 좋은데 왜 이렇게 불안하지?' '아무것도 안 하는데 왜 이렇게 무기력하지?' 그런 생각이 마음을 파고든다.

그래서 누군가는 말했다. "일하면서 받는 스트레스보다, 일 안 하면서 받는 스트레스가 더 크다."

성경은 이 이야기를 꽤 오래전부터 알고 있었던 듯하다. 창세기 2장 15절은 이렇게 말한다. "여호와 하나님이 그 사람을 이끌어 에덴 동산에 두어 그것을 경작하며 지키게 하시고" 아담은 타락하기 전부터 이미 일을 하고 있었다. 일이란 인간에게 내려진 형벌이 아니라, 애초에 창조 목적의 일부였다. 일은 하나님께서 인간에게 주신 거룩한 사명이고, 존재의 이유이며, 의미를 만들어가는 통로다.

오늘날도 마찬가지다. 일은 피곤하다. 지친다. 마음이 상할 때도 많다. 하지만 그 안에는 보람이 있고, 삶을 움직이게 하는 리듬이 있다. 일을 통해 우리는 누군가에게 유익을 주고, 자신의 능력을 확인하고, 하나님의 형상을 닮은 창조성을 실현한다. 반대로 아무 일도 없이 시간만 보내다 보면, 처음엔 달콤하지만, 곧 공허가 찾아온다. 존재의 의미가 흔들리고, 몸보다 마음이 먼저 병들기 시작한다.

전도서는 말한다.

"사람이 먹고 마시며 수고하는 것보다 더 나은 것이 없나니 이는 하나님의 선물이라." (전 3:13) 수고, 즉 '일' 자체가 하나님이 주신 선물이라는 것이다. 일은 피곤한 짐이 아니라, 나를 지탱하고 살아 있게 하는 선물이다.

사도 바울도 강하게 말한다. "누구든지 일하기 싫어하거든 먹지도 말게 하라."(살후 3:10)

이 말은 단순한 생존의 규칙이 아니다. 게으름은 결국 영혼을 병들게 하고, 공동체를 무너지게 한다. 아무 일도 하지 않는 사람은 쉽게 판단하게 되고, 쉽게 불평하게 되고, 결국엔 하나님이 주신 사명마저 잊게 된다.

물론 일에는 스트레스가 있다. 하지만 그 스트레스를 견디며 우리는 책임감을 배우고, 내 안의 잠든 가능성을 발견하며, 성숙해진다. 그에 반해 무기력은 성장을 멈추게 하고, 자존감을 앗아간다. 몸은 쉬지만, 영혼은 고통받는다.

그러니 오늘도 작고 보잘것없는 일이라도 감사해야 한다. 그것이 나를 살리고, 다른 이들을 돕고, 하나님 나라를 세우는 재료가 된다.

18. 자기 마음을 다스리는 것

살다 보면 정말 마음대로 되는 게 별로 없다. 기대한 만큼 반응해주는 사람도 드물고, 열심히 한 만큼 인정받는 일도 흔치 않다. 자식은 말을 안 듣고, 배우자는 내 마음을 몰라주고, 회사에서는 내 실수만 유독 부각된다. 그런 순간마다 자존감이 툭, 하고 바닥에 떨어지는 느낌이 든다. "나는 왜 이 모양일까?" "왜 이렇게 무기력할까?" 누군가는 이렇게 말했다. "내 마음대로 되는 건 자동차 운전뿐이다."

웃기지만 꽤 뼈 있는 말이다. 운전대와 브레이크가 손 안에 있을 때 우리는 '조절할 수 있다'는 안도감을 느낀다. 하지만 인생이라는 도로는 차선 변경도, 방향 조절도 내 뜻대로 되지 않는다. 예상치 못한 상황이 끊임없이 나타나고,

심지어 내 감정조차 내 통제 밖일 때가 많다.

그렇다고 그냥 무너져야 할까? 성경은 그렇게 말하지 않는다.

잠언 16장 32절에는 이런 말씀이 있다.

"노하기를 더디 하는 자는 용사보다 낫고, 자기의 마음을 다스리는 자는 성을 빼앗는 자보다 나으니라."

무언가를 소유하거나 성취하는 것보다 더 중요한 건 '자기 마음을 다스리는 것'이다. 세상을 바꿀 순 없어도, 내 마음은 하나님 앞에서 조율할 수 있다. 이게 진짜 자존감 회복의 시작점이다.

로마서 12장 3절도 비슷한 메시지를 준다.

"마땅히 생각할 그 이상의 생각을 품지 말고, 하나님께서 각 사람에게 나누어 주신 믿음의 분량대로 지혜롭게 생각하라."

이 말씀은 '비교하지 말고, 과장하지도 말고, 하나님이 주신 그만큼의 나를 받아들이라'는 뜻이다. 있는 그대로의 나를 인정하고 사랑하는 것, 그것이 건강한 자존감의 핵심이다.

예수님의 삶을 보자. 사람들의 기준에서 보면 그분은 성공한 인생이 아니었다. 집도 없고, 재산도 없고, 권력도 없었다. 하지만 하나님 앞에서 그분은 완전한 순종과 사랑으로 살아낸, 진정한 '존엄'의 모델이었다.

우리도 그분처럼 살아갈 수 있다. 외부의 조건이나 사람들의 평가가 아닌, 하나님 안에서의 '정체성'과 '마음의 균형'을 세우는 것이 중요하다. 자존감은 스스로를 조절해가는 과정 속에서 회복된다.

오늘도 인생은 내 뜻대로 흘러가지 않을 것이다. 하지만 괜찮다. 내가 믿는 하나님은 여전히 조용히, 그러나 분명하게 말씀하신다.

"두려워하지 말라, 내가 너를 구속하였고 너는 내 것이라." (이사야 43:1)

이 한마디가 자존감의 가장 든든한 기초가 된다.

19. 존귀하다는 믿음으로 사는 삶

사람들은 대부분 남들의 '하이라이트'만 본다. SNS에 올라오는 건 환하게 웃는 얼굴, 승진 소식, 근사한 여행지, 성취의 장면들이다. 마치 세상 모두가 찬란한 삶을 사는 것처럼 보인다. 그런데 내 일상은 고단하고 평범하다. 실패하고, 주눅 들고, 비교에 흔들리기 일쑤다. 그럴 때 자존감은 서서히 무너진다. '나는 왜 저렇게 못 살까?'라는 생각이 마음을 갉아먹는다.

이럴 때 기억해야 할 것이 있다. 바로 자존감의 언덕이다. 이 언덕은 높이 올라가야 보이는 곳이 아니라, 단단한 두 다리로 뚜벅뚜벅 걸으며 만들어가는 여정이다. 이 두 다리는 무엇일까? 하나는 믿음, 다른 하나는 자기 인식이다. 하나님께서 나를 사랑하신다는 믿음, 그리고 나는 하나님의 형상대로 지음 받았다는 분명한 자각. 이 두 다리가 튼튼해야 세상 속 수많은 비교와 비난, 무시 앞에서도 중심을 잡고 걸을 수 있다.

시편 23편 1절은 이렇게 말한다. "여호와는 나의 목자시니 내가 부족함이 없으리로다." 여기서 말하는 부족함 없는 삶은, 모든 걸 다 가진 인생이 아니다. 하나님 안에서 나의 존재가 존귀하다는 믿음으로 사는 삶이다.

그런데 자존감을 갉아먹는 도둑은 생각보다 가까운 곳에 있다. 낯선 이가 아닌, 가장 가까운 사람들이다. 가족, 친구, 직장 동료들. 그들이 무심코 던지는 말, 비교 섞인 눈빛, 인정받지 못하는 순간들 속에서 자존감은 쉽게 무너진다. 예수님도 마찬가지였다. 마가복음 6장 4절을 보면, 고향 사람들과 친척, 가족에게조차 인정받지 못했다. "선지자가 자기 고향과 자기 친척과 자기 집 외에서는 존경을 받지 않음이 없느니라." 하지만 예수님은 멈추지 않으셨다. 오히려 묵묵히 자신의 길을 걸어가셨다.

우리는 그들과 완전히 멀어질 수는 없지만, 그들이 나를 규정하도록 내버려 둘 필요는 없다. 그 말에 흔들리지 않고, 하나님이 말씀하시는 나의 가치 위에 서야 한다. 에베소서 2장 10절은 분명하게 선언한다. "우리는 그가 만드신 바라, 그리스도 예수 안에서 선한 일을 위하여 지으심을 받은 자니…" 그렇다. 우리는 하나님의 작품이다. 걸작이다.

자존감은 세상이 주는 인정이나 성공에서 오지 않는다. 하나님 안에서 다시 세워질 때, 비로소 진짜 자존감이 회복된다. 비교의 그림자 앞에서, 무시의 말 앞에서, 다시 믿음과 자기 인식이라는 두 다리로 자존감의 언덕을 오른다. 한 걸음씩, 천천히. 흔들리더라도 다시 일어난다. 그렇게 걸어가는 이 여정을 하나님은 누구보다 가까이에서 지켜보신다.

20. 내게 원하시는 우선순위

왜 이렇게 하루는 짧을까. 아침부터 회의하고, 전화 받고, 메일에 답하고, 눈 코 뜰 새 없이 바쁘게 달렸는데, 정작 정말 중요한 일은 하나도 못 한 것 같은 느낌. 분명 열심히 살고 있는데, 왜 이리 공허할까.

누군가 말했다. "비지니스(Busyness)때문에 비즈니스(Business)를 못한다." 겉보기엔 일하는 것 같지만, 실은 '일처럼 보이는 일'에만 매달려 진짜 중요한 일은 하지 못하고 있다는 뜻이다. 이 말은 회사 경영에만 해당되지 않는다. 인생 전체에 해당된다.

눈앞에 보이는 일에 휘둘리다 보면, 방향은 잃고 만다. 급한 일, 반짝이는 일, 누군가 시급하다고 외치는 일들에 휘둘리느라, 정작 내가 해야 할 본질적인 일, 하나님 앞에서의 사명은 뒷전이 된다.

성경에도 이런 사람이 나온다. 누가복음 10장에 등장하는 마르다. 예수님이 집에 오셨을 때, 마르다는 분주하게 이것저것 하느라 정신이 없었다. 반면 마리아는 예수님의 발치에 앉아 조용히 말씀을 듣고 있었다. 결국 예수님은 마르다에게 말씀하셨다.

"마르다야 마르다야, 네가 많은 일로 염려하고 근심하나, 그러나 몇 가지만 하든지, 혹은 한 가지만이라도 좋으니라. 마리아는 이 좋은 편을 택하였으니 빼앗기지 아니하리라." (눅 10:41-42)

그렇다. 우리는 너무 많은 일을 하느라, 정작 가장 소중한 것을 놓치고 있다. 분주함 속에서 방향을 잃고, 목적을 잃는다. 마르다처럼.

에베소서 5장 15~16절은 이렇게 말한다. "세월을 아끼라 때가 악하니라." 여기서 '아끼라'는 말은 단순히 시간을 절약하라는 뜻이 아니다. 시간을 '붙잡으라'는 말이다. 흘러가는 시간을 내 손에 붙잡아, 하나님의 뜻대로 사용하라는 뜻이다.

하나님은 우리가 바쁘게만 살길 원하지 않으신다. 하나님은 우리가 '목적 있게' 살기를 원하신다. 의미 있게, 하나님의 뜻에 맞게 시간을 쓰기를 바라신다.

그래서 하루를 시작할 때 이렇게 물어야 한다.

"이건 정말 내가 해야 할 일인가?"

"지금 하나님이 내게 원하시는 우선순위는 무엇인가?"

그 질문 앞에 설 때, 우리는 더 이상 바쁨의 노예가 아니라, 목적 있는 청지기가 된다. 일처럼 보이는 일에 휘둘리지 않고, 진짜 의미 있는 일을 붙잡게 된다. 바쁨에 인생을 잃지 않도록, 오늘도 주님의 말씀 앞에 멈춰 설 수 있어야 한다. 마르다의 분주함이 아니라, 마리아의 집중함으로 하루를 살아야 한다.

그때 비로소, 우리는 진짜 중요한 일을 시작하게 된다.

21. 찢어진 세상 속 하나 되기

세상은 점점 더 나뉘고 있다. 돈 있는 사람은 더 많은 것을 가지게 되고, 없는 사람은 더 깊은 가난에 빠진다. 같은 하늘 아래 살아가면서도, 서로 다른 세상에 사는 것처럼 느껴진다. 경제적 양극화만이 아니다. 생각의 차이, 신념의 충돌, 세대 간의 거리, 지역 간의 갈등 등, 모든 게 사람들을 찢어놓는다.

언제부터 우리는 이렇게 '우리'라는 말을 잊어버린 걸까. 서로 돕고, 이해하고, 끌어안기 보다는, 경쟁하고, 비교하고, 내 편 아니면 적으로 여기는 마음이 커져 버렸다. 서로 다른 것이 틀린 것이 되고, 끝내는 관계까지 무너진다.

성경은 이런 분열의 위기를 경고한다. 예수님은 마태복음 12장 25절에서 말씀하셨다. "서로 나뉜 나라는 서지 못한다." 한 공동체가 안에서부터 찢어지면, 외부의 힘이 아니라 내부의 갈등으로 무너진다는 것이다. 그건 가정이든, 교회든, 사회든 다 마찬가지다.

하지만 하나님의 뜻은 다르다. 갈라짐이 아니라 하나 됨이다. 고린도전서 12장에서 사도 바울은 교회를 '몸'에 비유했다. 지체는 많지만, 몸은 하나라는 말. 손, 발, 눈, 귀 등 모두 제 역할은 다르지만, 함께 있을 때 건강한 몸을 이룬다. 한 지체가 아프면, 온몸이 함께 아파야 한다.

그런데 세상은 어떤가. 약한 사람의 고통은 외면하고, 강한 자의 편의를 위해 구조를 바꾼다. 사람은 외모와 조건으로 판단되고, 높고 낮음, 많고 적음에 따라 대우가 달라진다. 하지만 야고보서 2장은 분명히 말한다. "사람을 외모로 취하지 말라." 하나님 앞에서는 모두가 소중한 존재다.

예수님의 마지막 기도도 '하나 됨'이었다. 요한복음 17장에서 예수님은 이렇게 간구하셨다. "그들도 하나가 되게 하옵소서." 아버지와 아들이 하나인 것처럼, 우리도 하나가 되기를 원하신 것이다. 그분은 우리가 찢어지는 것을 원하지 않으신다. 서로 껴안고, 이해하고, 연대하기를 바라신다.

세상이 나뉠수록, 우리는 더욱 하나 되어야 한다. 생각이 다르다고 등을 돌리지 말고, 가진 것이 다르다고 경계하지 말자. 다름을 인정하고, 그 위에 사랑을 쌓아야 한다. 그것이 바로 하나님 나라의 모습이다.

지금 필요한 것은 거대한 변화보다도, 작지만 진심 어린 연대다. 나와 다른 사람을 향한 열린 시선, 낯선 이웃에게 건네는 작은 손길, 그리고 편을 가르기보다 품으려는 마음. 그렇게 한 사람, 한 공동체가 바뀌어 갈 때, 비로소 찢어진 세상도 다시 이어질 수 있다.

우리는 하나다. 하나님 안에서, 예수 그리스도 안에서 하나다. 그 사실을 기억하며, 오늘도 사랑으로 연합을 이루는 길을 걸어가야 한다. 지금 이 세상에서 가장 필요한 것은 서로를 향한 하나님의 마음이다.

22. 의인의 길은 마치 돋는 햇빛

거짓은 빠르다. 사람들의 감정을 자극하고, 진실처럼 포장되어 순식간에 퍼져나간다. 누군가 말했듯, "진실이 장화를 신고 있는 동안, 거짓은 이미 세상을 한 바퀴 돌고 돌아온다." 그 말이 무서울 만큼 현실 같다. 소문은 사실보다 먼저 달리고, 진실은 늘 늦게 도착한다. 그래서 때론, 진실은 아무 힘도 없는 것처럼 보인다.

그러니 우리는 조급해하지 말자. 진실이 느리다고 해서 실패한 것이 아니고, 당장 결과가 보이지 않는다고 해서 하나님이 침묵하시는 것도 아니다. 씨앗이 땅속에서 보이지 않는 시간을 보내듯, 진실도 보이지 않는 자리에서 자라고 있다. 뿌리를 내리는 시간은 길고 어둡지만, 그 시간이 있었기에 바람에도 쓰러지지 않는 나무가 된다. 하나님은 언제나 겉으로 드러난 속도보다, 보이지 않는 깊이를 먼저 보신다.

우리가 진실을 붙들 때 겪는 외로움은 결코 헛된 고독이 아니다. 진실의 길은 대개 좁고, 박수보다 침묵이 많다. 때로는 오해를 받고, 억울함을 삼켜야 하며, '왜 나만 손해를 봐야 하나'라는 질문이 마음을 파고들기도 한다. 그러나 성경은 말한다. "의인은 믿음으로 말미암아 살리라." 믿음은 결과를 보고 걷는 길이 아니라, 하나님을 신뢰하며 걷는 길이다. 진실을 택하는 순간, 우리는 이미 하나님의 편에 선 것이다.

또한 진실은 단지 '옳은 말'을 하는 데서 그치지 않는다. 진실은 삶의 태도이며, 관계를 대하는 방식이고, 침묵해야 할 때 침묵할 줄 아는 용기이기도 하다. 모든 사실을 다 말한다고 해서 진실한 것이 아니고, 모든 침묵이 거짓인 것도 아니다. 진실은 언제나 사랑과 함께 움직인다. 그래서 진실은 칼처럼 휘두르는 무기가 아니라, 상처를 꿰매는 실과 같다. 아프지만 살리기 위해 꼭 필요한 것.

예수님 자신이 그러하셨다. 세상의 기준으로 보면 가장 느리고, 가장 손해 보는 길을 걸으셨다. 십자가 위에서조차 침묵하셨고, 억울함을 증명하지 않으셨다. 그러나 그 침묵 속에서 거짓은 스스로 무너졌고, 진실은 부활로 증명되었다. 세상은 잠시 거짓에 환호했지만, 무덤은 비어 있었고 진리는 살아났다. 이것이 우리가 진실을 포기하지 않는 이유다.

그러므로 오늘 우리가 걷는 이 느린 걸음은 결코 헛되지 않다. 남들보다 뒤처진 것처럼 보일지라도, 하나님과 함께 걷는 길은 언제나 목적지에 이른다. 진실은 시간을 친구로 삼는다. 시간이 흐를수록 더 단단해지고, 더 분명해진다. 거짓은 빛을 견디지 못하지만, 진실은 빛 속에서 더욱 선명해진다.

오늘도 세상은 빠른 길을 제시할 것이다. 편법, 과장, 왜곡, 침묵해야 할 진실을 덮어두라는 유혹이 끊임없이 다가온다. 그러나 우리는 안다. 빠른 길이 반드시 옳은 길은 아니라는 것을. 진실의 길은 느리지만, 결코 길을 잃지 않는다.

23. 링컨 부하의 믿음과 우리

미국 남북전쟁 당시, 링컨 장군의 한 부하가 말했다. "하나님이 우리 편에 계시다." 그 말엔 단순한 낙관이 아니라, 흔들림 없는 믿음이 담겨 있었다. 그는 병력의 수나 전략보다, 하나님이 누구의 편에 서 계신지를 더 중요하게 여겼다. 결국 북군은 승리했고, 그 믿음은 현실이 되었다.

하지만 여기서 더 중요한 질문이 있다. "하나님이 우리 편인가?"라는 질문 이전에, "우리는 과연 하나님 편에 서 있는가?"를 먼저 물어야 한다는 것이다. 하나님은 단지 내 편이 되어 주시는 분이 아니다. 오히려 내가 그분의 뜻을 따라 그분의 편에 서야 한다.

시편 118편 6절은 이렇게 선언한다. "여호와는 내 편이시라 내가 두려워하지 아니하리니 사람이 내게 어찌할까." 그렇다. 하나님이 우리 편이시라면, 두려울 것이 없다. 어떤 시련도 감당할 수 있다. 그러나 그 약속은 우리가 하나님 편에 바르게 서 있을 때 온전히 누릴 수 있다.

에베소서 6장은 '하나님의 전신갑주'를 입으라 명령한다. 믿음의 방패, 진리의 허리띠, 구원의 투구, 성령의 검…, 이 모든 것은 단순히 방어용 무기가 아니라, 하나님의 편에 서기 위한 신앙의 태도다. 혼탁한 세상 속에서 하나님의 뜻에 굳건히 서기 위해 필요한 영적인 무장이다.

예수님도 마태복음 16장 24절에서 이렇게 말씀하셨다. "누구든지 나를 따르려거든 자기를 부인하고 자기 십자가를 지고 나를 따르라." 하나님의 편에 선다는 것은 자기 욕심을 꺾고, 세상의 소리보다 하나님의 음성에 귀 기울이며 사는 삶이다. 때로는 외롭고, 희생이 따르지만, 그것이 진짜 믿음의 길이다.

바울은 고린도후서 2장 14절에서 "우리로 말미암아 그리스도의 향기를 나타내게 하신 하나님께 감사한다."고 고백한다. 하나님 편에 선 사람은 단순히 승리를 얻는 데 그치지 않는다. 그의 삶 자체가 하나님의 향기가 되어 세상에 퍼져간다. 그리스도를 닮은 사람, 하나님의 임재가 머무는 사람으로 살아간다.

이제 선택은 우리 몫이다. 오늘도 우리는 매 순간 결정을 내려야 한다. 눈앞의 이익을 좇을 것인가, 하나님의 뜻을 따를 것인가. 세상의 소리에 흔들릴 것인가, 하나님의 말씀에 뿌리내릴 것인가. 링컨의 부하처럼, 흔들리지 않는 믿음으로 하나님 편에 서야 한다. 그 믿음이 결국 세상을 이긴다.

하나님은 분명 우리 편이시다. 그 사실은 변하지 않는다. 하지만 그 승리를 누리는 삶은, 우리가 하나님 편에 바르게 서 있을 때에야 가능하다. 오늘도 그분의 편에, 그분의 진리 위에 서서, 담대히 나아가자. 하나님이 함께하시면 어떤 전쟁도 반드시 이길 수 있다.

24. 누군가를 위한 영원한 다리

철학자 김형석 교수는 말한다.

"내가 나를 위해 한 일은 결국 흩어지고, 남을 위해 한 일만이 남는다."

짧지만 깊은 이 한 문장은, 삶의 방향을 송두리째 되묻는다. 우리는 얼마나 자주 나만의 성공, 나만의 안락함을 위해 애쓰는가. 그러나 그토록 애지중지하던 것들이 시간이 지나면 허망하게 사라질 때가 많다. 결국 남는 것은 내가 누군가를 위해 했던 작은 사랑, 따뜻한 말 한마디, 진심으로 드린 헌신 같은 것들이다.

성경도 이 진리를 일찍이 선언했다.

전도서 12장 13절. "하나님을 경외하며 그의 계명을 지키는 것이 사람의 본분이라." 사람의 삶은 궁극적으로 자신을 위한 소비가 아니라, 하나님을 경외하고 이웃을 사랑하는 일로 완성된다는 것이다. 이 말은 단지 종교적 당위가 아니다. 실은 모든 사람이 마음 깊이 알고 있는 삶의 진실이다.

예수님은 그 삶의 본을 보이셨다. "인자가 온 것은 섬김을 받으려 함이 아니라 도리어 섬기려 하고 자기 목숨을 많은 사람의 대속물로 주려 함이니라." (막 10:45)

예수의 생애는 한 치의 흔들림도 없이 '남을 위한 삶'이었다. 오히려 남에게 상처받고 거절당하면서도, 그는 끝까지 사랑을 선택했다. 그 희생은 결국 인류를 구원한 영원한 생명이 되었다.

사도 바울은 고린도전서 3장에서 인간의 모든 일이 불로 시험받을 것이라 말한다. 자기 욕심으로 쌓은 성공은 쉽게 타버린다. 그러나 누군가를 위해 사랑으로 쌓은 일은 불에도 사라지지 않는다. 하나님은 그런 사랑을 귀하게 여기신다.

오늘날 우리는 선택의 기로에 선다. 내가 더 편해지기 위한 선택을 할 것인가? 아니면 누군가를 위한 불편을 감수할 것인가?

남을 위해 한다는 것은 꼭 큰일이 아니다. 길을 묻는 노인에게 시간을 내주는 일, 낯선 사람에게 건네는 친절한 미소, 소외된 이웃을 위한 기도 하나. 그런 작은 일들이 모여 세상에 흔적을 남긴다. 그 흔적이야말로 하나님 나라를 이루는 재료다.

세상은 말한다.

"너 자신을 위해 살아라." 하지만 진리는 이렇게 말한다.

"남을 위해 살아라. 그것만이 진짜 남는다." 사라지는 것에 집착하지 말자. 내가 나를 위해 만든 성은 무너질 수 있지만, 누군가를 위한 다리는 영원히 남는다. 오늘도 누군가의 삶에 다리가 되어줄 수 있다면, 그 하루는 절대 헛되지 않다. 사랑은 잊히지 않는다. 남을 위해 살아간 삶은, 시간이 지나도, 세상이 바뀌어도, 하나님의 기억 안에서 영원히 빛난다. 그 사랑을 향해 한 걸음씩 걸어가자.

25. 변화는 있고 변함은 없어야

우리 삶은 끊임없이 변한다. 아기가 자라면서 필요한 것들이 매달 바뀌고, 계절이 바뀔 때마다 집 안 분위기도 달라진다. 부드러운 인형, 점점 커지는 옷, 새로운 장난감들, 변화는 당연하고 자연스러운 일상이다. 그런데 그 수많은 변화 속에도 변하지 않는 것이 있다. 바로 하나님이 주시는 변함없는 사랑과 신실하심이다.

내가 떠올리는 건 선인장이다. 척박한 땅에서도 묵묵히 자라며 가시로 자신을 지키는 선인장처럼, 하나님은 세상이 아무리 변해도 한결같이 우리 곁에 계신다. 변화하는 환경에 흔들리지 않고 굳건히 서 계시는 존재, 바로 그분이다. 선인장은 많은 물을 요구하지 않지만, 필요한 만큼을 깊이 저장하며 살아간다. 그 모습은 하나님이 우리의 필요를 아시고, 가장 적절한 때에 은혜를 공급하시는 방식과 닮아 있다.

성경은 분명히 약속한다. 예레미야 31장 3절에서 하나님은 "내가 영원한 사랑으로 너를 사랑하였고 인애로 너를 이끌었노라."고 말씀하신다. 우리의 삶이 수많은 변화를 겪고 때론 흔들려도, 하나님의 사랑은 한결같다. 상황에 따라 커졌다 작아졌다 하지 않고, 우리의 연약함에 따라 식어버리지도 않는다. 오히려 우리가 가장 불안할 때, 그 사랑은 더 분명하게 우리를 붙들어 준다.

또 히브리서 13장 8절은 "예수 그리스도는 어제나 오늘이나 영원토록 동일하시니라."고 전한다. 세상은 늘 새로운 것을 요구하고, 사람의 마음은 쉽게 변하지만, 예수님은 그렇지 않다. 어린 시절의 나를 아셨던 그분은 지금의 나도 아시고, 앞으로의 나 또한 이미 품고 계신다. 우리의 성장과 변화는 그분의 사랑 안에서 안전하게 이루어진다.

내 삶에도 많은 변화가 있다. 계획이 바뀌고, 관계가 달라지고, 익숙했던 것들이 낯설어질 때가 있다. 그때마다 마음은 흔들리고, 불안은 커진다. 어디에 발을 딛고 서야 할지, 무엇을 붙잡아야 할지 모를 때도 있다. 그러나 하나님은 변함없이 나의 중심이 되어주신다. 흔들리는 가지가 아니라, 땅속 깊이 내려간 뿌리가 되어주신다. 마치 변화무쌍한 아기용품들 사이에서 언제나 같은 자리를 지키며 묵묵히 서 있는 선인장처럼 말이다.

선인장은 화려하지 않다. 눈길을 끄는 꽃을 늘 피우지도 않는다. 하지만 사막의 뜨거운 햇살과 차가운 밤을 견디며, 묵묵히 생명을 유지한다. 하나님의 사랑도 그렇다. 늘 요란하게 드러나지는 않지만, 가장 혹독한 순간에도 우리를 살게 하는 힘이 된다. 우리가 눈물로 밤을 지새울 때에도, 하나님은 떠나지 않으시고 그 자리에 함께 계신다. 그분 안에서 나는 든든히 자란다. 변하는 세상과 변덕스러운 내 마음 속에서도, 흔들리지 않고 의지할 수 있는 이유가 생긴다. 변화가 두려운 것은 우리가 붙잡고 있던 것이 사라질까 걱정되기 때문이다.

26. 굽이굽이 하나님의 길

우리는 흔히 인생을 마치 직선 도로 위를 쭉 달리는 자동차처럼 생각한다. 똑바로 앞으로만 나아가면 어느새 목표지점에 도착해 있을 거라고 믿는다. 하지만 현실은 전혀 그렇지 않다. 인생의 길은 굽이굽이 이어지는 산길과 같아서, 예기치 못한 굴곡과 장애물이 끊임없이 나타난다. 때로는 멈춰 서서 생각해야 하고, 돌아가야 할 때도 있으며, 심지어 뒤로 후퇴하는 것처럼 느껴질 때도 있다.

성경은 이런 인생의 모습을 너무도 현실적으로 보여준다. 전도서 3장 1절은 이렇게 말한다.

"범사에 기한이 있고 천하 만사가 다 때가 있나니." 이 말씀은 모든 일에는 정해진 때가 있고, 우리가 생각하는 직선적인 길과는 다르게 때로는 굽은 길을 가야 할 때도 있다는 의미다. 결국 인생은 곧은 직선이 아니라 곡선으로 이어진 길이라는 진실을 인정하라는 가르침이다.

이스라엘 백성의 출애굽 여정을 생각해 보자. 약속의 땅으로 향하는 그 길은 결코 곧게 뻗은 도로가 아니었다. 40년이라는 긴 광야의 시간이 있었다. 하나님은 그 광야 길을 통해 이스라엘 백성에게 인내와 신뢰를 가르치셨다.

"여호와께서 이스라엘 자손과 함께 행하셨으니, 그들은 사막에서 길을 잃지 아니하였으며, 마실 물이 부족하지 아니하였다." (출애굽기 13:21-22)

굽이굽이의 길을 가는 중에도 하나님은 언제나 그들과 함께하셨다.

또 야고보서 1장 2~4절은 시련과 인내의 중요성을 말한다.

"너희가 여러 가지 시험을 만나거든 온전히 기쁘게 여기라 이는 너희 믿음의 시련이 인내를 만들어 내는 줄 앎이라."

삶의 굴곡은 우리를 단단하게 만들고, 인내하며 성장하게 하는 하나님의 뜻이 담긴 과정이다.

예수님께서도 완만한 길을 걷지 않았다. '십자가의 길'은 고통과 눈물의 길이었다. 겟세마네 동산에서 "내 원대로 마시옵고 아버지의 원대로 하옵소서." 라고 기도하시며 고뇌하셨지만 끝까지 하나님의 뜻에 순종하셨다. 그 길을 통해 우리에게 구원의 문이 열렸다.

우리 삶도 마찬가지다. 예상치 못한 굴곡과 시련이 찾아와도 절망하지 말아야 한다. 하나님은 그 모든 길 위에서 우리와 함께 걸으시며 인도하신다. 오히려 그 굽은 길이 깊은 믿음과 성숙의 밭이 된다.

지금도 인생의 굽이굽이 길 위를 걷고 있다면, 두려워하지 말고 하나님 손을 꼭 잡아라.

그분이 함께하시기에 어떤 방향으로 가든 결국 좋은 길로 인도하실 것이다.

27. 하나님의 창조와 영감

"시"란, 자연이 말하는 것을 받아쓰는 일이다.

시인은 단순히 말을 만들어 내는 사람이 아니다. 그보다는 자연이 건네는 속삭임과 노래, 숨결을 예민하게 듣고, 그 깊은 의미를 마음에 담아 글로 풀어내는 사람이다. 나무 잎사귀 사이로 스며드는 바람 소리, 새들의 노랫소리, 산과 강이 품고 있는 생명의 리듬, 이 모든 자연의 언어는 사실 하나님의 마음이 담긴 음성이다. 그리고 시인은 그 음성을 받아 적는 하나님의 대리자다.

성경은 자연을 통해 하나님의 영광과 능력을 보여 준다. 시편 19편 1절은 이렇게 말한다.

"하늘이 하나님의 영광을 선포하고 궁창이 그 손으로 하신 일을 나타내는도다."

하늘과 땅, 온 자연이 바로 하나님의 거룩한 시인이며, 그들의 노래는 하나님이 만드신 아름다움과 권능을 말해 준다. 우리가 그 소리를 듣고 깨닫는 순간, 그것은 하나님께서 우리에게 허락하신 영감의 선물이다.

자연은 단순한 존재나 물리적 현상이 아니다. 그것은 하나님의 음성이 담긴 살아있는 책이다. 그 책을 읽는 시인은 단지 아름다운 글을 쓰는 사람이 아니라, 하나님의 창조 세계와 깊은 대화를 나누는 사람이다. 시는 바로 그 대화의 결과물이며, 하나님이 만드신 세계의 영광과 사랑을 세상에 전하는 사명이다.

예레미야 10장 12절은 이렇게 증언한다.

"그가 땅을 만드시고 그것을 굳게 세우셨으며, 그 위에 사람들을 지으셨으니 그가 손수 하늘을 펴셨느니라."

시인이 자연을 바라볼 때 그 마음은 곧 창조주 하나님을 찬양하는 마음과 같다. 자연을 통해 하나님이 얼마나 위대하시고 섬세한 분인지 깨닫게 된다.

시편 104편은 자연의 다채로움과 정교함을 찬양하며, 모든 피조물이 하나님의 손길로 살아 움직인다고 고백한다.

"여호와여 주의 행사가 어찌 그리 크시며 주의 생각이 어찌 그리 깊은지요."
(시편 92:5) 시는 이 '크신 행위'와 '깊은 생각'을 말로 옮기는 예술이다.

우리 모두는 자연 속에서 하나님의 이야기를 듣고, 그 감동을 가슴에 새긴다. 그리고 자신의 삶이라는 페이지에 하나님의 음성을 기록해 나간다. 솔로몬이 전도서 3장에서 인생의 때와 의미를 노래했듯, 우리 역시 자연과 하나님의 말씀을 통해 삶의 깊이를 더해 간다.

시란 단순한 글이 아니다. 하나님의 창조 세계가 들려주는 영원한 메시지를 받아 적어, 다시 세상에 전하는 아름다운 선물이다.

28. 마음과 행동이 말씀에 뿌리

공부를 잘하는 사람과 지혜로운 사람은 다르다.

공부를 잘하는 사람은 시험에서 좋은 점수를 받고 성적이 우수해 자신의 미래를 밝힐 수 있다. 그런 면에서 보면 그들은 분명 행복할 수 있다. 하지만 그 행복은 때로 자기 자신에 국한될 때가 많다. 반면 지혜로운 사람은 다르다. 그들은 자신뿐 아니라 주변 사람들까지 행복하게 만든다. 그 이유는 무엇일까? 그들의 마음과 행동이 온전히 하나님 말씀에 뿌리를 두고 있기 때문이다.

야고보서 1장 5절은 이렇게 말한다. "너희 중에 누구든지 지혜가 부족하거든 모든 사람에게 후히 주시고 꾸짖지 아니하시는 하나님께 구하라 그리하면 주시리라."

진정한 지혜는 인간의 지식이나 학문을 뛰어넘어 하나님께로부터 온다. 이 지혜는 사랑과 겸손, 그리고 온유함으로 세상을 바라보는 눈을 준다.

지혜로운 사람은 마치 연꽃과 같다. 연꽃은 더러운 진흙탕 속에서 뿌리를 내리지만, 가장 깨끗하고 아름다운 꽃을 피운다. 그 모습은 우리에게 큰 교훈을 준다. 세상은 때로 더럽고 혼란스럽다. 하지만 하나님 말씀에 깊이 뿌리를 둔 사람은 그런 환경을 정화시키고, 빛과 사랑을 뿜어낸다.

시편 1편은 복된 사람을 이렇게 묘사한다. "복 있는 사람은 악인의 꾀를 따르지 아니하며 죄인의 길에 서지 아니하며 오만한 자의 자리에 앉지 아니하고… 시냇가에 심은 나무가 철 따라 열매를 맺으며 잎사귀가 마르지 아니함 같으니라."

하나님 말씀에 깊이 뿌리 내린 사람은 마치 시냇가에 심은 나무처럼 어떤 어려움 속에서도 아름답고 풍성한 열매를 맺는다. 또 예수님은 마태복음 5장 16절에서 우리에게 빛과 소금이 되라고 하셨다. "이와 같이 너희 빛이 사람 앞에 비치게 하여 저희로 너희 착한 행실을 보고 하늘에 계신 너희 아버지께 영광을 돌리게 하라."

지혜로운 사람의 삶은 연꽃처럼 더러운 세상을 정화하고, 주변을 밝히며 깨끗하게 만든다.

진정한 지혜는 나만의 성공과 행복에 머무르지 않는다. 모두를 위한 사랑과 섬김에서 비롯된다. 그 지혜는 하나님 말씀에서 나와, 연꽃처럼 어떤 환경에서도 흔들리지 않고 가장 아름답게 피어난다.

오늘도 공부만 잘하는 데 만족하지 말고, 하나님께 지혜를 구하라. 더러운 세상 속에서도 연꽃처럼 빛나는 삶을 살아가길 바란다. 그리하여 모두가 행복한 세상, 그 길을 지혜로운 당신이 만들어 가길 소망한다.

29. 새로운 미래를 향해 비상

"새는 뒤를 돌아보지 않는다." 이 짧고 단순한 말 속에는 인생을 관통하는 깊은 지혜가 담겨 있다. 새들은 날아가며 과거를 되돌아보지 않는다. 이미 지나온 가지에 미련을 두지 않고, 실패한 비행을 붙잡지도 않는다. 오직 앞으로, 바람이 부는 방향을 가늠하며 날개를 펴고 하늘을 향해 나아간다. 그 모습은 마치 우리에게 말하는 듯하다. 과거에 묶이지 말고, 하나님이 예비하신 앞날을 향해 날아가라고.

그러나 우리의 삶은 종종 다르다. 우리는 쉽게 뒤를 돌아본다. 이미 끝난 일, 되돌릴 수 없는 선택, 지나간 말과 상처에 마음을 묶어 둔다. '그때 그렇게 하지 말았어야 했는데', '조금만 더 참았더라면'이라는 생각 속에서 현재의 발걸음이 무거워진다. 하지만 새가 뒤를 돌아보는 순간 추락하듯, 우리도 과거에 집착할수록 현재의 삶을 온전히 살아내기 어렵다. 믿음의 삶이란, 후회 없는 과거를 사는 것이 아니라 후회를 맡기고 앞으로 나아가는 용기를 배우는 여정이다.

꽃샘추위가 찾아온다고 해서 꽃이 피지 않는 것은 아니다. 오히려 꽃샘추위는 겨울이 끝나가고 있다는 신호이며, 봄이 가까이 왔다는 증거다. 찬바람이 매섭게 불어도, 땅속의 씨앗은 이미 봄을 준비하고 있다. 겉으로 보기에 아무 변화가 없는 것처럼 보여도, 보이지 않는 곳에서는 생명이 자라고 있다. 인생도 그렇다. 우리가 멈춰 선 것처럼 느껴지는 시간, 아무것도 이루어지지 않는 것 같은 기다림의 계절은 실패가 아니라 준비의 시간일 수 있다.

성경은 이런 희망의 시선을 우리에게 끊임없이 일깨운다. 바울은 빌립보서 3장 13절과 14절에서 이렇게 고백한다. "내가 뒤에 있는 것은 잊어버리고 앞에 있는 것을 잡으려고 표 때를 향하여 그리스도 예수 안에서 하나님이 위에서 부르신 부름의 상을 위하여 달려가노라."

바울에게도 과거는 있었다. 성공과 명예, 그리고 회개해야 할 실패와 상처가 함께 얽혀 있었다. 그러나 그는 과거에 자신을 규정하도록 내버려 두지 않았다. 하나님의 부르심이 과거보다 크다는 사실을 알았기 때문이다.

전도서 3장 1절의 말씀은 우리의 조급한 마음을 다독인다. "범사에 기한이 있고 천하 만사가 다 때가 있다." 꽃은 자신의 때를 앞당기지 않는다. 조급함으로 피어나지 않고, 환경이 완벽해질 때까지 불평하지도 않는다. 그저 묵묵히 주어진 계절을 견디며 때를 기다린다. 우리 인생도 마찬가지다. 남들과 비교하며 스스로를 재촉할 필요가 없다. 늦어 보일지라도, 하나님이 정하신 나만의 계절과 나만의 때는 반드시 온다.

예수님은 요한복음 15장 4절에서 우리에게 가장 중요한 비밀을 알려주신다. "내 안에 거하라 나도 너희 안에 거하리라." 앞으로 나아갈 수 있는 힘은 우리의 의지나 결심만으로 생기지 않는다. 그분 안에 거할 때, 우리는 지치지 않는 새 힘을 얻는다.

30. 기도는 계속 떼를 쓰는 것

"기도는 떼를 쓰는 것이다." 이 말은 처음 들으면 다소 익살맞고 가볍게 느껴질 수 있다. 그러나 곰곰이 묵상해 보면, 이 짧은 문장 안에는 신앙의 본질을 꿰뚫는 놀라운 통찰이 담겨 있다. 여기서 말하는 '떼쓰기'는 철없고 자기중심적인 고집이 아니다. 포기하지 않는 간절함, 관계 안에서 끝까지 매달리는 신뢰의 태도다.

우리는 종종 하나님께 무언가를 간구한다. 그러나 몇 번 기도했음에도 상황이 변하지 않으면, 마음속에서 이렇게 말한다.

'하나님 뜻이 아닌가 보다.' '이 정도 했으면 충분하지.' 그리고 조용히 기도를 내려놓는다. 하지만 성경은 그런 태도를 믿음이라고 부르지 않는다. 오히려 끝까지 붙드는 기도, 응답이 없어 보여도 하나님을 놓지 않는 기도를 믿음으로 가르친다.

예수님은 누가복음 11장 9절에서 분명히 말씀하신다. "구하라 그리하면 너희에게 주실 것이요, 찾으라 그리하면 찾아낼 것이요, 문을 두드리라 그리하면 너희에게 열릴 것이니." 원문에서 이 동사들은 한 번의 행동이 아니라 계속해서 구하고, 계속해서 찾고, 계속해서 두드리라는 의미를 담고 있다. 즉, 예수님은 우리에게 단기적인 기도가 아니라 지속적인 기도의 삶을 요청하신다.

하나님 앞에서의 기도는 종종 어린아이의 모습과 닮아 있다. 아이는 쉽게 포기하지 않는다. 처음엔 조용히 말하다가, 반응이 없으면 다시 말하고, 그래도 안 되면 울며 매달린다. 그 아이의 행동이 사랑받지 못할 짓이 아니라는 것을 부모는 안다. 오히려 그만큼 부모를 믿고 의지하고 있다는 증거이기 때문이다. 하나님께서도 마찬가지다. 우리가 떼를 쓰듯 매달릴 때, 그것은 하나님을 귀찮게 하는 행동이 아니라 그분을 진짜 아버지로 믿고 있다는 고백이다.

자연은 이 진리를 조용히 보여준다. 식물은 스스로 이동할 수 없지만, 멈춰 있지 않는다. 바람을 타고 씨앗을 날리고, 흔들림 속에서 줄기를 단단하게 만든다. 바람이 없으면 성장은 멈춘다. 오히려 바람이 있을 때 뿌리는 더 깊어지고 줄기는 더 강해진다. 우리의 기도도 그렇다. 기도는 혼자 애쓰는 행위가 아니라, 하나님의 바람을 받아들이는 과정이다. 흔들리는 시간 속에서 믿음은 자라고, 인내 속에서 영혼은 단단해진다.

야고보서 5장 16절은 이렇게 말한다. "의인의 간구는 역사하는 힘이 많으니라."

여기서 '역사하는 힘'이란 즉각적인 기적만을 의미하지 않는다. 상황을 바꾸기도 하고, 사람의 마음을 움직이기도 하며, 무엇보다 기도하는 사람 자신을 변화시키는 힘이다. 끈질기게 기도하는 동안 우리는 더 겸손해지고, 더 하나님께 가까워지며, 하나님의 뜻을 분별할 수 있는 눈을 얻게 된다.

물론 기도의 길은 쉽지 않다. 응답이 지연될 때, 우리는 외로움을 느낀다. 하나님이 침묵하시는 것처럼 느껴질 때, 믿음은 시험대에 오른다. 그러나 그 침묵은 부재가 아니라 일하심의 다른 방식일 수 있다. 기도의 기다림은 낭비가 아니라 준비다.

31. 주님께 온전히 맡기는 법

어딘가에 우산을 놓고 온 것 같은 그 불안함. 분명 집을 나설 때는 챙긴 것 같았는데, 막상 비가 쏟아지는 순간 손에 쥔 것이 없다는 사실을 깨닫는 그 당혹감은 우리 모두가 익숙하게 아는 감정이다. 몸은 비에 젖고, 마음은 조급해지며, 발걸음은 괜히 빨라진다. 우산 하나 없다는 사실이 하루의 기분과 마음의 상태를 송두리째 흔들어 놓는다.

그런데 곰곰이 생각해 보면, 우리가 더 자주 잃어버리고도 붙잡고 있는 것은 우산이 아니라 '나 자신'이다. 정확히 말하면, 내려놓아야 할 나, 맡겨야 할 나를 끝내 놓고 오지 못한 채 끌어안고 살아가는 마음이다. 걱정, 두려움, 불안, 후회, 아직 오지 않은 미래에 대한 염려까지, 그 모든 것을 가슴에 꼭 쥐고 있으니 마음은 늘 무겁고 숨이 차다. 하늘에 구름이 걷히지 않듯, 마음에도 햇살이 들 틈이 없다.

성경은 이런 우리의 상태를 너무도 잘 알고 있다. 그래서 예수님은 단순한 위로나 조언이 아니라, 분명한 초대를 하신다. "수고하고 무거운 짐 진 자들아, 다 내게로 오라 내가 너희를 쉬게 하리라."(마태복음 11장 28절) 이 말씀은 "좀 더 버텨라."는 격려가 아니라, "이제 그만 내려놓으라."는 사랑의 초청이다. 너 혼자 짊어지지 말고, 네 힘으로 해결하려 애쓰지 말고, 나에게 가져오라는 부르심이다.

예수님께 나아간다는 것은 단순히 예배에 참석하거나 기도를 드린다는 의미를 넘어선다. 그것은 '나를 내려놓는 결단'이다. 내가 붙들고 있던 자존심, 통제하려는 마음, 모든 것을 스스로 해결해야 한다는 강박을 내려놓는 일이다. 마치 손에 꽉 쥐고 있던 무거운 우산을 주님께 건네듯, 내 마음의 짐을 그분께 맡기는 것이다. 주님은 그 대가로 우리에게 무엇을 주신다고 하셨는가.

"내가 너희에게 평안을 남기노니, 나의 평안을 너희에게 주노라."(요한복음 14장 27절) 이 평안은 환경이 좋아져서 생기는 평안이 아니다. 문제가 사라져서 오는 안도감도 아니다. 비가 완전히 그친 뒤에야 누릴 수 있는 평안이 아니라, 비가 오는 한복판에서도 우산이 되어 주시는 평안이다. 세상이 줄 수 없는 상황에 흔들리지 않는 평안이다.

그러나 이 평안을 누리기 위해서는 용기가 필요하다. 역설적으로, 가장 큰 용기는 더 애쓰는 것이 아니라 맡기는 용기다. 내 힘으로는 어찌할 수 없음을 인정하고, 하나님께 도움을 요청하는 겸손이다. 우리는 종종 "조금만 더 참아 보고, 조금만 더 고민해 보고, 조금만 더 붙들어 보자."고 말한다. 하지만 그 '조금'이 쌓여 마음은 점점 지쳐간다.

"여호와는 나의 목자시니 내게 부족함이 없으리로다."(시편 23편 1절) 이 고백은 상황이 완벽해서 나온 말이 아니다. 여전히 광야와 골짜기가 있는 삶 속에서 나온 믿음의 선언이다. 목자가 계시기에, 내가 모든 것을 책임지지 않아도 된다는 안도의 고백이다. 이것이 바로 '나를 놓고 온다'는 것의 깊은 의미다.

32. 뛰는 자와 생각하는 자

"승자는 뛰면서 생각하고, 후자는 뛰기 전에 생각하느라 출발도 못한다."

이 말은 단순한 행동론이 아니라, 삶과 믿음의 본질을 꿰뚫는 통찰이다. 우리는 인생의 중요한 순간마다 머릿속에서 수없이 많은 시뮬레이션을 돌린다. 이렇게 하면 실패하지 않을까, 저렇게 하면 손해 보지 않을까, 아직 준비가 부족하지 않을까. 생각은 꼬리를 물고 이어지고, 결국 우리는 출발선 앞에서 한 발도 떼지 못한 채 시간을 흘려보낸다.

물론 생각하는 일은 중요하다. 신중함은 지혜다. 그러나 문제는 생각이 순종을 대신할 때 생긴다. 행동 없는 생각은 점점 두려움으로 바뀌고, 두려움은 결국 정체를 낳는다. 반면 진정한 승자는 모든 것을 계산한 뒤에 움직이는 사람이 아니라, 불완전함을 안고서도 한 걸음 내딛는 사람이다. 뛰면서 배우고, 달리면서 방향을 조정하며, 넘어지면서도 다시 일어나는 사람이다.

성경은 이 원리를 분명하게 가르친다. 잠언 3장 5~6절은 이렇게 말한다. "너는 마음을 다하여 여호와를 신뢰하고 네 명철을 의지하지 말라. 너는 범사에 그를 인정하라 그리하면 네 길을 지도하시리라." 이 말씀은 생각하지 말라는 뜻이 아니다. 다만 내 생각을 절대화하지 말고, 하나님의 인도하심을 신뢰하라는 요청이다. 우리의 지혜는 한계가 있지만, 하나님의 길 안내는 우리가 움직이기 시작할 때 더욱 분명해진다.

하나님은 종종 우리가 모든 답을 알고 나서 출발하기를 기다리시지 않는다. 오히려 출발한 뒤에 길을 보여 주신다. 아브라함이 그랬다. 그는 목적지를 정확히 알지 못한 채 "가라."는 하나님의 말씀에 순종해 길을 나섰다. 모세도 홍해 앞에서 모든 계산이 끝난 후에 움직인 것이 아니라, 두려움 속에서도 지팡이를 들고 발을 내디뎠을 때 길이 갈라졌다. 길은 순종 이후에 열렸다.

예수님께서 제자들을 부르실 때도 마찬가지였다. "와서 나를 따르라."는 부르심 앞에서 제자들은 완벽한 계획을 세우지 않았다. 배와 그물을 버려두고, 익숙한 삶을 떠나 불확실한 여정에 뛰어들었다. 베드로가 물 위를 걸은 사건 역시 그러하다. 그는 완벽한 확신 속에서 물 위로 내려선 것이 아니다. 바람과 파도를 보며 두려워했지만, 예수님의 말씀을 붙들고 한 발을 내디뎠다. 그 순간이 바로 '뛰면서 생각하는 믿음'의 장면이다.

우리 삶도 다르지 않다. 사명, 관계, 결단, 새로운 도전 앞에서 우리는 늘 같은 질문을 한다. "준비가 되었을까?" 그러나 신앙의 질문은 이렇게 바뀌어야 한다. "지금 하나님을 신뢰할 수 있는가?" 완벽한 준비는 없다. 모든 위험이 제거된 뒤에 시작하는 인생은 존재하지 않는다. 믿음이란, 두려움이 없어서 걷는 것이 아니라 두려움 속에서도 걷는 것이다. 한 걸음을 내딛는 순간, 놀라운 변화가 일어난다. 생각은 움직임 속에서 정리되고, 길은 걸어갈수록 분명해진다.

33. 진짜 승자의 길임을 믿으며

"마지막 한 자물통을 열지 못하면, 허당이다." 옛이야기 속 알리바바와 40인의 도적에 등장하는 자물통 이야기는 단순한 동화 같지만, 인생을 돌아보게 하는 날카로운 교훈을 품고 있다. 수많은 자물통을 하나씩 열어가며 거의 다왔다고 생각했을 때, 마지막 단 하나를 열지 못해 모든 보물을 눈앞에 두고 돌아서야 하는 장면은 허탈함 그 자체다. 19개를 열었는데 1개를 열지 못했다면, 사람들은 성공이 아니라 실패라고 말한다. 그 앞에서는 그동안의 수고와 노력조차 빛을 잃는다.

우리 인생도 놀랍도록 이 이야기와 닮아 있다. 시작은 누구나 잘할 수 있다. 결심도 거창하고, 출발도 힘차다. 새해 첫날의 다짐, 신앙의 첫 열정, 사명의 첫 불꽃은 언제나 뜨겁다. 문제는 시간이 흐른 뒤다. 반복되는 일상, 지쳐가는 마음, 예상치 못한 시련 앞에서 우리는 속도를 늦추고, 어느 순간 "여기까지면 충분하지 않을까."라고 스스로를 설득한다. 바로 그 지점이 마지막 자물통 앞이다.

성경은 처음보다 끝을 더 중요하게 다룬다. 요한계시록 2장 10절은 이렇게 말한다. "네가 장차 받을 고난을 두려워하지 말라, 너희가 죽도록 충성하라 그리하면 내가 생명의 관을 네게 주리라." 이 말씀은 시작의 열심이 아니라 끝의 충성을 요구한다. 하나님은 잠깐 잘한 사람에게 관을 주시지 않는다. 끝까지 견뎌낸 사람, 마지막 순간까지 믿음을 지켜낸 사람에게 생명의 관을 약속하신다.

믿음의 경주는 단거리 달리기가 아니라 마라톤이다. 초반에 앞서 나간다고 해서 반드시 승리하는 것이 아니다. 오히려 마지막 몇 걸음을 남겨두고 쓰러지는 경우가 더 안타깝다. 사도 바울이 "선한 싸움을 싸우고 달려갈 길을 마치고 믿음을 지켰다."고 고백할 수 있었던 이유는, 그가 단 한 순간도 흔들리지 않았기 때문이 아니라 끝까지 붙들었기 때문이다.

전도서 7장 8절은 분명히 말한다. "끝이 시작보다 나음이라 인내하는 마음이 교만한 마음보다 나음이라." 이 말씀은 우리에게 중요한 기준을 제시한다. 시작을 자랑하지 말고, 인내를 붙들라는 것이다. 교만은 "이 정도면 됐다."고 말하게 하지만, 인내는 "아직 끝이 아니다."라고 말한다. 마지막 자물통은 언제나 가장 단단하고, 가장 열기 어렵다. 그래서 많은 사람이 그 앞에서 포기한다.

우리 삶에도 수많은 자물통이 있다. 신앙의 자물통, 관계의 자물통, 사명의 자물통, 인내의 자물통…. 그중에서도 마지막 자물통은 늘 비슷한 모습으로 다가온다. 지침, 무기력, 실망, 외로움, 혹은 "이제 그만해도 되지 않을까."라는 달콤한 유혹이다. 이 마지막 자물통 앞에서 우리는 스스로에게 묻는다. "정말 여기까지가 끝일까?" 바로 이때, 하나님과의 신뢰가 결정적인 열쇠가 된다. 마지막 자물통은 인간의 의지력만으로는 열리지 않는다. 오히려 내 힘이 다했을 때, 하나님을 더 깊이 의지하게 되고, 그분의 손길로 문이 열린다.

34. 꽃향기와 바람 그리고 삶

꽃향기는 바람을 거스르지 않는다. 오히려 바람을 타고 멀리, 더 멀리 퍼져 나간다. 바람이 부는 방향을 계산하지도, 거슬러 올라가려 애쓰지도 않는다. 그저 피어 있는 자리에서 자기 몫의 향기를 내어놓을 뿐이다. 그러면 바람은 그 향기를 산 너머로, 들판으로, 골짜기 깊숙한 곳까지 실어 나른다. 눈에 보이지 않지만 분명히 존재하는 향기는 그렇게 자연을 물들이고, 누군가의 발걸음을 멈추게 한다.

그러나 만약 향기가 바람을 거스르려 한다면 어떨까. 아무리 진한 향기라도 제자리에 갇혀 멀리 가지 못할 것이다. 바람과 싸우는 나무가 더 크게 흔들리듯, 거스를수록 더 지치고 상처 입을 뿐이다. 자연은 늘 순리를 따른다. 그래서 더 아름답고, 더 오래간다.

우리의 삶도 이와 다르지 않다. 우리는 종종 바람을 거슬러 살고 싶어 한다. 내 뜻, 내 계획, 내 타이밍이 우선되어야 한다고 생각한다. 하나님이 인도하시는 방향이 마음에 들지 않거나, 속도가 느리게 느껴질 때 우리는 조급해진다. 그때부터 마음은 흔들리고, 삶은 점점 무거워진다. 평안은 사라지고, 불평과 비교가 자리를 차지한다.

성경은 우리에게 분명히 권면한다. "그런즉 너희가 어떻게 행할지를 자세히 주의하여 지혜 없는 자 같이 하지 말고 오직 지혜 있는 자 같이 하여"(에베소서 5:15)

이는 무작정 흘러가라는 말이 아니다. 하나님의 바람이 어디로 부는지를 분별하며 살아가라는 뜻이다. 하나님 안에서 걷는 삶은 억지로 애쓰는 삶이 아니라, 그분의 인도하심을 신뢰하며 순응하는 삶이다.

바람에는 때가 있다. 어떤 바람은 부드럽고, 어떤 바람은 거칠다. 어떤 바람은 봄의 기운을 실어 오고, 어떤 바람은 인내의 계절을 데려온다. 그러나 그 모든 바람에는 하나님의 뜻이 담겨 있다. 우리가 그 뜻을 거스르지 않고 순종할 때, 우리의 삶은 자연스럽게 향기를 품기 시작한다. 억지로 드러내지 않아도, 애써 증명하지 않아도, 삶 자체가 메시지가 된다.

들꽃은 봄에 피는 작은 야생화지만, 그 향기는 놀랄 만큼 멀리 퍼진다. 화려하지도, 눈에 띄지도 않지만, 어느 순간 바람을 타고 스며든 향기에 사람들은 고개를 든다. "어디서 이런 향기가 날까." 들꽃은 자신을 알리려 애쓰지 않는다. 다만 주어진 자리에서 피어나고, 바람을 거스르지 않을 뿐이다.

우리도 이와 같기를 소망한다. 하나님의 뜻 안에 거할 때, 우리의 말은 날카롭지 않고 부드러워지며, 우리의 행동은 조용하지만 힘을 갖게 된다. 억지로 영향력을 가지려 하지 않아도, 우리의 삶은 누군가에게 위로가 되고 쉼이 된다. 예수님께서 말씀하신 것처럼, "너희 빛이 사람 앞에 비치게 하여 그들로 너희 착한 행실을 보고 하늘에 계신 너희 아버지께 영광을 돌리게 하라."(마태복음 5:16)

빛과 향기는 스스로를 드러내지 않는다. 그저 존재할 뿐인데, 사람들은 그것을 느낀다.

35. 화를 다스리는 첫걸음

우리는 화가 났을 때 거의 본능적으로 상대방을 향해 화살을 겨눈다. 마치 화의 원인이 전부 상대에게 있는 것처럼 말하며, 내 마음의 불편함을 상대의 잘못으로 덮어버린다. 그러나 그것은 거울을 등지고 부부싸움하는 것과 다르지 않다. 자신의 얼굴은 보지 않은 채, 상대의 표정만 문제 삼으며 소리를 높이는 싸움이다.

생각해 보면 우리는 기분이 상했을 때 거울을 잘 보지 않는다. 화난 얼굴, 일그러진 표정, 날 선 눈빛을 마주하는 것이 불편하기 때문이다. 셀카를 찍을 때조차 가장 먼저 확인하는 것은 "지금 내 표정이 괜찮은가."이지, 화난 얼굴을 기록하려는 사람은 거의 없다. 화는 그렇게 우리 스스로에게도 낯설고 불편한 감정이다. 그래서 우리는 더 쉽게 거울을 피하고, 대신 상대를 향해 등을 돌린다.

하지만 거울을 등진 채 싸우는 부부는 결코 문제를 해결할 수 없다. 서로의 말은 점점 거칠어지고, 마음의 거리는 더 멀어진다. 결국 남는 것은 '이겼다'는 느낌이 아니라, 더 깊어진 상처와 침묵이다. 화는 풀리지 않고 쌓여, 다음 갈등의 불씨가 된다.

성경은 이런 우리의 모습을 너무도 잘 아신다. 그래서 화 자체를 죄라고 정죄하지 않으시면서도, 분명한 경계선을 그어 주신다. "분을 내어도 죄를 짓지 말며 해가 지도록 분을 품지 말라."(에베소서 4장 26절) 이 말씀은 "화내지 말라."가 아니라, 화에 머물지 말라는 권면이다. 화는 순간의 감정이지만, 품고 있으면 성품이 되고 관계를 무너뜨린다.

화가 날 때 가장 먼저 해야 할 일은 상대를 분석하는 것이 아니라, 나 자신을 돌아보는 일이다. 야고보서 1장 19절은 이렇게 말한다. "사람마다 듣기는 속히 하고 말하기는 더디 하며 성내기도 더디 하라." 이 말씀은 화가 날수록 말이 많아지는 우리의 습관을 정확히 짚어 준다. 우리는 듣기보다 말하려 하고, 이해하기보다 판단하려 한다. 그러나 분노의 순간에 필요한 것은 설득이 아니라 성찰이다.

화는 내 마음의 거울 앞에 서는 순간부터 다스려지기 시작한다. "나 지금 화가 났다." "지금은 감정이 격해져 있다." 이렇게 솔직하게 인정하는 용기는 결코 약함이 아니다. 오히려 가장 강한 자기 통제다. 감정을 부정하지 않고 인정할 때, 우리는 감정의 주인이 된다. 반대로 감정을 부정하거나 숨기면, 그 감정이 우리를 지배한다. 부부싸움이든, 가족 간의 갈등이든, 교회와 공동체 안의 다툼이든 마찬가지다. 거울을 등지고 싸우는 동안에는 누구도 진정으로 이기지 못한다. 그러나 잠시 멈추어 거울을 바라보고, 내 얼굴을 직면할 때 변화가 시작된다. 목소리는 낮아지고, 말은 조심스러워지며, 상대를 향한 시선도 달라진다.

성경이 말하는 사랑과 용서는 감정을 무시하는 것이 아니다. 오히려 감정을 하나님 앞에서 다루는 것이다. 화가 난 채로 하나님 앞에 서는 것을 두려워하지 말라. 그분은 우리의 화난 얼굴도 아시며, 그 마음까지 품으신다.

36. 고독은 가장 따뜻한 친구

"나는 고독보다 편안한 친구를 만나보지 못했다."

삶의 길을 걸어가다 보면 우리는 수많은 사람을 만난다. 함께 웃고, 이야기하고, 때로는 서로의 짐을 나누며 걷는다. 어떤 만남은 잠시 스쳐 지나가고, 어떤 인연은 오래도록 기억에 남는다. 그러나 아이러니하게도, 사람들로 둘러싸여 있을수록 마음이 더 고독해지는 순간이 있다. 말은 오가지만 마음은 닿지 않고, 웃고 있지만 속은 텅 빈 듯한 느낌이 들 때, 우리는 관계 속의 외로움을 경험한다.

그럴 때 문득 깨닫는다. 진짜 외로움은 혼자 있음이 아니라, 이해받지 못한 채 함께 있는 상태라는 것을. 그리고 그 순간, 사람들 사이에서 벗어나 홀로 있는 시간이 오히려 숨 쉴 수 있는 공간처럼 느껴진다. 그 고독 속에서 마음은 긴장을 풀고, 영혼은 조용히 제자리를 찾는다. 그래서 어느 날 우리는 고백하게 된다.

"나는 고독보다 더 편안한 친구를 만나본 적이 없다." 성경은 고독을 단순한 결핍이나 쓸쓸함으로 보지 않는다. 오히려 하나님을 깊이 만나는 자리로 초대한다. 시편 46편 10절의 말씀처럼, "너희는 가만히 있어 내가 하나님 됨을 알지어다."

이 말씀은 바쁘게 움직이며 증명하려는 삶을 잠시 멈추라는 초대다. 말이 많아질수록 하나님은 희미해지지만, 고요해질수록 그분의 임재는 또렷해진다.

고독은 도망치는 시간이 아니라, 깊어지는 시간이다. 누구의 눈치도 보지 않고, 설명할 필요도 없는 그 시간 속에서 우리는 하나님 앞에 있는 그대로 선다. 성공도, 실패도, 가면도 내려놓고 오직 한 사람으로 서는 시간. 그 고요한 고독 속에서 하나님은 우리의 가장 깊은 마음을 만지신다.

세상의 관계는 때로 피곤하다. 기대가 쌓이고, 오해가 생기며, 상처는 말로 다 표현되지 않는다. 아무리 가까운 사람이라 해도 모든 마음을 다 나눌 수는 없다. 그러나 하나님은 다르다. 말이 없어도 아시고, 설명하지 않아도 이해하시며, 숨기려 해도 이미 알고 계신다. 그래서 그분과 함께하는 고독은 외로움이 아니라 안식이 된다. 예수님께서는 분명히 말씀하셨다. "내가 너희를 친구라 하였노니."(요한복음 15장 15절) 이 친구는 필요할 때만 찾아오는 친구가 아니다. 기쁠 때만 함께하는 친구도 아니다. 침묵 속에서도 떠나지 않고, 눈물 속에서도 곁에 머무는 친구다. 세상의 친구가 등을 돌릴 때에도, 하나님은 고독의 자리에서 조용히 우리를 기다리신다.

고독은 우리를 약하게 만들지 않는다. 오히려 고독은 우리를 단단하게 만든다. 혼자 있는 시간 속에서 우리는 자신을 돌아보고, 하나님 앞에서 삶의 방향을 다시 조정한다. 고독은 나를 무너뜨리는 시간이 아니라, 나를 새롭게 세우는 시간이다. 그 안에서 우리는 세상의 소음에 묻혀 있던 하나님의 음성을 다시 듣게 된다.

그래서 고독은 두려움의 대상이 아니라, 선물이다.

37. 경험을 넘어 하나님의 지혜로

헨리 데이비드 소로가 『월든』에서 자연과 함께 사유했듯, 우리는 각자의 삶의 자리에서 인생의 진정한 의미를 묻는다. 그는 하버드 대학을 졸업한 엘리트였지만, 세상이 말하는 성공의 틀, 부와 명예와 안정에 자신을 가두지 않았다. 오히려 숲으로 들어가 단순한 삶 속에서 인간과 세계, 그리고 자기 자신을 깊이 성찰했다. 소로의 삶은 우리에게 묻는다. 과연 잘 산다는 것은 무엇인가? 그리고 그 질문은 자연스럽게 '현명함'의 본질로 이어진다.

어른들은 흔히 말한다. "우리는 아이들보다 더 현명하다. 더 오래 살았고, 더 많이 겪었고, 실패도 해봤기 때문이다." 물론 경험과 실패는 소중하다. 넘어져

본 사람만이 넘어지는 아픔을 알고, 길을 잃어 본 사람만이 방향의 중요성을 안다. 그러나 경험이 많다고 해서 반드시 지혜로운 것은 아니다. 실패를 했다고 해서 자동으로 성숙해지는 것도 아니다. 경험은 단지 재료일 뿐이며, 그 재료를 어떻게 해석하고 받아들이느냐가 지혜의 깊이를 결정한다.

성경은 이 지점에서 우리를 멈춰 세운다. 진정한 지혜는 인간의 연륜에서 비롯되지 않는다고 말한다. 야고보서 1장 5절은 분명히 선언한다. "너희 중에 누구든지 지혜가 부족하거든…, 하나님께 구하라 그리하면 주시리라." 지혜는 인간이 쌓아 올리는 업적이 아니라, 하나님께서 은혜로 주시는 선물이다. 그러므로 지혜의 출발점은 '얼마나 아는가'가 아니라 '누구를 의지하는가'에 있다.

어른들이 자신의 경험과 실패를 앞세워 아이들을 가르칠 때, 그 안에 교만이 스며들 위험도 있다. "나는 해봤어.", "나는 실패해봤어"라는 말이 어느 순간 "그러니 내 말이 맞아"라는 결론으로 이어질 때, 경험은 지혜가 아니라 권위가 된다. 그러나 성경적 지혜는 권위가 아니라 섬김으로 드러난다. 솔로몬이 고백한 것처럼 "여호와를 경외하는 것이 지혜의 근본"(잠언 9:10)이다. 하나님 앞에 서는 겸손이 없는 경험은, 오히려 다음 세대를 짓누르는 무게가 될 수 있다.

반대로, 경험이 부족해 보이는 아이들 안에도 하나님께서 주시는 지혜의 씨앗은 충분히 자랄 수 있다. 예수님께서 "어린아이와 같이 되지 아니하면 결단코 천국에 들어가지 못하리라."고 말씀하신 이유도 여기에 있다. 아이들의 지혜는 지식의 양이 아니라, 신뢰의 깊이에 있다. 계산하지 않고, 조건을 달지 않으며, 온전히 의지하는 마음. 그 순수한 믿음이야말로 하나님 나라의 지혜에 가장 가까운 태도다.

어른의 역할은 자신의 실패를 포장하는 것이 아니라, 그 실패 속에서 하나님을 어떻게 만났는지를 증언하는 데 있다. "나는 이렇게 실패했지만, 그 자리에서 하나님을 의지했다. 그리고 그분의 지혜가 나를 다시 일으켜 세웠다." 이것이야말로 다음 세대에게 전해줄 수 있는 가장 정직하고도 힘 있는 가르침이다. 실패를 숨기지 않되, 실패를 기준 삼지도 않고, 그 위에 하나님의 뜻을 세우는 삶. 그것이 성숙한 어른의 모습이다.

38. 바다는 밥상, 뒷산은 미술관

우리는 바쁘게 살아가며 일상 속에 이미 주어져 있는 자연의 풍요와 아름다움을 쉽게 지나친다. 눈앞에 늘 펼쳐져 있다는 이유만으로, 너무 익숙하다는 이유만으로 우리는 그것을 당연하게 여긴다. 그러나 잠시 걸음을 멈추고 바라보면, 자연은 늘 우리에게 말을 걸고 있다. 바다는 말없이 차려진 밥상처럼, 뒷산은 언제나 열려 있는 미술관처럼 우리를 기다린다.

바다는 끝없이 펼쳐진 밥상과 같다. 넓고 깊은 바다는 인간이 다 헤아릴 수 없는 생명과 자원을 품고 있다. 고기 떼가 오르내리고, 조개와 해조류가 자라며, 파도는 쉼 없이 생명을 순환시킨다. 바닷가에서 잡히는 생선과 해산물은 오랫동안 사람들의 생계를 책임져 왔고, 오늘날에도 우리의 식탁을 풍성하게 한다. 마치 하나님께서 광야에서 만나를 내려 주셨듯, 바다는 묵묵히 우리의 필요를 채워 주는 공급의 자리다.

성경 시편 104편 24절은 이렇게 노래한다.

"여호와여 주께서 지으신 것이 어찌 그리 많은지요 주께서 지으신 것들이 다 주의 지혜로 가득하였나이다."

이 말씀처럼, 바다는 우연의 산물이 아니라 하나님의 지혜가 응축된 창조의 결과다. 단순히 먹을거리를 제공하는 공간을 넘어, 생명의 질서와 균형, 공존의 원리가 살아 숨 쉬는 곳이다. 바다는 우리의 생명을 살찌우는 밥상인 동시에, 하나님의 무한한 사랑과 섭리를 보여 주는 교과서와 같다.

그러나 밥상 앞에 앉은 사람에게 필요한 것은 탐욕이 아니라 감사다. 감사 없는 식사는 쉽게 낭비로 이어지고, 절제 없는 소비는 결국 밥상을 무너뜨린다. 바다가 밥상이라는 고백은 동시에 책임의 고백이기도 하다. 하나님께서 차려 주신 밥상을 지키고 아끼며, 다음 세대에게 온전히 물려줄 사명이 우리에게 있다.

그리고 우리의 시선을 육지로 돌리면, 뒷산이 있다. 뒷산은 지붕 없는 미술관이다. 인간이 만든 어떤 미술관도 담아내지 못할 색과 형태, 생명의 움직임이 그 안에 가득하다. 계절마다 옷을 갈아입는 산의 모습은 하루도 같은 작품을 반복하지 않는다. 봄에는 연둣빛 새잎이 피어나고, 여름에는 짙은 녹음이 생명을 노래하며, 가을에는 붉고 노란 색채가 산 전체를 물들이고, 겨울에는 고요한 여백으로 우리 마음을 쉬게 한다.

이 미술관에는 지붕이 없다. 하늘이 지붕이고, 햇살이 조명이며, 바람이 해설자다. 구름은 캔버스 위를 천천히 움직이며 새로운 장면을 만들고, 새들의 노래는 배경 음악처럼 흐른다. 입장료도, 운영 시간도 없다. 누구에게나 열려 있고, 누구든지 들어와 마음껏 감상할 수 있다. 이것이 하나님이 우리에게 허락하신 가장 넉넉한 예술 공간이다. 밥상 앞에서 감사하는 마음으로, 지붕 없는 미술관에서 경이로움을 느끼며, 우리는 오늘도 하나님의 은혜 안에서 살아간다.

39. 축복을 누리는 참된 보물찾기

우리가 살아가면서 가장 소중한 것은 무엇일까?

돈일까, 명예일까, 아니면 세상이 말하는 성공일까? 사람들은 눈에 보이는 결과를 붙잡기 위해 분주하게 달려간다. 그러나 시간이 흐를수록 우리는 깨닫게 된다. 진정한 보물은 언제나 눈에 띄지 않는 자리에서 자라고 있었다는 사실을 말이다.

김신영과 고 전유성의 이야기를 통해 전해지는 "한 벌 가고, 두 벌 가고, 세 벌 가면 결국 보물이 된다."는 말은 단순한 농담이나 인생담이 아니다. 이 말속에는 삶의 본질적인 진리가 담겨 있다. 한 번의 시도로는 보이지 않던 가치가, 반복과 인내를 거치며 서서히 모습을 드러낸다는 뜻이다. 당장 결과가 없어 보이는 노력도 결코 헛되지 않다는 고백이기도 하다.

성경 역시 이와 같은 삶의 원리를 분명히 가르친다. 마태복음 13장 44절에서 예수님은 이렇게 말씀하신다. "천국은 마치 밭에 숨겨진 보화와 같으니 사람이 그것을 발견하고 숨겨 두었다가 기쁨으로 가서 자기 모든 소유를 팔아 그 밭을 사느니라."

보화는 처음부터 화려하게 드러나 있지 않다. 밭 속에 숨겨져 있고, 그것을 알아보는 눈이 필요하다. 그리고 발견한 이후에도, 그 가치를 위해 기꺼이 대가를 지불할 결단이 요구된다.

이 말씀은 우리 삶과 너무도 닮아 있다. 보물은 요행처럼 떨어지지 않는다. 첫 번째 수고, 두 번째 기다림, 세 번째 인내가 차곡차곡 쌓여 어느 순간 "아, 이것이 보물이었구나." 하고 깨닫게 된다. 삶의 여러 자리에서 우리가 흘린 땀과 눈물은 즉각적인 보상이 없을지라도, 하나님 안에서는 결코 사라지지 않는다.

우리의 삶도 그렇다. 첫 번째 노력은 흔들리고, 두 번째 시도는 지치며, 세 번째 도전은 포기하고 싶어진다. 그러나 바로 그 지점에서 멈추지 않고 한 걸음 더 내딛는 사람이 결국 보물을 손에 쥔다. 김신영과 전유성이 수많은 실패와 시행착오 속에서도 자기 길을 걸어온 것처럼, 우리 역시 각자의 자리에서 묵묵히 오늘을 살아내야 한다.

잠언 24장 16절은 이렇게 말한다. "의인은 일곱 번 넘어질지라도 다시 일어나려니와." 여기서 중요한 것은 넘어지지 않는 삶이 아니다. 다시 일어나는 삶이다. 넘어짐은 실패가 아니라 과정이며, 포기는 그때부터 진짜 실패가 된다. 하나님께서 보물로 빚으시는 사람은 넘어질 줄 모르는 사람이 아니라, 넘어져도 다시 일어나는 사람이다.

우리가 흘린 수고와 인내는 언젠가 하나님의 때에 열매가 된다. 때로는 이 땅에서, 때로는 하늘의 상급으로 돌아온다. 그래서 성경은 "낙심하지 말라."고 거듭 권면한다. 눈에 보이는 성과가 없다고 해서 하나님께서 일하지 않으시는 것이 아니기 때문이다.

40. 용기 내어 드러내면 치유

마음의 상처는 참 묘한 존재다. 겉으로는 멀쩡해 보여도, 속 깊은 곳에서는 여전히 욱신거리고 시리다. 가만히 있어도 아픈데, 누군가가 그 상처를 건드리거나 후벼파면 그 고통은 몇 배로 커진다. 상처라는 건 단순한 감정의 흠집이 아니라, 오랜 시간 쌓인 기억과 경험, 그리고 그 안에 담긴 사랑과 기대가 무너진 흔적이기도 하다.

성경 속 모세의 이야기를 떠올려 보면, 이런 마음의 상처와 '발작 버튼'의 순간이 잘 드러난다. 모세는 이스라엘 백성을 이끌어 출애굽이라는 위대한 역사를 세운 지도자였다. 하지만 그도 인간이었다. 감정이 차올라 제어하기 힘든 순간이 있었고, 그때는 하나님 앞에서조차 격렬하게 쏟아냈다. 출애굽기 32장, 금송아지 사건 이후 모세는 하나님께 이렇게 외쳤다. "여호와여, 어찌하여 내게 이렇게 행하셨나이까? 내게 죄를 지은 이 백성을 어찌하여 내게 주셨나이까?" 이 말은 얼핏 보면 하나님께 '선을 넘는' 발언처럼 보인다.

하지만 그 속을 들여다보면, 그것은 단순한 무례나 반항이 아니었다. 그 말에는 깊은 배신감과 절박함이 섞여 있었다. 하나님을 따르겠다고 약속했던 백성이 하루아침에 금송아지 우상 숭배로 돌아서 버렸다. 그 배신은 단순한 불순종이 아니라, 함께 걸어온 길과 믿음을 무너뜨리는 일이었다. 동시에 하나님의 심판 앞에서 멸망할 백성을 향한 깊은 사랑과 안타까움이 모세를 사로잡았다. 가만히 있어도 아픈 마음이었지만, 그는 그 상처를 숨기지 않고 하나님 앞에 그대로 드러냈다.

놀라운 건 하나님이 그 절규를 무시하지 않으셨다는 점이다. 오히려 모세의 간절한 호소를 들으시고 이스라엘 백성에 대한 심판을 완화하셨다. 그로 인해 하나님과 백성 사이의 관계가 회복될 길이 열렸다. 이 장면은 중요한 메시지를 준다. 마음의 상처를 그냥 덮어두면 썩어 들어가지만, 용기 내어 드러내면 치유가 시작된다는 것이다.

우리 삶에서도 비슷한 순간이 많다. 무심한 한마디, 예기치 못한 상황, 감당하기 벅찬 현실 속에서 오래된 상처가 다시 벌어질 때가 있다. 그때 우리는 선택해야 한다. 상처를 숨기고 혼자 버틸 것인지, 아니면 모세처럼 하나님께 솔직히 토로할 것인지. 믿을 수 있는 사람에게 털어놓는 것도 방법이다. 상처를 드러내는 건 부끄러운 일이 아니라, 치유로 나아가는 첫걸음이다.

모세의 이야기는 '아픔을 직면하는 용기'가 얼마나 중요한지를 보여준다. 하나님 앞에 솔직하게 부르짖었던 모세처럼, 우리도 상처를 감추지 말아야 한다. 그럴 때 하나님의 긍휼과 위로가 우리 삶을 감싸고, 무너진 마음을 다시 세워 주신다. 가만히 아픈 채로 있지 말고, 그 상처를 하나님께 들고 나아가라. 그분은 우리의 '발작'조차 귀하게 들으시고, 회복의 길을 열어 주실 것이다.

41. 하나님과 연결되는 직통번호

새화정교회는 규모로만 보면 그리 크지 않다. 하지만 그 안에서 느껴지는 온기와 은혜는 결코 작지 않다. 소박한 예배당이지만, 그 안에서 울려 퍼지는 하나님의 사랑과 말씀은 마음 깊은 곳을 울린다. 오히려 이런 아름다운 공간이기에 서로의 얼굴을 바라보며, 한 목소리로 찬양하고 기도할 때 더 진하게 느껴지는 가족 같은 유대가 있다.

예레미야 33장 3절 말씀, "내게 부르짖으라 내가 네게 응답하겠고 네가 알지 못하는 크고 은밀한 일을 네게 보이리라."는 약속은 소박한 교회에도 똑같이, 아니 어쩌면 더 강하게 적용된다. 하나님께 부르짖는 사람에게는 크고 화려한 건물이나 대규모 인원이 필요하지 않다. 그저 진심 어린 마음과 간절한 부르짖음이 있으면, 마치 하나님과 바로 연결되는 '직통 전화번호'를 쥐고 있는 것처럼 언제든 그분의 응답을 들을 수 있다. 새화정교회는 바로 그런 부르짖음이 끊이지 않는 곳이다.

누가복음 1장 19절에서 천사 가브리엘이 "나는 주 하나님 앞에 서는 가브리엘이라 네게 이 말을 전하여 평안을 주려고 보내심을 받았노라."고 한 장면은,

하나님과 사람을 직접 잇는 메신저의 모습을 보여준다. 마치 하늘과 땅 사이의 전화선을 이어주는 중계자처럼, 하나님의 말씀과 마음이 사람에게 곧바로 전해진다. 새화정교회에서 드려지는 기도와 찬양, 말씀 선포도 그런 순간이다. 우리의 목소리가 하늘로 올라가고, 하나님의 마음이 다시 우리에게 흘러내리는 '직통 연결'이 작동하는 시간이다.

성경은 작고 연약한 것을 통해 큰 일을 이루시는 하나님의 방식을 여러 번 보여준다. 다윗이 거인 골리앗을 쓰러뜨린 일, 어린 사무엘이 하나님의 음성을 들었던 밤, 그리고 마리아가 그리스도의 어머니로 부르심을 받았던 사건 모두가 그렇다. 작은 자, 연약한 자를 들어 쓰셔서 세상을 뒤흔드는 일을 이루신다. 새화정교회도 그와 같다. 세상 기준으로 보면 작을 수 있지만, 그 안에는 하나님을 향한 믿음과 순종이 모여 있다. 그 믿음 위에서 하나님은 우리가 알지 못했던 놀라운 일들을 이루신다.

우리는 종종 큰 규모, 화려한 외형, 눈에 띄는 사역에서 하나님의 역사를 찾으려 한다. 그러나 하나님은 작은 믿음과 진심 어린 기도를 통해도 충분히 역사하신다. 오히려 그럴 때 더 친밀하게 우리와 대화하시고 인도하신다. 그래서 새화정교회는 단순한 예배 장소가 아니라, 하나님과 깊이 연결되는 축복의 통로다.

이 아름다운 교회 안에서 나누는 믿음과 사랑, 그리고 하나님과의 '직통 전화' 같은 영적 교감은 그 어떤 웅장한 건물에서도 쉽게 맛보기 어려운 은혜다. 새화정교회가 주는 크고 깊은 감동을 마음에 간직하며, 오늘도 믿음의 길을 한 걸음씩 걸어가길 바라고, 작은 곳에서 시작된 하나님의 사랑이 우리 삶 곳곳을 가득 채우길 바라며,

42. 하나님이 주신 귀한 선물

내가 좋아하는 사람이 나를 좋아해 주는 건 정말 기적 같은 일이다. 세상에는 수많은 사람이 있지만, 그중에서 마음이 맞고 서로를 향해 같은 감정을 품는 누군가를 만난다는 건 단순한 우연이 아니라, 어쩌면 하나님의 특별한 선물일지도 모른다. 하나님께서 보이지 않는 손으로 두 사람의 마음을 부드럽게 이끌어 주시고, 사랑의 씨앗을 심어 주신 결과라고 생각하면 더 놀랍다.

성경은 사랑의 시작과 근원을 하나님께 둔다. 요한일서 4장 7절에서 "사랑은 하나님께 속한 것이니."라고 한 말처럼, 사랑은 단순한 호감이나 감정의 불꽃이 아니라 하나님으로부터 흘러나오는 생명력이다. 내가 좋아하는 사람이 나를 좋아해 주는 순간, 그것은 인간적인 노력과 매력을 넘어선 하나님의 사랑이 두 사람 사이에서 작동한 결과다.

성경 속에서 가장 강렬한 사랑의 표현을 찾자면 아가서가 떠오른다. 아가서 8장 7절의 "많은 물도 이 사랑을 끄지 못하며 홍수라도 삼키지 못하리라."는 구절은, 진실한 사랑이 가진 힘을 잘 보여준다. 세상의 수많은 방해와 어려움이 있어도 꺼지지 않는 불꽃 같은 사랑, 그 불꽃이 타오르는 순간이 바로 내가 좋아하는 사람이 나를 좋아하는 그 기적의 순간이다.

예수님은 사랑에 대해 직접 본보기를 보여주셨다. 요한복음 13장 34절에서 "서로 사랑하라. 내가 너희를 사랑한 것 같이"라고 말씀하신 것은 단순한 도덕적 권고가 아니라, 사랑의 원리와 능력을 보여주는 선언이었다. 내가 좋아하는 사람이 나를 좋아하는 건, 그 사랑의 본질이 하나님으로부터 시작되었고, 그분의 사랑이 우리 마음 속에 흘러들어와 서로를 향하게 된 결과다.

사랑은 기다리는 것 같지만, 사실은 주는 것에서 시작된다. 내가 좋아하는 사람에게 먼저 마음을 열고, 친절과 관심, 진심을 전하는 순간 하나님은 그 마음을 사용하신다. 때로는 예상치 못한 방식으로, 또 내가 미처 준비하지 못한 순간에 기적처럼 응답이 온다. 이 과정에서 사랑은 단순한 감정이 아니라 하나님과 함께 빚어 가는 관계의 작품이 된다.

그래서 내가 좋아하는 사람이 나를 좋아해 준다는 건 세상에서 가장 특별한 선물이다. 그 사랑 안에서는 서로의 상처가 조금씩 치유되고, 서로의 꿈이 격려를 받고, 함께 성장하는 기쁨이 일어난다. 하나님이 주신 이 은혜는 잠시 스쳐 지나가는 설렘이 아니라, 평생 간직할 수 있는 축복의 증거다.

오늘도 누군가를 마음속에 품고 있는 사람에게 말해주고 싶다. 사랑은 하나님께서 주신 가장 귀한 선물이고, 그것이 현실이 되는 순간은 하나님의 사랑이 직접 우리 삶 속에서 증명되는 순간이다. 내가 좋아하는 사람이 나를 좋아해 주는 그날, 우리는 단순히 사랑을 얻는 것이 아니라, 하나님이 우리를 사랑하시는 깊은 방식과 그 놀라운 섭리를 온몸으로 체험하게 되는 것이다.

43. 내면에서 발견되는 행복

"시작이 반이다."라는 말은 단순한 격언을 넘어, 삶의 본질을 꿰뚫는 깊은 진리를 담고 있다. 우리는 종종 결과와 성취에만 마음을 빼앗기지만, 실제로 인생을 바꾸는 힘은 언제나 '처음 내딛는 한 걸음'에서 시작된다. 성경은 이 사실을 여러 장면을 통해 분명하게 보여준다.

창세기 1장에서 하나님은 "태초에 하나님이 천지를 창조하시니라"라는 선언으로 역사를 여셨다. 그 첫 말씀, 첫 행동이 없었다면 빛도, 생명도, 시간의 흐름도 존재하지 않았을 것이다. 하나님은 완성된 세계를 한순간에 펼쳐 보이시지 않았다. 빛을 만드시고, 하늘과 땅을 나누시고, 차근차근 질서를 세워 가셨다. 시작은 작아 보였을지라도, 그 시작 안에는 완성을 향한 하나님의 뜻과 능력이 이미 담겨 있었다. 이처럼 믿음의 시작은 미약해 보여도, 그 안에는 하나님의 역사를 움직이는 힘이 들어 있다.

마태복음 4장에서 예수님께서 광야에서 시험을 받으실 때도 마찬가지다. 사탄의 유혹은 모두 '한 번쯤은 괜찮지 않겠느냐'는 작은 타협에서 시작된다. 그러나 예수님은 그 첫 유혹 앞에서 단호히 말씀으로 맞서셨다. 그 첫 결단이 있었기에 이후의 공생애 전체가 흔들리지 않았다. 작은 순종 하나가 인생의 방향을 결정짓는 것이다. 그래서 믿음의 첫 고백, 첫 기도, 첫 순종은 그 자체로 이미 절반 이상의 영적 싸움을 이긴 것과 같다.

"행복은 내면에서 발견된다." 이 말 역시 성경적 진리와 깊이 맞닿아 있다. 세상은 끊임없이 더 많은 것을 가지면 행복해질 것처럼 말하지만, 성경은 전혀 다른 길을 제시한다. 시편 16편 11절에서 시편 기자는 "주의 얼굴의 빛이 내게 비춰심이여 내게 생명의 길이 있나이다"라고 고백한다. 행복은 상황의 밝음이 아니라, 하나님의 얼굴을 향한 마음의 방향에서 온다. 환경이 바뀌지 않아도, 마음이 하나님 안에 머물면 삶의 빛은 사라지지 않는다.

사도 바울의 고백은 이 진리를 더욱 분명히 보여준다. 빌립보서 4장 11절에서 그는 "나는 궁핍하나, 어떠한 형편에서도 자족하기를 배웠노라"고 말한다. 감옥에 갇힌 상황에서도 바울은 불평 대신 감사와 찬송을 선택했다. 그에게 행복은 자유로운 몸이나 넉넉한 재정이 아니라, 그리스도와 동행하는 삶 그 자체였다. 마음이 하나님 안에서 풍성해질 때, 외적인 조건은 더 이상 행복의 기준이 되지 않는다.

또 하나의 중요한 진리는 "어제를 버리지 않으면 내일은 오지 않는다"는 사실이다. 우리는 종종 과거의 실패, 상처, 후회에 발목을 잡힌 채 살아간다. 하지만 성경은 과거에 묶여 있는 삶이 아니라, 회복과 새 출발의 길을 보여준다. 베드로는 예수님을 세 번이나 부인한 치명적인 실패를 경험했다. 그 기억은 평생 지워지지 않을 만큼 아팠을 것이다. 그러나 부활하신 예수님은 베드로를 책망하기보다 "네가 나를 사랑하느냐?"라고 물으셨다(요한복음 21:16). 그 질문은 과거를 들추기 위한 것이 아니라, 새로운 미래로 초대하는 질문이었다.

44. 고객을 섬기는 모습도 축복

교회에서 봉사하는 마음으로 고객을 섬기며 사업을 운영하는 모습은 신앙의 본질과 매우 닮아 있다. 하나님께서 새신자를 어린아이처럼 귀하게 여기시고 그들의 기도를 잘 들어주시는 것처럼, 고객 한 사람 한 사람을 진심으로 섬기는 태도는 결국 하나님께서 축복하시는 길이 된다. 마태복음 18장 3절에서 예수님은 "너희가 돌이켜 어린아이들과 같이 되지 아니하면 결단코 천국에 들어가지 못하리라."고 말씀하셨다. 어린아이의 순수함과 겸손함, 그리고 간절한 마음은 하나님 앞에서 매우 귀한 자세다. 이처럼 새신자의 기도가 귀하게 받아들여지는 것처럼, 고객의 작은 요구와 목소리에도 귀 기울이고 진심으로 섬기는 마음은 사업에 큰 축복을 가져온다.

교회에서 봉사할 때처럼 고객을 단순한 거래 상대가 아닌 한 영혼으로 바라보고 대할 때 신뢰와 사랑이 자라난다. 베드로전서 4장 10절은 "각각 은사를 받은 대로 하나님의 여러 가지 은혜를 맡은 선한 청지기 같이 서로 봉사하라."고 권면한다. 사업하는 우리 역시 하나님의 청지기로서, 고객 한 사람 한 사람에게 하나님 사랑을 전하는 봉사의 마음으로 임해야 한다. 이 마음가짐은 단순한 이익 추구를 넘어서, 진정한 섬김과 헌신의 자세를 요구한다.

이러한 섬김의 자세는 결국 사업의 성공으로 이어진다. 고객을 진심으로 섬기며 쌓은 신뢰는 단골 고객과 좋은 입소문으로 확산되고, 더 큰 축복과 기회로 돌아온다. 하나님께서 어린아이 같은 순수한 마음으로 드리는 기도를 귀하게 여기시는 것처럼, 진심 어린 고객 봉사 역시 하나님께서 기뻐하시고 축복하시는 길이다. 고객과의 관계에서 신뢰와 사랑이 깊어질수록 사업도 더욱 건강하게 성장할 수 있다.

새신자가 기도를 통해 신앙이 성장하듯, 고객을 섬기는 사업도 하나님의 축복 아래 성장한다. 그러므로 우리 모두는 '교회 봉사'하는 마음으로 고객을 대해야 한다. 작은 일에도 정성을 다하고, 고객 한 사람 한 사람을 소중하게 여기며, 하나님께서 허락하신 은혜로 사업을 일구어 가야 한다. 이러한 자세가 모여 결국 사업 현장에서 빛나는 열매를 맺게 된다.

오늘도 어린아이 같은 순수한 마음과 겸손한 자세로 고객을 맞이하는 모든 이들의 사업 위에 하나님의 풍성한 축복과 평강이 함께하기를 기도한다. 고객한 사람 한 사람이 하나님께서 맡기신 귀한 이웃임을 잊지 말자. 여러분의 진심 어린 섬김과 사랑 속에서 고객이 더욱 빛나는 은총의 통로가 되길 소망한다. 그렇게 하나님 사랑을 전하는 봉사의 마음으로 섬길 때, 사업도 사람도 함께 성장하고 하나님의 축복이 넘치는 삶을 살게 된다.

45. 위험 속에서도 뛰어드는 용기

물이 빠른 급류에 빠진 사람을 구하는 일이 쉽지 않은 이유는 그 상황 자체가 매우 급박하고 위험하기 때문이다. 누군가를 구하려고 할 때 '모르게 뒤로 가기'나 '힘이 다 빠져서 마지막에 가기' 같은 방법을 선택하는 경우가 있다. 얼핏 보면 상대를 신중하게 배려하는 태도 같지만, 사실 이런 방식은 구하는 이를 더 위험한 상황에 빠뜨릴 수도 있다. 이와 같은 모습은 우리의 신앙과도 비슷한 면이 있다. 구약 성경, 특히 모세오경 중 신명기에서는 '하나님 사랑'과 '이웃 사랑'을 강조하는데, 이것은 단순한 말이 아니라 실제 행동으로 옮겨 가족과 이웃의 마음을 진심으로 살피고 돌보는 데서 시작한다는 점을 분명히 가르친다.

신명기 6장 5절에는 "너는 마음을 다하고 뜻을 다하고 힘을 다하여 네 하나님 여호와를 사랑하라."라는 명령이 나온다. 하나님을 사랑한다면서도 가까운 가족과 이웃의 고통과 마음을 헤아리지 못한다면, 그 사랑은 온전한 사랑이라 할 수 없다. 마태복음 22장 37절부터 39절까지 예수님께서 "네 마음을 다하고 목숨을 다하고 뜻을 다하여 주 너의 하나님을 사랑하라." 그리고 "네 이웃을 네 자신과 같이 사랑하라."라고 하셨다. 여기서 하나님 사랑과 이웃 사랑은 분리할 수 없는 하나임을 알 수 있다. 진정한 하나님 사랑은 반드시 이웃 사랑과 함께 실천되어야 한다는 것이다.

물이 가득 찬 급류에 빠진 사람을 구할 때, 조심스럽게 뒤로 돌아 접근하거나 힘이 다 빠져서 마지막에 간다는 것은 사실상 그 사람의 고통을 외면하거나 미루는 행동일 수 있다. 이는 우리 신앙의 모습과도 닮았다. 하나님을 사랑한다고 말하면서도 가족과 이웃의 마음을 모르는 경우가 많다. 하지만 진짜 사랑은 위험을 감수하고 바로 곁으로 다가가 행동하는 용기에서 시작된다. 요한일서 3장 18절은 "우리 사랑을 말과 혀로만 하지 말고 행함과 진실함으로 하자."고 말한다. 말뿐인 사랑은 아무 의미가 없고, 행동하는 사랑만이 진짜 사랑이다.

구약의 십계명 가운데 '네 부모를 공경하라'는 계명이 있다. 이는 가족을 사랑하고 돌보는 것이 하나님을 사랑하는 삶의 근본임을 가리킨다. 가족의 고통과 필요를 외면한 채 하나님 사랑만 외치는 것은 물에 빠진 사람을 구하지 않고 멀리서 지켜보는 것과 같다. 가족과 이웃의 아픔과 어려움을 외면하지 않고, 진심으로 마음을 다해 돌보는 것이 하나님 사랑의 첫걸음이다.

이제는 두려워하거나 미루지 말고, 힘이 다 빠질지라도 사랑하는 가족과 이웃 곁으로 먼저 다가가야 한다. 하나님께서 우리에게 보여주신 사랑은 기다리거나 뒤로 물러나는 사랑이 아니라, 위험 속에서도 곧장 뛰어드는 용기 있는 사랑이다. 우리가 그런 사랑을 실천할 때 비로소 하나님 사랑과 이웃 사랑이 온전히 이루어진다.

46. 포기하지 않는 기도의 힘

마르틴 루터와 그의 아내가 검은 상복을 입고 "하나님은 죽었어요."라고 탄식했던 그 역사적 순간은 단순한 절망의 표현이 아니라, 신앙이 흔들릴 때 겪는 깊은 갈등과 고통, 그리고 그 속에서 다시 회복과 은혜를 경험하는 과정의 한 부분이다. 이 순간은 우리에게 기도의 중요성과 포기하지 않는 기도의 힘을 다시금 생각하게 한다. 성경 속 다윗의 삶 역시 비슷한 맥락을 보여준다. 그의 삶 속에서 드러난 기도의 끈과 인간의 연약함, 그리고 끝까지 기도를 멈추지 말아야 한다는 메시지를 깊이 되새겨야 한다.

다윗은 성경에서 기도의 사람으로 알려져 있다. 그의 시편들은 하나님께 드리는 간절한 기도와 찬양으로 가득하다. 그는 때로는 기쁨과 감사의 노래를 부르지만, 동시에 자신의 죄와 연약함을 하나님께 솔직하게 고백하며 도움을 구했다. 그러나 다윗도 완전한 사람이 아니었다. 그는 밧세바를 탐내고, 그녀의 남편 우리아를 죽음으로 몰아넣는 중대한 죄를 지었다.(사무엘하 11장) 이 사건은 기도의 힘이 있다고 해도 인간의 죄성과 연약함 앞에서 완벽할 수 없음을 보여준다. 하지만 다윗은 죄를 지은 뒤에도 하나님께 기도를 멈추지 않았다. 오히려 회개하며 하나님께 돌아갔기에 용서와 회복을 경험할 수 있었다.

히브리서 4장 16절은 "그러므로 우리가 긍휼하심을 받고 때에 돕는 은혜를 얻기 위하여 담대히 은혜의 보좌 앞에 나아갈찌니라."고 말씀한다. 이는 죄로 인해 하나님과 멀어졌다고 느껴도 기도를 멈추지 말고 담대하게 하나님 앞에 나아가야 함을 뜻한다. 마르틴 루터도 절망 속에서 "하나님은 죽었어요."라고 외쳤지만, 결국 기도와 성경 말씀 안에서 다시 일어섰다. 그의 검은 상복은 고통과 절망의 상징이지만, 그 안에는 끝까지 신앙의 끈을 놓지 않은 간절한 마음이 담겨 있다. 이 모습은 우리에게 신앙 생활의 어려움과 함께 포기하지 않는 믿음의 용기를 일깨운다.

기도를 쉬는 것은 하나님과의 관계를 끊는 것이고, 이는 죄가 될 수 있다. 반대로 기도를 멈추지 않는 자에게는 하나님의 은혜와 긍휼이 넘친다. 다윗이 우리아의 죽음이라는 큰 죄 앞에서도 회개하며 하나님께 나아갔던 것처럼, 우리도 자신의 연약함과 죄를 숨기지 말고 하나님께 고백하며 기도를 계속해야 한다. 기도는 단순히 말하는 행위를 넘어서 하나님과의 깊은 교제이며, 힘들고 절망스러운 순간에도 포기하지 않는 신앙의 본질이다.

또한, 기도는 신앙인의 영적 생명줄이다. 신앙의 길을 걸으며 누구나 절망과 좌절을 경험하지만, 그때마다 기도를 통해 다시 힘을 얻고 회복할 수 있다. 마르틴 루터의 이야기는 바로 그 점을 보여준다. 절망 속에서도 기도의 끈을 놓지 않고 다시 하나님 앞에 서는 용기가 신앙을 지키는 힘이 된다는 것이다. 그의 삶은 기도와 말씀 안에서 회복이 가능하다는 강력한 증거이다.

47. 하나님과 연결되는 삶의 비결

"범사에 감사하라."는 말씀은 단순한 권면이 아니라 우리 삶을 근본적으로 바꾸는 깊고 도전적인 명령이다. 여기서 '범사'는 좋은 상황뿐 아니라 힘들고 어려운 상황도 모두 포함한다. 그럼에도 불구하고 우리는 어떻게 어려움 속에서 감사할 수 있을까? 그 해답은 기도를 통해 하나님의 은혜와 섭리를 깨닫는 데 있다.

성경 데살로니가전서 5장 18절은 "범사에 감사하라 이것이 그리스도 예수 안에서 너희를 향하신 하나님의 뜻이니라."고 분명히 말씀한다. 하나님은 우리에게 모든 상황 가운데 감사하라고 하셨다. 하지만 현실에서 어려운 일을 겪을 때 '무작정 감사하라'고 하기는 쉽지 않다. 그래서 우리가 먼저 해야 할 일은 기도를 통해 하나님과 깊이 교제하는 것이다.

빌립보서 4장 6절은 "아무 것도 염려하지 말고 다만 모든 일에 기도와 간구로 너희 구할 것을 감사함으로 하나님께 아뢰라."고 말한다. 여기서 기도는 단순히 바라는 것을 말하는 행위가 아니라, 우리 마음과 생각을 하나님께 열어 그분의 뜻과 계획을 깨닫는 통로다. 기도를 통해 우리는 눈에 보이지 않던 하나님의 섭리와 사랑을 보게 되고, 그 안에서 감사할 이유들을 발견하게 된다.

시편 34편 1절에서 다윗은 "내가 여호와를 항상 송축하리니 내 입술로 항상 주를 찬양하리로다."라고 고백했다. 그의 찬양과 감사는 단순한 감정의 표출이 아니었다. 그것은 하나님에 대한 굳은 신뢰와 살아온 경험에서 우러나온 믿음의 표현이었다. 우리도 기도와 말씀 안에서 하나님의 인도하심을 깨닫고, 우리의 삶에 숨겨진 축복을 발견할 때 진심 어린 감사가 자연스럽게 흘러나온다.

감사는 '좋은 일이 있어서 하는 것'이 아니라 하나님이 우리 삶의 주인이심을 인정하고, 그분의 뜻과 사랑 안에서 모든 상황을 받아들이는 마음이다. 즉, 이유 없는 감사가 아니라 기도를 통해 그 이유를 깨닫고, 그래서 감사하는 것이다. 이 과정은 우리의 마음을 점점 풍요롭게 하고 하나님과의 깊은 교제를 이끌어내는 귀한 열매가 된다.

또한, 감사하는 마음은 우리 삶에 긍정적인 변화를 가져온다. 감사는 어려움을 견디게 하는 힘이 되고, 절망 가운데서도 희망을 발견하게 한다. 마음이 감사로 채워지면 하나님께 더 가까이 나아가고, 삶의 모든 순간을 새로운 시선으로 바라볼 수 있다. 이런 마음가짐은 우리의 신앙생활뿐 아니라 일상생활과 인간관계에도 좋은 영향을 미친다.

따라서 우리는 "범사에 감사하라."는 하나님의 뜻을 기쁨으로 받아들여야 한다. 그리고 매일매일 기도를 통해 하나님의 섭리를 깨닫고, 그 안에서 감사의 마음을 키워 가야 한다. 이것이 바로 진정한 신앙인의 자세이며, 하나님과 깊이 연결되는 삶의 비결이다.

48. 하나님은 '믿음의 대상'

토마스 아퀴나스는 중세 시대 가장 위대한 신학자 중 한 명이다. 평생을 바쳐 『신학대전』을 집필했고, 수많은 신학적 저작을 남겼지만, 80세쯤 되어서 갑자기 모든 집필을 멈추고 자신이 쓴 책들을 불사르다시피 내려놓았다. 그 이유는 단 하나였다. 그는 하나님을 '지식'이나 '논리'로 설명하려 했던 자신의 노력이 하나님의 위대하심 앞에서는 너무 작고 하찮게 느껴졌기 때문이다. 아퀴나스가 깊은 기도와 환상 가운데 경험한 하나님의 임재는 인간의 어떤 언어와 논리로도 다 담아낼 수 없는 경외의 대상이었다.

그가 남긴 이 고백은 오늘날 우리에게도 매우 중요한 의미를 가진다. 하나님은 '믿음의 대상'이지 '연구의 대상'이 아니라는 것이다. 우리가 아무리 하나님을 이해하려 애써도, 하나님은 항상 인간의 지식과 이성을 넘어선 분임을 깨닫게 된다. 잠언 3장 5절은 "너는 마음을 다하여 여호와를 신뢰하고 네 명철을 의지하지 말라."고 말한다. 결국 아퀴나스는 자신의 명철과 지식의 한계 끝에서 하나님을 온전히 신뢰하는 '믿음의 신학'으로 돌아갔던 것이다.

하나님께서 이스라엘 백성에게 주신 율법은 엄청난 분량이었다. 하지 말라는 금지 명령이 365개, 행하라는 명령이 248개, 총 613개에 이른다. 하지만 예수님은 이 모든 율법의 핵심을 단 두 가지로 요약했다. "네 마음을 다하고 목숨을 다하고 뜻을 다하여 주 너의 하나님을 사랑하라…, 네 이웃을 네 자신 같이 사랑하라."(마태복음 22:37-39)는 말씀이다. 율법의 완성은 지식이 아니라 사랑이며, 그 사랑은 믿음에서 비롯된다.

우리 신앙의 여정에서 하나님을 더 알고자 책을 읽고 공부하는 것은 당연한 일이다. 그러나 하나님은 책 속에만 머무시는 분이 아니라 우리의 삶 속에서 인격적으로 만나야 할 분이다. 지식은 하나님께 나아가는 한 가지 길일 뿐,

하나님과의 관계를 대신할 수 없다. 진짜 신앙은 지식의 축적이 아니라 하나님의 임재를 체험하는 것이다.

간증도 마찬가지다. 지식이 아니라 체험에서 나온다. "하나님은 믿음의 대상이다."라는 고백은 오직 삶 속에서 하나님의 손길과 사랑을 직접 경험한 사람만 할 수 있다. 이해할 수 없는 하나님을 향해 눈을 감고 손을 내미는 것이 믿음이다. 그 믿음으로 나아갈 때, 우리는 지식보다 훨씬 더 깊고 분명한 하나님의 사랑과 은혜를 경험한다.

오늘도 우리는 스스로 묻는다. "하나님은 누구신가?" 그때 하나님은 조용히 답하신다. "내가 누구인지 알기 전에, 나를 믿으라." 그리고 믿는 자에게만 보이는 그 크신 영광 가운데서, 우리도 토마스 아퀴나스처럼 고백하게 된다. "내가 지금껏 쌓아온 모든 지식은 그분 앞에서 티끌에 불과하구나."

49. 버팀목이 되어 주던 순간들

딸은 엄마에게 이렇게 말했다.

"영어 공부하려면 영한사전은 꼭 있어야 해요. 한영사전도 필요하고, 프라임사전까지 있어야 제대로 공부할 수 있대요."

딸의 말은 확신에 차 있었고, 엄마는 그 말에 고개를 끄덕였다. 공부를 위해서라면 무엇이든 해 주고 싶었던 마음이 앞섰다. 엄마는 형편을 헤아리며 잠시 망설였지만, 결국 어렵게 마련한 돈을 딸의 손에 쥐어 주었다. 딸은 고맙다는 말을 남기고 돌아섰고, 엄마는 그 뒷모습을 오래 바라보았다.

그러나 그 돈은 사전을 사는 데 쓰이지 않았다. 딸은 공부에 대한 부담과 또

래들 사이에서 느끼는 압박감, 말하지 못한 외로움 때문에 그 돈을 다른 곳에 써 버렸다. 잠시라도 마음을 가볍게 하고 싶었던 것이다. 딸은 스스로를 다독이며, 나중에 다시 열심히 하면 된다고 생각했다.

시간이 흐른 뒤, 엄마는 딸이 사전을 사지 않았다는 사실을 알게 되었다. 가슴 한켠이 무너지는 듯했지만, 엄마는 그 사실을 따져 묻지 않았다. 거짓말을 드러내기보다 딸의 연약함을 덮어 주기로 선택했다. 화를 내기보다 기다리기로 한 것이다.

그 침묵은 무관심이 아니라 사랑이었다. 베드로전서 4장 8절의 말씀처럼, "무엇보다도 뜨겁게 서로 사랑할지니 사랑은 허다한 죄를 덮느니라." 엄마의 침묵은 딸의 거짓을 눈감아 준 것이 아니라, 회복의 시간을 허락한 선택이었다.

딸은 훗날 그 일을 떠올리며 깨닫게 된다. 자신이 했던 거짓말보다 더 선명하게 남은 것은, 아무 말 없이 자신을 믿어 주던 엄마의 얼굴이었다. 그래서 마음에 남은 감정은 부끄러움보다 '고마움'이었다. 그 고마움은 딸이 인생의 어려운 순간을 견뎌 낼 수 있도록 돕는 마음속의 보험이 되었다.

성경의 요셉 역시 깊은 상처를 경험한 인물이다. 그는 형들의 악의로 고난을 겪었지만, 마침내 이렇게 고백한다.

"당신들이 나를 해하려 하였으나 하나님은 그것을 선으로 바꾸사 오늘과 같이 많은 사람의 생명을 구원하게 하셨나이다."(창세기 50:20)

하나님은 인간의 죄와 실수, 상처마저도 구원의 도구로 사용하신다.

오늘날 우리 사회는 정죄와 냉소가 넘쳐난다. 하지만 우리는 누군가의 연약함과 허물을 덮어주는 사랑이 절실히 필요하다. 용서와 공감이 더 많이 필요하다. 사랑은 사람 사이에 생긴 많은 상처와 실수를 덮어주고, 서로를 지탱하는 가장 강력한 힘이 된다. 그 사랑은 바로 하나님께서 십자가에서 우리에게 먼저 보여주신 사랑이다.

50. 보혈이 주는 자유와 은혜

연필로 글을 쓰다 보면 실수는 누구나 한다. 그럴 때마다 우리는 조용히 손을 뻗어 지우개를 꺼낸다. 잘못 쓴 글자를 지우고 다시 쓸 수 있다는 사실, 이것이 바로 '지우개'라는 도구가 가진 가장 큰 가치다. 그런데 이 지우개의 의미는 우리 삶과 영혼에도 똑같이 적용된다. 우리에게는 삶의 잘못과 죄를 지우고 다시 시작할 수 있는 '영적 지우개'가 필요하다. 하나님께서 우리에게 주신 최고의 영적 지우개는 바로 십자가의 보혈이다.

십자가는 단순한 형틀이 아니다. 예수 그리스도께서 그 십자가 위에서 흘리신 보혈로 인해, 우리의 모든 죄와 실수, 허물과 부끄러움이 깨끗이 씻겨졌다. 이사야 1장 18절에 하나님은 말씀하신다. "너희 죄가 주홍 같을지라도 눈과 같이 희어질 것이요, 진홍같이 붉을지라도 양털 같이 희게 되리라." 이 말씀은 십자가의 지우개가 가진 놀라운 능력을 보여준다. 아무리 지울 수 없을 것 같은 죄라도 하나님의 은혜 앞에서는 모두 깨끗하게 지워진다.

지우개는 단순히 흔적을 없애는 도구가 아니라, 다시 쓸 수 있는 새로운 기회를 준다. 마찬가지로 십자가의 보혈은 과거의 죄를 지우는 데 그치지 않고, 미래를 새롭게 써 나갈 수 있는 가능성을 열어 준다. 회개는 단순히 후회하거나 슬퍼하는 감정이 아니다. 그것은 삶의 방향을 바꾸는 깊은 깨달음이다. 고린도후서 7장 10절은 "하나님의 뜻대로 하는 근심은 후회할 것이 없는 구원에 이르게 하는 회개를 이루는 것"이라고 말한다. 진짜 회개는 눈물로 끝나는 것이 아니라, 삶을 변화시키는 시작점이다.

많은 사람은 회개를 단순한 감정적 반성으로 오해한다. 그러나 회개는 잘못을 인정하는 데서 그치는 것이 아니다. 왜 그것이 잘못인지 깨닫고 고백하는 데서 진정한 회복이 시작된다. 그리고 그 깨달음 위에 십자가의 지우개가 작동한다.

지우개는 작고 소박해 보이지만, 가장 필요할 때 큰 역할을 한다. 십자가도 마찬가지다. 겉으로는 단순한 나무처럼 보이지만, 그 위에서 인류의 모든 죄가 사라졌다. 한 번의 희생으로 영원한 생명이 시작된 것이다. 이것이 하나님께서 우리에게 주신 사랑의 지우개다.

오늘도 너의 삶의 페이지에 실수가 있지 않은가? 부끄러운 말, 잘못된 선택, 어리석은 행동이 마음을 무겁게 짓누르는가? 괜찮다. 하나님은 우리의 모든 죄를 지울 수 있는 완전한 지우개를 이미 준비해 두셨다. 십자가 앞에 나아가면, 그 보혈이 모든 허물을 씻어내고 너에게 새로운 문장을 쓸 수 있는 기회를 허락할 것이다.

그리고 너는 고백하게 될 것이다. "하나님, 당신의 십자가는 내게 최고의 지우개였습니다. 이제 다시 쓰겠습니다. 깨달음과 은혜 위에" 그렇게 새로운 삶을 시작할 수 있다.

51. 하나님 사랑과 이웃 사랑

어느 날 율법교사가 예수님께 물었다. "선생님, 내가 무엇을 해야 영생을 얻을 수 있습니까?" 예수님은 되물으셨다. "율법에 무엇이라 기록되었으며 네가 어떻게 읽느냐?" 그러자 율법교사는 이렇게 대답했다. "네 마음을 다하고 목숨을 다하고 힘을 다하고 뜻을 다하여 주 너의 하나님을 사랑하고, 또한 네 이웃을 네 자신같이 사랑하라 하였습니다." (누가복음 10장 25-28)

이 대화는 단순한 신학적 질문과 답변이 아니다. 이 내용은 구약 율법, 특히 모세오경에서 강조하는 신명기 6장 5절과 레위기 19장 18절에 근거한 것으로, 율법의 핵심은 '하나님 사랑'과 '이웃 사랑'이라는 사실을 확인시켜 준다.

하지만 율법교사의 진짜 질문은 다음에 이어졌다. "그렇다면 내 이웃이 누구입니까?" 이에 예수님은 '선한 사마리아 사람'의 비유를 들려주셨다. 강도를 만나 쓰러진 사람이 있었는데, 제사장과 레위인은 그를 보고도 무심히 지나쳤다. 하지만 당시 유대인들이 멸시하던 사마리아 사람은 그를 보고 불쌍히여겨 다가갔다. 그는 상처를 기름과 포도주로 치료해주고, 싸매어 자신의 짐승에 태워 여관으로 데려가 돌보았다.

이 비유는 율법의 문자적 규정이 아니라 '율법의 정신'을 어떻게 실천하는가를 묻는 이야기다. 신명기에 기록된 하나님 사랑은 반드시 이웃 사랑으로 이어져야 비로소 완전해진다. 하나님을 사랑한다고 말하면서도 길가에 쓰러진형제를 외면한다면, 그 사랑은 머리로만 이해하는 것이지 가슴으로 체험하는사랑이 아니다.

사마리아 사람은 단순히 '착한 사람'이 아니라, 종교적·민족적 경계를 넘어참된 이웃 사랑을 실천한 인물이다. 그리고 예수님은 우리에게 말씀하셨다. "가서 너도 이와 같이 하라."

우리는 때로 성경 말씀을 많이 알고, 교리를 잘 정리하며, 율법을 열심히 공부한다. 그러나 실제로 주변에 어려움에 처한 이웃을 외면할 때가 있다. 바로율법교사와 같은 모습이다. 하지만 예수님은 우리에게 묻는다. "네가 지금 정말 이웃이 되어주고 있느냐?"

하나님을 사랑한다면 자연스럽게 이웃을 사랑하는 마음이 흘러나와야 한다. 선한 사마리아인의 행동은 바로 예수님이 보여주신 사랑의 본질이며, 우리가 본받아 실천해야 할 길이다.

오늘도 만약 길가에 누군가가 쓰러져 있다면, 그냥 지나치지 말고 멈춰 서서도와주자. 율법의 참된 목적은 사랑이며, 그 사랑이 행동으로 드러날 때 우리는 진정한 신앙의 길을 걷는 것이다.

52. 세상에서 가장 넉넉한 삶

톨스토이의 단편소설 《사람에게는 땅이 얼마나 필요한가》는 인간의 욕망이 어디까지 달려가는지를 적나라하게 보여준다. 주인공 파홈은 처음부터 악한 사람이 아니었다. 그는 그저 조금 더 안정된 삶, 조금 더 넉넉한 미래를 원했을 뿐이다. 그러나 "조금 더"라는 욕망은 멈추는 지점을 알지 못한다. 더 넓은 땅을 손에 넣을수록 그의 마음은 평안해지지 않았고, 오히려 더 큰 불안과 갈증에 사로잡혔다. 결국 그는 자신의 한계를 넘어 달리다 쓰러졌고, 생의 끝에서 차지한 것은 죽어 묻힐 단 두 평의 땅뿐이었다. 이 이야기는 욕망이 충족되지 않아서 비극이 된 것이 아니라, 욕망 자체가 방향을 잃었을 때 어떤 결말에 이르는지를 보여준다.

이 장면 앞에서 자연스럽게 떠오르는 말씀이 있다. 예수님은 "사람이 온 천하를 얻고도 자기 목숨을 잃으면 무엇이 유익하리요?"라고 물으셨다. 이 질문은 정답을 요구하지 않는다. 이미 답이 분명하기 때문이다. 파홈은 자신의 인생과 맞바꾸어 땅을 얻었지만, 그 땅은 그를 살리지 못했다. 오히려 그를 죽음으로 이끌었다. 세상이 약속하는 '더 많이 가지면 더 안전하다'는 논리는, 이 이야기 앞에서 힘을 잃는다. 성경이 탐욕을 그토록 강하게 경계하는 이유도 여기에 있다. "탐심은 우상숭배니라"는 말씀은 단순히 욕심을 부리지 말라는 도덕적 훈계가 아니다. 탐욕은 하나님이 차지해야 할 마음의 자리를 소유로 대신 채우는 행위이기 때문이다. 파홈에게 땅은 더 이상 생계의 수단이 아니었다. 그의 안정, 그의 자존감, 그의 미래가 모두 땅에 걸려 있었다. 하나님보다 땅을 더 신뢰하게 된 순간, 그의 삶은 이미 균형을 잃고 있었다.

반대로 성경은 끊임없이 '자족'이라는 전혀 다른 삶의 태도를 제시한다. "경건은 큰 이익이 되나니 자족하는 마음이 있으면 족하니라"는 바울의 고백은,

적게 가져도 괜찮다는 체념이 아니다. 하나님 안에 있을 때 이미 충분하다는 확신이다. 파홈은 필요한 만큼을 이미 가지고 있었지만, 만족하지 못했다. 그의 문제는 소유의 크기가 아니라 마음의 방향이었다. 마음이 채워지지 않으면, 세상 어떤 것으로도 충분할 수 없다.

예수님이 들의 백합화를 예로 드신 이유도 같다. 백합화는 자신을 꾸미기 위해 애쓰지 않는다. 더 높이 피기 위해 경쟁하지도 않는다. 그러나 하나님은 그 존재 자체를 아름답게 입히신다. 솔로몬의 모든 영광보다 더 귀하다고 말씀하신 이유는, 생명의 가치는 소유의 양으로 결정되지 않기 때문이다. 하나님은 우리가 무엇을 가졌는지가 아니라, 누구의 손안에 있느냐를 보신다.

오늘 우리는 다시 질문 앞에 서야 한다. 나는 무엇을 위해 이렇게 바쁘게 달리고 있는가. 혹시 파홈처럼 욕망이라는 사막을 달리고 있지는 않은가. 하나님께서 이미 주신 것들을 세어 보며 감사할 수 있다면, 우리는 세상이 줄 수 없는 자유를 얻게 된다. 진정한 풍요는 밖에 있지 않다. 그것은 하나님을 향한 마음 안에 있다.

맹수는 자신만을 위한 이기적인 존재다. 먼저 자리 잡고 공격하며, 다른 이의 것을 빼앗는다. 반면 양은 단순히 목자만 바라본다. 염소는 고집이 세고 자기 방식대로 움직이지만, 양은 순종과 의존의 상징이다. 우리가 하나님께서 부르신 양이라면, 기도와 말씀을 통해 목자의 음성을 듣는 삶을 살아야 한다.

기도는 영혼의 숨과 같다. 기도 없이 사는 삶은 마치 혼란과 잡념으로 가득한 들판에 혼자 남겨진 양과 같다. 그런 삶에는 불안과 분노, 비교와 절망이 넘쳐나지만, 기도하는 사람의 마음은 맑고 분명하다. 그것은 목자의 발걸음을 따라가고 있기 때문이다.

지금 이 시대는 목자를 잃은 양들이 넘쳐난다. 하지만 주님의 양은 다르다. 맹수처럼 자기만 생각하지 않고, 오직 목자만을 따르는 삶을 택한다. 그럴 때 우리의 인생은 복잡한 막장드라마가 아니라, 하나님이 쓰시는 아름답고 구원의 이야기가 된다.

53. 이제 그 은혜를 나누는 자

누군가 "죽겠다…"고 말할 때, 그 안에 담긴 깊은 절망과 외로움이 느껴진다. 하지만 믿음 있는 사람은 그 순간 이렇게 말한다. "죽겠다."가 아니라 "주께 있다."고. 이 작은 말의 변화는 단순한 언어의 차이를 넘어, 절망에서 소망으로, 혼돈에서 평안으로 나아가는 믿음의 도약이다.

시편 34편 18절에는 "여호와는 마음이 상한 자에게 가까이 하시고 충심으로 통회하는 자를 구원하시는도다."라고 기록되어 있다. 삶이 너무 무거워 감당할 수 없을 때, 주님은 우리가 부르짖기도 전에 이미 우리 곁에 계신다. "죽겠다."는 탄식 속에도 주님은 조용히 속삭이신다. "나는 네 곁에 있다. 너는 주께 있다."

이제 우리는 BEST 커플처럼 살기로 결심해야 한다. BEST는 축복(Blessings), 격려(Encouraging), 나눔(Sharing), 감동(Touching)의 첫 글자를 딴 말이다.

먼저 Blessings, 축복하는 자로 살아야 한다. 세상은 날카롭고 차가울지라도, 믿음 있는 사람은 주께 받은 은혜를 이웃에게 흘려보낸다. 누군가가 고통 가운데 "죽겠다."고 할 때, 우리는 "하나님이 너를 사랑하셔. 너는 혼자가 아니야."라고 말해줄 수 있어야 한다. 그것이 진정한 축복의 통로다.

다음은 Encouraging, 격려하는 자로서의 삶이다. 히브리서 10장 24절은 "서로를 격려하며 선한 일을 하도록 하자."고 권면한다. 오늘 당신의 한마디가 무너진 마음을 다시 세울 수 있다. 죽음보다 깊은 어둠 속에 있는 이에게 "주께 있다."는 소망의 말을 전하라.

Sharing, 나누는 자가 되어야 한다. 내가 받은 은혜, 힘겨운 밤을 지나온 간증, 주님의 위로와 공급을 나누는 일은 매우 중요하다. 고린도후서 1장 4절은 "하나님께서 우리의 모든 환난 가운데서 우리를 위로하시는 이시니, 우리도 위로받은 위로로 남을 위로하게 하려 하심이라."고 말씀한다. 죽을 것 같던 그 시간을 지나온 너는 이제 그 은혜를 나누는 자가 된 것이다.

마지막으로 Touching, 감동을 전하는 자가 되자. 삶의 진짜 감동은 눈물로 기도하는 방에서 나온다. 고통 속에서도 주님을 붙든 자는 그 자체로 누군가의 마음을 움직이는 살아 있는 복음이다.

"죽겠다."는 절망의 외침을 "주께 있다."는 소망의 고백으로 바꾸는 삶, 이것이 바로 믿음의 길이며 주님이 우리를 인도하시는 회복의 시작이다. 고통이 사라지지 않아도, 주께 있을 때 우리는 살아갈 힘을 얻는다.

오늘도 BEST한 인생으로 살아가자. 주께 있는 우리의 하루는 결코 헛되지 않다. 주님은 죽음의 속삭임을 들으시고 "내가 너를 살리리라."고 응답하신다. 그 사랑은 지금도 조용히 네 곁에 머물며 함께 걷고 있다.

54. 말씨는 마음씨를 담는 그릇

관계의 법칙에서 가장 중요한 세 가지를 꼽자면 '3씨', 즉 마음씨, 솜씨, 그리고 말씨를 빼놓을 수 없다. 이 중에서 특히 '말씨'는 마음씨를 담는 그릇과 같다. 흔히들 마음씨가 고와야 한다고 하지만, 사실 진짜 마음의 깊이를 가장 잘 드러내는 것은 그 사람의 말씨다. 말은 보이지 않는 마음을 밖으로 드러내는 창문과 같다. 그 창문을 통해 우리는 상대방의 진심을 엿볼 수 있다. 그래서 '말이 씨가 된다'는 속담은 단순한 말이 아니라, 우리 삶에서 실제로 일어나는 중요한 진리를 담고 있다.

성경은 말의 힘을 생명과 죽음을 가르는 권능으로 표현한다. 잠언 18장 21절에 "생명의 권능이 혀에 있나니 그 혀를 쓰기 좋아하는 자는 그 열매를 먹으리라."고 했는데, 이는 말 한마디가 누군가의 하루를 바꿀 수도, 인생의 방향을 바꿀 수도 있다는 뜻이다. 반대로 상처 주는 말은 마음의 문을 닫히게 만들고, 깊은 상처와 고통의 씨앗이 되기도 한다. 예수님께서도 마태복음 12장 36절에서 "사람이 무슨 말을 하든지 심판 날에 그 말로 심판을 받으리라." 하셨다. 그만큼 우리의 말 한마디는 무겁고, 책임 있는 행동이다.

야고보서 3장은 혀, 즉 말의 작은 부분이 얼마나 큰 영향력을 갖는지 보여준다. 혀는 우리 몸에서 아주 작은 부분이지만, 그 말로 인해 천국의 축복도, 지옥의 고통도 생겨난다. 이처럼 말씨가 부드럽고 고울 때, 마음씨도 자연스럽게 아름답게 자란다. 따뜻한 말 한마디는 얼어붙은 마음을 녹이고, 절망 속에 희망의 빛을 비추는 역할을 한다.

말의 힘은 경제학에 비유되기도 한다. 우리의 말은 한정된 자원과 같아서 함부로 낭비할 수 없다. 사랑과 진심을 담아 아껴 써야 하는 것이다. 잠언 15장 1절에 "유순한 대답은 분노를 쉽게 하여도 거친 말은 노를 일으키느니라."라는 말씀은 말이 가진 힘과 그 사용법을 명확히 알려준다. 부드러운 말 한마디는 갈등을 녹이고 평화를 만든다. 그래서 좋은 말씨는 관계를 건강하게 유지하는 열쇠다.

나는 매일 스스로 묻는다. 오늘 내가 내뱉는 말씨는 어떤 씨앗을 심고 있는가? 누군가의 마음에 기쁨의 꽃을 피우고 있는가, 아니면 상처와 슬픔의 가시밭을 심고 있는가? 말은 마음의 그림자이기에, 우리가 어떤 말씨를 가꾸느냐에 따라 마음씨도 달라진다. 결국 말씨는 내면의 마음 상태를 반영한다.

골로새서 4장 6절 말씀처럼 "네 말이 항상 은혜로우며 소금으로 맛을 냄 같이 하라."는 권면은 우리가 늘 기억해야 할 말이다. 말씨가 고운 사람은 그 자체로 마음씨가 고운 사람이며, 그런 사람이 뿌리는 말의 씨앗은 사랑과 평화의 열매로 돌아온다. 말이 사랑을 전하는 도구가 될 때, 우리의 삶과 관계는 더욱 풍성해지고 깊어진다.

55. 내면 깊은 곳을 비추는 거울

예수님은 단순히 말씀만으로 가르치지 않으셨다. 그분은 우리 마음을 열고 진리를 깨닫게 하는 데 탁월한 '질문의 달인'이었다. 조용히 묻기도 하고, 때로는 다시 묻는 역질문으로 사람들의 마음속을 헤아렸다. 예수님의 질문은 단순한 호기심이 아니라, 우리 내면 깊은 곳을 비추는 거울과 같았다.

마태복음 16장에서 예수님은 제자들에게 "너희는 나를 누구라 하느냐?"라고 물으셨다. 이 질문 앞에서 제자들은 자신들의 믿음과 마음을 깊이 돌아보았다. 우리 삶도 가끔은 이런 질문이 필요하다. '나는 누구인가?', '내 믿음은 무엇인가?' 하고 스스로 묻는 시간이 말이다. 예수님의 질문은 부드러운 손길같아 우리 내면의 길을 찾아가도록 돕는 사랑의 초대다.

또한 요한복음 21장에서 예수님은 베드로에게 "네가 나를 사랑하느냐?"라고 세 번이나 물으셨다. 반복된 질문 속에서 베드로의 마음은 조금씩 열렸고, 상처받은 영혼은 치유받았다. 예수님의 질문은 상처 입은 마음에 부드럽게 다가가 사랑으로 감싸 안는 치유의 말씀이었다.

예수님은 질문을 던진 뒤 때로는 역질문으로 상대의 생각과 마음을 일깨우셨다. 누가복음 10장에서 율법교사에게 "네 이웃이 누구냐?"라고 되묻는 장면이 있다. 그 질문을 통해 율법교사는 스스로 답을 찾으며 새로운 깨달음을 얻었다. 예수님의 역질문은 단순한 지식 전달이 아니라, 스스로 진리를 발견하도록 돕는 따뜻한 동행이었다.

이처럼 예수님의 질문과 역질문은 우리 마음속 깊은 진리를 깨우는 부드러운 바람과 같다. 정답을 주는 대신 묻고 또 묻게 하면서 마음의 문을 활짝 열게 만든다. 그 과정에서 진정한 배움과 성장이 일어나고, 하나님과의 깊은 만남이 시작된다.

"구하라 그리하면 너희에게 주실 것이요, 찾으라 그리하면 찾아낼 것이요, 문을 두드리라 그리하면 열릴 것이니."(마태복음 7:7)라는 말씀은 질문하는 이들에게 주어진 은혜의 약속이다. 예수님의 질문을 본받아 우리도 매일 묻고 되묻는 용기를 갖자. 그렇게 마음을 열고 하나님과 세상을 새롭게 만나며 사랑의 길을 걸을 수 있다.

오늘, 예수님의 질문을 마음 깊이 새기고 묻고 되묻는 그 여정 속에서 우리의 삶이 더욱 풍성해지길 바란다. 그 질문들이 사랑이 되어 우리를 품고, 진리로 인도하는 빛이 될 것이다. 질문을 통해 우리는 더 깊은 은혜를 경험하며, 하나님과의 관계 안에서 성장하는 사랑의 길을 걷게 된다.

그러므로 오늘도 묻자. 그리고 두려워하지 말자. 예수님의 질문은 언제나 사랑에서 시작되어, 진리로 우리를 인도하는 빛이기 때문이다.

56. 부부는 서로에게 들숨과 날숨

때로는 나 자신조차 믿기 어려운 순간들이 있다. 실수로 마음이 무너지고, 두려움에 흔들리며 스스로에게 의심이 쌓일 때가 많다. 그런 날에 '나도 안 믿는 나를 믿어준다'는 사람이 있다는 것은 무엇보다 큰 위로이자 힘이 된다. 그 한마디가 무너지려는 마음을 다시 일으키고, 다시 앞으로 나아갈 용기를 준다.

성경 속 인물 베드로도 예수님 앞에서 그런 마음의 흔들림을 겪었다. 예수님께서는 그에게 "네가 나를 사랑하느냐?"라고 세 번이나 물으셨다.(요한복음 21장) 이 질문은 단순한 확인이 아니었다. 실패하고 좌절한 베드로의 마음을 향한 무한한 사랑과 믿음의 표현이었다. 그 질문을 통해 베드로는 자신이 얼마나 귀한 존재인지, 그리고 예수님의 변함없는 신뢰를 다시 깨달았다. 우리 삶도 마찬가지다. 아무리 흔들리고 실패해도 끝까지 나를 믿어주는 사람이 있다는 사실은 다시 일어설 힘을 준다.

"잊을 수 없다."는 말처럼, 사랑과 믿음은 마음 깊은 곳에 뿌리내린 기억이 된다. 하나님은 우리에게 "결코 떠나지 아니하며 버리지 아니하리라."(히브리서 13:5)고 약속하셨다. 이 약속은 우리의 삶에 가장 든든한 바탕이 된다. 세상이 아무리 흔들려도, 하나님과 누군가의 변함없는 사랑과 신뢰는 우리를 지탱해 주는 큰 선물이다.

사람에게는 격려가 필요하다. "당신은 잘할 거야."라는 단 한마디의 말이 얼마나 큰 힘이 되는지 모른다. 사도 바울도 데모데에게 "두려워하지 말라, 하나님이 우리에게 주신 것은 두려움의 영이 아니요 능력과 사랑과 절제의 영이다."(디모데후서 1:7)라고 격려했다. 우리도 이 말을 서로에게 전하며 두려움속에 갇힌 마음을 풀어주고, 희망과 용기를 심어줘야 한다.

부부는 서로에게 '들숨과 날숨'과 같다. 한 사람이 숨을 들이마시면 다른 한 사람은 그 숨을 이어받아 내쉰다. 하루하루 함께 살아가며 힘들 때는 서로 기대고, 기쁠 때는 함께 웃는 존재다. 전도서 4장에는 "두 사람이 함께 있으면 더 좋다."고 했다. 이 말은 단순히 수적인 의미가 아니라, 서로가 서로의 삶 속에 숨쉬며 서로를 세워 주고 사랑을 나누는 깊은 관계를 의미한다. 부부가 서로에게 진심으로 믿음과 사랑을 보여줄 때, 그 관계는 하나님의 축복 아래 더욱 빛난다.

내가 나를 믿지 못할 때, 누군가의 변함없는 믿음과 사랑은 나를 일으키는 힘이 된다. 그 사랑과 신뢰는 결국 우리도 다른 누군가를 믿고 사랑하게 만드는 씨앗이 된다. 서로를 믿고 사랑하며 살아가는 부부 사이에는 보이지 않는 숨결이 흐른다. 그 숨결이 바로 사랑의 힘이다. 서로를 이해하고 품어 주며, 힘든 순간에도 포기하지 않고 함께 걸어가는 길이 바로 부부의 사랑이다.

57. 나와 하나님의 깊은 만남

세상은 때때로 우리를 '염소'처럼 만든다. 성경에서 염소는 자기 길만 고집하고 세상의 소리에 쉽게 휘둘리는 모습을 상징한다. 마치 스마트폰 화면에 쏟아지는 수많은 알림처럼 마음이 산만해지고 흔들리기 쉽다. '성경을 죽어도 안 읽는다'는 우스갯소리도 이런 현실을 반영하는 말이다. 바쁘고 복잡한 일상 속에서, 혹은 마음 깊은 곳에서 우리는 종종 하나님의 말씀이라는 빛을 피하려 할 때가 많다. 이것은 신앙의 길에서 흔히 만나는 시험과도 같다.

반면 '양'은 고요한 새벽 산책처럼 그리스도의 음성에 귀 기울이며 마음의 소음을 잠재우는 자이다. 양은 주인의 목소리를 듣고 따라가는 모습으로 표현된다. 마태복음 25장 32절에서 예수님은 마지막 심판의 장면을 묘사하시며 양과 염소를 갈라놓으신다. 이 장면은 단순한 동물의 분류가 아니라, 참된 믿음이란 단순히 '믿는다'는 선언을 넘어 삶의 방향성과 선택임을 강하게 보여준다. 양은 주님의 음성에 순종하며 바른 길을 걷는 자이며, 염소는 자기 중심적이고 세상의 유혹에 쉽게 흔들리는 자다.

오늘날 정보와 소식이 넘쳐나는 시대에 맹목적인 믿음은 길 잃은 이의 헤매임과 같다. 지식이 없이, 아무런 근거도 없이 던져진 신앙은 금세 흔들리고 무너지기 쉽다. 야고보서가 말하듯, '믿음'은 반드시 '행동'과 '지식'이 함께할 때 온전해진다. 믿음이란 머리로만 아는 것이 아니라, 삶으로 나타내는 것이다. 그러므로 성경 묵상은 그 믿음의 중심을 잡아주는 등불과 같다.

성경 묵상은 단순히 하루 한 장의 성경을 읽는 것이 아니다. 그것은 잠시 멈추어 내 마음을 열고 하나님의 음성에 집중하는 시간이다. 시편 1편에 나오는 "주의 율법을 주야로 묵상하는 자."는 흐르는 시냇가에 심긴 나무처럼, 어떤 계절에도 굳건히 서서 풍성한 열매를 맺는다. 묵상을 통해 우리는 세상의 소음과 혼란 속에서 내면의 평화를 찾고, 믿음의 뿌리를 깊게 내릴 수 있다.

나는 오늘도 선택한다. 세상의 빠른 속도와 끊임없는 잡음 속에서 내 마음을 지키고, 하나님의 말씀 앞에 잠잠히 서는 삶을 살기로. 염소의 길, 즉 혼란과 방황의 길 대신 양의 길을 택해, 그분의 음성에 귀 기울이며 진정한 믿음으로 서기를 원한다.

삶이 바쁘고 복잡해질 때, 때로는 흔들리고 지쳐 넘어질 때마다, 성경 묵상이 내 삶에 소중한 쉼이 되고 참된 빛과 길을 제시해 주기를 간절히 바란다. 믿음은 결국 '나'와 '하나님'이 가장 깊이 만나는 따뜻한 대화다. 그 대화를 통해 나는 더 단단해지고, 세상의 유혹과 시험을 이겨낼 힘을 얻는다.

진정한 믿음은 말로만 하는 것이 아니라 삶 속에서 드러난다. 그것은 내면에서부터 흘러나오는 평화와 확신, 그리고 그 확신이 만드는 변화이다. 양처럼 주님의 음성을 듣고 따라가며, 세상의 염려와 소음을 이겨낼 때 비로소 믿음은 빛을 발한다.

58. 우리에게 보내는 큰 초대

"지금 그대로 와라."라는 말은 하나님이 우리에게 보내시는 가장 크고도 가장 따뜻한 초대다. 이 초대는 조건이 붙지 않는다. 더 나아져야 한다는 전제도, 먼저 고쳐야 할 목록도 없다. 그저 "지금, 이 모습 그대로" 오라는 부르심이다. 그러나 우리는 이 단순한 초대를 쉽게 믿지 못한다. 왜냐하면 우리는 너무 오랫동안 '준비된 사람만 하나님께 나아갈 수 있다'는 생각에 익숙해져 왔기 때문이다.

많은 사람들은 거룩함과 깨끗함을 신앙의 목표로 여기며, 그 기준에 맞추기 위해 끊임없이 자신을 점검한다. 더 착해져야 하고, 더 성숙해져야 하며, 더 흠 없는 모습이 되어야 하나님 앞에 설 수 있다고 생각한다. 그래서 실수한 날에는 기도하기를 주저하고, 넘어졌을 때는 예배 자리에서 한 발 물러선다. "이런 모습으로는 하나님 앞에 나갈 수 없어"라는 생각이 마음을 사로잡기 때문이다. 그렇게 신앙은 점점 은혜의 자리에서 평가의 자리로, 만남의 자리에서 시험대 위로 옮겨간다.

하지만 성경은 분명히 말한다. 하나님은 우리가 어떤 상태인지 이미 다 알고 계신다고. 우리의 부족함, 반복되는 연약함, 말로 꺼내기조차 부끄러운 허물까지도 하나님께는 숨겨진 것이 없다. 그럼에도 불구하고 하나님은 우리를 밀어내지 않으신다. 오히려 그 모든 것을 아신 채로 "그래도 와라."고 말씀하신다. 이사야 1장 18절의 말씀처럼, "너희 허물이 주홍 같을지라도 눈과 같이 희어질 것"이라는 약속은, 우리가 스스로를 깨끗이 만든 후에 오라는 말이 아니라, 하나님 앞에 나올 때 비로소 씻김이 시작된다는 선언이다.

예수님의 삶은 이 초대를 가장 분명하게 보여준다. 예수님은 종교적으로 모범적인 사람들보다, 오히려 실패한 사람들, 외면받은 사람들, 죄인이라 낙인찍힌 사람들 곁에 머무셨다. 누가복음 5장에서 예수님이 세리와 죄인들과 함께 식사하실 때, 바리새인들은 분노했다. "왜 저런 사람들과 어울리십니까?" 그러나 예수님의 대답은 분명했다. "건강한 자에게는 의원이 필요 없고 병든 자에게 필요하다." 이 말씀은 단순한 비유가 아니다. 하나님 나라의 질서를 보여주는 선언이다. 하나님은 완벽한 사람을 찾으시는 분이 아니라, 자신이 병들었음을 아는 사람에게 다가오시는 분이다.

사도 바울의 고백 역시 같은 맥락에 있다. 그는 누구보다 열심 있는 신앙인이었고, 동시에 자신의 연약함을 숨기지 않았던 사람이었다. 고린도후서 12장 9절에서 그는 "내 은혜가 네게 족하도다. 이는 내 능력이 약한 데서 온전하여 짐이라."는 주님의 말씀을 전하며, "그러므로 내가 약할 그때에 곧 강함이라." 고 고백한다. 바울은 자신의 약함이 제거되기를 간구했지만, 하나님은 그 약함을 통해 능력이 머물 자리를 만드셨다. 이는 우리가 약함을 극복해야만 하나님이 일하시는 것이 아니라, 약함을 인정할 때 하나님이 머무르신다는 뜻이다.

59. 하나님의 품은 포근한 공간

구름 하나 없는 맑고 푸른 하늘은 보통 우리에게 자유와 평화를 준다. 하지만 때로는 너무 넓고 아무것도 없는 하늘이 오히려 마음을 무겁게 만들 때가 있다. 아무것도 가려주지 않는 넓은 공간 앞에서 숨 쉴 곳을 잃은 듯 답답하고 두려운 기분이 든다. 마치 내가 홀로 덩그러니 서 있는 느낌, 어디에도 몸을 기대거나 쉴 수 없는 그 허전함 말이다.

우리 삶도 가끔 그런 순간이 찾아온다. 모든 것이 너무 투명하게 드러나고, 감추고 싶은 마음마저 노출되어 숨을 곳이 없다고 느낄 때다. 사람들의 시선이 부담스럽고, 내 마음 깊은 곳까지 들여다보이는 것 같아 불안할 때가 있다. 그럴 때 우리는 혼자가 아니다. 성경은 그런 우리에게 말씀한다. "지존자의 은밀한 곳에 거하는 자는 전능자의 그늘 아래에 사는도다."(시편 91:1)고. 하나님 안에 머무르는 사람은 그 어떤 상황에서도 안전하게 숨 쉴 수 있는 그늘을 가진 것이다.

하나님의 품은 우리가 피할 수 있는 가장 포근한 공간이다. 바람이 거세게 불고 비바람이 몰아쳐도 그분 안에서는 흔들리지 않는 평안이 있다. 세상 어떤 고난과 두려움도 그 그늘 아래 있으면 견딜 수 있다. 우리 인생에도 구름 한 점 없는 외로움과 두려움이 찾아올 때가 많다. 그럴 때마다 예수님 역시 십자가 위에서 외로움과 절망 속에 부르짖으셨다. 그러나 끝까지 하나님을 신뢰하며 그분의 신실하심을 믿었다. 예수님이 걸어간 그 길은 우리에게도 숨 쉴 곳과 희망이 있음을 보여준다.

삶이 무겁고 숨이 막힐 것 같을 때, 이사야서 40장 31절은 우리에게 새로운 힘을 약속한다. "여호와를 앙망하는 자는 새 힘을 얻으리니 독수리가 날개치며 올라감 같을 것이요…" 우리는 하나님을 바라볼 때 지치고 힘든 마음이 새롭게 회복되고 다시 일어설 수 있다. 그분은 우리가 기대어 쉴 수 있는 가장 든든한 바위이며 쉼터다.

현대 사회는 너무 빠르게 흘러가고, 항상 무언가를 해야 한다는 압박 속에 산다. 이런 세상 속에서 하나님과의 만남은 오히려 더욱 절실하다. 그분의 사랑은 변하지 않는 쉼터가 되어준다. 때로는 구름 한 점 없는 텅 빈 하늘이 두렵고 무섭겠지만, 그 빈 공간을 하나님과의 깊은 만남으로 채울 때 진정한 평안을 얻는다.

우리 마음 깊은 곳에 숨 쉴 공간을 만들어 주시는 분은 바로 하나님이다. 그분과 함께라면 어디에 있든지 두려움 없이 평안할 수 있다. 오늘 만약 텅 빈 하늘처럼 마음이 불안하고 두려움에 휩싸여 있다면, 그 마음을 하나님께 온전히 내어 맡겨보자. 조용히 그분의 그늘 아래로 들어가 보자. 그곳에서 다시 살아 숨 쉬는 자유와 사랑을 경험할 수 있을 것이다. 하나님은 언제나 우리 곁에 계시며, 우리가 지치고 힘들 때 가장 안전한 피난처가 되어 주신다.

60. 소통과 사랑으로 가득한 삶

삶은 때때로 구름 한 점 없는 하늘에서 낙하산 없이 뛰어내리는 것처럼 아찔한 순간들이 있다. 그런 순간에 우리를 살려주는 것은 무엇일까? 바로 마음의 '낙하산'을 펴는 일, 즉 '마음의 개방'과 '소통'에서 시작된다. 낙하산이 펼쳐져야만 안전하게 내려올 수 있듯, 마음도 열려야 진짜 살아 숨 쉬는 삶을 살 수 있다.

우리는 말로 다 표현하지 않아도 표정과 눈빛, 작은 한숨 같은 여러 몸짓을 통해 많은 것을 전달한다. 이처럼 마음의 작은 언어들이 서로 연결될 때, 우리의 삶은 단순한 개인의 모임이 아니라 살아 움직이는 공동체가 된다. 에베소서 4장 15절은 "사랑 안에서 참된 것을 하여 범사에 그에게까지 자라라."고 말한다. 진실한 소통은 서로의 마음 문을 열고, 사랑을 전하는 가장 따뜻한 방법이다.

예수님은 우리에게 소통의 본보기를 보여 주셨다. 그분은 항상 사람들의 눈을 바라보며 마음을 열고 다가갔다. 누가복음 24장 32절에서 제자들이 "우리 마음이 뜨겁지 아니하였느냐?"라고 고백한 것처럼, 진짜 소통은 마음에 뜨거운 불씨를 심어 준다. 이 불씨가 타오를 때 우리는 서로 연결되고, 생명이 깃든 관계를 만들어 간다.

빌립보서 2장 2절은 "같은 사랑을 가지고 같은 뜻을 품어 하나가 되라."고 권면한다. 마음이 닫히면 낙하산이 접혀서 추락할 수밖에 없듯, 우리도 마음을 닫으면 외로움과 두려움에 휩싸인다. 하지만 마음을 열고 서로를 받아들일 때 우리는 함께 높이 날아오를 수 있다.

오늘 너도 마음의 낙하산을 펴 보자. 두려움이나 외로움에 갇히지 말고, 진심 어린 표정과 열린 마음으로 사람들과 만나 보라. 그 순간, 너는 혼자가 아니며, 소통과 개방이라는 바람 속에서 안전하게 내려올 수 있다. 이 바람은 서로를 살리고, 삶에 생명을 불어넣는다.

소통과 사랑으로 가득한 삶은 빛난다. 그렇게 마음의 낙하산이 언제나 펼쳐져서 생명의 숨결을 나누는 공동체가 되길 바란다. 마음을 열고 서로의 이야기에 귀 기울일 때, 우리는 진정한 평화와 기쁨을 누릴 수 있다. 낙하산이 펴져야만 안전하게 착지하듯, 마음을 열어야 진짜 사랑과 이해가 가능하다.

마음의 낙하산이 늘 펼쳐진 삶은 가볍다. 바람에 맡겨질 줄 알기에, 지나치게 자신을 움켜쥐지 않는다. 소통의 바람, 사랑의 바람, 이해의 바람이 불 때 우리는 더 자유롭게 숨 쉬며 내려올 수 있다. 그리고 그 착지의 자리는 언제나 생명이 자라는 자리, 관계가 회복되는 자리, 하나님이 기뻐하시는 자리다.

우리 모두 각자의 삶에서 낙하산을 펴고, 서로에게 다가가 마음을 나누자. 그렇게 서로의 마음이 이어지고, 소통의 바람이 불 때 우리 삶은 더욱 풍성해지고 자유로워질 것이다.

61. 선택을 하나님께 맡기며

과학자들은 실패를 두려워하지 않는다. 그들에게 실패는 끝이 아니라 '실험'일 뿐이다. 수많은 시도와 시행착오 속에서 새로운 가능성을 찾고, 한 걸음씩 전진한다. 인생도 마찬가지다. 넘어지고 길을 잃는 순간이 있어도, 그것은 그저 과정 중 하나일 뿐이다. 중요한 건 그 과정 속에서 무엇을 배우고, 다음 걸음을 어떻게 내딛느냐이다.

솔로몬은 오래전에 이렇게 말했다. "이 또한 지나가리라."(전도서 3:1) 기쁨도, 슬픔도, 성공도, 실패도 모두 시간이 지나면 사라진다. 이 진리를 마음 깊이 새기면, 실패 앞에서도 담담해지고, 성공 앞에서도 겸손해질 수 있다. 순간의 결과에 집착하기보다, 그것이 지나가는 계절임을 알기에 더 담대해질 수 있다.

군대 속에서도 자주 하는 말이 있다. '피할 수 없으면 즐겨라.' 인생에는 피할 수 없는 시련이 찾아온다. 때로는 그 무게가 너무 커서 짓눌릴 것 같지만, 신명기 31장 6절은 이렇게 말한다. "강하고 담대하라, 두려워하지 말라. 하나님이 너와 함께 하신다." 폭풍 속에서도 하나님이 곁에 계심을 믿는다면, 시련을 외면하지 않고 받아들일 수 있다. 오히려 그 안에서 뜻밖의 성장을 경험하고, 마음 깊은 평화를 누릴 수 있다.

운명이 이미 정해져 있는 것처럼 보일 때가 있다. 그러나 매 순간 내리는 선택은 내 몫이다. 신명기 30장 19절은 이렇게 선포한다. "생명과 사망, 축복과 저주를 내가 오늘 네게 내렸나니, 그러므로 너는 생명을 택하라." 선택은 단순한 결정이 아니라, 삶의 방향을 정하는 나침반이다. 오늘의 선택이 내일의 나를 만들고, 하루하루가 모여 인생의 길이 된다.

그리고 우리는 종종 좋아하는 것과 잘하는 것 사이에서 갈등한다. 잘하는 일을 선택하면 안정적이지만, 좋아하는 길을 가고 싶을 때도 많다. 시편 37편 4

절은 이렇게 말한다. "여호와를 기뻐하라, 그가 네 마음의 소원을 이루어 주시리로다." 진정한 길은 내가 좋아하는 것과 하나님이 기뻐하시는 것이 만나는 지점에서 시작된다. 그곳에서 재능은 힘을 얻고, 열정은 꺼지지 않는 불꽃이 된다.

성공이란 완벽하게 계획된 도착지가 아니라, 넘어지고 다시 일어서며 하나님과 함께 걷는 긴 여정이다. 길 위에서 만나는 실패는 걸림돌이 아니라, 다음 도약을 위한 발판이다. 그러니 오늘도 두려움 대신 믿음을 붙들고, 눈앞의 선택을 하나님께 맡기며 담대히 걸어가자.

시간은 흘러가고 계절은 변하지만, 그 흐름 속에서 하나님이 인도하시는 길은 변하지 않는다. 그 길 위에서 한 걸음씩 나아가다 보면, 언젠가 너만의 빛나는 성공이 그 끝에서 기다리고 있을 것이다.

62. 단맛은 하나님이 주시는 위로

가끔 인생이 커피 한 잔 같다는 생각이 든다. 갓 내린 커피의 첫 모금에서 느껴지는 쓴맛은, 마치 삶 속에서 마주하는 무게와 시련을 닮아 있다. 하루하루를 살아가다 보면 전혀 준비되지 않은 순간에 어려움이 찾아오고, 이유를 알 수 없는 답답함이 마음을 눌러 온다. 아무 일도 없던 평범한 날이 갑자기 쓴맛으로 가득 차는 날이 있다. 그러나 커피가 쓴맛 없이 깊어질 수 없듯, 인생 또한 그 쓴 순간들을 지나야 비로소 자기만의 깊이를 갖게 된다.

이 쓴맛은 우리를 괴롭히기 위해 주어진 것이 아니라, 우리 안의 연약함을 드러내고 하나님을 찾게 만드는 통로가 된다. 고통의 시간 속에서 우리는 스스로의 한계를 인정하게 되고, 그 자리에서 비로소 하나님을 향한 기도가 시작된다. 성경은 전도서 3장 1절에서 분명히 말한다. "범사에 기한이 있고, 모든 것이 때가 있다." 지금 겪는 쓴맛이 영원할 것 같아 보여도, 그것 역시 지나가는 과정이다. 이 진리를 붙들 때 우리는 절망 속에서도 완전히 무너지지 않을 수 있다.

쓴 고통의 시간을 지나면, 어느 순간 삶은 단맛을 허락한다. 이 단맛은 우리가 애써 만들어 낸 보상이 아니라, 하나님이 은혜로 건네시는 선물에 가깝다. 시편 34편 8절의 말씀처럼, "여호와의 선하심을 맛보아 알지어다." 단맛은 단지 상황이 좋아졌다는 의미를 넘어, 하나님이 여전히 우리 곁에 계시다는 확신을 주는 순간이다. 힘든 시간을 견딘 후 찾아오는 작은 평안, 누군가의 진심 어린 위로, 생각지도 못한 해결의 실마리 등, 이 모든 것이 인생에 스며드는 단맛이다.

우리는 종종 큰 축복만을 단맛으로 생각하지만, 사실 하나님이 주시는 달콤함은 아주 소소한 순간 속에 숨어 있다. 아침 햇살이 유난히 따뜻하게 느껴지는 날, 하루를 무사히 마치고 침대에 누이는 순간의 안도감, 아무 조건 없이 웃어 주는 한 사람의 표정. 이런 작고 평범한 순간들을 알아보는 눈이 바로 감사의 눈이다. 쓴맛을 경험한 사람일수록 단맛의 소중함을 더 깊이 안다. 그래서 고난은 우리에게서 기쁨을 빼앗는 것이 아니라, 오히려 기쁨을 알아보는 감각을 키워 준다.

그리고 커피에서 가장 오래 남는 것은 맛보다도 향기다. 컵을 내려놓은 후에도, 그 향기는 한동안 공간을 채우며 기억 속에 머문다. 사도 바울이 고린도후서 2장 15절에서 "우리는 그리스도의 향기니."라고 말한 것처럼, 신앙의 삶도 결국 어떤 향기를 남기느냐의 문제다. 우리가 겪은 쓴맛과 단맛이 잘 어우러질 때, 삶에서는 억지로 만들어 낸 향이 아니라 자연스럽게 배어 나오는 그리스도의 향기가 흐른다.

향기는 소리 없이 전해진다. 크게 말하지 않아도, 눈에 띄는 업적이 없어도, 묵묵히 살아내는 삶 자체가 누군가에게 위로가 된다. 고난을 지나온 사람이 흘려보내는 한마디의 공감, 아픔을 경험한 사람이 건네는 조용한 손길은, 그 어떤 말보다 깊은 울림을 준다. 이것이 바로 향기의 힘이다. 강요하지 않아도 스며들고, 설명하지 않아도 남는다.

63. 사랑과 긍정으로 키워지는 인생

나무는 처음부터 곧게 자라야 한다. 어린 시절부터 똑바로 뻗어 올라가야 바람에도 쉽게 꺾이지 않고, 병충해에도 강한 튼튼한 나무가 된다. 어릴 때부터 줄기가 휘어지면, 자라서도 바로 서기 어렵다. 사람의 인생도 이와 다르지 않다. 성장 과정에서 어떤 가치와 마음을 심느냐에 따라 평생의 방향이 정해진다. 사랑과 긍정이라는 양분을 충분히 받은 사람은 뿌리 깊고 건강하게 자라지만, 그 양분이 부족하면 마음이 쉽게 메마르고 흔들린다.

잠언 22장 6절은 이렇게 말한다. "마땅히 행할 길을 아이에게 가르치라 그리하면 늙어도 그것을 떠나지 아니하리라." 어릴 때부터 바른 길을 배우고 훈련된 사람은 세월이 지나도 쉽게 길을 잃지 않는다. 이것은 단순히 도덕 교육을 말하는 것이 아니라, 삶을 바라보는 올바른 시각과 기준을 심어주는 것을 의미한다.

사랑은 나무에게 햇살과 같다. 햇살이 없으면 나무는 자라지 못하고 결국 시든다. 요한일서 4장 7절은 "사랑하는 자마다 하나님께로부터 나서 하나님을 알고"라고 말한다. 사랑은 단순한 감정이 아니라, 존재를 지탱하고 성장시키는 힘이다. 사랑 속에서 자란 사람은 마음이 부드럽고 다른 이를 이해하는 힘이 크다. 반대로 사랑 없이 자란 사람은 자신을 방어하느라 마음이 굳어지고, 세상과 사람을 불신하기 쉽다.

긍정은 나무의 뿌리와 같다. 시편 1편은 "주의 율법을 주야로 묵상하는 자는 시냇가에 심은 나무 같아서 때를 따라 열매를 맺으며 그 잎사귀가 마르지 아니하나니."라고 노래한다. 뿌리가 깊이 내려가 있으면 가뭄이 와도 버티고, 제때 열매를 맺는다. 긍정적인 마음과 신앙을 가진 사람은 어려움 속에서도 기회를 보고, 시련 속에서도 배우고 성장한다. 이런 사람의 인생에는 계절마다 열매가 맺히듯, 다양한 결실이 찾아온다.

살다 보면 '가장 열심히 달린 사람'이 기대와 다른 상을 받을 때도 있다. 하지만 진짜 상은 끝까지 포기하지 않고 바르게 자란 사람에게 주어진다. 야고보서 1장 12절은 "시험을 견디어 낸 자는 복이 있나니."라고 말한다. 인생의 성공은 단순한 성취나 결과가 아니라, 어떤 과정을 거쳐 성장했는지에 달려 있다.

결국 우리가 어떤 나무가 될지는, 어린 시절부터 뿌려진 사랑과 긍정의 씨앗이 결정한다. 그 씨앗이 잘 뿌리내려 자라면, 어떤 바람에도 흔들리지 않고, 마침내 세상에 그늘과 열매를 나누는 나무가 된다. 오늘도 내 안의 작은 나무를 잘 돌보자. 사랑과 긍정을 양분 삼아 자라게 하고, 하나님 안에서 곧게 뻗어 올라가자. 언젠가 그 나무는 세상에 평안을 주는 그늘이 되고, 다른 이들에게 기쁨을 주는 달콤한 열매를 맺게 될 것이다.

64. 삶을 해석하고 선택하는 힘

인생은 세 단계로 흐른다. 먼저 17살 전까지는 기억력이 가장 빛을 발하는 시기다. 이 시기에는 뭐든 잘 외우고, 배우는 속도도 빠르다. 그다음은 대학 시절을 포함한 20대 초반, 이해력이 본격적으로 자라는 시기다. 단순히 외우는 것을 넘어, 배운 것을 연결하고 의미를 파악하는 힘이 커진다. 그리고 그 이후의 인생은 사고력이 주인공이 되는 시기다. 이제는 단순히 많이 알고, 이해하는 것을 넘어, 주어진 상황을 깊이 분석하고 새롭게 해석하며 선택할 수 있는 능력이 핵심이 된다. 결국 인생은 사고력의 싸움이다.

성경은 이 사고력의 완성된 모습을 '지혜'라고 부른다. 잠언 3장 13절은 "지혜를 얻은 자와 명철을 얻은 자는 복이 있나니."라고 말한다. 지혜는 단순히 정보를 많이 쌓는 게 아니라, 삶을 바르게 해석하고 그 해석을 행동으로 옮길 수 있는 힘이다.

역사 속 위대한 인물들은 이 사고력의 힘을 증명했다. 예를 들어, 아인슈타인이 상대성 이론을 발견한 것은 단순한 기억력이나 이해력 덕분이 아니었다. 그는 기존의 상식을 의심하고, 오랜 시간 깊이 생각하며 새로운 시각으로 세상을 바라봤다. 그의 발견은 인류의 과학 패러다임을 완전히 바꿨고, 평범한 청년을 역사에 길이 남을 천재로 만들었다.

성경 속에서도 '성숙한 사고력'의 예는 많다. 모세는 40세에 이집트를 떠나 광야에서 40년을 지냈다. 그 시간은 단순한 도피가 아니라, 깊은 성찰과 훈련의 시기였다. 80세가 되었을 때 그는 비로소 이스라엘 백성을 이끌 준비가 된 지도자가 됐다. 그의 삶은 나이가 들수록 지식과 경험을 넘어 사고력과 지혜로 세상을 이끌 수 있다는 사실을 보여준다.

진정한 성공은 단순히 많이 외우거나, 빠르게 이해하는 데 있지 않다. 하나님이 주신 지혜와 사고력으로 세상을 바라보고, 옳은 길을 선택하는 것이 더 중요하다. 야고보서 1장 5절은 이렇게 권한다. "너희 중에 누구든지 지혜가 부족하거든 모든 사람에게 후히 주시고 꾸짖지 아니하시는 하나님께 구하라." 지혜는 스스로의 힘만으로 채워지지 않는다. 하나님께 구하고, 삶 속에서 훈련될 때 비로소 자라난다.

우리 인생길은 기억에서 이해로, 그리고 이해에서 사고로 이어지는 여정이다. 기억과 이해를 넘어, 깊은 사고로 하나님의 뜻을 발견하고 삶에 적용하는 사람이야말로 진정한 성숙에 이른다. 그 길 위에서 하루하루 사고력을 훈련하고 지혜를 쌓아 가는 것이, 결국 인생을 풍성하게 만드는 비밀이다.

65. 눈 감고도 걷는 믿음의 길

칠흑 같은 어둠 속에 홀로 서 있으면, 숨이 막히고 심장이 평소보다 훨씬 빠르게 뛴다. 발밑은 불안하게 흔들리고, 한 걸음만 잘못 디뎌도 모든 것이 무너질 것 같은 공포가 엄습한다. 아무리 두리번거려도 길은 보이지 않고, 오히려 움직일수록 더 깊은 어둠 속으로 빨려 들어가는 듯한 느낌이 든다. 이때 사람은 본능적으로 더 많이 보려고 애쓴다. 눈을 크게 뜨고, 상황을 분석하고, 앞날을 계산하려 한다. 그러나 아이러니하게도 그럴수록 불안은 커지고, 마음은 더 혼란스러워진다.

그런데 어느 순간, 더 이상 볼 수 없다는 사실을 인정하고 눈을 감아 버리면, 이상할 정도로 마음이 가라앉는 순간이 찾아온다. 눈앞의 어둠은 사라지지 않았지만, 마음 깊은 곳에서 미약하게나마 방향 감각이 생긴다. 왜일까? 그것은 우리가 길을 잃었다고 느낄 때조차, 하나님께서 우리 안에 심어 두신 믿음과 소망의 씨앗은 여전히 살아 있기 때문이다. 시선은 흔들려도, 믿음은 사라지지 않는다.

성경은 바로 이 지점을 분명하게 짚어 준다. 시편 119편 105절은 말한다. "주의 말씀은 내 발에 등이요 내 길에 빛이니이다." 등불은 태양처럼 세상을 한 번에 밝히지 않는다. 멀리 있는 목적지까지 보여주지도 않는다. 하지만 발 앞의 한 걸음은 분명히 비춰 준다. 하나님의 말씀도 그렇다. 인생 전체의 지도를 한 번에 보여 주시지는 않지만, 지금 이 순간 어디에 발을 디뎌야 할지는 알려 주신다. 믿음의 길은 언제나 '전체를 보는 길'이 아니라 '한 걸음을 걷는 길'이다.

예수님께서도 제자들에게 이렇게 말씀하셨다.

"나는 세상의 빛이니 나를 따르는 자는 어둠에 다니지 아니하고 생명의 빛을 얻으리라."(요한복음 8:12) 이 말씀은 어둠이 없어진다는 약속이 아니라, 어둠 속에서도 길을 잃지 않게 하겠다는 선언이다. 세상의 빛이신 예수님을 따른다는 것은, 모든 상황이 명확해진 후에 움직이는 것이 아니라, 그분을 신뢰하기 때문에 움직이는 것이다. 계획이 완벽해야만 걸을 수 있는 것이 아니라, 인도자가 분명하기 때문에 한 걸음을 내딛는 것이다.

히브리서 11장 1절이 말하는 믿음의 정의도 이와 다르지 않다. "믿음은 바라는 것들의 실상이요 보이지 않는 것들의 증거니." 믿음은 현실을 부정하는 태도가 아니다. 오히려 현실이 보이지 않을 때도 하나님이 일하고 계신다는 사실을 신뢰하는 용기다. 앞이 보이지 않는다고 멈춰 서는 것이 아니라, 보이지 않기 때문에 하나님께 더 깊이 의지하는 마음, 그것이 성경이 말하는 믿음이다.

삶을 살다 보면 누구나 어둠의 시기를 지나게 된다. 선택의 갈림길에서 방향을 잃을 때, 노력해 온 것들이 한순간에 무너진 것처럼 느껴질 때, 기도해도 아무 응답이 없는 것처럼 느껴질 때, 우리는 종종 "이 길이 맞는가?"라는 질문 앞에 선다. 그때 가장 큰 유혹은, 아무것도 하지 않는 것이다. 두려움 때문에 멈춰 서는 것, 상처받지 않기 위해 움직이지 않는 것이다. 그러나 멈춤이 항상 안전을 보장해 주지는 않는다. 오히려 그 자리에서 불안은 더 깊어진다. 그래서 더 기도해야 한다.

66. 숨겨진 아픔과 참된 성장

운동할 때는 아픈 줄 잘 모른다. 땀을 흘리며 달리고, 무거운 무게를 들면서 몸을 온전히 움직일 때는 온갖 생각이 사라지고 오직 운동에만 집중하게 된다. 그 순간에는 몸이 힘들고 아픈 것도 잊기 마련이다. 하지만 운동을 마치고 조용한 시간이 찾아오면, 갑자기 온몸 여기저기가 쑤시고 결리기 시작한다. "아, 내가 이렇게 아팠구나." 하며 비로소 그동안 숨겨졌던 통증이 드러나는 것이다.

이것은 인생도 마찬가지다. 바쁘고 정신없이 움직일 때는 내 마음이나 몸의 아픔을 느낄 겨를도 없고, 그저 앞만 보고 달려가기 바쁘다. 하지만 어느 순간 잠시 멈춰서 쉬거나 고요한 시간을 맞이하면, 그제야 마음속 깊이 감춰져 있던 상처와 아픔들이 서서히 드러난다. 그동안 느끼지 못했던 외로움, 부담, 혹은 무거운 짐들이 마음 한구석에서 고개를 내민다.

성경은 이런 인생의 리듬을 우리에게 가르친다. 시편 46편 10절에서는 "너희는 가만히 있어 내가 하나님 됨을 알지어다."라고 말씀하신다. 여기서 '가만히 있음'은 단순히 멈추라는 뜻을 넘어, 내 안에 있는 모든 것을 내려놓고 하나님 앞에 조용히 머무르라는 초대다. 이 멈춤 속에서야 비로소 자신이 얼마나 연약하고 아픈지를 깨닫게 되고, 하나님께서 치유의 손길을 내밀어 주심을 경험할 수 있다.

예수님 역시 고난과 피곤한 삶 속에서도 사람들에게 쉼과 회복을 권하셨다. 마태복음 11장 28절에 "수고하고 무거운 짐 진 자들아 다 내게로 오라 내가 너희를 쉬게 하리라."고 말씀하셨다. 이 말씀은 단순히 몸을 쉬게 하라는 것이 아니라, 영혼 깊은 곳까지 닿는 쉼을 약속하는 것이다. 진정한 쉼은 내 마음속 아픔과 상처를 받아들이고, 다시 일어설 힘을 얻는 시간이다.

삶에서 힘들고 아픈 순간이 찾아오는 것은 성장의 신호다. 고통 없이 진짜 변화와 성숙은 불가능하다. 야고보서 1장 2~4절은 "시험을 만나거든 온전히 기쁘게 여기라, 이는 너희 믿음의 시련이 인내를 만들어 내는 줄 너희가 앎이라."고 말씀한다. 즉, 어려움과 시련은 믿음을 더욱 단단하게 하고, 인격을 성숙시키는 과정이다. 고난을 이겨내며 얻는 인내는 결국 우리를 더 강하고 지혜로운 사람으로 만든다.

운동할 때는 몰랐던 아픔이 쉬는 순간 티가 나듯, 인생의 고난도 잠시 멈추어 내 마음과 삶을 돌아볼 때 비로소 명확해진다. 그리고 그 안에서 우리는 하나님의 위로와 치유를 만난다. 바쁜 일상 속에서 잠시라도 멈춰 내 몸과 마음의 소리에 귀를 기울이는 것이 필요하다. 그 아픔은 부끄럽거나 숨겨야 할 것이 아니라, 성장해 가는 과정에서 꼭 지나야 하는 발자국이다.

오늘은 그런 시간을 의식적으로 만들어 보자. 일상의 빠른 흐름 속에서 멈추고, 숨 가쁘게 달리던 마음을 가라앉혀 보자.

67. 진심과 마음을 보려는 노력

한때는 학벌과 화려한 경력이 인생의 전부인 것처럼 여겨졌다. 좋은 학교 이름, 빛나는 이력서가 인생을 좌우하고, 세상을 움직이는 힘이라 믿었다. 누구나 그런 겉모습과 타인의 평가에 매달렸고, 그게 곧 자신의 가치라고 생각했다. 하지만 시간이 흐르고 경험이 쌓일수록 점점 더 깨닫게 된다. 그 모든 것들이 결국은 바람처럼 사라지고, 아무것도 아닐 수도 있다는 사실을.

성경은 그런 허무함을 솔직하게 말한다. 전도서 1장 2절에 "헛되고 헛되며 모든 것이 헛되도다."라는 구절이 나온다. 이것은 단순히 인생이 무의미하다는 말이 아니다. 세상의 모든 화려한 것들, 사람들의 인정과 칭찬, 물질적 성공들이 결국은 덧없고 일시적인 것임을 인정하라는 뜻이다. 겉으로 빛나고 반짝이는 것들은 시간이 지나면 반드시 사라진다. 반면, 진짜 가치는 겉이 아니라 깊은 내면에서 자라고 있다는 사실을 잊지 말아야 한다.

이 진짜 가치는 무엇일까? 바로 사람과 사람 사이의 진심 어린 소통과 이해, 그리고 내면의 평화다. 말을 잘하는 사람이 귀를 열게 하지만, 진심으로 경청하는 사람이 마음을 연다. 오늘날 우리는 너무 많은 말과 소음에 둘러싸여 있다. 뉴스, SNS, 수많은 정보가 넘쳐나지만 정작 내 마음의 소리는 점점 작아지고 있다. 그래서 누군가가 나의 이야기에 진심으로 귀 기울여 준다는 사실만으로도 큰 위로가 된다.

야고보서 1장 19절은 이런 삶의 태도를 가르친다. "사람마다 듣기는 속히 하고, 말하기는 더디 하며, 성내기도 더디 하라." 너무 많은 말보다 듣는 것이 먼저이고, 쉽게 화내기보다 차분히 상대를 이해하는 것이 중요하다는 뜻이다. 오늘날처럼 소통이 많고 빠른 시대일수록, 진정으로 귀 기울이고 마음을 여는 일은 더욱 어려워지고 귀한 일이 되었다.

예수님도 사람들의 이야기에 귀 기울이셨다. 그분은 단순히 듣는 것을 넘어 마음의 문을 활짝 열어 주셨다. 그리고 누가복음 8장 21절에서 "하나님의 말씀을 듣고 행하는 자가 복이 있느니라."고 말씀하셨다. 말과 경청은 단순한 대화가 아니라, 진정한 지혜와 사랑의 근원이다. 듣고 이해하며 행동하는 것이 우리 삶을 변화시키는 힘이다.

우리가 흔히 빠지기 쉬운 함정은 겉모습이나 과거의 성과에 집착하는 것이다. 과거의 명예나 성공에 매여 현재를 살지 못하거나, 상대방의 겉모습이나 말투에만 집중해 진심을 보지 못하는 경우다. 하지만 진짜 가치는 그런 피상적인 것들에 있지 않다. 사람의 진심과 마음을 들여다보려는 노력, 그리고 그 마음에 귀 기울이려는 태도 속에 있다.

오늘 하루, 주변 사람들의 이야기에 마음을 열고 귀 기울여 보자. 진심으로 들어주는 것만으로도 상대방에게 큰 위로와 힘이 된다.

68. 이유와 목적을 바꾸는 인연

씨앗은 흙을 만나야 싹이 튼다. 아무리 좋은 씨앗이라 해도 바위 위에서는 뿌리를 내릴 수 없다. 흙이 품어주고 돌보아야만 생명의 이야기가 시작된다. 마찬가지로 물고기도 물을 만나야 숨을 쉴 수 있다. 마른 땅 위에서는 힘없이 퍼덕이던 생명도, 물속에 들어가면 자유롭게 헤엄친다. 이렇게 만남은 단순한 접촉이 아니라, 생명을 살리는 인연이다.

사람의 인생도 이와 같다. 누구를 만나느냐에 따라 삶의 방향과 의미가 크게 달라진다. 수많은 만남이 있지만, 그중에서도 한 사람 혹은 한 순간이 인생을 완전히 바꾸는 결정적 만남이 있다. 바로 하나님과의 만남이다. 이 만남은 단순한 스침이 아니라 내 존재의 이유와 목적을 바꾸는 거룩한 인연이다.

성경에도 이런 인연들이 수없이 등장한다. 사울은 다메섹 가는 길에서 예수님을 만난 뒤 인생이 180도 뒤바뀌었다. 그는 이전까지 그리스도인들을 박해하는 사람이었지만, 그 만남을 통해 복음의 사도로, 죽음에서 생명으로 이끄는 사역자가 되었다. "사울아, 사울아, 네가 어찌하여 나를 박해하느냐."(사도행전 9:4)라는 음성은 사울에게 새로운 인생의 출발점이었다. 절망과 죽음의 문턱에서 벗어나 새 삶을 시작하는 순간이었다.

모세도 미디안 광야 한가운데서 떨기나무 불꽃 속에 나타나신 하나님을 만났다. 그 순간 그는 더 이상 도망자가 아니었고, 이스라엘 백성을 해방시키라는 사명을 받은 사람이 되었다. "내가 반드시 너와 함께 있으리라."(출애굽기 3:12)라는 하나님의 약속은 모세에게 인생을 붙드는 끈이 되었고, 그 만남이 그의 존재를 새롭게 정의했다.

나 역시 그런 경험을 했다. 삶이 무거워지고 마음이 메말랐던 순간, 하나님을 만났다. 그 만남은 우연이 아니었다. 하나님이 계획하시고 정하신 '필연'이었다. 사람들은 흔히 운명이라고 말하지만, 나는 그것을 '은혜의 인연'이라 부른다. 하나님과의 만남은 내 존재에 숨을 불어넣어 준 물과 같았고, 내 삶에 싹을 틔워 준 흙과 같았다.

예수님은 말씀하셨다. "내가 문 밖에 서서 두드리노니 누구든지 내 음성을 듣고 문을 열면 내가 그에게로 들어가 그와 더불어 먹고 그는 나와 더불어 먹으리라."(요한계시록 3:20) 하나님은 먼저 우리를 찾아오신다. 인연은 내가 만드는 것이 아니라, 하나님이 먼저 내밀어 주시는 손길이다.

오늘도 묻고 싶다. 너는 하나님과의 인연을 맺었는가? 씨앗이 흙을 만나야 싹이 트고, 물고기가 물을 만나야 숨 쉬듯, 우리도 하나님을 만나야 참된 행복과 생명의 의미를 누릴 수 있다. 하나님과의 만남은 단순한 만남이 아니라 내 존재의 이유이자 인생의 가장 큰 축복이다. 그 인연을 붙들고 살아갈 때 비로소 진짜 삶이 시작된다.

69. 삶을 붙드는 가장 든든한 힘

믿음이라는 건 참 이상한 존재다. 눈에 보이지도 않고 손에 잡히지도 않는데, 그걸로 모든 걸 결정하라고 하니 처음에는 어떻게 해야 할지 막막할 수밖에 없다. 그래서 사람들은 자꾸 눈앞에 보이는 것, 손에 닿는 것을 믿음 위에 올려놓으려 한다. 숫자나 조건, 확실한 증거 같은 것들 말이다. 하지만 그렇게 믿음을 증명하려 할수록 믿음은 오히려 손에서 빠져나가는 듯한 느낌이 든다.

성경은 오히려 전혀 다른 길을 보여준다. 히브리서 11장 1절은 "믿음은 바라는 것들의 실상이요 보이지 않는 것들의 증거니."라고 말한다. 보이지 않지만 실제이고, 손에 잡히지 않지만, 증거라는 이 역설이 바로 믿음의 본질이라는 것이다. 눈에 보이지 않아도, 믿음은 현실이다.

노아의 이야기를 생각해보자. 그는 아직 한 방울의 비도 내리지 않은 상태에서 방주를 지었다. 주변 사람들은 비웃었고 가족들마저 의심했지만, 노아는 하나님을 믿었다. 그 믿음이 세상을 구하는 통로가 됐다. 아브라함 역시 마찬가지였다. 그는 자신이 어디로 가는지도 모른 채 친척과 고향을 떠났다. 눈에 보이는 땅도 없고 당장 손에 쥘 유산도 없었지만, 그는 하나님의 약속을 믿고 걸음을 옮겼다. 로마서 4장 18절은 "그가 바랄 수 없는 중에 바라고 믿었으니."라고 말하며 그의 믿음을 잘 보여준다.

믿음은 편안함을 주기보다 때로는 오히려 고민과 불안을 안겨준다. 손에 잡히지 않는다는 점에서 더욱 그렇다. 하지만 바로 그 지점에서 하나님의 은혜가 더 선명하게 드러난다. 우리가 확신하지 못할 때 하나님은 약속으로 우리에게 말씀하시고, 의심이 들 때는 손을 내미신다. 예수님이 물 위를 걸어오실 때, 베드로도 믿음으로 걸음을 시작했지만 바람을 보고 두려움에 빠져들기 시작했다. 그때 예수님은 즉시 그의 손을 붙잡으며 "믿음이 작은 자여 왜 의심하였느냐?"(마태복음 14:31)라고 말씀하셨다.

그래서 믿음은 잡히지 않고 보이지 않기 때문에 고민되지만, 그 믿음을 붙들면 하나님이 우리의 손을 잡아주신다. 이제는 눈에 보이는 것을 믿음 위에 올려놓지 말고, 보이지 않는 하나님의 약속을 믿음의 기초로 삼아야 한다.

우리 삶은 언제나 불확실하다. 오늘 일이 내일을 보장하지 않고, 지금 건강한 몸이 영원한 평안을 줄 수 없다. 하지만 보이지 않는 하나님을 믿는 믿음은 그 불확실함 속에서도 흔들리지 않는 반석이 된다.

오늘도 우리는 고민한다. 손에 잡히지 않는 그 '믿음'을. 그러나

그 고민이 결국 우리를 주님께 더 가까이 이끈다.

70. 무거운 짐을 지게 되는 순간

삶을 살다 보면 때로는 견디기 힘든 무거운 짐을 지게 되는 순간이 온다. 세상의 무게가 어깨를 누르고, 마음의 짐이 발걸음을 무겁게 할 때가 있다. 그럴 때는 억지로 버티려고 애쓰기보다 잠시 멈춰서 주저앉아도 된다. 하지만 그 주저앉음이 사람들 앞에서가 아니라, 하나님 앞에서 이루어져야 한다. 마태복음 11장 28절에 "수고하고 무거운 짐 진 자들아 다 내게로 오라 내가 너희를 쉬게 하리라."는 말씀이 있다. 이 말씀은 단순한 초대가 아니라 초청이며, 조건이 아니라 약속이다. 하나님은 우리가 무거운 짐을 지고 끝까지 버티라고 하지 않으신다. 오히려 그 짐을 내려놓고 진정한 쉼을 누리라고 하신다.

세상이 우리에게 너무나도 강하게 다가올 때, 우리는 자신도 모르게 더 강해지려고 애쓴다. 마음속 깊은 곳에서 흔들리지 않으려 애쓰고, 약해 보이지 않으려고 무던히 노력한다. 하지만 성경은 이런 우리의 모습과 반대로 말한다. 고린도후서 12장 9절에서 "내 은혜가 네게 족하도다 이는 내 능력이 약한 데서 온전하여짐이라."라고 말씀하신다. 하나님의 능력은 우리가 강할 때가 아니라 약할 때, 부족함을 인정할 때 온전히 드러난다는 뜻이다. 그러니 세상이

너무 강하게 다가와 우리를 짓누를 때는, 하나님 앞에서 오히려 약해져도 괜찮다. 숨기고 싶어도, 괜찮은 척하고 싶어도 그분 앞에서는 마음의 문을 활짝 열고, 울고, 약해져도 된다.

또한 삶이 너무 어렵고 버거워서 더 이상 걸을 수 없을 때, 우리는 하나님 앞에 엎드려야 한다. 기도의 자리는 포기의 자리가 아니다. 그 자리는 하나님의 뜻 앞에 겸손히 항복하는 자리다. 시편 120편 1절은 "내가 고통 중에 여호와께 부르짖었더니 내게 응답하셨도다."라고 고백한다. 고통과 절망 가운데 부르짖는 그 기도가 바로 하나님을 만나는 시작이다. 하나님 앞에 납작 엎드릴수록, 그분의 손길은 더욱 가까이에서 우리를 붙들어 주신다.

세상이 등을 돌리고, 버림받은 듯 느껴져도 하나님은 결코 우리에게서 얼굴을 돌리지 않으신다. 짐이 너무 무겁고, 견디기 힘든 날에는 그분의 품에 기대어 앉자. 세상이 거세게 몰아쳐 흔들릴 때는 그분 앞에서 약해지자. 더 이상 견디기 어렵고 버티기 힘든 순간에는 그저 그분 앞에 엎드리자. 우리의 무너짐과 약함은 사실 하나님의 역사가 시작되는 지점이다. 우리가 무너질수록 하나님의 능력과 은혜가 우리의 연약함 속에서 역사하신다.

오늘도 조용히 주님의 발 앞에 앉아보자. 모든 힘을 내려놓고 그분 앞에서 약해지자. 그리고 그분의 거룩한 손에 우리의 연약함을 맡기고, 다시 일어설 힘을 얻자. 하나님은 우리의 모든 무너짐과 약함을 기꺼이 감싸안으시며, 새 힘을 주시는 분임을 믿자. 그 믿음 안에서 우리는 다시 한 걸음 내딛는 용기를 얻게 된다. 하나님 앞에 앉고, 약해지고, 엎드리는 그 자리가 바로 참된 회복과 새 힘을 얻는 은혜의 자리임을 기억하자.